Hans-Bredow-Institut (Hrsg.)

Medien von A bis Z

Hans-Bredow-Institut (Hrsg.)

# Medien von A bis Z

**VS VERLAG** FÜR SOZIALWISSENSCHAFTEN

Bibliografische Information Der Deutschen Bibliothek
Die Deutsche Bibliothek verzeichnet diese Publikation in der Deutschen Nationalbibliografie;
detaillierte bibliografische Daten sind im Internet über <http://dnb.ddb.de> abrufbar.

1. Auflage Oktober 2006

Alle Rechte vorbehalten
© VS Verlag für Sozialwissenschaften | GWV Fachverlage GmbH, Wiesbaden 2006

Redaktion: Uwe Hasebrink / Hermann-Dieter Schröder,
Hans-Bredow-Institut für Medienforschung, Hamburg

Lektorat: Barbara Emig-Roller

Der VS Verlag für Sozialwissenschaften ist ein Unternehmen von Springer Science+Business Media.
www.vs-verlag.de

Das Werk einschließlich aller seiner Teile ist urheberrechtlich geschützt. Jede Verwertung außerhalb der engen Grenzen des Urheberrechtsgesetzes ist ohne Zustimmung des Verlags unzulässig und strafbar. Das gilt insbesondere für Vervielfältigungen, Übersetzungen, Mikroverfilmungen und die Einspeicherung und Verarbeitung in elektronischen Systemen.

Die Wiedergabe von Gebrauchsnamen, Handelsnamen, Warenbezeichnungen usw. in diesem Werk berechtigt auch ohne besondere Kennzeichnung nicht zu der Annahme, dass solche Namen im Sinne der Warenzeichen- und Markenschutz-Gesetzgebung als frei zu betrachten wären und daher von jedermann benutzt werden dürften.

Umschlaggestaltung: KünkelLopka Medienentwicklung, Heidelberg
Satz: Anne Fuchs, Pfofeld-Langlau
Druck und buchbinderische Verarbeitung: Bercker Graphischer Betrieb GmbH & Co. KG, Kevelaer
Gedruckt auf säurefreiem und chlorfrei gebleichtem Papier
Printed in Germany

ISBN-10  3-531-14417-0
ISBN-13  978-3-531-14417-7

# Inhalt

Medien von A bis Z – ein Überblick .................... 9
Agenda-Setting ........................................ 19
AGF – Arbeitsgemeinschaft Fernsehforschung ............. 21
AGOF – Arbeitsgemeinschaft Online-Forschung e. V. ...... 22
Aktive Medienarbeit ................................... 22
ALM – Arbeitsgemeinschaft der Landesmedienanstalten .... 24
ANGA – Verband Privater Kabelnetzbetreiber e. V ........ 25
Anzeigen-Auflagen-Spirale ............................. 25
Arbeitsgemeinschaft Media-Analyse – ag.ma .............. 27
Arbeitsmarkt .......................................... 28
ARD ................................................... 32
Aufmerksamkeit ........................................ 36
Auslandsberichterstattung ............................. 37
Axel Springer AG ...................................... 41

Bauer Verlag .......................................... 44
BBC – British Broadcasting Corporation ................ 47
BDZV – Bundesverband Deutscher Zeitungsverleger e. V. . 49
Befragung ............................................. 49
Bertelsmann AG ........................................ 52
Bildschirmspiele ...................................... 56
Boulevardberichterstattung ............................ 59
Brasilien ............................................. 62
Breitbandkabelnetz .................................... 66
Buch .................................................. 69
Bundeskartellamt ...................................... 71
Bundesprüfstelle für jugendgefährdende Medien ......... 72
Bundesnetzagentur ..................................... 73
Burda Verlag .......................................... 73
BVDA – Bundesverband Deutscher Anzeigenblätter e. V. .. 77
BVV – Bundesverband Audiovisuelle Medien e. V. ........ 78

China ................................................. 78
Cross Promotion ....................................... 82

Datenschutz ........................................... 84
Deutsche Gesellschaft für Publizistik- und Kommunikationswissenschaft e. V. 87
Deutscher Werberat .................................... 88
Deutscher Presserat ................................... 89
Deutschland ........................................... 90
Digitalisierung ....................................... 95
DJV – Deutscher Journalisten-Verband e. V. ............ 97
Drucktechnik .......................................... 98
DSL ................................................... 100

| | |
|---|---|
| EBU – European Broadcasting Union | 101 |
| Electronic Commerce (E-Commerce) | 102 |
| Europäische Audiovisuelle Informationsstelle | 103 |
| Europäisches Medienrecht | 103 |
| Fernsehen | 107 |
| Fernsehen, Programmformate | 110 |
| Fernsehen, Sendungsformate | 111 |
| Feuilleton | 113 |
| Fiction | 114 |
| Film | 116 |
| Flugblatt | 120 |
| Frankreich | 123 |
| FSF – Freiwillige Selbstkontrolle Fernsehen | 127 |
| FSK – Freiwillige Selbstkontrolle der Filmwirtschaft | 127 |
| FSM – Freiwillige Selbstkontrolle Multimedia-Diensteanbieter e. V. | 128 |
| GEMA | 129 |
| Gesellschaft für Unterhaltungs- und Kommunikationselektronik – gfu | 130 |
| Gewalt in den Medien | 130 |
| GfM – Gesellschaft für Medienwissenschaft e. V. | 133 |
| Großbritannien | 133 |
| Holtzbrinck-Konzern | 137 |
| Hörfunk | 140 |
| Hörfunk, Programmformate | 144 |
| Hörfunk, Sendungsformate | 146 |
| Information | 148 |
| Informationsfreiheit | 151 |
| Inhaltsanalyse | 153 |
| Integration | 155 |
| Internet | 159 |
| Internet-Angebotsformen | 162 |
| Italien | 164 |
| IVW – Informationsgemeinschaft zur Feststellung der Verbreitung von Werbeträgern e. V. | 169 |
| Japan | 169 |
| Journalistenausbildung | 173 |
| Jugendschutz | 176 |
| KEF – Kommission zur Ermittlung des Finanzbedarfs der Rundfunkanstalten | 180 |
| KEK – Kommission zur Ermittlung der Konzentration im Medienbereich | 181 |
| KJM – Kommission für Jugendmedienschutz | 182 |
| Konstruktion von Realität | 182 |
| Konzentration | 185 |
| Kultivierung | 188 |

# Inhalt

| | |
|---|---|
| Lokalberichterstattung | 191 |
| Marktzutrittsschranken | 195 |
| Media-Analyse | 196 |
| media control | 198 |
| Mediaset | 198 |
| Medienaufsicht | 202 |
| Medienauswahl | 206 |
| Mediendidaktik | 209 |
| Medienerziehung | 211 |
| Medienfreiheit | 214 |
| Medienkompetenz | 216 |
| Medienkritik | 219 |
| Mediennutzung im Alltag | 220 |
| Medienpolitik | 223 |
| Medienprivilegien | 226 |
| Medienrecht | 230 |
| Mediensozialisation | 234 |
| Mediensysteme im internationalen Vergleich | 236 |
| Meinungsfreiheit | 240 |
| Microsoft | 242 |
| Mobilkommunikation | 244 |
| Monopolkommission | 247 |
| Multimedia | 248 |
| Musik | 251 |
| Nachrichtenagentur | 254 |
| Nachrichtenauswahl | 256 |
| News Corporation | 259 |
| Öffentlichkeit | 263 |
| Öffentlichkeitsarbeit | 265 |
| Österreich | 268 |
| Parasoziale Interaktion | 272 |
| Persönlichkeitsschutz | 274 |
| Polen | 276 |
| Politikberichterstattung | 280 |
| Politische Kommunikation | 283 |
| Pressevertrieb | 286 |
| ProSiebenSat.1 Media AG | 289 |
| Reichweite | 291 |
| Reichweitenforschung | 293 |
| Rundfunk, terrestrischer | 296 |
| Rundfunkgebühr | 298 |
| Rundfunksystem | 301 |
| Russland | 305 |

| | |
|---|---|
| Satellit | 309 |
| Schweigespirale | 311 |
| Schweiz | 314 |
| Sony | 318 |
| Spanien | 321 |
| SPIO – Spitzenorganisation der Filmwirtschaft e. V. | 325 |
| Sportberichterstattung | 325 |
| Stereotype | 328 |
| Telekommunikation/Telekommunikationsdienste | 332 |
| Telekommunikationsrecht | 335 |
| Telemetrie | 339 |
| Teleshopping | 342 |
| Time Warner | 344 |
| Tonträger | 348 |
| Türkei | 350 |
| Unterhaltung | 354 |
| Urheberrecht | 356 |
| USA | 359 |
| USK – Unterhaltungssoftware-Selbstkontrolle | 363 |
| VDZ – Verband Deutscher Zeitschriftenverleger e. V. | 363 |
| Ver.di – Vereinte Dienstleistungsgewerkschaft | 364 |
| Verwertungskette | 365 |
| Viacom | 367 |
| VG Wort | 370 |
| Vivendi | 371 |
| VPRT – Verband Privater Rundfunk und Telemedien e. V. | 373 |
| Walt Disney Company | 374 |
| WAZ-Mediengruppe | 378 |
| Weltkommunikationsordnung | 379 |
| Werberecht | 382 |
| Werbung | 385 |
| Wirtschaftsberichterstattung | 387 |
| Wissenskluft | 390 |
| ZAW – Zentralverband der deutschen Werbewirtschaft e. V. | 393 |
| ZDF | 394 |
| Zeitschrift | 395 |
| Zeitung | 399 |
| Zensur | 401 |
| **Themenfelder** | 405 |
| **Autorenverzeichnis** | 410 |

# Medien von A bis Z – ein Überblick

*Uwe Hasebrink*

„Die Medien" sind aus der Gesellschaft nicht wegzudenken. Fast jede(r) nutzt sie, fast jeden Tag. Medien spiegeln Realität wider, zugleich gestalten sie Realität mit. Medien und Politik sind eng verflochten, Medien können nicht ohne Politik, Politik kann nicht ohne Medien. Medien sind zudem ein relevanter Wirtschaftsfaktor. Und vor allem sind sie ein kulturelles Forum, sie liefern die Plattform für eine Verständigung darüber, was die Gesellschaft für schön und hässlich, für erlaubt und unerlaubt, für richtig und falsch hält. Sie werden verantwortlich gemacht für gesellschaftliche Missstände, sie werden kritisiert für unverantwortliche, sozial abträgliche Angebote. Und man erhofft sich von ihnen positive Beiträge zur Integration und zur Bildung der Gesellschaft. Anlässe genug, sich näher mit den Medien zu beschäftigen, ihre Grundlagen und Arbeitsweisen sowie ihre Funktionen und Wirkungen kennen zu lernen.

Das vorliegende Buch soll Zugänge zu diesem schillernden Gegenstandsbereich schaffen. In möglichst allgemeinverständlicher Form werden zentrale Begriffe zum Thema Medien erläutert. Für diejenigen, die nach einem konkreten Begriff suchen, ermöglicht die alphabetische Anordnung einen einfachen Zugriff auf das interessierende Stichwort. Für diejenigen, die sich eher an der Struktur des Gegenstandsbereichs orientieren, erlaubt die Übersicht über die Themenfelder (siehe Seite 407) einen systematischen Zugang. Diese Themenfelder sollen im Folgenden kurz vorgestellt werden.

*Medientypen*

„Die Medien": Was ist damit gemeint? Im täglichen Sprachgebrauch bezieht sich dieser Begriff oft auf die Inhalte von Presse, Hörfunk und Fernsehen. Oft sind damit aber auch die Unternehmen gemeint, die diese Inhalte anbieten, also Verlage und Rundfunkveranstalter. Weiter ist von physikalischen Medien die Rede, die als technische Mittel zur Übertragung von Zeichen dienen, also etwa die Luft oder Kupferkabel oder Papier. Aber auch Zeichensysteme, insbesondere die symbolischen, etwa die Sprache oder die Schrift, werden als Medien bezeichnet, als Mittel zur Verständigung. Innerhalb dieses weiten Spektrums konzentriert sich das vorliegende Buch auf den Bereich der „Massenmedien"; dieser Begriff wird heute allerdings kaum noch verwendet, da die Bezugnahme auf „Massen" für die heutige Medienlandschaft irreführend ist. Statt dessen wird hier von Medien als institutionalisierten Handlungszusammenhängen gesprochen, die einen Beitrag zur *öffentlichen Kommunikation* leisten. Dieses Verständnis grenzt Medien der Individualkommunikation aus, also etwa das Telefon oder den Brief. Allerdings ist es ein Charakteristikum der aktuellen Medienentwicklung, dass die Grenzen zwischen öffentlicher Kommunikation und Individualkommunikation zunehmend verschwimmen. Insbesondere das Internet stellt eine Plattform für ganz unterschiedliche Anwendungen dar, die zum Teil eher dem Bereich der öffentlichen Kommunikation (etwa das World Wide Web bzw. WWW), zum Teil eher der Individualkommunikation (z. B. E-Mail) zuzuordnen sind. Der Medienbegriff, der diesem Buch zugrunde liegt, trägt diesen neuen Entwicklungen Rechnung: Behandelt werden schwerpunktmäßig die klassischen Medien der öffentlichen Kommunikation; im Einzelnen sind das die Medien Buch, Fernsehen, Film, Flugblatt, Hörfunk, Tonträger, Zeitung und Zeitschrift. Zusätzlich werden aber auch Medien der Individualkommunikation insoweit berücksichtigt, als sie enge Bezüge zur öffentlichen Kommunikation aufweisen; behandelt werden Computerspiele, Internet sowie der Bereich der Telekommunikationsdienste.

*Medientechnik*

Die besondere Leistung von Medien der öffentlichen Kommunikation besteht darin, dass es mit ihrer Hilfe möglich ist, zahlreiche Menschen an verschiedenen Orten und zu verschiedenen Zeiten zu erreichen. Die Voraussetzungen dafür werden durch Medientechniken geschaffen. Diese sind im Bereich der Produktion (z. B. Drucktechnik) oder der Verbreitung (z. B. Satelliten, Breitbandkabel) von Medieninhalten angesiedelt. Die ungeheure Dynamik der technischen Entwicklung der letzten Jahre, die laufend zu neuartigen Kommunikationsdiensten führt, kann unter dem Begriff der Digitalisierung zusammengefasst werden. Durch digitale Produktion, digitale Verbreitung und digitalen Empfang von Medienangeboten ist es möglich geworden, die Menge der verfügbaren Informationen und die Geschwindigkeit der Übertragung enorm zu steigern. Die Perspektive besteht darin, nahezu jede vorhandene Information zu jedem beliebigen Zeitpunkt an jedem beliebigen Ort verfügbar machen zu können.

*Medienpolitik und Medienrecht*

Neben den technischen Grundlagen werden die Medien der öffentlichen Kommunikation stark durch politische und rechtliche Rahmenbedingungen geprägt. Dazu gehören auf der einen Seite so genannte Medienfreiheiten, die den Medien Spielräume zur Erfüllung ihrer publizistischen und ökonomischen Ziele eröffnen und staatliche Einflussnahme beschränken (z. B. Zensurverbot). Auf der anderen Seite bestehen einige rechtliche Grenzen, die die Medien bei ihrer Arbeit einzuhalten haben (z. B. Jugend-, Persönlichkeits- und Datenschutz, Werberegeln). Eine besondere Rolle spielen Medienrecht und Medienpolitik im Bereich des Rundfunks, für den ein duales System entwickelt wurde, das aus öffentlich-rechtlichen Rundfunkveranstaltern einerseits und privat-kommerziellen Veranstaltern andererseits besteht. Ein zentrales, verfassungsrechtlich vorgegebenes Ziel für die Ausgestaltung des Rundfunksystems besteht in der Sicherung der Vielfalt der Meinungen, Themen, Akteure und Darstellungsformen der öffentlichen Kommunikation. Während der öffentlich-rechtliche Rundfunk einem Modell interner Vielfaltsicherung unterliegt, die durch die Vertretung der gesellschaftlich relevanten Gruppen in den Aufsichtsgremien gewährleistet werden soll, setzt man beim privaten Rundfunk auf externe Vielfaltsicherung; die Aufsicht über diese Säule des dualen Systems wird von den dazu eingerichteten Landesmedienanstalten ausgeübt. Ein wesentlicher Gegenstand von Medienpolitik ist die Begrenzung der Konzentration und damit die Verhinderung vorherrschender Meinungsmacht eines oder einiger weniger Medienunternehmen.

Die politischen Zuständigkeiten im Medienbereich liegen auf verschiedenen Ebenen. Alle inhaltsbezogenen Gestaltungsfragen fallen unter die Kulturhoheit der Länder, weshalb das Rundfunksystem föderal organisiert ist und auf Landesmedien- oder -rundfunkgesetzen basiert, mit denen öffentlich-rechtliche Landesrundfunkanstalten (zum Teil auch für mehrere Länder) sowie Landesmedienanstalten für die Aufsicht über den privaten Rundfunk eingerichtet wurden. Für die Regelung des bundesweiten Rahmens haben die Länder den Rundfunkstaatsvertrag geschlossen. Fragen der technischen Infrastruktur werden hingegen auf der Bundesebene geregelt. Zunehmende Bedeutung für die deutsche Medienlandschaft hat die Ebene des europäischen Rechts.

Angesichts der technischen Konvergenz der Medien stehen Medienpolitik und Medienrecht derzeit vor großen Herausforderungen. Bisher waren die einzelnen Medientypen weitgehend getrennt voneinander reguliert worden. Im Zuge der Entwicklung, dass sich die Grenzen zwischen verschiedenen Medien zunehmend auflösen, etwa indem Fernsehsendungen auch über das Internet oder das Handy empfangen werden können, wächst der Bedarf, einen medienübergreifenden Regulierungsrahmen zu entwickeln.

*Mediensysteme international*

Wer in andere Länder reist, wird rasch beobachten, dass sich verschiedene Mediensysteme trotz zahlreicher Ähnlichkeiten und Erscheinungsformen von Globalisierung doch deutlich unterscheiden. Dies gilt selbst für den Bereich der Europäischen Union, obwohl bereits einige Richtlinien erlassen wurden, die einheitliche Grundlagen für den Mediensektor schaffen sollen. Neben einem Beitrag über den Vergleich verschiedener Mediensysteme enthält das Buch daher Beschreibungen der Mediensysteme einiger ausgewählter Länder. Diese machen deutlich, wie eng die Medienstrukturen mit den jeweiligen kulturellen, gesellschaftlichen und politischen Traditionen sowie mit den ökonomischen Ausgangsbedingungen verbunden sind.

*Medienwirtschaft und Medienunternehmen*

Neben den gegebenen rechtlichen und politischen Rahmenbedingungen sind die ökonomischen Grundlagen sowie die Strategien der Medienunternehmen für ein Verständnis der Medien und ihrer Entwicklung von maßgeblicher Bedeutung. Der Börsenboom der Internet-Unternehmen in den späten 1990er Jahren und der darauf folgende

Absturz der meisten dieser Unternehmen hat auch viele Kleinanleger mit den besonderen Chancen und Risiken der Medienwirtschaft konfrontiert. Die zu Beginn des 21. Jahrhunderts eingetretene Krise der Werbung hat zu erheblichen Einnahmeverlusten der Medien und – in Verbindung mit den jüngsten technischen Entwicklungen – zu starken Verschiebungen in den Angebotsstrategien und Geschäftsmodellen geführt. Dazu gehören etwa neue Verwertungsketten für Medieninhalte, die oft mit verstärkter Crossmedialität, also der systematischen Verbreitung von Inhalten über verschiedene Medien verbunden sind. Der Arbeitsmarkt im Medienbereich, der lange Jahre von stabilen Wachstumsraten gekennzeichnet war, hat in den Jahren der Werbekrise erstmals Rückschläge hinnehmen müssen. Gleichwohl ist der weiter wachsende Informations- und Kommunikationssektor nach wie vor ein wesentlicher Motor für Arbeitsmarkt und Konjunktur, weshalb sich viele Standorte darum bemühen, gerade diesen Sektor zu fördern.

Einige Besonderheiten der Medienwirtschaft begünstigen die Konzentration in diesem Bereich; ein Großteil der Medienangebote wird von einigen wenigen Medienkonzernen geprägt, die in aller Regel verschiedene Medientypen unter einem Dach vereinen. Das Buch enthält daher auch Darstellungen wichtiger Medienunternehmen.

## *Journalismus*

Einen zentralen Bestandteil der öffentlichen Kommunikation machen journalistische Inhalte aus. Die Funktion des Journalismus besteht darin, Themen auszuwählen und der Öffentlichkeit zu präsentieren, die bisher unbekannt und öffentlich relevant sind und sich auf Ereignisse in der Realität beziehen. Damit kommt dem Journalismus eine herausragende Rolle bei der (Selbst-)Beobachtung der Gesellschaft zu. Neben einigen grundlegenden Stichwörtern, die sich auf die Grundlagen journalistischer Arbeit, z. B. die Nachrichtenauswahl, oder auf deren Infrastrukturen, z. B. Nachrichtenagenturen, beziehen, stellt das Buch verschiedene Teilbereiche des Journalismus vor, so die Berichterstattung über Politik, Wirtschaft, Kultur, Sport, Lokales oder die Boulevardberichterstattung. Besondere Aufmerksamkeit verdienen angesichts der gesellschaftlichen Bedeutung des Journalismus auch die Journalistenausbildung sowie die in den Medien geübte Medienkritik. Als relevanter Einflussfaktor für den Journalismus kann die Öffentlichkeitsarbeit genannt werden, ein Bereich, der in den letzten Jahren den stärksten Aufschwung genommen hat.

*Medieninhalte*

In den politischen und rechtlichen Rahmenbedingungen, als Ergebnis ökonomischer Strategien und journalistischer Arbeitsweisen kommen Medieninhalte zustande. Über die Teilformen journalistischer Berichterstattung hinaus werden in diesem Buch die wichtigsten Programm- und Sendungsformen von Hörfunk und Fernsehen, die Angebotsformen des Internets sowie die Hauptsparten Information, Unterhaltung, Fiction und Musik dargestellt. Medieninhalte sind auf der einen Seite geprägt von festen Regeln, von Darstellungskonventionen, die es sowohl den Produzenten als auch den Mediennutzern erleichtern, das betreffende Angebot zu erkennen und einem vertrauten Schema zuzuordnen. Im Laufe der Mediengeschichte haben sich so bestimmte Genres im fiktionalen Bereich oder Programmformate im Bereich des Hörfunks entwickelt, die den Nutzern die Orientierung und die Auswahlentscheidung erleichtern. Auf der anderen Seite leben Medieninhalte aber auch von der Variation der vertrauten Schemata, von innovativen Inhalten und Formen. So lassen sich etwa immer wieder Mischformen beobachten, die die Merkmale verschiedener bekannter Formate auf neue Weise miteinander verbinden, so etwa die Real-Life-Soaps im Fernsehen.

*Funktionen der Medien*

Medien geraten oft in die Diskussion, wenn es um die allgemeinen Funktionen geht, die sie für die Gesellschaft leisten oder leisten sollen. Neben dem maßgeblichen Beitrag, den die Medien und die ihnen zugrunde liegenden Darstellungslogiken für die Konstruktion der Realität leisten, stellt in diesem Zusammenhang der Begriff der Öffentlichkeit eine zentrale Kategorie dar, der auf die Sphäre öffentlicher Kommunikation verweist, in der sich die Gesellschaft verständigt – ein Prozess, der angesichts heutiger Massengesellschaften nicht mehr ohne die Vermittlung von Medien, etwa nach dem Modell des Marktplatzes, verwirklicht werden kann. Die Organisation der Medien, die mit ihnen verbundenen ökonomischen Strategien sowie die konkreten Inhalte beeinflussen entsprechend die Öffentlichkeit bzw. die Öffentlichkeiten, die sich auf verschiedenen räumlichen Ebenen (lokal, regional, bundesweit, europäisch, weltweit) und in Hinblick auf verschiedene Themenbereiche und öffentliche Streitfragen bilden. Am augenfälligsten ist die Bedeutung dieses Einflusses sicherlich auf dem Feld der politischen Kommunikation, die durch einen engen Wechselwirkungsprozess zwischen Medien, Politik und Öffentlichkeit geprägt wird.

In einem weiteren, über die Politik hinausgehenden Sinne wird den Medien in modernen Gesellschaften vor allem eine Integrationsfunktion zugeschrieben. Angesichts der zunehmenden Ausdifferenzierung von sozialen, kulturellen und ethnischen Milieus, die untereinander in ihrem Alltag kaum Berührungspunkte haben, kommt integrativen Kommunikationsangeboten eine große Bedeutung zu. Allerdings wird zunehmend in Frage gestellt, inwieweit diese Funktion heute noch erfüllt werden kann; denn die Rolle anerkannter Instanzen der öffentlichen Kommunikation, etwa der *Tagesschau* der ARD um 20 Uhr, hat über die letzten Jahren nachgelassen, das Publikum verteilt sich auf die weiter wachsende Zahl zielgruppenorientierter Angebote, und die interaktiven und individualisierbaren Anwendungsformen der Online-Kommunikation tragen zusätzlich dazu bei, dass eine Integration der Gesellschaft durch einen medial vermittelten Marktplatz zweifelhaft erscheint. Dem kann entgegen gehalten werden, dass sich die verschiedenen Angebote, so unterschiedlich sie auch sein mögen, doch oft auf gemeinsame Gegenstände, also auch auf die Berichterstattung der jeweils anderen Medien beziehen, so dass große Medienereignisse nach wie vor die Gesamtheit der Bevölkerung erreichen.

*Methoden der Medienforschung*

Für die Medien selbst, aber auch für die Gesellschaft, die sich mit ihren Medien auseinandersetzt, spielen systematische Untersuchungen der Medienangebote und der Mediennutzung eine maßgebliche Rolle. In diesem Buch werden daher auch die wichtigsten Methoden skizziert, derer sich die Forschung bedient, um zu den entsprechenden Aussagen zu kommen. Neben inhalts- und programmanalytischen Verfahren, die

Aufschluss über die Entwicklung der Angebote geben, stehen vor allem Untersuchungen des Publikums im Mittelpunkt der Aufmerksamkeit. Die Medienunternehmen sind auf möglichst konkrete Angaben über die Größe und Zusammensetzung ihres Publikums angewiesen – erstens um zu wissen, ob ihre Angebote bei den Nutzern ankommen bzw. wie diese gegebenenfalls verbessert werden können, zweitens um der Werbewirtschaft Angaben darüber machen zu können, ob diese mit ihren Anzeigen oder Werbespots auch tatsächlich die angestrebten Zielgruppen erreicht hat. Die zu diesem Zweck entwickelte Reichweitenforschung, mit der ermittelt wird, welches Angebot welches Publikum erreicht, stellt damit ein zentrales Element des Mediensystems dar.

*Mediennutzung*

Unter dem Begriff Mediennutzung werden alle Phänomene zusammengefasst, die mit einem Kontakt von Menschen mit Medienangeboten zusammenhängen. Die Reichweitenforschung konzentriert sich vor allem auf die möglichst exakte Messung dieser Kontakte. Daneben liegen Befunde vor über die Medienauswahl, also die Art und Weise, wie Mediennutzer aus dem verfügbaren Medienangebot auswählen. Einen weiteren Aspekt stellt die Medienrezeption dar, also den Prozess der Wahrnehmung, Verarbeitung und Interpretation der ausgewählten Inhalte. Wie die Forschung immer wieder verdeutlicht, ist Mediennutzung auf das Engste mit dem sonstigen Alltagshandeln verwoben, die Medien sind fest in Routinen des Alltags integriert und prägen diese, etwa durch die regelmäßigen Programmstrukturen, mit.

*Medienwirkung*

Angesichts der Omnipräsenz der Medien im Alltag und der Faszination, die von ihnen ausgeht, liegt der Gedanke nahe, dass diese auch erhebliche Wirkungen auslösen können. Am heftigsten diskutiert werden nach wie vor die potenziellen Wirkungen der zahlreichen Gewaltdarstellungen, insbesondere im Fernsehen und in (Video- bzw. DVD-) Filmen, in jüngerer Zeit aber auch in Computerspielen. Die Ergebnisse der umfangreichen Forschung führen vor Augen, dass einfache Wirkungsannahmen, etwa dahingehend, dass ein erhöhter Konsum von

Gewaltdarstellungen mit erhöhter Aggressionsbereitschaft einhergehe, der Komplexität des Geschehens bei der Mediennutzung nicht gerecht wird. Insbesondere die sozialen Kontexte der jeweiligen Mediennutzer spielen bei der Rezeption und daher auch bei möglichen Wirkungen eine entscheidende Rolle. Differenzierte Einsichten ergeben sich aus Untersuchungen, die sich mit längerfristigen Einflüssen der Medien im Sozialisationsprozess sowie mit der Rolle der Medien bei der „Kultivierung" bestimmter Realitätsvorstellungen befassen. Besondere Aufmerksamkeit haben in den letzten Jahren Studien gefunden, die sich mit der Frage befassen, wie die Medien im Zusammenspiel mit Politik, Bevölkerung und Öffentlichkeitsarbeit die Festlegung der jeweils für relevant gehaltenen Themen, also der gesellschaftlichen Tagesordnung beeinflussen. Während die genannten potenziellen Wirkungen auf gleichförmige Wirkungen, auf eine gesellschaftliche Homogenisierung durch Medien hinauslaufen, weisen andere Befunde darauf hin, dass neue Informations- und Kommunikationsangebote eher dazu beitragen, bestehende gesellschaftliche Klüfte zu vergrößern, indem die nach Bildungsstand und sozialer Lage Bessergestellten das Potenzial der neuen Angebote besser für sich nutzen können und dadurch den Abstand zu den anderen Bevölkerungsgruppen erhöhen. Im Zusammenhang mit der Verbreitung des Internets hat diese Diskussion unter dem Schlagwort „Digital Divide" bzw. „Digitale Spaltung" wieder viel Aufmerksamkeit gefunden.

*Medienpädagogik*

Im Kontext der zunehmend durch Medien geprägten Gesellschaft kommt der Medienpädagogik eine besondere Rolle zu. Diese bezieht sich zum einen auf die Vermittlung von Wissen über die Medien sowie den Umgang mit ihnen. Im Sinne einer Mediendidaktik stellt sie außerdem Befunde über den sinnvollen Einsatz von Medien in Lehr- und Lernsituationen bereit. Im Zuge der dynamischen Entwicklung der Medien- und Kommunikationslandschaft hat sich die *Medienkompetenz* zu einem Kernbegriff entwickelt. Dieser verweist auf verschiedene Fähigkeiten der Mediennutzer, so auf das medienkundliche Wissen, auf Nutzungsstrategien, mit denen die persönlichen Ziele umgesetzt werden können, auf Kritikfähigkeit gegenüber medialen Angeboten sowie auf die Fähigkeit, sich Medien zur Äußerung eigener Anliegen zunutze zu machen. In der öffentlichen Diskussion wird Medienkompetenz zum einen als maßgebliche Basisqualifikation für den Erfolg im Berufsleben betrachtet, zum anderen als eine Art Schutzhülle gegenüber möglichen negativen Einflüssen der Medien.

Die für dieses Buch ausgewählten Stichworte sollen einen ersten Einblick in die jeweilige Thematik bieten. Das damit gebotene Spektrum kann sicher nicht lückenlos alle Aspekte des Themas abdecken. Für Leserinnen und Leser, die sich näher informieren möchten, werden zu jedem Beitrag einige Empfehlungen für weiterführende Literatur gegeben. Umfassende Darstellungen der Medien und der medienbezogenen Forschung finden sich außerdem in den unten aufgeführten Publikationen.

*Literatur*

Media Perspektiven Basisdaten. Daten zur Mediensituation in Deutschland 2005. Online verfügbar unter <www.ard-werbung.de/mp/publikationen/basisdaten/>.
Hans-Bredow-Institut (Hrsg.): Internationales Handbuch Medien 2004/2005. Baden-Baden 2004.
O. Jarren, H. Bonfadelli, G. Siegert: Einführung in die Publizistikwissenschaft. Bern 2005.
H. Meyn: Massenmedien in Deutschland. Konstanz 2004.
H. Pürer: Publizistik- und Kommunikationswissenschaft: Ein Handbuch. München 2003.
S. Weischenberg, H. J. Kleinsteuber, B. Pörksen (Hrsg.): Handbuch Journalismus und Medien. Konstanz 2005.

# Agenda-Setting

Der Begriff Agenda-Setting verweist auf die Rolle der Medien bei der Festlegung der gesellschaftlichen Tagesordnung, d. h. der Themen, mit denen sich die Gesellschaft auseinandersetzt. Mit dieser auch als „Thematisierungsfunktion" bezeichneten Rolle ist eine der zentralen Leistungen der Medien für die öffentliche Kommunikation angesprochen. Entwickelt wurde das Konzept Agenda-Setting seit Anfang der 1970er Jahre im Zusammenhang mit der Annahme, dass die Medien nicht so sehr beeinflussen, *was* die Menschen über bestimmte Themen denken, sondern vielmehr *worüber* die Menschen nachdenken. In diesem Sinne wurde das Agenda-Setting als Medienwirkung verstanden. Entsprechende Untersuchungen, die sich vor allem auf die politische Berichterstattung bezogen, bestanden darin, per → Inhaltsanalyse die Häufigkeit und den Umfang verschiedener Themen in der Berichterstattung der Medien zu bestimmen und diese mit der Wichtigkeit zu vergleichen, die die Menschen diesen Themen zuweisen. Erwartet wurde, dass die Menschen auf Themen, die in den Medien prominent dargestellt werden, aufmerksam werden (Thematisierung). Weitergehend wurde außerdem erwartet, dass die Menschen verschiedene Themen in Abhängigkeit vom Umfang der Berichterstattung für mehr oder weniger wichtig halten (Themenstrukturierung). In der Tat ließ sich vielfach zeigen, dass es Zusammenhänge in der erwarteten Form zwischen Medienberichterstattung und Bevölkerungswahrnehmung gibt. Als Hauptproblem erwies sich dabei aber, überzeugend nachzuweisen, dass es sich bei diesen Zusammenhängen tatsächlich um einen Einfluss der Medien auf die Wahrnehmungen der Bevölkerung handelt – denkbar wäre ja auch die umgekehrte Erklärung, dass die Medien eben genau die Themen aufgreifen, die in der Bevölkerung für wichtig gehalten werden. Um dies genauer überprüfen zu können, sind Agenda-Setting-Studien heute meist als Längsschnittstudien angelegt, in denen die Medienberichterstattung wie auch die Urteile der Bevölkerung zu mehreren Zeitpunkten erfasst werden, um so deren Verlauf nachzeichnen zu können.

In den letzten Jahren wurde die einfache Ausgangsannahme erheblich ausdifferenziert. Heute unterscheidet man drei verschiedene Tagesordnungen:

- Die *Medienagenda* entspricht der Rangordnung der Themen in der Berichterstattung, also die Häufigkeit und der Umfang, mit denen verschiedene Themen behandelt werden.
- Die *Politische Agenda* spiegelt wider, welche Themen in der politischen Diskussion zwischen Regierung und Opposition und zwischen den politischen Parteien im Vordergrund stehen.
- Die *Publikumsagenda* gibt an, welche Themen die Bevölkerung für mehr oder weniger wichtig hält.

Angenommen wird, dass diese drei Agenden sich gegenseitig beeinflussen: So orientiert sich die Agenda der Politik daran, was die Bevölkerung für wichtig hält und was in den Medien besonderes Gewicht bekommt. Die Publikumsagenda folgt dem, was in der Politik und in den Medien hervorgehoben behandelt wird. Und die Medienagenda spiegelt wider, was in der Politik besondere Aufmerksamkeit findet und was für das Publikum von besonderem Interesse ist. Im Zusammenhang mit den Einflussfaktoren, die die Medienagenda beeinflussen, ist – insbesondere dort, wo bewusste Einflüsse auf die Medien von Interesse sind – von *Agenda-Building* die Rede. So bemühen sich die politischen Parteien in Wahlkämpfen regelmäßig besonders darum, genau diejenigen Themen als die wichtigsten und drängendsten da stehen zu lassen, für die die Partei als besonders kompetent eingeschätzt wird. Ein wichtiger Einflussfaktor beim Agenda-Building ist auch die → Öffentlichkeitsarbeit, die darauf abzielt, bestimmte Themen auf die Agenda der Politik und der Medien zu heben.

Viel Interesse hat in den letzten Jahren auch das so genannte *Intermedia Agenda-Setting* gefunden. Damit sind Einflüsse gemeint, die die verschiedenen Medien untereinander ausüben. Bestimmte Medien dienen dabei als „Leitmedien", indem sie Themen setzen, die dann von anderen Medien aufgegriffen werden. Als ein solches Leitmedium wird etwa das Nachrichtenmagazin *Der Spiegel* angesehen, aber auch die Zeitung *Bild* zählt zu den Medien, die besonders oft von anderen Medien zitiert wird.

Die jüngste Entwicklung der Forschung zu Agenda-Setting-Prozessen erweitert die Grundannahme, dass die Menschen den Medien Informationen über die Wichtigkeit von Themen entnehmen, um die weitere Annahme, dass die Medien auch Informationen darüber vermitteln, welche *Merkmale* bestimmter Personen oder Ereignisse wichtig sind. Wenn etwa bei Gewalttaten deutlich die Nationalität der Täter und Opfer hervorgehoben wird, kann dies dem Publikum signalisieren, dass dieses Merkmal offenbar für das Verständnis der Ereignisse wichtig ist und es sich möglicherweise um eine Straftat mit fremdenfeindlichem Hintergrund handelt. Diese Annahme wird als *Agenda-Setting zweiter Ordnung* bezeichnet und steht in engem Zusammenhang mit der Forschungsrichtung des *Framing-Ansatzes*. Dieser nimmt an, dass Journalisten und Rezipienten bei der Verarbeitung von Informationen bestimmten Schemata oder Interpretationsrahmen (englisch: „frames") folgen, anhand derer sie neue Ereignisse in ihre bestehenden Wissensbestände einordnen. Eine solche schemaorientierte Wahrnehmung ist für die Orientierung in der großen Fülle von neuen Informationen, die tagtäglich zu verarbeiten sind, unerlässlich. Dass diese Schemaorientierung aber auch zu erheblichen Fehlern führen kann, ist oft zu beobachten. Ein eklatantes Beispiel war im Jahr 2000 die Berichterstattung über den drei Jahre zurückliegenden Tod eines Jungen in einem Schwimmbad in Sachsen; unter Verweis auf den Migrationshintergrund des Jungen und die häufigen Berichte über rechtsextreme und ausländerfeindliche Aktivitäten in Ostdeutschland ging die gesamte Berichterstattung zunächst von einer fremdenfeindlichen Straftat aus, d. h. die Ereignisse wurden mit Hilfe eines vertrauten Schemas interpretiert – im damaligen Fall erwies sich dieses Schema und damit die Berichterstattung nahezu sämtlicher Medien, die über diesen Fall tagelang berichtet hatten, als falsch. *Ha*

*Literatur*

P. Rössler: Agenda-setting: Theoretische Annahmen und empirische Evidenzen einer Medienwirkungshypothese. Opladen 1997.

## AGF – Arbeitsgemeinschaft Fernsehforschung

Für die Einschätzung des eigenen Erfolges beim Publikum und für die Darstellung gegenüber Werbetreibenden nutzen die Fernsehveranstalter eine methodisch kontrollierte Ermittlung der Sehbeteiligung für jede einzelne Sendung. Zu diesem Zweck haben 1988 ARD, ZDF, RTL und Sat.1 eine Kooperation in Form der Arbeitsgemeinschaft Fernsehforschung (AGF) vereinbart. Die AGF lässt durch die GfK fortlaufend die Fernsehnutzung ermitteln (→ Reichweitenforschung, → Telemetrie). Die durchschnittliche Sehdauer wird bereits am nächsten Tag auf der Internet-Seite www.agf.de bekannt gemacht. Weitergehende Auswertungen der Daten für Dritte werden über die Firma → media control vermarktet.

## AGOF – Arbeitsgemeinschaft Online-Forschung e. V.

Die Arbeitsgemeinschaft Online-Forschung e. V. (AGOF) wurde im Dezember 2002 gegründet. Mit ihrer Studie „internet facts" ermittelt die AGOF im Einvernehmen mit den Bedürfnissen und Anforderungen der Werbetreibenden und der Mediaagenturen die → Reichweiten und Strukturdaten der großen deutschen Online-Werbeträger und etabliert damit eine einheitliche Reichweiten-Währung für den Online-Werbemarkt.

## Aktive Medienarbeit

Der Begriff aktive Medienarbeit bezeichnet eine zentrale Methode der handlungsorientierten Medienpädagogik, in deren Mittelpunkt die Be- und Erarbeitung von Gegenstandsbereichen sozialer Realität mittels Medien steht. Zumeist handelt es sich um Projekte, in denen Kinder und Jugendliche sich einerseits mit der Rolle und Funktion von (Massen-)Medien auseinandersetzen und andererseits selbst die Medien zur Artikulation eigener Anliegen und Sichtweisen nutzen, sei es im Rahmen von Filmprojekten, (stadtteilbezogenen) Radiosendungen, die über einen offenen Kanal ausgestrahlt werden oder in Form einer Homepage zu einem konkreten Thema oder Projekt.

**Aktive Medienarbeit**

Die Anfänge der aktiven Medienarbeit reichen in die 1970er Jahre zurück. In dieser Zeit entwickelten sich verschiedene Konzepte alternativer Medienarbeit, die vor allem das Ziel verfolgten, durch eigene Medienproduktion (vorwiegend Videofilme) eine Art „Gegenöffentlichkeit" zu den etablierten Massenmedien zu schaffen.

Das Konzept der aktiven Medienarbeit basiert auf dem Bild vom Menschen als selbstbestimmtem Individuum, dem grundsätzlich eine Handlungs- und Gestaltungsfähigkeit zugesprochen wird. Ziel pädagogischer Bemühungen und damit auch aktiver Medienarbeit sind aus dieser Perspektive die Emanzipation des Individuums sowie Ausbildung und Förderung von „Mündigkeit" und „kommunikativer Kompetenz" als Voraussetzung, um Kommunikationsstrukturen erkennen und analysieren und an öffentlicher Kommunikation teilnehmen zu können. Da Kommunikation in unserer Gesellschaft größtenteils medial vermittelt ist, stellt → Medienkompetenz einen zentralen Bestandteil kommunikativer Kompetenz und deren Förderung eine wichtige medienpädagogische Aufgabe dar.

Aktive Medienarbeit ist auf kein bestimmtes Medium festgelegt. Der Einsatz bestimmter Medien hängt sowohl von den technischen Möglichkeiten und deren Verfügbarkeit als auch von der persönlichen Affinität für bestimmte Medien und der eigenen technischen Kompetenz ab. In den Anfängen der aktiven Medienarbeit wurden vor allem Film und Video eingesetzt. Mit der Entwicklung neuer Medientechnologien und insbesondere des → Internets in den letzten zehn Jahren haben sich auch für die medienpädagogische Praxis neue Möglichkeiten ergeben (z. B. Erstellen von Homepages oder Podcasts, Durchführung von Internetprojekten etc.). Entsprechend vielfältig sind die Umsetzungsformen und Projekte aktiver Medienarbeit.

Ungeachtet der unterschiedlichen Ausprägungen verfolgt das Konzept der aktiven Medienarbeit das Ziel, über die aktive Form der Auseinandersetzung die analytische, reflexive und kritische Sichtweise der Beteiligten zu fördern (→ Medienkompetenz). Zudem sollen sie in die Lage versetzt werden, eigene Perspektiven und Positionen mittels Medien zu artikulieren. Daneben wird auch der Ausbildung der sozialen Kompetenz eine wichtige Bedeutung beigemessen. Die Gruppenarbeit ist daher zentraler Bestandteil aktiver Medienarbeit.

Bislang wird eine aktive, handelnde Auseinandersetzung mit Medien überwiegend in der außerschulischen Kinder- und Jugendarbeit praktiziert. Technische Geräte, die nicht nur kostengünstiger sind als noch vor Jahren, sondern auch anwendungsfreundlicher und leichter in der Handhabung, sowie unterschiedlichste Qualifizierungsangebote für Pädagoginnen und Pädagogen bieten zunehmend bessere Voraussetzungen und Möglichkeiten, das Konzept der aktiven Medienarbeit zu realisieren und auch in den schulischen Unterricht zu integrieren.  *CL*

*Literatur*

F. Schell: Aktive Medienarbeit mit Jugendlichen. Theorie und Praxis. 4. Aufl., München 2003.
B. Schorb: Medienalltag und Handeln. Medienpädagogik in Geschichte, Forschung und Praxis. Opladen 1995.

## ALM –
## Arbeitsgemeinschaft der Landesmedienanstalten

Die Regulierung des Rundfunks ist in Deutschland Angelegenheit der Bundesländer (→ Rundfunksystem). Sie haben deshalb durch Landesgesetze oder Staatsverträge die öffentlich-rechtlichen Rundfunkanstalten sowie die Landesmedienanstalten errichtet, die für Zulassung und Aufsicht sowie den Aufbau und die Fortentwicklung des privaten Hörfunks und Fernsehens in Deutschland zuständig sind. Inzwischen gibt es auch im Bereich der Telemedien – insbesondere Internet – Anforderungen bspw. im Bereich des Jugendmedienschutzes (→ Jugendschutz), deren Einhaltung die Landesmedienanstalten zu prüfen haben.

Viele rundfunkpolitische Angelegenheiten erfordern eine bundesweite Regelung. Zur Koordinierung und Abstimmung grundsätzlicher, länderübergreifender Fragen arbeiten die Landesmedienanstalten im Rahmen der Arbeitsgemeinschaft der Landesmedienanstalten in der Bundesrepublik Deutschland (ALM) zusammen, die auch gemeinsame Publikationen herausgibt.

## ANGA – Verband Privater Kabelnetzbetreiber e. V.

Mit mehr als 100 Mitgliedsunternehmen ist die ANGA – Verband Privater Kabelnetzbetreiber e. V. (www.anga.de) die größte Interessenvereinigung von Unternehmen der deutschen Breitbandkabelbranche. Mehr als die Hälfte der Fernsehhaushalte in Deutschland beziehen ihre TV-Programme über einen Kabelanschluss, der zunehmend auch für Internet-Zugang und IP-Telefonie genutzt werden kann (→ Breitbandkabelnetz). Die in der ANGA zusammengeschlossenen Kabelunternehmen versorgen rund 9 Mio. Haushalte. Die ANGA hat sich zum Ziel gesetzt, die Wettbewerbsbedingungen der Kabelbranche zu verbessern. Schwerpunkte ihrer Arbeit sind der Abbau regulatorischer Hindernisse mit dem Ziel der Gleichbehandlung mit anderen Übertragungswegen, der Abschluss von urheberrechtlichen Gesamtverträgen sowie die Unterstützung der Einführung neuer Kabeltechnologien und -dienste.

## Anzeigen-Auflagen-Spirale

Das Modell der Anzeigen-Auflagen-Spirale beschreibt die Dynamik der Marktentwicklung von Medien im Wechselspiel von Absatzmarkt und Werbemarkt. Es wurde zunächst am Beispiel der Tageszeitungen entwickelt.

Die Erträge der Tageszeitungen stammen fast zur Hälfte aus dem Anzeigengeschäft. Deshalb ist ihre Stellung am Anzeigenmarkt ein wesentlicher Faktor für den wirtschaftlichen Erfolg. Der Preis, der für eine Anzeige erzielt werden kann, hängt nicht nur von der Größe der Anzeige ab, sondern auch von der → Reichweite, also der Größe der Leserschaft, die mit der Anzeige erreicht werden kann. Die Werbepreise in unterschiedlichen Zeitungen oder auch in anderen Medien werden durch die so genannten Tausendkontaktpreise (TKP) vergleichbar gemacht. Sie geben an, wie hoch die Kosten der Schaltung der Werbung je 1.000 Nutzer des Mediums sind. Dazu wird der Preis für eine ganzseitige Anzeige (oder für einen 30-Sekunden-Werbespot) mit 1.000

multipliziert und durch die Zahl der Nutzer geteilt (TKP = Anzeigenpreis · 1.000/Nutzerzahl).

Wenn die Auflage einer Zeitung steigt, so führt dies aus der Sicht der Anzeigenkunden zu einer verbesserten Leistung und bei unveränderten Anzeigenpreisen zu geringeren Tausend-Kontakt-Preisen, so dass die Werbung in dieser Zeitung preisgünstiger wird. Dies kann Werbetreibende veranlassen, bei dieser Zeitung mehr Werbung zu schalten, und es steigen die Werbeeinnahmen. Zugleich steigen mit der Auflage auch die Einnahmen aus dem Verkauf, und da der redaktionelle Aufwand nicht von der Druckauflage bestimmt wird, sinken bei höherer Auflage auch die Stückkosten. Nun könnte der Verlag das verbesserte Ergebnis ganz oder teilweise investieren, um das redaktionelle Angebot der Zeitung gegenüber den Konkurrenten noch attraktiver zu machen. Wenn dies Erfolg hat, steigen erneut die Auflage und ggf. die Werbeeinnahmen, es gibt wieder ein verbessertes Ergebnis und es kann erneut in das Produkt investiert werden.

*Anzeigen-Auflagen-Spirale*

Auflage steigt
→ Reichweite steigt
→ Tausendkontaktpreis sinkt
→ Anzeigenaufkommen steigt
→ Werbeeinnahmen steigen
→ Preissenkung oder zusätzliche Investitionen in redaktionelle Qualität möglich
→ Auflage steigt weiter

Das gleiche Modell kann bei umgekehrtem Verlauf auch den Niedergang einer Zeitung beschreiben: Geht die Auflage und damit die Leserschaft zurück, so steigen für die Werbetreibenden die Tausend-Kontakt-Preise, und die Werbeeinnahmen werden durch geringeren Anzeigenverkauf und evtl. Senkung der Anzeigenpreise zurückgehen. Dies kann dazu führen, dass der Verlag Sparmaßnahmen ergreift und den redaktionellen Aufwand senkt. Dies kann aber auch die Attraktivität bei der Leserschaft und somit die Auflage verringern, mit weiter sinkenden Einnahmen aus Verkauf und Werbung. Wird die Auflage im Verhältnis zum größten Wettbewerber sehr klein, so verzichten viele Anzeigenkunden ganz darauf, in dieser Zeitung zu inserieren. Dies gilt besonders für Rubrikenanzeigen (Stellenmarkt, Wohnungsmarkt usw.), die für die Leserschaft der Tageszeitungen durchaus einen attraktiven Inhalt darstellen.

Dieser Prozess der Anzeigen-Auflagen-Spirale hat in Deutschland zu einer starken Pressekonzentration geführt. In den meisten Städten und Kreisen gibt es inzwischen nur noch eine lokale Abonnementszeitung. In manchen Regionen gibt es unterschiedliche Tageszeitungen aus dem gleichen Verlag mit einem Anzeigenverbund, bei dem die Anzeigen in allen Zeitungen zugleich erscheinen. Damit entfällt der Wettbewerb auf dem lokalen Werbemarkt, und der Zeitungsverlag kann versuchen, durch unterschiedliche redaktionelle Gestaltung der Zeitungen insgesamt die größtmögliche Reichweite zu erzielen.

Entsprechend kann man auch den Wettbewerb in anderen Medien betrachten. Bei den werbefinanzierten elektronischen Medien wird meist von einer *Werbespot-Reichweiten-Spirale* gesprochen. So sind die Hörfunkveranstalter stets bemüht, hohe Reichweiten und hohe Werbeeinnahmen zu erzielen. Und einen Teil der Einnahmen können sie dann in Maßnahmen zur Steigerung der Attraktivität investieren, von besserer redaktioneller Leistung bis hin zu Gewinnspielen, mit denen das Publikum angelockt wird. *Schr*

*Literatur*

F. Stahmer: Ökonomie des Presseverlages. München 1995.

## Arbeitsgemeinschaft Media-Analyse – ag.ma

Die Arbeitsgemeinschaft Media-Analyse (ag.ma) ist ein Zusammenschluss von mehr als 250 Unternehmen der deutschen Werbewirtschaft aus den Bereichen Werbungtreibende, Werbe- und Media-Agenturen, Hörfunk, Fernsehen, Tageszeitungen, Zeitschriften und Plakat. Ziel der ag.ma ist die Erhebung aller messbaren Werbeträger. Ihre Tätigkeit begann 1954 zunächst mit Tageszeitungen und Zeitschriften und wurde inzwischen auf die Gebiete Fernsehen und Radio, Kino, Plakat sowie Online-Medien ausgeweitet. Die ag.ma ermittelt im Konsens zwischen Medien, Werbungstreibenden und Agenturen mit ihrer → Media-Analyse die → Reichweiten der Medien in Deutschland, so dass auf dieser Basis die Werbeleistungen verglichen werden können.

## Arbeitsmarkt

Der Medienbereich wird in der öffentlichen Diskussion immer wieder als wichtiger Teil des Arbeitsmarktes gesehen. Vor allem in der Zeit des Internet-Booms am Ende der 1990er Jahre wurde das Potenzial der Entwicklung für den Arbeitsmarkt betont. Nach dem Ende des Internet-Booms Anfang dieses Jahrhunderts sind auch die Erwartungen an die Entwicklung der Beschäftigung im Medienbereich bescheidener geworden. Der vom Einsatz digitaler Technik ausgelöste Strukturwandel trägt dazu bei, dass auch ein Teil der traditionellen Arbeitsplätze in den Medien wegfallen und sich traditionelle Berufsbilder verändern.

Ein Blick auf die Statistik zeigt, dass vor allem im Bereich der Druck- und Druckweiterverarbeitungsberufe eine Vielzahl von Stellen verloren gegangen ist, während vor allem bei den Werbefachleuten und Publizisten die Zahl der Beschäftigten stieg. Insgesamt wuchs die Bedeutung des Medienbereichs mit Blick auf den Anteil der Medienberufe an der Beschäftigung in der Bundesrepublik nur geringfügig von 1,26 % auf 1,37 %.

Zu den Schwierigkeiten der Einschätzung der Entwicklung auf dem Arbeitsmarkt kommt hinzu, dass durch die Annäherung der Branchen Informations- und Kommunikationstechnik, Telekommunikation und Medien eine klare Abgrenzung für den Medienbereich immer schwieriger wird. Darüber hinaus gibt es z. B. im Bereich der → Öffentlichkeitsarbeit auch abseits von traditionellen Medienunternehmen eine Vielzahl von Arbeitsplätzen, die eigentlich der Erwerbstätigkeit im Medienbereich hinzuzurechnen wären, die aber statistisch nur unvollständig erfasst werden (vgl. Tabelle 1).

Die Medienwirtschaft ist in der Bundesrepublik räumlich stark konzentriert. In den fünf wichtigsten Standorten der Medienbranche in Deutschland arbeiten mehr als 20 % der Beschäftigten der Wirtschafts-

## Arbeitsmarkt

Tabelle 1: Erwerbstätige in Medienberufen 1995 und 2003

|  | 1995 (in Tsd.) | | | 2003 (in Tsd.) | | |
|---|---|---|---|---|---|---|
|  | Insgesamt | Selbstst. und mithelfende Familienangehörige | Abhängig Erwerbstätige | Insgesamt | Selbstst. und mithelfende Familienangehörige | Abhängig Erwerbstätige |
| Druck- und Druckweiterverarbeitungsberufe | 200 | 9 | 191 | 159 | 11 | 148 |
| Radio- und Fernsehtechniker/-innen | 30 | 5 | 25 | 29 | 7 | 21 |
| Buch-, Musikalienhändler/-innen | 22 | – | 18 | 29 | 7 | 22 |
| Verlagskaufleute | 38 | 5 | 33 | 42 | 6 | 36 |
| Werbefachleute | 73 | 17 | 56 | 103 | 21 | 81 |
| Publizisten/Publizistinnen | 92 | 31 | 61 | 133 | 50 | 83 |
| Medienberufe insgesamt | **455** | **71** | **384** | **495** | **103** | **392** |
| Erwerbstätige insgesamt | 36.048 | 3.818 | 32.230 | 36.172 | 4.129 | 32.043 |
| Anteil der Erwerbstätigen in Medienberufen an der Gesamtwirtschaft in % | 1,26 | 1,86 | 1,19 | 1,37 | 2,49 | 1,22 |

*Quelle:* Statistisches Bundesamt: Leben und Arbeiten in Deutschland. Ergebnisse des Mikrozensus 2003. Wiesbaden 2004. Tabellenanhang zur Pressebroschüre, Tabelle 30; eigene Berechnungen

zweige Verlage, Druckereien, Vervielfältigung von Tonträgern, Post- und Fernmeldedienste, Softwarehäuser, Werbung, Film- und Videoproduktion, Nachrichtenagenturen, Datenbanken und sonstige Datenverarbeitung. Diese Medienstandorte sind Hamburg, Berlin, München, Köln und Frankfurt am Main. Die einzelnen Standorte haben eine räumliche Spezialisierung für unterschiedliche Teilbereiche der Medienbranche entwickelt. Im Bereich der Verlage zählen die Städte Hamburg, Stuttgart, München, Bielefeld und Nürnberg zu den wichtigsten Standorten in Deutschland, die Beschäftigung im Verlagsbereich liegt in diesen Standorten doppelt so hoch wie im Bundesdurchschnitt, 25 % aller im Verlagsbereich Beschäftigten arbeiten in diesen fünf Städten. Die Werbebranche weist an den Standorten Hamburg, Düsseldorf, Frankfurt am Main und München mit rund 30 % der Beschäftigten eine starke regionale Fokussierung auf.

Beinahe die Hälfte der Beschäftigten der Rundfunkbranche arbeitet in Köln, Hamburg, Berlin, München oder Leipzig, Spitzenreiter ist hier Köln mit einem Anteil von 15 % aller im Rundfunkbereich Beschäftigten. Dabei spielen vor allem die öffentlich-rechtlichen Rundfunkveranstalter eine zentrale Rolle für die Entwicklung der Beschäftigung in diesem Bereich. Nur in München waren im Jahr 2004 mehr Personen im kommerziellen als im öffentlich-rechtlichen Rundfunk beschäftigt (vgl. Tabelle 2).

Die Beschäftigungsverhältnisse in der Medienbranche sind traditionell sehr unterschiedlich, neben der Festanstellung arbeiten viele Beschäftigte auf Honorarbasis oder mit auf Projekte befristeten Verträgen. In den letzten Jahren hat die Zahl dieser freien Beschäftigungsverhältnisse vor allem im journalistischen Bereich zugenommen. In der Zukunft wird es immer schwieriger werden, auf der Grundlage statistischer Daten zuverlässige Aussagen über die Entwicklung der Beschäftigung im Medienbereich zu treffen. Aufgrund der verschwindenden Abgrenzung zu anderen Wirtschaftsbereichen und dem in unterschiedlicher Form wirkenden Strukturwandel der Medienbranche wird es ein ungleichmäßig verteiltes Wachstum der Branche geben. Die Bereiche, denen derzeit die größten Wachstumspotenzial zugetraut werden, sind Fernsehen, Werbung und Online-Kommunikation, eine Stagnation oder sogar ein Rückgang der Beschäftigung wird für den traditionellen Printbereich erwartet.

Allerdings suchen alle Unternehmen neue Geschäftsfelder, auf die sie ihre Aktivitäten ausweiten können, so planen z. B. eine Reihe von Zeitungsverlagen, nach dem Ende des Zustellmonopols der Deutschen Bundespost Zustelldienste anzubieten. Die Zurechnung dieser neuen Beschäftigten könnte den Eindruck erwecken, dass es hier zu Wachstum kommt, allerdings ist zu beachten, dass die dann möglicherweise bei der Deutschen Bundespost abgebauten Arbeitsstellen hier berücksichtigt werden müssten. *H3r*

# Arbeitsmarkt

*Tabelle 2: Beschäftigung im Rundfunk in den vier wichtigsten deutschen Medienstädten 2004*

|  | Deutschland | Berlin[1] | Hamburg | Köln[2] | München[3] | Summe der vier Städte |
|---|---|---|---|---|---|---|
|  | Anzahl | | | | | |
| Erwerbstätige Ende 2004 | 46.004 | 4.321 | 3.483 | 7.998 | 7.455 | 23.257 |
| Öffentlich-rechtlicher Rundfunk | 29.415 | 2.667 | 2.767 | 5.902 | 3.486 | 14.822 |
| Privater Rundfunk | 16.589 | 1.654 | 716 | 2.096 | 3.969 | 8.435 |
| davon: | | | | | | |
| Fernsehen | 12.689 | 1.296 | 611 | 2.062 | 3.637 | 7.606 |
| Hörfunk | 3.900 | 358 | 105 | 34 | 332 | 829 |
| Sonstige Mitarbeiter Ende 2004 | 28.235 | 2.371 | 1.850 | 7.626 | 3.565 | 15.412 |
| Gesamtbeschäftigung Ende 2004 | 74.239 | 6.692 | 5.333 | 15.624 | 11.020 | 38.669 |
|  | Anteil am Bundesgebiet in % | | | | | |
| Erwerbstätige Ende 2002 | 100 | 9,4 | 7,6 | 17,4 | 16,2 | 50,6 |
| Öffentlich-rechtlicher Rundfunk | 100 | 9,1 | 9,4 | 20,1 | 11,9 | 50,4 |
| Privater Rundfunk | 100 | 10,0 | 4,3 | 12,6 | 23,9 | 50,8 |
| davon: | | | | | | |
| Fernsehen | 100 | 10,2 | 4,8 | 16,3 | 28,7 | 59,9 |
| Hörfunk | 100 | 9,2 | 2,7 | 0,9 | 8,5 | 21,3 |
| Sonstige Mitarbeiter Ende 2004 | 100 | 8,4 | 6,6 | 27,0 | 12,6 | 54,6 |
| Gesamtbeschäftigung Ende 2004 | 100 | 9,0 | 7,2 | 21,0 | 14,8 | 52,1 |

1 Einschließlich Potsdam
2 Einschließlich der Mitarbeiter der deutschen Welle in Bonn
3 Einschließlich Umland
*Quelle:* Die Landesmedienanstalten 2006, S. 95

*Literatur*

Die Landesmedienanstalten (Hrsg.): Beschäftigte und wirtschaftliche Lage des Rundfunks in Deutschland 2004. Berlin 2006.
M. Schönert: Zur Lage der Medienwirtschaft in den deutschen Großstädten 2003. BAW-Monatsbericht 5/2004. Bremen.

# ARD

Die Arbeitsgemeinschaft der öffentlich-rechtlichen Rundfunkanstalten der Bundesrepublik Deutschland (ARD) wurde am 9./10. Juni 1950 von den Landesrundfunkanstalten gegründet, die nach dem Zweiten Weltkrieg von den westlichen Besatzungsmächten errichtet und zwischen 1947 und 1949 als eigenständige Einrichtungen weitgehend aus der Kontrolle der Besatzungsmächte entlassen worden waren. In der britischen Besatzungszone war es der Nordwestdeutsche Rundfunk (NWDR), in der französischen Besatzungszone der Südwestfunk (SWF), in der amerikanischen Besatzungszone der Bayerische Rundfunk (BR), der Hessische Rundfunk (HR), der Süddeutsche Rundfunk (SDR) und Radio Bremen (RB). Mit beratender Stimme wurde der RIAS Berlin beteiligt.

Die Zahl der ARD-Mitglieder erhöhte sich 1954 durch die Ausgliederung des Senders Freies Berlin (SFB) aus dem NWDR und 1956 durch dessen Aufteilung in den Norddeutschen Rundfunk (NDR) und den Westdeutschen Rundfunk (WDR), 1957 durch den Beitritt des Saarländischen Rundfunks (SR), 1962 durch die Neugründung des Deutschlandfunks und der Deutschen Welle als Auslandsrundfunk des Bundes sowie 1991 durch Gründung des Mitteldeutschen Rundfunks (MDR) und des Ostdeutschen Rundfunks Brandenburg (ORB). Nach dem Zusammenschluss von SWR und SDR zum Südwestrundfunk (SWR, 1998) und von ORB und SFB zum Rundfunk Berlin-Brandenburg (RBB, 2002) gehören der ARD nun neun Landesrundfunkanstalten sowie die Deutsche Welle (DW) als Auslandsrundfunk des Bundes an. Das Deutschlandradio, 1994 per Staatsvertrag hervorgegangen aus dem Zusammenschluss von RIAS Berlin, Deutschlandfunk und

Deutschlandsender Kultur, wird von den ARD-Anstalten und dem → ZDF gemeinsam getragen.

Zu den Aufgaben der ARD gehören u. a. die Wahrnehmung gemeinsamer Interessen der Rundfunkanstalten und die Bearbeitung gemeinsamer Fragen des Programms. Ziel bei der Gründung der ARD war zugleich eine Sicherung der föderalen Struktur und der Unabhängigkeit der Rundfunkanstalten gegenüber den Zentralisierungsvorhaben der Bundesregierung, die 1953 die Übernahme des Kurzwellen- und Langwellen-Rundfunks und des Fernsehens in eine Einrichtung unter Aufsicht der Bundesregierung plante, aber am Bundesrat scheiterte.

Am 27. März 1953 schlossen die Intendanten und Gremienvorsitzenden der ARD-Rundfunkanstalten den Fernsehvertrag, der die Gestaltung des gemeinsamen Fernsehprogramms regelt. Auf dieser Grundlage wurde am 1. November 1954 das gemeinsame Fernsehprogramm „Deutsches Fernsehen" offiziell gestartet. Am 17. April 1959 wurden die Veranstaltung des gemeinsamen Fernsehprogramms und der Finanzausgleich unter den Rundfunkanstalten durch ein Länderabkommen geregelt. Im Jahre 1992 haben die Länder als Teil des umfassenden Staatsvertrages über den Rundfunk im vereinten Deutschland einen ARD-Staatsvertrag geschlossen, der u. a. die Landesrundfunkanstalten verpflichtet, weiterhin ein gemeinsames Fernsehvollprogramm zu veranstalten und dies mit dem ZDF abzustimmen.

Neben dem ersten Programm betreiben die ARD-Anstalten heute sieben Dritte Programme, die in den 1960er Jahren vornehmlich als Bildungsprogramme begannen und inzwischen überwiegend als Vollprogramme mit regionalem Schwerpunkt gelten können, aber auch zur Zweitverwertung von Programmvermögen dienen, das für das erste Programm produziert oder erworben wurde. Der Bayerische Rundfunk hat 1998 das zusätzliche Fernsehprogramm *BR-Alpha* eingerichtet, das nun als Bildungsprogramm dienen soll und per → Satellit bundesweit verbreitet wird. Die digitalen Programme *Eins Extra*, *Eins Plus* und *Eins Festival* werden von der ARD gemeinschaftlich veranstaltet. Am *Kinderkanal KI.KA* und dem Dokumentationskanal *Phönix* sowie an den internationalen Programmen *arte* und *3sat* sind sowohl die ARD als auch das → ZDF beteiligt. Zu den Gemeinschaftseinrichtungen, die die ARD gemeinsam mit dem ZDF unterhält, gehören auch die Ge-

*Entwicklung der öffentlich-rechtlichen Rundfunkanstalten in der Bundesrepublik Deutschland 1970-2004*

|  | 1970 | 1980 | 1990** | 2000 | 2004 |
|---|---|---|---|---|---|
| Anzahl der Rundfunkanstalten | 14 | 14 | 14 | 12 | 11 |
| Anzahl der Hörfunkprogramme (o. Fremdsprachenprogramme) | 29 | 34 | 39 | 61 | 58 |
| Anzahl der Fernsehprogramme | 7 | 7 | 7 | 22 | 21 |
| Anzahl der besetzten Planstellen | 20.902 | 22.363 | 27.844 | 28.441 | 27.932 |
| *Davon ARD (inkl. DLF/DLR, DW,RIAS)* | *18.112* | *19.033* | *23.965* | *24.846* | *24.309* |
| *ZDF* | *2.790* | *3.330* | *3.879* | *3.595* | *3.623* |
| Erträge aus Rundfunkgebühren in Mio. Euro | 662,6 | 1.616,8 | 2.741,9 | 5.626,5 | 6.774,0 |
| *Davon ARD* | *533,4* | *1.285,9* | *2.211,1* | *4.377,7* | *5.252,1* |
| *ZDF* | *129,2* | *330,9* | *530,8* | *1.249,8* | *1.522,9* |
| Erträge aus Rundfunkwerbung in Mio. Euro | 141,7 | 513,6 | 672,4 | 418,8 | 183,0 |
| *Davon ARD* | *50,9* | *286,7* | *315,3* | *241,8* | *74,7* |
| *ZDF* | *89,8* | *226,9* | *357,1* | *177,0* | *109,3* |
| Monatl. Grundgebühr in Euro | 1,28 | 1,94 | 3,07 | 4,83 | 5,32* |
| Monatl. Fernsehgebühr in Euro | 3,07 | 4,70 | 6,65 | 9,61 | 10,83* |
| Marktanteil Hörfunk-Nutzung ARD | 100 | 100 | 79 | 51,7 | 56,1 |
| Marktanteil Fernseh-Nutzung ARD inkl. Dritte Programme und arte | k. A. | 54,6 | 40,0 | 32,2 | 31,6 |
| Marktanteil Fernseh-Nutzung ZDF inkl. 3sat | k. A. | 43,7 | 28,7 | 15,6 | 15,6 |

\* Seit 1.4.2005: Grundgebühr 5,52 Euro, Fernsehgebühr 11,51 Euro.
\*\* nur alte Bundesländer
*Quellen:* ARD-Jahrbücher; ZDF-Jahrbücher; Media Perspektiven 4/1981, S. 288 und 3/1991, S. 180

bühreneinzugszentrale (GEZ), das Deutsche Rundfunkarchiv, das Institut für Rundfunktechnik und die Schule für Rundfunktechnik. Mit dem Start der privaten Rundfunkanbieter im Jahre 1984 haben sich die Rahmenbedingungen für die ARD-Anstalten nachhaltig geändert (s. vorstehende Tabelle). Einerseits gab es einen verschärften Wettbewerb um die → Aufmerksamkeit der Zuschauer. Die Einschaltquoten und Marktanteile der ARD sind zurückgegangen und die Werbeeinnahmen gesunken. Das Konzept, durch Programmkoordination mit dem ZDF Sendeplätze einzurichten, auf denen Informationssendungen nicht im Wettbewerb mit Unterhaltungssendungen stehen, ist durch die Konkurrenz ausgehebelt. Auch die Legitimation der Rundfunkgebühren wird gelegentlich bestritten. Andererseits sind die Kosten für Senderechte, besonders für Sportübertragungen und Spielfilme, deutlich gestiegen, und alle Veranstalter haben ihre Sendezeiten auf die Nachtstunden ausgedehnt. Die ARD hat in dieser Situation ihr Programmangebot deutlich erweitert. Auch die Beschäftigung bei den ARD-Anstalten hat bis in die 1990er Jahre stetig zugenommen. Mit dem Neuanfang in den neuen Bundesländern erreichte sie ihren Höhepunkt, inzwischen gibt es einen allmählichen Rückgang. Zusammengenommen beschäftigen die Mitglieder der ARD gegenwärtig über 24.000 Mitarbeiter, sie veranstalten 58 deutschsprachige Hörfunk- und, z. T. gemeinsam mit dem ZDF, 17 Fernsehprogramme. *Schr*

*Literatur*

ARD (Hrsg): ARD-Jahrbuch 04/05. Hamburg 2005 (teilweise online zugänglich unter www.ard.de/intern/publikationen).
ARD (Hrsg.): 50 Jahre ARD: 1950-2000. Baden-Baden 2000.
P. Steinwärder: Die Arbeitsgemeinschaft der öffentlich-rechtlichen Rundfunkanstalten der Bundesrepublik Deutschland – Entstehung, Tätigkeitsfelder und Rechtsnatur. Baden-Baden 1998.

## Aufmerksamkeit

Die zunehmende Ausbreitung des → Internets trug Ende der 1990er Jahre dazu bei, dass eine Diskussion über die Bedeutung der Aufmerksamkeit begann. Einige Autoren sahen dabei die Ökonomie des Geldes am Ende angekommen und stellten fest, dass ein leitendes Element der Handlungen der Menschen mittlerweile das Streben nach Aufmerksamkeit ist. An die Stelle der traditionellen Elemente des Marktes mit Angebot und Nachfrage nach Gütern und Dienstleistungen und der Bewertung dieser Angebote mit finanziellen Ressourcen tritt die Aufmerksamkeitsökonomie. In der Aufmerksamkeitsökonomie ist es entscheidend, Aufmerksamkeit zu suchen, zu erhalten und zu schenken. Die Vertreter der Aufmerksamkeitsökonomie halten die zunehmende Verbreitung neuer Informations- und Kommunikationsmöglichkeiten für ein Indiz des umfassenden gesellschaftlichen Wandels. Einige sehen die Grenzen des materiellen Konsums in den industriell geprägten Gesellschaften erreicht und erwarten, dass aufgrund der zunehmenden Möglichkeiten, sich Informationen zu verschaffen, die Aufmerksamkeit als knappes Gut die entscheidende Ressource für das Funktionieren der Gesellschaft wird. Als Grund für die Richtigkeit der Annahme wird die scheinbar ungesteuert verlaufende Steigerung der Leistungsfähigkeit der Informations- und Kommunikationsnetze angeführt, deren Zweck in Wirklichkeit nur die Schaffung der Grundlage für eine optimale Verteilung von Aufmerksamkeit sein soll.

Ein Mindestmaß an Aufmerksamkeit ist für das Überleben des Individuums in der Gesellschaft nötig. In einigen Fällen ziehen die Autoren, die sich mit der Aufmerksamkeitsökonomie befassen, hierbei Parallelen zur Geldwirtschaft: nicht jeder will unendlich viel Geld besitzen, aber ein ausreichendes Budget um die täglichen Ausgaben bestreiten zu können ist als Minimum erstrebenswert. Einige Kritiker der Aufmerksamkeitsökonomie stellen an dieser Stelle fest, dass die Übertragbarkeit von Aufmerksamkeit in Geld nicht neu ist. Schon Anfang des 20. Jahrhunderts stellten Nationalökonomen fest, dass z. B. Zeitungen nichts anderes sind als eine Möglichkeit, mit Anzeigen gefüllte Seiten an Leser zu verkaufen, also die Aufmerksamkeit der Leser für die Werbung Treibenden zugänglich zu machen. Auch im Fall der Aufmerksamkeitsmillionäre, etwa populärer Schauspieler und Musiker, wird die Aufmerksamkeit direkt in klingende Münze umgesetzt – Bekanntheit hängt unmittelbar mit dem Marktwert zusammen.

Mittlerweile hat sich die Diskussion über die Aufmerksamkeitsökonomie wieder beruhigt, in dem Ausmaß, in dem das Internet von der Realität der Old Economy und der Geldwirtschaft eingeholt wurde, verlor die Vorstellung von einer Ökonomie ohne Geld ihre Bedeutung. Längst ist die Aufmerksamkeit für Werbung im Internet ein Gut, dass direkt in Geld übertragen wird, um die Angebote zu finanzieren. Die Vorstellung von kostenlosen Inhalten, die im Wettbewerb um die Aufmerksamkeit des Publikums stehen, hat sich bislang nicht als richtig erwiesen. Tatsächlich arbeiten Anbieter in zunehmendem Maße damit, Ausschlussmechanismen zu entwickeln, die nur gegen die Entrichtung einer Gebühr die Nutzung von Inhalten zulassen, so setzen Zeitschriftenverlage im Internet zunehmend auf Pay-Angebote.

All dies zeigt, dass das Warten auf das Ende der traditionellen Ökonomie noch nicht zu Ende ist und eine Regel aus einem Ökonomie-Lehrbuch bislang Bestand hat: Technology changes – Economic Laws do not. *H3r*

*Literatur*

G. Franck: Ökonomie der Aufmerksamkeit. München 1998.
K. Beck, W. Schweiger (Hrsg.): Attention please! Online-Kommunikation und Aufmerksamkeit. München 2001.
C. Shapiro, H. R. Varian: Information rules: A strategic guide to the networt economy. Boston, Mass. 2000.

## Auslandsberichterstattung

Berichte über das Ausland werden allgemein als Bestandteil der aktuellen Berichterstattung gesehen, der unverzichtbar ist. Das Interesse des Publikums ist allerdings eher auf lokale und inländische Nachrichten ausgerichtet. Als dominierendes Motiv für die Nutzung sowohl von Zeitungs- als auch von Hörfunk- und Fernsehnachrichten wird von Befragten in Studien regelmäßig die Suche nach Informationen über lokale und inländische Ereignisse genannt, deutlich vor der Suche nach Informationen über Ereignisse im Ausland. Die große Bedeutung der Auslandsberichterstattung lässt sich mit der zunehmenden Bedeutung von Informationen aus dem Ausland für die Gesellschaft insgesamt erklären: Unternehmen agieren grenzüberschreitend ebenso wie die Politik, deutsche Soldaten sind in verschiedenen Regionen der Welt im Einsatz und auch die alltäglichen Lebenswelten der Bürger werden immer stärker durch internationale Kontakte beeinflusst, sei es durch den Tourismus oder das → Internet. Die Terroranschläge vom 11. September 2001 in den USA sind das deutlichste Beispiel für die globalisierten Auswirkungen von Ereignissen. Sie führten zu einer grundlegenden Neubewertung politischer, wirtschaftlicher und kultureller wie religiöser Informationen auch in der Berichterstattung.

Auslandsberichterstattung im engeren Sinne umfasst Nachrichten über das Ausland in den Nachrichtensendungen im Fernsehen, im Politikteil der Zeitungen, in Nachrichtentickern von Online-Portalen usw. Im weiteren Sinne gehören zur Auslandsberichterstattung aber auch Informationsangebote über Ereignisse und Verhältnisse im Ausland, die kultureller, ökonomischer oder auch touristischer Art sein können (Dokumentationen, Magazinsendungen usw. im Fernsehen, Kulturressort, Wirtschaftsressort, Reiseressort usw. in Zeitungen). Eingegrenzt werden diese Informationsangebote durch ihren journalistischen Charakter, so sind z. B. Werbeseiten der Tourismusbranche im Internet nicht zur Auslandsberichterstattung zu zählen.

Den Auslandsnachrichten wird allgemein eine wichtige Funktion für die → Information der Bürger in der Demokratie beigemessen und einige Wissenschaftler argumentieren, dass Frieden und internationale Verständigung entscheidend von einer angemessenen journalistischen Darstellung anderer Länder in den Medien abhängen. Auslandsberichterstattung soll das Publikum über die Ereignisse in der Welt informieren, ihnen im Optimalfall Wissen, Hintergründe und Meinungen vermitteln. Den größten denkbaren Gegensatz hierzu bildet die Instrumentalisierung der Auslandsberichterstattung im Krieg zur Propaganda gegen den Feind. An die Erfahrungen aus dem Zweiten Weltkrieg anknüpfend entwickelte sich nach dem Krieg unter Beteiligung der Vereinten Nationen (UN) die Doktrin des *Free Flow of Information*, der freie Informationsfluss zwischen den Staaten sollte nicht durch die Politik behindert werden (→ Weltkommunikationsordnung). In der Realität ist der freie Informationsfluss aber nach wie vor durch verschiedene Faktoren eingeschränkt. Hier ist z. B. die so genannte *public diplomacy* zu nennen, d. h. durch umfassende PR-Kampagnen kann die Politik einigen Einfluss auf die Berichterstattung erlangen. Ein weiterer Faktor ist die starke Dominanz einiger weniger → Nachrichtenagenturen, dies sind AP und UPI in den USA, Reuters in Großbritannien und AFP in Frankreich.

Es lassen sich zwei Hauptmerkmale der Auslandsberichterstattung festhalten: zum einen konzentriert sich die Auslandsberichterstattung üblicherweise stark auf einige wenige Länder, insbesondere auf die USA und Westeuropa, während andere Weltregionen kaum präsent sind (s. Tabelle). Lateinamerika und große Teile Afrikas bilden „weiße Flecken" auf der Weltkarte der Berichterstattung. Im Hinblick auf die wenig beachteten Länder kommt hinzu, dass diese allenfalls dann zum Gegenstand der → Aufmerksamkeit werden, wenn es negative Anlässe gibt, etwa Naturkatastrophen, Bürgerkriege oder wirtschaftliche Krisen. Zum anderen ist ein starker Regionalismus festzustellen, über Länder aus der eigenen Weltregion wird bevorzugt berichtet. In den meisten Auslandsberichten wird zudem ein Bezug zum eigenen Land hergestellt. Insgesamt lässt sich in diesem Bereich ein deutliches Übergewicht an politischen Nachrichten gegenüber kulturellen und gesellschaftlichen Informationen festhalten.

Gründe für die ungleichgewichtige Nachrichtenauswahl und -präsentation sind die Arbeitsweisen und in den finanziellen Möglichkeiten der Redaktionen im Bereich der Auslandsberichterstattung. Die Nutzung von Nachrichtenagenturmeldungen stellt für die Redaktionen meist die günstigste Art der Informationsbeschaffung dar. Wenige Redaktionen können sich ein Korrespondentennetz leisten, mittels dessen vor Ort Hintergründe recherchiert werden können, oder auch nur Zulieferungen von freien Journalisten im Ausland nutzen. Einige Sender haben zwar Korrespondentennetze aufgebaut, diese weisen allerdings ebenfalls in bestimmten Regionen nur eine grobe Abdeckung auf. So hatte 2004 das Korrespondentennetz der → ARD (das nach Angaben der ARD als das größte der Welt gilt) 17 Korrespondenten in den USA gegenüber acht Korrespondenten für den ganzen afrikanischen Kontinent. Ein weiterer Grund für das Ungleichgewicht besteht in der

*Geographische Verteilung der Berichterstattung in verschiedenen deutschen Medien 1995 (Anzahl der Beiträge in %)*

|  | Agenturen | Fernsehen | Zeitungen |
|---|---|---|---|
| Deutschland | 16 | 17 | 22 |
| Europäische Union | 21 | 20 | 23 |
| Andere europäische Länder | 14 | 13 | 12 |
| USA | 10 | 6 | 11 |
| Asien | 9 | 12 | 8 |
| Sonstige Länder/Regionen | 8 | 8 | 6 |
| Mittlerer Osten/Nordafrika | 7 | 1 | 5 |
| Russland | 5 | 9 | 4 |
| Australien/Ozeanien | 5 | 10 | 2 |
| Mittel-/Südamerika | 4 | 2 | 4 |
| Andere afrikanische Länder | 1 | 1 | 2 |
| GUS | – | – | 1 |
| Kanada | – | 1 | – |
| Nicht anwendbar | – | – | – |

*Quelle:* Schmidt/Wilke (1998) S. 179

weithin durchgesetzten Gültigkeit bestimmter so genannter Nachrichtenfaktoren: Zur Auswahl einer Nachricht für die Veröffentlichung durch den Journalisten und die Redaktion führen Faktoren wie Aktualität, Nähe, kollektive Bedeutsamkeit, Bezug zu Elitenationen, Personalisierung (→ Nachrichtenauswahl).

Ein weiterer problematischer Aspekt, der sich aus der Produktionsweise von Auslandsnachrichten ergibt, ist die oft stereotype Darstellung anderer Nationen, die dann möglicherweise bestehende negative → Stereotype im Publikum verstärkt oder diese im schlechtesten Fall hervorruft. *AH*

*Literatur*

K. Hafez: Die politische Dimension der Auslandsberichterstattung, 2 Bände, Baden-Baden 2002.
K. Kamps: Fernsehnachrichten: Prozesse, Strukturen, Funktionen, Opladen 1998.
D. Schmidt, J. Wilke: Die Darstellung des Auslands in den deutschen Medien: Ergebnisse einer Inhaltsanalyse 1995. In: S. Quandt, W. Gast (Hrsg.): Deutschland im Dialog der Kulturen. Konstanz 1998, S. 167-181.

## Axel Springer AG

Hinrich Springer (1880-1949), bis 1941 Verleger der Altonaer Nachrichten, und sein Sohn Axel Cäsar Springer (1912-1985), ausgebildet in einer Druckerei, einer Papierfabrik, einer Nachrichtenagentur und einer Zeitungsredaktion, gründeten 1946 die Axel Springer Verlag GmbH. Die ersten Zeitschriften des späteren Konzerns, zunächst noch im väterlichen Verlag Hammerich und Lesser, waren 1946 die *Nordwestdeutschen Hefte* mit Sendemanuskripten des Nordwestdeutschen Rundfunks sowie die Programmzeitschrift *Hör Zu!*.

Nachdem die britische Militärregierung zunächst nur Parteizeitungen lizenziert hatte, erteilte der Hamburger Senat im Sommer 1948 Axel Springer die Zulassung für das *Hamburger Abendblatt* als unabhängige und überparteiliche Tageszeitung. Am 24. Juni 1952 erschien die erste Ausgabe der *Bild-Zeitung*, die Axel Springer als vorweggenommene „gedruckte Antwort auf das Fernsehen" bezeichnete und deren Titelseite anfangs vornehmlich Bilder brachte. Die überregionale Tageszeitung *Die Welt*, gegründet von der britischen Militärregierung, wurde 1953 öffentlich zum Verkauf angeboten und mehrheitlich von Axel Springer übernommen. 1956 erwarb der Axel Springer Verlag eine Minderheitsbeteiligung an der Ullstein AG, die in Berlin die *Berliner Morgenpost* und die Boulevardzeitung *B.Z.* herausgab; 1959 übernahm er die Mehrheit. Mit dem 1. Januar 1967 wurde der Hauptsitz des Axel Springer Verlages von Hamburg nach Berlin verlegt. Während der Studentenbewegung wurde Axel Springer mit seiner publizistischen Macht zum verhassten Gegner; Demonstranten forderten seine Enteignung.

1970 wurden die Gesellschaften der Unternehmensgruppe in der Axel Springer Verlag AG zusammenfasst, deren Aktien als vinkulierte Namensaktien nur mit Zustimmung des Unternehmens veräußert werden dürfen. 1981 wurde zur Unternehmensnachfolge die Übernahme des Mehrheit durch → die Burda Verlagsgruppe angestrebt. Nach Untersagung durch das → Bundeskartellamt wurde auch die angestrebte Ministererlaubnis nicht erteilt, da die vom Wirtschaftsminister hinzugezogene → Monopolkommission einen solchen Zusammenschluss nicht nur als Gefahr für den wirtschaftlichen Wettbewerb, sondern auch als Gefährdung für die Meinungsvielfalt im Pressewesen beurteilte. Noch vor dem Börsengang 1985 erwarb Burda eine Beteiligung von knapp 25 %, verkaufte sie aber 1988 wieder an die Erben von Axel Springer, die sich damit die Aktienmehrheit sicherten. Der Filmhändler und Fernsehunternehmer Leo Kirch, der beim Börsengang einen Anteil von 10 % erworben hatte, stärkte seine Position durch Zukäufe, die zeitweilig verdeckt durch Treuhänder erfolgten, bis auf 40,3 %, die wiederum als Kreditsicherheit an die Deutsche Bank verpfändet wurden. Nach der Auflösung der Kirch-Gruppe gehören die Aktien der Axel Springer AG zu etwas mehr als 50 % über die Axel Springer Gesellschaft für Publizistik der Erbengemeinschaft, zu 5 % der Witwe Friede Springer, zu 19,4 % der Investmentgesellschaft Hellman & Friedman und zu 9,8 % der Axel Springer AG selbst. 2 % hält seit Juli 2006 Mathias Döpfner, der Vorstandsvorsitzende der Axel Springer AG.

Der Schwerpunkt der Unternehmenstätigkeit liegt im Bereich der Tagespresse, er macht 60 % des Umsatzes aus. Anfang 2006 hatte der Verlag mit seinen Beteilungen eine verkaufte Auflage von 4,8 Mio. Exemplaren täglich und damit einen Marktanteil von 22,5 %; erst mit weitem Abstand folgen die → WAZ-Mediengruppe (5,6 %) und die Verlagsgruppe Stuttgarter Zeitung/Rheinpfalz/Südwest Presse (5,2 %). Allein die *Bild-Zeitung* hat trotz Absatzrückgang noch eine verkaufte Auflage von 3,5 Mio. Mit der *Welt*, die auch in einer Kompakt-Ausgabe erscheint (Auflage zusammen 251.000), dem *Hamburger Abendblatt* (263.000), der *Berliner Morgenpost* (149.000) und der Berliner Kaufzeitung *B.Z.* (191.000) hat Axel Springer ebenfalls hohe Auflagen vorzuweisen. In den Ballungsräumen Hamburg, Berlin und Dresden erscheinen eigene Anzeigenblätter des Verlages. Bei den Sonntagszeitungen hat Springer mit *Bild am Sonntag* (1,8 Mio.), *Welt am Sonntag* (402.000) und *Euro am Sonntag* (110.000) eine marktbeherrschende Stellung inne. In → Polen verlegt Springer die auflagenstärkste Kaufzeitung Fakt, in Ungarn ist er mit zehn Regionalzeitungen und 21 Zeitschriften der größte Verlag, in der → Schweiz verlegt er mehrere Wirtschaftszeitungen.

Die mehr als 100 Zeitschriften machen etwa 30 % des Umsatzes aus. Es sind vor allem Programmzeitschriften, Frauenzeitschriften, Computerzeitschriften, Wirtschaftszeitschriften und Musikzeitschriften, die bei Axel Springer erscheinen. Auch bei den Zeitschriften gibt es ein starkes

## Axel Springer AG

*Daten zur Axel Springer AG*

|  | 2005 | 2004 | 2003 |
|---|---|---|---|
| **Umsatz (in Mio. Euro)** | 2.392 | 2.402 | 2.320 |
| **Gewinn (in Mio. Euro)** | 231 | 148 | 112 |
| **Beschäftigte** | 10.166 | 10.700 | 10.949 |

Engagement im Ausland, neben Ungarn insbesondere in Polen, Tschechien, → Russland, → Frankreich, → Spanien und der Schweiz.
Die elektronischen Medien spielen bei Springer eine untergeordnete Rolle. Im August 2005 hat die Axel Springer AG zwar die Initiative ergriffen und versucht, die Mehrheit der → ProSiebenSat.1 Media AG von der P7S1 Holding L.P. zu übernehmen. Damit sollte das Fernsehgeschäft als zweite strategische Säule des Unternehmens etabliert werden. Am 21. Januar 2006 erklärte die Kommission zur Ermittlung der Konzentration im Medienbereich (→ KEK), sie sehe in der Kombination der starken Position der ProSiebenSat.1-Gruppe im privaten Fernsehen und der überragenden Stellung der Axel Springer AG in der Tagespresse die Bildung vorherrschender Meinungsmacht. Am 23. Januar 2006 untersagte auch das → Bundeskartellamt die Übernahme. Seiner Auffassung nach würde die Fusion von Deutschlands größtem Zeitungsverlag mit dem größten Fernsehkonzern zu einer nach dem Kartellrecht nicht genehmigungsfähigen Marktmacht führen. Daraufhin ist die Axel Springer AG von diesem Vorhaben abgerückt. *Schr*

*Literatur*

H.-J. Jakobs: Axel Springer AG. In: L. Hachmeister, G. Rager (Hrsg.): Wer beherrscht die Medien? Die 50 größten Medien der Welt. Jahrbuch 2005. München 2005.
H. Röper: Formationen deutscher Medienmultis 2005. Teil 1: ProSiebenSat.1 Media AG und Axel Springer AG. In: Media Perspektiven 3/2006, S. 114-124 (auch zugänglich unter www.ard-werbung.de/mp/).
H. Röper: Probleme und Perspektiven des Zeitungsmarktes. Daten zur Konzentration der Tagespresse in der Bundesrepublik Deutschland im I. Quartal 2006. In: Media Perspektiven 5/2006, S. 283-297.
Axel Springer Geschäftsbericht 2005, www.axelspringer.de/inhalte/investor/frame.htm.

## Bauer Verlag

Der Heinrich Bauer Verlag (HBV) ist einer der größten Zeitschriftenverlage Deutschlands. Mit einer Gesamtreichweite von ca. 33 Mio. Lesern (Media Analyse 2005/II) erreicht das Unternehmen fast jeden zweiten Deutschen mit seinem Zeitschriftenangebot und ist damit auch eines der reichweitenstärksten Verlagshäuser in Deutschland.

Das Unternehmen gründete Johann Andreas Ludolph Bauer (1852-1941) im Jahr 1875. Der gelernte Lithograf eröffnete im Alter von 23 Jahren eine Druckerei in Hamburg, die auf den Druck hochwertiger Visitenkarten spezialisiert war. In das Pressegeschäft stieg Bauer erstmals mit dem Kauf des kostenlosen Anzeigenblatts *Rothenburgsorter Zeitung* im Jahr 1903 ein. Mit der Beteiligung seines Sohnes Heinrich Bauer am Unternehmen weitete sich das Geschäft zunehmend aus. Die erste wöchentliche Programmzeitschrift des Verlags mit dem Titel *Rundfunkkritik* (später umbenannt in *Funkwoche*, zuletzt *Funk-Wacht*") wurde mit einer Auflage von 500.000 Stück ein Erfolg.

Nach dem zweiten Weltkrieg gelang dem Unternehmen der Aufstieg zum Medienkonzern. Die Entwicklung nahm ihren Anfang in den 1940er und 1950er Jahren mit einer Neuauflage der *Funk-Wacht* und den beiden Neuentwicklungen des Verlags, der Jugendzeitschrift *Rasselbande* sowie der Wochenzeitschrift *praline*. In dieser Zeit trat Siegfried Moenig in den Bauer Verlag ein, der zunächst als Bilanzbuchhalter, später als Geschäftsführer das Verlagsgeschehen bis 1983 nachhaltig prägte. In den 1960er Jahren weitete das Unternehmen vor allem durch zahlreiche Zukäufe von Zeitschriften und (Anteilen an) Verlagsunternehmen sein Geschäft aus. Zur erworbenen Produktpalette gehörten Illustrierte *(Quick, Revue, Neue Illustrierte)*, Erotikzeitschriften *(Wochenend)*, Klatschzeitschriften *(Neue Post)*, Frauenzeitschriften *(Das Neue Blatt)*, Jugendzeitschriften *(Bravo* und *Twen)* und Modezeitschriften *(Neuer Schnitt, Elsa Moden)*, die fortan das Profil des Verlages bestimmten. Seit Ende der 1970er Jahre baute der Bauer Verlag vor allem durch eigene Entwicklungen sein Zeitschriftengeschäft aus. Neben einer Ausdifferenzierung der angestammten Marktsegmente im Bereich unterhaltender Frauen-, Programm- und Jugendzeitschriften gibt der Verlag inzwischen zahlreiche Spezialtitel heraus. Das Angebot umfasst die Bereiche Kochen, „do-it yourself", Garten, Wohnen, Motor, Wirtschaft

**Bauer Verlag**

und Bauen. Der Versuch, mit einem politischen Magazin auf den Markt zu kommen scheiterte mehrfach. *Quick* wurde 1992 eingestellt, das Magazin *Ergo*, als Konkurrenz zum Spiegel geplant, wurde nie vertrieben. Seit 1989 ist der Verlag auch im Ausland tätig, zunächst nur in den USA mit der Zeitschrift *Woman's World*. Heute publiziert der Hamburger Medienkonzern insgesamt 152 Zeitschriften in 13 Ländern, darunter 44 Zeitschriften in Deutschland.

Der Heinrich Bauer Verlag ist seit mehr als 125 Jahren in Familienbesitz und wird seit 1984 von Heinz Heinrich Bauer in der vierten Generation geführt. Bereits im Jahr 1962 wurde das Verlagshaus in eine Kommanditgesellschaft umgewandelt. Heinz H. Bauer hält als Komplementär 96 % des Firmenkapitals, seine beiden Schwestern je 2 %. Hauptsitz des Verlages ist seit seiner Gründung Hamburg. Hinzu kommen weitere Standorte in Köln, Magdeburg, Düsseldorf, Raststatt, Walluf/Bayern und München. International ist der Verlag an Standorten in → Großbritannien, → Spanien, → Frankreich, → Österreich, → Polen, Portugal, Rumänien, Ungarn, Tschechien, Mexiko, → China, → Russland und den → USA vertreten. Der Verlag beschäftigte im Jahr 2004 insgesamt 4.118 Mitarbeiter in Deutschland und 2.253 Mitarbeiter an ausländischen Standorten (vgl. Tabelle).

Im Gegensatz zu anderen deutschen Medienkonzernen ist die Bauer Verlagsgruppe stark auf das Stammgeschäft im Zeitschriftenmarkt konzentriert und zeigt vergleichsweise wenig Aktivitäten auf verwandten Märkten. Verschiedene Versuche seit den 1970er Jahren, in das Zeitungsgeschäft einzusteigen, blieben zunächst erfolglos, bis im Jahr 1996 die Magdeburger Zeitung *Volksstimme* in den Besitz des Verlags überging. Im Bereich der elektronischen Medien besitzt der Bauer Verlag Beteiligungen an Radio Hamburg (seit 1986; 25 %) und RTL II (seit 1992; 31,185 %). Im Jahr 2000 gründete der Verlag, später als andere deutsche Großverlage, ein Unternehmen zur Betreuung der eigenen Internetaktivitäten.

Der Schwerpunkt des Medienkonzerns liegt im Bereich Vertrieb, der mit 1,3 Mio. Euro ca. 75 % des gesamten Umsatzes (1,7 Mio. Euro) erwirtschaftet. Neben dem Vertrieb hat das Unternehmen mit der Vermarktung von Anzeigen sowie dem Druck von Zeitschriften zwei weitere Hauptgeschäftsbereiche (vgl. Tabelle). Die Anzeigenumsätze des Verlags sind, gemessen an anderen deutschen Großverlagen, relativ ge-

*Daten zum Bauer Verlag*

|  | 2003 | 2004 |
|---|---|---|
| Konzernumsatz | 1.680 Mio. Euro | 1.704 Mio. Euro |
| **Umsatz nach Sparten** | | |
| Vertrieb | 1.242 Mio. Euro | 1.258 Mio. Euro |
| Anzeigen | 345 Mio. Euro | 347 Mio. Euro |
| Sonstige | 93 Mio. Euro | 99 Mio. Euro |
| **Umsatz nach Land** | | |
| Deutschland (exkl. Export) | 1.073 Mio. Euro | 1.048 Mio. Euro |
| Ausland | 607 Mio. Euro | 656 Mio. Euro |
| **Gesamtauflage Zeitschriften (Inland)*** | 18,1 Mio. | 16,8 Mio. |
| Mitarbeiter Inland | 4.358 | 4.118 |
| Mitarbeiter Ausland | 2.044 | 2.253 |

\* Auflagedaten der bei der IVW gemeldeten Zeitschriftentitel; Angaben im Jahresdurchschnitt

ring. Da die Produktpalette nur wenige Zeitschriften umfasst, die sich an exklusive Leserschichten richten, fehlen lukrative Aufträge von zahlungskräftigen Werbekunden.

Seit 1996 müssen fast alle Zeitschriften des Verlags im Inland Auflagenrückgänge hinnehmen, die durch Titelwachstum im inländischen Markt und Absätze im Ausland weitestgehend aufgefangen werden konnten. So hat sich die Zahl der Titel, die im Bauer Verlag erscheinen, seit 1985 verdoppelt. Vielfach reagiert der Verlag mit eigenen Neuerscheinungen auf neu entwickelte Konkurrenzprodukte. Mit intensiven Werbemaßnahmen und einer aggressiven Preispolitik sollen in kurzer Zeit hohe Auflagen im anvisierten Massenmarkt erzielt werden. Mit neuen Zeitschriften geht der Verlag daher in der Regel unter dem Preis des entsprechenden Konkurrenzprodukts auf den Markt. Auflagenstärkste Titel sind derzeit die beiden Programmzeitschriften TV14 und TV-Movie, die 14-täglich erscheinen (2,2 bzw. 2,0 Mio. Leser; IVW Jahresdurchschnitt 2005). *JP*

*Literatur*

I. Sjurts: Strategien in der Medienbranche. Grundlagen und Fallbeispiele. Wiesbaden 2003.
A. Vogel: Konsolidierte Großkonzerne bereit zu erneutem Wachstum. Daten zum Markt und zur Konzentration der Publikumspresse in Deutschland im I. Quartal 2004. In: Media Perspektiven 7/2004, S. 322-338 2004.
H.-J. Jakobs, U. Müller: Augstein, Springer & Co. Deutsche Mediendynastien. Zürich/Wiesbaden 1990.

## BBC – British Broadcasting Corporation

Die BBC wurde am 18. Oktober 1922 als British Broadcasting Company von Radioherstellern in → Großbritannien gegründet. Am 14. November 1922 begann der tägliche Sendebetrieb in London, einen Tag später auch in Birmingham und Manchester. Am 18. Januar 1923 erhielt die BBC ihre offizielle Lizenz, bis zum Ende des Jahres 1926 im Vereinigten Königreich allein Rundfunk verbreiten zu dürfen. Zur Finanzierung wurde durch die Post eine Rundfunkgebühr von 10 Schilling (einem halben Pfund) erhoben, von der die BBC die Hälfte erhielt. Außerdem sollten Abgaben auf den Verkauf von Empfangsgeräten gezahlt werden, dies war jedoch in der Praxis nicht lange durchsetzbar.

Es wurde ein vielfältiges Programm geboten, das nicht nur populäre und klassischer Musik, sondern auch Unterhaltung, Hörspiele, Features, Vorträge und Vorlesungen enthielt. Nachrichten wurden mit Rücksicht auf die Zeitungen nicht vor 19 Uhr gesendet. Wegen der befürchteten Konkurrenz zum Hörfunk waren viele Zeitungen anfangs nicht bereit, das Programm der BBC abzudrucken. Seit dem 28. September 1923 erscheint deshalb bis heute die BBC-eigene Programmzeitschrift *Radio Times*.

Während des Generalstreiks im Mai 1926, als die normalen Zeitungen nicht erschienen und die Bedeutung der BBC für die politische Öffentlichkeit besonders deutlich wurde, drängte Schatzkanzler Winston Churchill darauf, die BBC durch die Regierung zu übernehmen, konnte sich jedoch nicht durchsetzen. Auf Empfehlung der 1925 eingesetzten Crawford-Kommission wurde die alte British Broadcasting Company zum Jahresende 1926 aufgelöst und zum 1. Januar 1927 die neue British Broadcasting Corporation als öffentliche Körperschaft gegründet und mit einer Royal Charter für 10 Jahre mit der Veranstaltung von Rundfunk beauftragt.

Die BBC startete Ende der 1920er Jahre ein zweites Radioprogramm und 1932 den Auslandsrundfunk – insbesondere für die britischen Kolonien. Am 2. November 1936 begann die BBC ein Fernsehprogramm, das aber während des zweiten Weltkrieges ausgesetzt wurde. Während des Krieges gewann das 1938 begonnene deutschsprachige Auslandsprogramm der BBC große Bedeutung (am 26. März 1999 wurde dieser Dienst aus Kostengründen eingestellt).

Das Programmangebot der BBC in Hörfunk und Fernsehen wurde mit der Schaffung neuer Übertragungskapazitäten stetig erweitert und ausdifferenziert. Dazu hat zuletzt die → Digitalisierung beigetragen, die in Großbritannien intensiv betrieben wird. Fünf landesweite Hörfunkprogramme der BBC werden analog und digital ausgestrahlt, weitere fünf ausschließlich digital. Von den acht Fernsehprogrammen der BBC werden zwei digital und analog ausgestrahlt, die übrigen nur digital. Daneben bietet die BBC über das → Internet weitgefächerte Informationen und Zugang zu Archivmaterial.

Auf dem Fernsehmarkt begann die Konkurrenz für die BBC 1954 mit dem privaten Programm ITV. Heute hat die BBC bei den Haushalten mit nur analogem terrestrischen Empfang laut Jahresbericht 2004/2005 einen Marktanteil von 48 %; bei den Haushalten mit digitalem Empfang sind es nur noch 29 %. Beim Hörfunk, wo es seit 1973 kommerzielle Wettbewerber gibt, beträgt der BBC-Marktanteil 54 %.

Da die BBC keine Werbung verbreitet, ist die Rundfunkgebühr ihre wesentliche Finanzquelle. Sie beträgt je Haushalt monatlich 10,08 Pfund (14,70 Euro); 2005 ergab das Gebühreneinnahmen von fast 3 Mrd. Pfund (4,3 Mrd. Euro). Im Jahre 2005 hatte die BBC 27.264 Beschäftigte, von denen 19.647 den Inlandsprogrammen und 2.347 dem Auslandsdienst zugerechnet werden; weitere 5.270 zählt die BBC zu ihren kommerziellen Angeboten, bei denen es vor allem um die Vermarktung von Programmvorräten und technischen Ressourcen geht. *Schr*

*Literatur*

BBC: Annual Reports and Accounts 2004/2005 (www.bbcgovernors.co.uk/annreport/report05/BBC_2004_05.pdf).
BBC: The Old B.B.C. The Story of the British Broadcasting Company Ltd., November 1922 – December 1926. In: The B.B.C. Year-Book 1930. London, S. 151-186.

## BDZV –
## Bundesverband Deutscher Zeitungsverleger e. V.

Der Bundesverband Deutscher Zeitungsverleger e. V. (BDZV) ist die Spitzenorganisation der Zeitungsverlage. Über seine elf Landesverbände gehören ihm 320 Tageszeitungen mit einer täglichen Gesamtauflage von 20,6 Mio. verkauften Exemplaren sowie 14 Wochenzeitungen mit über 1 Mio. verkauften Exemplaren an. Der Verband entstand 1954 durch den Zusammenschluss des Gesamtverbands der Deutschen Zeitungsverleger (der Organisation der Lizenzträger) und des Vereins Deutscher Zeitungsverleger, der die 1933 unterbrochene Tradition der 1894 gegründeten ersten großen Verlegerorganisation fortsetzte. Der BDZV bezweckt die Wahrung und Vertretung der gemeinsamen ideellen und wirtschaftlichen Interessen der Verlage. Zu seinen Aufgaben gehören insbesondere die Wahrung der Unabhängigkeit der demokratischen deutschen Zeitungen, die Wahrung der publizistischen Aufgabe der deutschen Zeitungsverleger und der Abschluss von Tarifverträgen.

## Befragung

Die Befragung ist eine sozialwissenschaftliche Methode, mit der das Verhalten, das Wissen, die Meinungen und die Einstellungen von Individuen ermittelt werden können. Besonders in der Wahlforschung und in der kommerziellen Marktforschung kommt ganz überwiegend die Befragung zum Einsatz. Auch die → Mediennutzung wird in der Regel in Befragungen erfasst. Die Untersuchung von Medienwirkungen beruht häufig auf einer Kombination von Befragung und → Inhaltsanalyse. Dazu werden die Zusammenhänge zwischen der Mediennutzung, den Einstellungen und dem Verhalten der Nutzer sowie den Inhalten der Medien untersucht und daraus auf die Medienwirkungen geschlossen.

Die Befragung orientiert sich an der Alltagskommunikation, sie unterscheidet sich jedoch von einem „Gespräch" in vielerlei Hinsicht. Die Kommunikationssituation zwischen Befragtem und Interviewer ist künstlich und asymmetrisch (aktive und passive Rollen), Interviewer und Befragter sind sich fremd, im Gegensatz zu einem Gespräch ist die Befragung sozial folgenlos (z. B. durch Zusicherung von Anonymität), und die Interaktion verläuft zielgerichtet und systematisch. Ziel einer Befragung es, durch regulierte (einseitig regelabgeleitete) Kommunikation reliable (zuverlässige) und valide (gültige) Informationen über den jeweiligen Forschungsgegenstand zu erhalten.

Je mehr Personen mündlich „face-to-face", schriftlich oder telefonisch befragt werden, desto eher kommen dabei standardisierte Fragebögen zum Einsatz. Das heißt, jedem Befragten werden die gleichen Fragen in der gleichen Formulierung vorgelegt. Lediglich die Reihenfolge der Fragen wird manchmal variiert, um zu vermeiden, dass die Antworten von der jeweils vorangegangenen Frage beeinflusst werden.

Das standardisierte Vorgehen ist typisch für so genannte quantitative Befragungen, die die Untersuchung von sehr vielen Individuen im Blick haben und die genauen Anteile bestimmter Merkmale und Zusammenhänge in einer bestimmten Gruppe bestimmen wollen. Die Fragebögen in solchen Umfragen weisen eher geschlossene als offene Fragen auf, da die vielen verschiedenen Antworten auf offene Fragen vor der Auswertung zunächst klassifiziert werden müssen. Wegen der schnellen Auswertung hat das computergestützte Telefoninterview mittlerweile große Verbreitung gefunden. Dabei werden die Antworten gleich in den Computer eingegeben und können somit direkt datentechnisch verarbeitet werden.

Die qualitativen Befragungen folgen einer anderen Logik als die standardisierten, auf die statistische Verarbeitung von Massendaten ausgerichteten Verfahren. Das Ziel qualitativer Forschung ist es nicht, bestimmte Merkmale und Zusammenhänge zu zählen, sondern Strukturen zu entdecken, zu beschreiben und zu interpretieren. Qualitative

Befragungen sind weniger standardisiert, orientieren sich aber häufig zumindest an einem allgemeinen Leitfaden. Ob die festgestellten Merkmale und Zusammenhänge auf eine größere Einheit verallgemeinert werden können, ist dabei zweitrangig. In weniger standardisierten Verfahren mit weniger Befragten können einzelne Personen eingehender untersucht werden. Der Blick richtet sich stärker auf die Besonderheiten des Einzelfalls.

Je nach Fragestellung können quantitative und qualitative Befragungen sinnvoll miteinander kombiniert werden. Gerade in der Entwicklungsphase einer größeren Befragung werden häufig zunächst qualitative Interviews geführt, um die relevanten Aspekte zu ermitteln. Um die Vielfalt möglicher Argumente und Sichtweisen zu einem Sachverhalt zu erfassen, können auch wenig standardisierte Gruppengespräche nützlich sein, bei denen mehrere Befragte gemeinsam mit dem Interviewer sprechen.

Unabhängig davon, ob ein quantitatives oder qualitatives Vorgehen in Bezug auf die spezifische Fragestellung, die Kosten und den verfügbaren Zeitrahmen angemessener erscheint, richtet sich die Befragung meist direkt an diejenigen Individuen, deren Merkmale (also in der Regel Einstellungen oder Verhalten) im Mittelpunkt der jeweiligen Untersuchung stehen. Die Befragten dienen hier als Merkmalsträger. Anders verhält es sich im Experteninterview, in dem die Befragten als wichtige Informationsquellen in Bezug auf ihre Einschätzung von Themen oder Entwicklungen gelten.

Während der überwiegende Anteil von Befragungen als Querschnittstudien durchgeführt wird, also zu einem bestimmten Zeitpunkt eine Momentaufnahme der Befragten gemacht wird, sind nur wenige Befragungen als Längsschnittstudien angelegt. Hier werden in bestimmten Zeitabständen jeweils neue Personen mit dem gleichen Fragenkatalog befragt, um so bestimmte Entwicklungen (bspw. die Veränderungen der Mediennutzung nach der Einführung von Privatrundfunk) beobachten zu können.

Eine Sonderform von Längsschnittuntersuchungen stellen Panel-Studien dar. Hier werden dieselben Personen in mehreren Wellen wiederholt befragt. Aus den festgestellten Veränderungen der Antworten zwischen den Panelwellen kann man auf die Wirkung bestimmter Einflussfaktoren schließen, da ausgeschlossen werden kann, dass diese Veränderungen lediglich darauf zurückzuführen sind, dass andere Personen befragt worden sind. *CE*

*Literatur*

H.-B. Brosius, F. Koschel: Methoden der empirischen Kommunikationsforschung. Eine Einführung. Wiesbaden 2001.
A. Scholl: Die Befragung. Sozialwissenschaftliche Methode und kommunikationswissenschaftliche Anwendung. Konstanz 2003.

## Bertelsmann AG

Die Geschichte des größten deutschen Medienkonzerns beginnt im Jahr 1835 mit der Gründung eines Verlages für religiöse Literatur durch Carl Bertelsmann. Dessen Sohn Heinrich erweitert den Betrieb in den folgenden Jahren, weitere Verlage und eine Druckerei kommen hinzu. Im Jahr 1881 erscheinen unter der Leitung von Johannes Mohn, dem Schwiegersohn Heinrich Bertelsmanns, Zeitschriften und Bücher zur Pädagogik.

In der nächsten Generation wird das Angebot der Verlagsgruppe sehr erfolgreich um Unterhaltungsromane erweitert und wächst kontinuierlich. In der Zeit zwischen 1940 und 1943 erschienen im Verlag Bücher für die Wehrmacht, mit einer Auflage von 19 Mio. Exemplaren wurde Bertelsmann einer der wichtigsten Buchverlage Deutschlands. Der Verlag wurde im Jahr 1944 geschlossen, die Gründe lagen in Prozessen über die illegale Beschaffung von Papier und die allgemeinen Mobilmachung der deutschen Wirtschaft.

Der Ausbau zum internationalen Medienkonzern beginnt nach dem Krieg, als der 1921 geborene Reinhard Mohn 1947 die Leitung des Unternehmens übernimmt. Die Grundlage des wirtschaftlichen Erfolges des Konzerns ist der 1950 gegründete Lesering, der Bücher zu günstigen Preisen anbot. Dieser Vorgänger des Bertelsmann Buchclubs, der mit Vertretern arbeitete, die von Tür zu Tür gingen, war ein großer wirtschaftlicher Erfolg. Im Jahr 1954 wurden bereits mehr als 1 Mio. Kunden verzeichnet, bis 1960 stieg diese Zahl auf 3 Mio. Das Konzept nutzte das Unternehmen auch erfolgreich für die Expansion ins Ausland, so startete 1962 der spanische und 1970 der französische Buchclub.

Bis Mitte der 1950er Jahre war das Unternehmen ausschließlich auf das Buchgeschäft fokussiert, das änderte sich mit der Gründung des Schallplattenrings im Jahr 1956 und der Plattenfirma Ariola 1958. Neben Ariola wurde in diesem Jahr auch das Presswerk Sonopress gegründet, in dem die Tonträger hergestellt wurden. Mit Stars wie Zarah Leander, Dalida und Peter Alexander gelang es dem Unternehmen, in den 1960er Jahren zu einem der erfolgreichsten deutschen Musiklabels zu werden. In dieser Zeit weitete der Konzern seine Geschäftstätigkeit in andere Medienbereiche aus. So erwarb das Unternehmen 1964 Aktien der Ufa, die mit der schon 1960 gegründeten Bertelsmann-Fernsehproduktionsgesellschaft zur Ufa-Fernsehproduktion zusammengelegt wurde. 1969 wurde eine 25-prozentige Beteiligung am Zeitschriftenverlag Gruner + Jahr erworben, die 1973 zu einer Mehrheitsbeteiligung ausgebaut wurde.

Im Jahr 1971 änderte sich die Struktur des Unternehmens, die nicht börsennotierte Bertelsmann AG wurde gegründet. Die neue Struktur sollte das zum international tätigen Großkonzern gewordene Familienunternehmen weiter lenkbar erhalten. Die Umstrukturierung wurde im Jahr 1977 fortgesetzt, als die gemeinnützige Bertelsmann-Stiftung gegründet wurde, die heute die Mehrheit der Kapitalanteile der AG hält. Die Kontrolle über das Unternehmen blieb bei der Eigentümerfamilie, die über 75 % der Stimmrechte verfügte. In den 1990er Jahren kam es im Zuge des Engagements im Fernsehbereich zu einer Beteiligung der Unternehmensgruppe Groupe Bruxelles Lambert (GBL). Ihre Anteile wurden inzwischen für 4,5 Mrd. Euro zurückgekauft. Mittlerweile zählen mehrere 100 Unternehmen zum Konzern, die Zahl der Mitarbeiter lag 2005 bei mehr als 87.000, davon mehr als 30.000 in Deutschland.

Auf der Grundlage der neuen Organisationsstruktur startete eine verstärkte internationale Expansion der Geschäfte. Dazu wurde in Europa, Südamerika und den USA eine Vielzahl von Unternehmen und Unternehmensbeteiligungen erworben. Diese Ausweitung erfolgte zunächst in den Bereichen Buch-, Zeitschriften- und Musikmedien. Im Rahmen der Akquisitionen erwirbt Bertelsmann die amerikanischen

Verlage Bantam Books und Doubleday und die Plattenfirma RCA und ist zeitweise das größte Medienunternehmen der Welt.

Mit dem Start des kommerziellen → Fernsehens in der Bundesrepublik im Jahr 1984 verstärkt der Konzern sein Engagement bei den audiovisuellen Medien. Zusammen mit der von der GBL kontrollierten CLT wird der Sender RTL gegründet, der 1993 Marktführer im kommerziellen Fernsehen in Deutschland wurde und größter europäischer Werbeträger ist. In den folgenden Jahren werden weitere Anteile an der Sendergruppe erworben, die in mehreren europäischen Ländern aktiv ist. Mittlerweile zählen zur RTL Group Sender in → Frankreich, → Spanien, → Großbritannien und den Benelux-Staaten. In Deutschland zählen zu den Sendern der Gruppe RTL, RTL2, SuperRTL, Vox und n-tv. Neben den Fernsehaktivitäten ist die RTL Group auch an einer Reihe von Hörfunkveranstaltern beteiligt.

Als in den 1990er Jahren der Internet-Boom beginnt, engagiert sich das Unternehmen unter der Leitung des Vorstandsvorsitzenden Thomas Middelhoff zunächst stark im Bereich des → *Electronic Commerce*, allerdings ändert sich der Kurs des Unternehmens mit der Ablösung Middelhoffs im Jahr 2002. In den folgenden Jahren konzentriert sich das Unternehmen erfolgreich auf die traditionellen Geschäftsbereiche.

Heute ist das Unternehmen in sechs Bereiche gegliedert. Das Buchgeschäft wird mittlerweile aus USA von Random House gesteuert. Mittlerweile zählen mehr als 100 Verlage zum Konzern. Unter den mehr als 9.000 Titeln, die jährlich veröffentlicht werden, befinden sich auch die Werke von Erfolgsautoren wie Dan Brown und John Grisham. Die Presseaktivitäten des Konzerns sind bei Gruner + Jahr zusammengefasst, mittlerweile ist der Konzern in diesem Bereich nur noch in Europa aktiv. Zu den mehr als 100 Titeln in 14 Ländern zählen die z. B. Zeitschriften wie *Stern* und *Brigitte*, aber auch Tageszeitungen wie die *Dresdner Morgenpost* und die *Financial Times Deutschland*, an der der Verlag mit 50 % beteiligt ist. Das Musikgeschäft des Konzerns ist heute in einem Joint Venture mit dem → Sony-Konzern zusammengefasst. Die mehr als 200 Labels betreuen Künstler wie Santana und Alicia Keys.

Das weltweite Buchclubgeschäft wird heute unter dem Namen DirectGroup von Berlin aus betreut. Obwohl die Buchclubs mehr als 30 Mio. Mitglieder haben, sind in diesem Bereich die Gewinne stark

# Bertelsmann AG

*Daten zur Bertelsmann AG*

| Umsatz nach Konzernbereichen (in Mio. Euro) | 2005 | 2004 | 2003 |
|---|---|---|---|
| RTL Group | 5.112 | 4.878 | 4.452 |
| Random House | 1.828 | 1.791 | 1.776 |
| Gruner + Jahr | 2.624 | 2.439 | 2.481 |
| BMG | 2.128 | 2.547 | 2.712 |
| Arvato | 4.365 | 3.756 | 3.639 |
| Direct Group | 2.384 | 2.175 | 2.286 |
| **Gesamt** | **18.441** | **17.586** | **17.346** |
| **Mitarbeiter nach Unternehmensbereichen** | **2005** | **2004** | **2003** |
| RTL Group | 8.970 | 8.117 | 7.254 |
| Random House | 5.395 | 5.383 | 5.525 |
| Gruner + Jahr | 13.981 | 11.671 | 11.352 |
| BMG | 3.597 | 4.259 | 4.880 |
| Arvato | 42.155 | 33.813 | 31.405 |
| Direct Group | 13.493 | 12.116 | 11.893 |
| **Gesamt** | **87.591** | **75.359** | **72.309** |

zurückgegangen. Neben dem in der RTL Group zusammengefassten Fernsehgeschäft sind in der Arvato-Gruppe die Dienstleistungsbetriebe des Konzerns zusammengefasst. Hierzu zählen Druckereien, Werke zur Vervielfältigung von CDs und der gesamte Logistikbereich des Konzerns. *H3r*

*Literatur*

F. Böckelmann, H. Fischler: Bertelsmann. Hinter der Fassade des Medienimperiums. Frankfurt 2004.
T. Lehning: Das Medienhaus. Geschichte und Gegenwart des Bertelsmann-Konzerns. München 2004.
H.-J. Jakobs: Bertelsmann AG. In: L. Hachmeister, G. Rager (Hrsg.): Wer beherrscht die Medien? Die 50 größten Medienkonzerne der Welt. München 2005.
H. Röper: Formationen deutscher Medienmultis: Entwicklungen und Strategien der größten deutschen Medienunternehmen. In: Media Perspektiven 2/2004, S. 54-80.
Unternehmensportrait des Konzerns unter www.bertelsmann.de, zuletzt aufgerufen am 15.5.2006.

## Bildschirmspiele

Bildschirmspiele haben sich in unterschiedlichen Erscheinungsformen fest als Bestandteil des Unterhaltungsangebotes etabliert. Heute werden neben dem PC vor allem stationäre und mobile Spielkonsolen und Mobiltelefone für digitale Spiele genutzt. Der Beginn der Entwicklung solcher Spiele lässt sich in die 1950er Jahre zurückverfolgen, als der Physiker William Higinbothams auf der Grundlage analoger Computertechnik das Spiel *Tennis for Two* entwickelte. Dieses extrem einfache Spiel wurde mit Hilfe eines Oszilloskops von zwei Spielern gespielt und ist wahrscheinlich das erste Computerspiel. Die Weiterentwicklung der Computertechnik war eine entscheidende Grundlage dafür, dass sich aus diesen bescheidenen Anfängen die technisch aufwändigen Spielewelten entwickelten, die sich heute weltweit großer Beliebtheit erfreuen. Das erste Spiel, das für digitale Computer entwickelt wurde, war *Spacewar!*, das Anfang der 1960er Jahre von Studenten um den Entwickler Russell am Massachusetts Institute of Technology in den USA entwickelt wurde.

In den folgenden Jahrzehnten gab es eine sehr wechselvolle Entwicklung des Marktes für Computerspiele. Nach der Ära der Computerspiele in Spielhallen eroberten zunächst allein zum Spielen geeignete Minicomputer in Form der ersten Spielkonsolen die Haushalte. Zu diesen Systemen zählen z. B. das der Firma Atari mit dem Spiel *Pong*, das ab 1975 in die Läden kommt. In den 1970er Jahren startet auch Nintendo auf dem Spielemarkt und die ersten Heimcomputer werden angeboten. In den folgenden Jahren setzt eine Aufteilung der Märkte für Bildschirmspiele ein: Auf der einen Seite stehen die Spielkonsolen, die in erster Linie in Verbindung mit dem Fernsehbildschirm genutzt werden. Anbieter solcher Konsolen sind in den 1980er Jahren neben Atari und Nintendo auch → Sony und Sega. In diesem Marktsegment haben die Hardwareanbieter eine starke Kontrolle sowohl über die Entwicklung der Geräte als auch über die der Spiele. Im Gegensatz dazu entwickelt sich der Markt der PC-Spiele freier. Mit der zunehmenden Verbreitung von Computern in der Bevölkerung steigen die Verbreitungsmöglichkeiten von Spielen für diese Plattform. In der Folgezeit zeigen sich dabei unterschiedliche nationale Entwicklungen. Während in Deutschland vor allem Spiele für den Personal Computer erfolgreich sind

# Bildschirmspiele

spielen in fast allen anderen Ländern die Spielkonsolen eine wichtigere Rolle. Mittlerweile gewinnt auch der Markt der Onlinespiele erheblich an Bedeutung, dazu trägt vor allem die Verbreitung des Internetzugangs in privaten Haushalten bei.

Die technischen Voraussetzungen zur Nutzung von Bildschirmspielen haben sich trotz der Steigerung der Leistungsfähigkeit der Technik wenig verändert. Voraussetzung ist nach wie vor die Nutzung eines Speichermediums für die Installation des Spiels, die Ausgabe über einen Bildschirm und die Steuerung über entsprechende Peripheriegeräte wie eine Maus, eine Tastatur oder ein Joystick.

In der Regel lässt sich zwischen stationären und mobilen Spielplattformen unterscheiden. Dabei sind die Spielkonsolen und der PC den stationären Plattformen zuzurechnen. Im Gegensatz dazu gibt es mittlerweile eine wachsende Zahl von mobilen Geräten, mit denen gespielt werden kann. Die am weitesten verbreitete Plattform für mobiles Spielen ist dabei der Gameboy von Nintendo. Von den unterschiedlichen Versionen dieses Geräts wurden weit mehr als 100 Mio. Exemplare weltweit verkauft. Der Konkurrent → Sony versucht mit der PlayStationPortable ein Konkurrenzprodukt zu etablieren, außerdem können mit vielen mobilen Telefonen mittlerweile Spiele genutzt werden, je nach Leistungsfähigkeit des Geräts gibt es auch hier bereits aufwändig gestaltete Angebote.

Abgesehen von der Möglichkeit, gegen einen Computergegner zu spielen, ermöglichen moderne Spiele den Wettbewerb mit anderen Personen in lokalen Netzwerken oder über das → Internet. In Verbindung mit der Entwicklung der nächsten Generation von Spielkonsolen gibt es spezielle Spielangebote, die ausschließlich für die Besitzer dieser Konsolen zugänglich sind. Aber auch mit dem PC können Online-Spiele genutzt werden, hier zählen mit mehreren Millionen Teilnehmern weltweit die Spielewelten von *Everquest* und *Warcraft* zu den populärsten Angeboten.

Die Softwaremärkte für die unterschiedlichen Plattformen haben sich sehr dynamisch entwickelt, jährlich kommen mehr als 1.000 unterschiedliche Spiele in den Handel. In Deutschland werden jährlich ca. 60 Mio. Spiele gekauft, dies bedeutet einen Umsatz von mehr als 1 Mrd. Euro. Im Gegensatz zu anderen Medienangeboten ist die Aktualität der Spiele an ihre technische Leistungsfähigkeit gebunden:

Wenn die technische Entwicklung der Hardware fortschreitet, verliert das Spiel an Attraktivität, weil es die neuen Möglichkeiten nicht nutzen kann. Die Preise für die Angebote unterscheiden sich je nach Plattform. Ein Spiel für den PC kostet 30-40 Euro, für die meisten Konsolen liegt dieser Preis erheblich höher. Handy-Spiele und Onlinespiele werden oft im Abonnement bezogen, je nach Art und Umfang des Angebotes gibt es in diesem Bereich erhebliche Unterschiede. In Zukunft könnten die Preise für Spiele sinken, da es derzeit Bemühungen gibt, Werbung in Spielen zu ermöglichen und so eine neue Einnahmequelle zu erschließen. Sollte dies gelingen, könnte ein Teil der Produktions- und Marketingkosten auf anderen Wegen als über den Verkaufspreis finanziert werden.

Das Repertoire der Spiele ist sehr weit gestreut, zu den populärsten Genres zählen Adventures, Strategie- und Simulationsspiele und Rollenspiele. Besondere Aufmerksamkeit genießen in der Öffentlichkeit Ego-Shooter, die vor allem von männlichen Heranwachsenden intensiv genutzt werden, aber vom Gesamtangebot der Spiele weniger als 10 % ausmachen. Besonders erfolgreiche Genres sind Action-, Strategie- und Rennspiele, aber auch Abenteuer- und Sportspiele haben viele Anhänger. Insbesondere Spiele, die in Verbindung mit populären Kinofilmen oder Sportereignissen veröffentlicht werden, konnten in den letzten Jahren große Verkaufserfolge erzielen, so etwa die Spiele zu den *Harry-Potter-* oder *Spiderman*-Filmen oder zur amerikanischen Basketballliga NBA. Auch zur Fußball-WM sind eine Reihe von Titeln angekündigt. Spiele werden, ähnlich wie andere Medienangebote, durch eine Einrichtung der freiwilligen Selbstkontrolle geprüft und für die Nutzung durch bestimmte Altersgruppen eingestuft. Diese Einstufung wird auf einem Aufkleber auf der Packung vermerkt.

Mit den wachsenden technischen Möglichkeiten verändern sich auch die Produktionsbedingungen für Spiele. Mittlerweile kostet die Entwicklung eines Spiels für PCs oder Spielkonsolen mehr als 1 Mio. Euro, in Ausnahmefällen werden Entwicklungskosten von mehr als 20 Mio. Euro erreicht. An der Entwicklung der Spiele sind oft mehrere hundert Personen beteiligt, die wichtigsten Entwicklungsstandorte sind die → USA und → Japan. Entsprechend den hohen Entwicklungs- und Marketingkosten haben sich auch die Erlöse, die mit Bildschirmspielen erzielt werden, stark erhöht, so erzielen einige Titel Erlöse von mehr als 100 Mio. Euro. Deutschland spielt im Bereich der Bildschirmspiele nur als Absatzmarkt eine wichtige Rolle, die meisten Entwicklungen kommen aus den → USA und → Japan, in Europa sind → Großbritannien und → Frankreich führend.

Nachdem die Umsätze auf dem Markt für Bildschirmspiele im Jahr 2000 die Erlöse der amerikanischen Filmstudios an der Kinokasse übertroffen haben, zeigt sich, dass Bildschirmspiele ihren prominenten Platz im Medienensemble erfolgreich verteidigt haben und als Unterhaltungsmedium etabliert sind. Mittlerweile verfügen mehr als die Hälfte der deutschen Haushalte über die technische Grundausstattung zur Nutzung von Spielen. Mehr als 30 % der Bevölkerung geben an, zumindest gelegentlich mit einem Computer oder einer Spielkonsole zu spielen. Die Möglichkeit, in der Zukunft Spiele am Fernseher online zu spielen, ohne zuerst einen Datenträger kaufen zu müssen und ein Programm zu installieren, wird in der Zukunft voraussichtlich dazu beitragen, dass neue Nutzer für dieses Angebot gewonnen werden können und die Wachstumsentwicklung der Branche auch in den nächsten Jahren anhält.
*H3r*

*Literatur*

K. Lischka: Spielplatz Computer: Kultur, Geschichte und Ästhetik des Computerspiels. Heidelberg 2002.
Onlineangebot des VUD unter
http://.helliwood.mind.de/vud_home/SID/83383193865ec8ea34d6c3e11f359def index.php?id=15 zuletzt aufgerufen am 10.5.2006.

## Boulevardberichterstattung

Mit Boulevardberichterstattung (auch: Boulevardjournalismus, Boulevardstil) wird eine bestimmte Darstellungsweise von Inhalten bezeichnet. Der Begriff verweist auf einen journalistischen Stil, dessen Merkmale im unteren Abschnitt erläutert werden. Dieser Stil kann sich auf ein ganzes Medium beziehen (z. B. eine → Zeitung), auf einzelne Teile eines Mediums (z. B. eine Sendung im → Fernsehen) oder auf einzelne

Berichte in einem Medium (z. B. einen Beitrag in einer Fernsehsendung oder ein Artikel in einer Zeitung).

Anfänglich verwies der Begriff ausschließlich auf so genannte Boulevardzeitungen (auch: Kaufzeitungen), die vorwiegend auf der Straße verkauft werden und meist nicht im Abonnement zu erhalten sind (das französische Wort „Boulevard" wird im Deutschen für große Straße, Prachtstraße verwendet). Dieser Zeitungstypus entstand im Zuge der industriellen Revolution, die die technischen Voraussetzungen für die Massenproduktion von Druckwerken mit sich brachte. In → Großbritannien, den → USA und Skandinavien tauchten im 19. Jahrhundert die ersten Boulevardzeitungen auf, deren journalistischer Stil dann Vorbild für ähnliche Presseerzeugnisse in anderen Ländern war. Umgangssprachlich werden Boulevardzeitungen heute wegen ihrer meist hohen Auflage auch als „Massenblätter" bezeichnet; wegen ihres journalistischen Stils auch als „Klatschpresse", „Regenbogenpresse", „Skandalblätter" oder „Revolverblätter".

Die bei weitem bekannteste deutsche Boulevardzeitung ist *Bild*, die einzige überregionale Boulevardzeitung Deutschlands und gleichzeitig Europas auflagenstärkste Tageszeitung. *Bild* wird seit 1952 vom → Axel Springer Verlag publiziert. Täglich werden 3,8 Mio. Exemplare von *Bild* verkauft (4. Quartal 2005). Ihre Leserschaft umfasst mehr als 11 Mio. Menschen (→ Media-Analyse). Daneben existieren einige kleinere Boulevardzeitungen, die vor allem in einzelnen Regionen vertrieben werden, etwa die *B.Z.* in Berlin oder die Münchener *Abendzeitung*. Auf den journalistischen Stil von Zeitschriften und Fernsehsendungen kann die Beschreibung Boulevardberichterstattung ebenfalls zutreffen, beispielsweise auf *Gala* oder *Bild der Frau*, aber auch auf Fernsehsendungen wie *Exklusiv* auf RTL oder *Blitz* auf Sat1. Die Kategorisierung dieser Medien als Boulevard basiert auf der Identifikation von prägnanten Stilelementen, die im Folgenden aufgeführt sind.

Charakteristische Merkmale dieses journalistischen Stils sind:
1. die auffällige visuelle Gestaltung (besonders in Presseerzeugnissen): Plakative Überschriften, intensiver Einsatz von Farbe, großflächige Bebilderung mit – im Verhältnis dazu – geringem Text sowie fett gedruckte Worte und Satzteile bestimmen das Layout.
2. die Akzentuierung von Themen mit so genanntem „human interest" (engl.: menschlichem Interesse): Charakteristische Themenbereiche sind

Klatsch und Tratsch (über Prominente, Königshäuser, Sportler); Berichte über Entsetzliches oder Trauriges (Gewalt, Verbrechen, Katastrophen); Darstellungen von sexuell Pikantem und moralisch Verwerflichem sowie Skurrilem und Außergewöhnlichem; Geschichten über Siege und Niederlagen (vor allem im Sport). Umgangssprachlich wird das Themenrepertoire des Boulevards häufig auch mit dem Ausdruck „sex and crime" (engl.: Sex und Verbrechen) umrissen. Eine Berichterstattung entlang traditioneller Geschlechterrollen und gängigen → Stereotypen ist nicht selten, wobei Sachverhalte oft polarisiert dargestellt werden. Die Bereiche Politik (→ Politikberichterstattung), Wirtschaft (→ Wirtschaftsberichterstattung) und Kultur (→ Feuilleton) haben meist nachrangige Bedeutung.
3. Die Verwendung von eindringlichen und leicht verständlichen Sprach- und Stilmitteln: Alltagsnahe Sprache, direkte, auch umgangssprachliche Ausdrücke, simple Sätze und kurze Berichte sind typisch. Komplizierte Sachverhalte werden vereinfacht dargestellt. Die Sprache ist oft emotional aufgeladen, beispielsweise durch den Einsatz von Ausrufen und Fragen, direkter Anrede des Publikums, Verwendung von Vokabeln wie „wir" und „uns" sowie ausdrucksstarken Wortzusammensetzungen wie etwa „Euro-Angst" oder „computerverrückt". Charakteristisch ist auch die Vermischung von Meinung und Tatsachen in einem Bericht, so dass häufig nicht nur eine → Information vermittelt wird, sondern gleichzeitig auch eine Bewertung des dargestellten Sachverhalts stattfindet.
4. Der Einsatz von Erzählstrategien: Inhalte werden häufig als „Geschichten" inszeniert, um Nähe zum Publikum herzustellen und Emotionen anzusprechen. Sachverhalte werden visualisiert und vereinfacht, personalisiert, vertraut gemacht und dramatisiert. So fokussiert eine Boulevardberichterstattung stärker auf Personen, wie z. B. einen Politiker, als auf sein Handlungsfeld, die Politik. Zudem konzentriert sie sich eher auf die Hervorhebung des Subjektiven, Familiären und Nahen. Die Priorität, die einzelnen Beiträgen gegeben wird, unterliegt meist weniger ihrer nachrichtlichen Bedeutung (→ Nachrichtenauswahl), als vielmehr ihrem Sensationspotenzial und ihrer Eindrücklichkeit.
Boulevardberichterstattung provoziert polarisierte Meinungen. Kritiker sehen in ihr eine Gefahr für die Gesellschaft und unterstellen manipulierende Wirkungen auf das Publikum. In diesem Zusammenhang wird

auch eine tendenzielle „Boulevardisierung" der gesamten Medienlandschaft beklagt, da Elemente von Boulevardberichterstattung zunehmend in den so genannten „seriösen" Medien identifiziert werden können (→ Medienkritik).

Im Zentrum der Kritik um Boulevardberichterstattung steht häufig *Bild*, die aufgrund ihrer großen Leserschaft ein maßgebliches Massenmedium ist. Besorgnis wird dabei unter anderem über die → Konstruktion von Realität und über das → Agenda-Setting von *Bild* geäußert: Kritiker werfen ihr bewusste politische und gesellschaftliche Meinungsmache vor. *Bild* ist darüber hinaus wegen der journalistischen Methoden ihrer Akteure umstritten. Öffentliche Skandale um die Verletzung von Persönlichkeitsrechten (→ Persönlichkeitsschutz), den fragwürdigen Wahrheitsgehalt einzelner Beiträge oder der Überschreitung ethischer Grenzen bei der Beschaffung von Informationen liefern dafür immer wieder Gesprächsstoff.

Allerdings gibt es auch Befürworter von Boulevardjournalismus. Diese loben beispielsweise die gute Verständlichkeit und den hohen Unterhaltungswert(→ Unterhaltung). Darüber hinaus nehmen sie an, dass Boulevardmedien komplexe Funktionen erfüllen (→ Mediennutzung im Alltag) und ihr Publikum durchaus kritisch ist. *MB*

*Literatur*

P. A. Bruck, G. Stocker: Die ganz normale Vielfältigkeit des Lesens. Zur Rezeption von Boulevardzeitungen. Münster 1996.
T. P. Gangloff: „Emotionen sind Fakten. Die Story hinter der Nachricht: Boulevardmagazine im Fernsehen." In: Agenda 26/1996, S. 24-26.
S. Schirmer: Die Titelseiten-Aufmacher der BILD-Zeitung im Wandel. Eine Inhaltsanalyse unter Berücksichtigung von Merkmalen journalistischer Qualität. München 2001.

## Brasilien

Im bevölkerungsreichen Brasilien steht ein entwickelter Industriesektor extremen sozialen Ungleichheiten gegenüber. Im Mediensektor finden sich wirtschaftlich starke Märkte, doch auch eine hohe wirtschaftliche

**Brasilien**

Konzentration und starke politische Einflussnahme. Der brasilianische Werbemarkt gehört zu den größten weltweit: Von den etwa 4 Mrd. Euro, die in Werbung fließen, gehen weit über die Hälfte ans Fernsehen (60 %), etwa 19 % an die Zeitungen, 9 % an Zeitschriften, je 5 % ans Radio und an Außenwerbung sowie 2 % an das Pay-TV.

Die wichtigsten Player sind nationale Unternehmen in Familienbesitz, die auf mehreren Medienmärkten präsent sind. Mit Abstand das größte ist *Organizaçoes Globo* (Hauptaktionär: Familie Marinho mit über 99 %), das vor allem im Fernsehen (ca. 80 % des Umsatzes), aber auch im Radio, bei Zeitschriften, Zeitungen, Büchern, Tonträgern usw. aktiv ist. Wichtig ist auch die *Grupo Abril* (Hauptaktionär: Roberto Civita mit über 99 %), deren Hauptgeschäftsfeld Verlage sind, die aber auch im Kabelfernseh- und im Internetgeschäft tätig ist. Der Süden Brasiliens wird von der Mediengruppe RBS (im Besitz der Familie Sirotsky) beherrscht, zu der Zeitungen, Fernseh- und Radiostationen und Internetportale gehören.

Radio und Fernsehen sind die populärsten Medien und erreichen im Gegensatz zu Zeitungen und Zeitschriften auch die unteren Einkommensschichten, die sich die teuren Printmedien nicht leisten und/oder sie oft auch gar nicht lesen können.

Zeitungen haben meist nur eine regionale Verbreitung. Die größte Tageszeitung ist *Folha de Sao Paulo* (Auflage 2004: 308.000 Ex., gehört zur *Grupo Folha*, die Zeitungen, Druckereien und Logistikunternehmen etc. besitzt, erreicht ca. 800 der über 5.000 Städte Brasiliens), danach folgen *O Globo* (257.000, gehört *Globo*), *Extra* in Rio de Janeiro (243.000, Globo) und *Estado de Sao Paulo* (233.000, gehört der Familie Mesquita, die auch Radiostationen, ein Musik- und ein Telefonbuchverlag besitzt). *Diários Associados* geben 12 Zeitungen heraus, darunter den *Correio Braziliense* (57.600) in der Hauptstadt Brasília. Überregionalen Einfluss haben ferner die Wirtschaftszeitung *Gazeta Mercantil* (89.000) und das *Jornal do Brasil* (73.000).

Die Gesamtauflage der ca. 530 täglich erscheinenden Zeitungen wird auf 6,5 Mio. Exemplaren geschätzt, eine im Vergleich zur Bevölkerung geringe Zahl. Spitzenauflagen erreichen die Sonntagsausgaben, die allerlei Beigaben enthalten. Boulevardzeitungen spielen eine relativ geringe Rolle: Von den 20 auflagenstärksten Zeitungen sind 68 % der

Auflage der eher seriösen Presse für die gebildete Ober- und Mittelschicht zuzuordnen.

Der Zeitschriftenmarkt wird dominiert von *Editora Abril* und *Globo* mit 10 der 19 meistverkauften Wochen- und 19 der 20 meistverkauften Monatszeitschriften. An der Spitze stehen die wöchentlichen Nachrichtenmagazine *Veja* (Ed. Abril, Auflage 1.131.200 Ex.) und *Época* (Globo, 433.100) sowie *Isto É* (Editora Três, 369.100). Nr. 1 bei den monatlichen Zeitschriften ist die brasilianische Ausgabe des *Readers Digest* (523.000 Ex.), es folgt die Frauenzeitschrift *Claudia* (Ed. Abril, 506.400 Ex.). Die Gesamtauflage der registrierten Zeitschriften hat sich 1993-2002 von 8,4 Mio. auf 16,1 Mio. fast verdoppelt.

Im Rundfunk gibt es ein Drei-Säulen-Modell mit privaten, öffentlichen und staatlichen Veranstaltern. Zur staatlichen Säule gehören die Fernseh- und Radiokanäle der drei Staatsgewalten, zur öffentlichen Säule Sender von Universitäten, Stiftungen, Kirchen oder einzelnen Bundesstaaten (z. B. *TV Cultura* oder die kleinen Lokalsender *Radio Comunitário*).

Das Radio entstand Anfang der 1920er Jahre. Die Mehrzahl der heute ca. 3.500 Radiostationen befindet sich in Privatbesitz und wird durch Werbeeinnahmen finanziert. Die meisten Sender sind zu Ketten zusammengeschlossen, es gibt jedoch keine marktbeherrschende und keine landesweit empfangbare Kette. Das größte Netzwerk *Joven Pan* umfasst 85 MW- und 40 UKW-Sender mit mehr als 15 Mio. Hörern, das zur RBS-Gruppe gehörende *Rádio Gaúcha* im Süden Brasiliens hat 115 Stationen, gefolgt von *Rede Bandeirantes* mit 86 Stationen. Das mit 15 Stationen eher kleine *Sistema Globo de Rádio* gehört zu den umsatzstärksten, weil es in den großen Wirtschaftszentren sendet. 5-10 % der Radiostationen sind nicht kommerziell. Ca. 90 % der Brasilianer werden täglich durch das Radio erreicht.

*TV Tupi* nahm 1950 als erster TV-Sender den Betrieb auf. Das Organisationsmodell des brasilianischen Fernsehmarktes entspricht dem USA-Vorbild, es dominieren kommerzielle, werbefinanzierte Anbieter. Die großen Stationen haben sich in dem riesigen Flächenstaat durch Vertragsstationen (Afiliados) in den Bundesstaaten zu landesweiten Networks zusammengeschlossen. Neben *TV Globo*, das zu den 10 größten kommerziellen TV-Unternehmen der Welt zählt und bis Ende der 1990er faktisch eine Monopolstellung hatte (Marktanteil 2002:

# Brasilien

| Rahmendaten zum Mediensystem in Brasilien | |
|---|---|
| Einwohner 2006 (Projektion auf den 22.6.2006, IBGE) (Bevölkerungsdichte) | 186,31 Mio. (21,9/km²) |
| Zahl der Haushalte (2004, IBGE) | 51,752528 |
| Bruttosozialprodukt pro Kopf in US$ 2005 | 2.800 |
| TV-Verbreitung 2004 (in % aller Haushalte, IBGE) | 90,3 % |
| Werbeinvestitionen gesamt in US$ 2003 (davon für TV) | 3,680 Mrd. (2,237 Mrd.) |
| Tägliche Zeitungsreichweite 2004 | 50 % |
| Tägliche Radio-Hördauer 2001 | 80 Minuten |
| Kabelfernsehen (in % aller TVHH, 2. Halbjahr 2005, inkl. MMDS- und Satellitenverbreitung, entspricht den Pay-TV-HH) | 8,3 % |
| Pay-TV-Abonnenten-Haushalte (ANATEL, 2. HJ 2005) | ca. 4,2 Mio. |
| Rundfunkgebühren pro Jahr | keine |
| Telefonverfügbarkeit (in % der Haushalte oder Bevölkerung 2004, IBGE) | 65,4 % |
| Handyausstattung 2003 (Zahl der Geräte) | 46,373 Mio. |
| privater Internetzugang 2003 | 14,3 Mio. |

*Quelle:* Internationales Handbuch Medien 2004/2005, Word Press Trends 2005, CIA The World Factbook: www.cia.gov/cia/publications/factbook/geos/br.html#Comm (27.01.06), Instituto Brasileiro de Geografia e Estatística, www.ibge.gov.br, Agencia Nacional de Telecomunicaçoes, www.anatel. gov.br/Tools/frame.asp?link=/tv_assinatura/graficosbal2sem2005.pdf

52 %, Werbemarktanteil 2000: 53,4 %), gibt es heute vier landesweite Networks: *Sistema Brasileiro de Televisao* SBT (gehört Silvio Santos, 21 %/19,9 %), *TV Record* (7 %/8,1 %), *TV Bandeirantes* (4 %/9,9 %) und *Rede TV* (3 %/4,9 %). *Rede Brasil Sul* RBS fungiert im Süden Brasiliens als Vertragspartner von *TV Globo*. Nur 26 der über 300 Fernsehstationen sind nicht in privater Hand, die meisten gehören zum staatlichen Bildungsfond FUNTEVE (Fundo de Financiamento da TV Educativa), haben aber marginale Zuschauerquoten.

Markenzeichen von *TV Globo* sind eigenproduzierte Telenovelas, die Einschaltquoten bis 60 % erzielen. Ein weiteres brasilianisches Phänomen sind stundenlange Unterhaltungsshows, aber auch Reality-Shows und Quiz-Shows sind Quotenbringer. 2003 stand in 86,5 % aller brasilianischen Haushalte ein Fernsehgerät. Etwa 3,5 Mio. Haushalte, vor allem in den Ballungsräumen, empfangen Pay-TV über Satellit, Kabel oder Mikrowellen (MMDS). Die wichtigsten Akteure im Kabelfernsehgeschäft sind *Globo Cabo* (1,4 Mio. Abos, 3 Pakete) und TVA (400.000 Abos, gehört Abril). Marktführer im Satelliten-TV ist die Globo-Tochter *Netsat/Sky Brasil* (600.000 Abos), es folgt *Galaxy Brasil* (lizenziert von *DirectTV*, ca. 470.000 Abos).

Das → Internet ist eher in den besser verdienenden Bevölkerungsschichten und bei den unter 30-Jährigen verbreitet. Mitte 2003 hatten 14,3 Mio. Brasilianer privaten Internetzugang. Der wichtigste Zugangs- und Inhalteanbieter *Universo Online* (UOL) wurde 1996 von der *Grupo Folha* gegründet und entwickelte sich nach der Fusion mit *Brasil Online* (Abril) rasch zum absoluten Marktführer. Wichtige Player sind außerdem *Terra Networks* und die *Internet Group iG*. Globo betreibt seit Anfang 2000 das Internetportal *Globo.com*, das bis September 2003 bereits den 5. Platz bei den Nutzerzahlen erreichte. *Ma*

*Literatur*

A. Grünewald, Th. Kirsch: Medien in Brasilien. In: Hans-Bredow-Institut (Hrsg.): Internationales Handbuch Medien 2004/2005. Baden-Baden 2004, S. 804-820.

## Breitbandkabelnetz

Das Breitbandkabelnetz ist ein Telekommunikationsnetz mit einer Übertragungsleistung von mehr als 2 Mbit/s. Im Prinzip eignet sich das verfügbare Netz, das zu einem wesentlichen Teil aus Kupferkoaxialkabel besteht, sogar für Übertragungsraten von bis zu 1 Gbit/s. Dazu müsste es allerdings zum Teil erneuert werden, insbesondere wäre ein vermehrter Einsatz von Signalverstärkern erforderlich. Aber auch ohne einen solchen technischen Ausbau eignet sich das Netz bereits heute in den meisten Fällen neben der Fernsehübertragung auch für die Übertragung von Online-Inhalten, Sprachtelefonie und Datendiensten. Außerdem ist nicht nur der Empfang von Signalen möglich, sondern

**Breitbandkabelnetz** 67

grundsätzlich lässt sich das Netz zur Kommunikation in beiden Richtungen nutzen.

Der Ausbau des Breitbandkabelverteilnetzes ist eng mit der Entwicklung des privaten Rundfunks in der Bundesrepublik verknüpft. Um zusätzliche Übertragungskapazitäten für Fernsehprogramme zu schaffen, forcierte die Deutsche Bundespost in den 1980er Jahren den Ausbau der Kabelnetze als Übertragungsmöglichkeit für Fernsehprogramme. Die Übertragung von kommerziellem → Fernsehen in Kabelnetzen ist der Beginn der Geschichte des privaten Fernsehens in Deutschland. Seit 1984 in mehreren Kabelpilotprojekten die ersten kommerziellen Veranstalter eine Lizenz erhielten, hat sich der Fernsehmarkt stark verändert. Über das herkömmliche Fernsehkabel lassen sich bei analogem Übertragungsmodus (entsprechend der herkömmlichen drahtlosen Verbreitung) mehr als 30 Fernsehkanäle übertragen, so dass mit dem Ausbau der Kabelnetze auch die wirtschaftliche Grundlage für das kommerzielle Fernsehen geschaffen wurde. Heute empfangen rund 57 % der Haushalte auf diesem Weg ihr Fernsehprogramm.

Aufgrund der historischen Entwicklung gibt es in Deutschland eine Untergliederung des Kabelnetzes in vier Ebenen. Die erste Netzebene umfasst die Netze zwischen den Sendeanlagen von Rundfunkveranstaltern und den Schaltstellen der Deutschen Telekom, die auf dieser Netzebene alleiniger Betreiber ist. Auf der zweiten Netzebene, bei der das Rundfunksignal von der Schaltstelle zu einem Sender und von dort aus in die jeweiligen regionalen Netze weitergeleitet wird, werden zur Übertragung nicht nur Kabel-, sondern auch Satellitenverbindungen eingesetzt. Auf dieser Netzebene treten neben der Telekom auch andere Telekommunikationsanbieter und insbesondere die Satellitenbetreiber auf.

Die dritte Netzebene wird mittlerweile von einer Gruppe von Unternehmen kontrolliert, die vor allem durch den Kauf der ehemaligen regionalen Kabelgesellschaften der Telekom die notwendige Infrastruktur erworben haben. Wichtigster Akteur auf dieser Ebene ist die Kabel Deutschland GmbH (KDG), der 70 % der dritten Netzebene gehören. In den Jahren 2000 bis 2003 hat die deutsche Telekom, die praktisch Alleinanbieter auf dieser Netzebene war, ihre regionalen Kabelgesellschaften verkauft und sich aus diesem Bereich zurückgezogen. Damit

*Struktur der deutschen Kabelnetze*

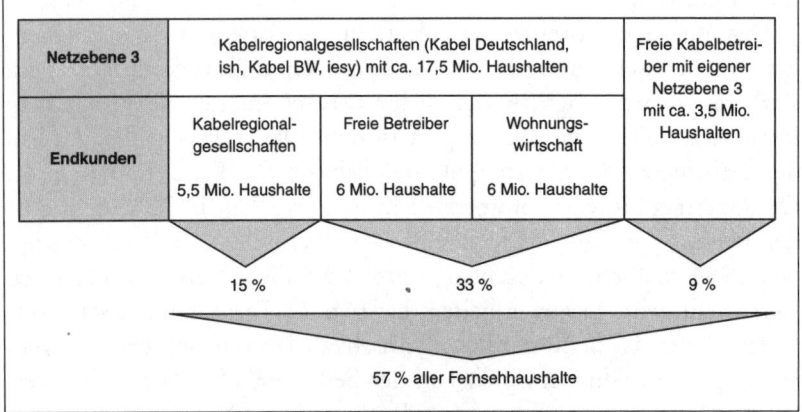

*Quelle:* ANGA – Verband Privater Kabelnetzbetreiber e.V.

folgte das Unternehmen den Vorgaben der europäischen und deutschen Kartellbehörden.

Die vierte Netzebene, die es in dieser Form nur in der Bundesrepublik gibt, umfasst die Strecke vom Übergabepunkt der Netzebene 3 bis zum zur Anschlussdose des Rundfunknutzers. Auf dieser Netzebene sind mehrere Tausend mittelständische und kleine Unternehmen aktiv (vgl. Abbildung).

Die Kabelnetze werden in Deutschland im Rahmen der Umstellung des Fernsehens auf digitale Verbreitung eine wichtige Rolle spielen. Nach Angaben der Bundesregierung sollen bis zum Jahr 2012 die Voraussetzungen für eine vollständige → Digitalisierung der Rundfunkübertragung geschaffen werden. In einigen anderen europäischen Ländern ist diese Entwicklung schon weiter fortgeschritten als in Deutschland. Die einzigartige Struktur der Kabelnetze in Deutschland mit der großen Zahl von Unternehmen, die auf der vierten Netzebene aktiv sind, trägt zu einer Verlangsamung der Entwicklung bei, da diese Unternehmen oft nur begrenzt in der Lage sind, größere Investitionen in die Infrastruktur zu leisten.                    *H3r*

*Literatur*

B. Beckert, H. Dreier, W. Schulz, P. Zoche: Die Zukunft des deutschen Kabelfernsehnetzes – sechs Schritte zur Digitalisierung. Heidelberg 2005.
R. Woldt: Notwendige Konsolidierung oder gefährliche Monopolbildung? Kabelindustrie plant eine (Re-)Konzentration mit problematischen Konsequenzen. In: Media Perspektiven 6/2004, S. 261-267.

*Links*

www.anga.de
www.kabeldeutschland.de

# Buch

Ein Buch ist eine mit einer Bindung und meistens mit einem Einband versehene, meist größere Anzahl von leeren, beschriebenen oder bedruckten Papierblättern. In jüngster Zeit spricht man auch vom elektronischen Buch, meist als Datei auf Datenträger, auf dem Texte und Abbildungen gespeichert sind, und vom Hörbuch als Tonaufzeichnung der Lesung eines Buches, die z. B. per CD-Player abgespielt werden kann.

Die historische Entwicklung des Buches ist wenig erforscht und teilweise umstritten. So werden schon gebrannte Tontafeln und antike Schriftrollen als Bücher bezeichnet, allerdings wird eingewandt, dass dieses eigene Medien mit eigenen Nutzungsweisen darstellten, die auch nicht als Vorformen des Buches gelten können. Die erste Entwicklungsphase des Buches erstreckt sich danach vom 1. Jahrhundert bis zur Mitte des 15. Jahrhunderts. Die erste Form des Buches war der Kodex, eine Lage aufeinander gelegter bzw. gefalteter Pergament-Blätter, zweiseitig beschrieben und mit einem Faden aneinander befestigt. Die Verbreitung der Bücher wurde ab dem 6. Jahrhundert maßgeblich von der Kirche gesteuert. Seit dem vierzehnten Jahrhundert wurde das Abschreiben von Büchern, insbesondere der Bibel und von Schulbüchern, gewerbsmäßig betrieben. In der zweiten Phase hat Gutenbergs Erfindung des Buchdrucks mit beweglichen Lettern gegen 1440 die Buchproduktion rationalisiert. Neben dem Buch entwickelten sich Zeitungen und Zeitschriften. Die dritte Phase machte das Buch mit der Erfindung des Taschenbuchs im Jahre 1939 zu einem echten Massenmedium. Die vierte Phase ist gekennzeichnet durch die bereits begonnene Internationalisierung des Buchmarktes und die → Konzentration der Verlage und Buchhandelsketten.

Für die Zeit seit 1700 lässt sich die Entwicklung des Buches an der Zahl des Neuerscheinungen pro Jahr ablesen. 1700 waren es wenige als 1.000 Bücher, 1800 dann 4.000, 1875 mehr als 10.000 und 1925 32.000 Neuerscheinungen. Nach dem Verzeichnis lieferbarer Bücher, das das Angebot auf dem deutschsprachigen Buchmarkt umfassend darstellt, sind gegenwärtig mehr als 1 Mio. Titel lieferbar. Allein im Jahre 2004 hat es 86.543 Neuerscheinungen gegeben, davon 74.074 Erstauflagen und 12.496 Neuauflagen. 6,8 % der Neuerscheinungen sind Taschenbücher. Auf die Belletristik entfallen 31 % der Neuerscheinungen, bei Taschenbüchern sind es sogar 63 %. Jährlich wird auf der Frankfurter Buchmesse das neue Angebot dem Buchhandel und dem breiten Publikum präsentiert.

Für Bücher, Zeitungen und Zeitschriften gilt in Deutschland die Preisbindung, Damit können die Verlage festlegen, zu welchem Preis ein Werk an Endkunden verkauft wird. So wird vermieden, dass es im Buchhandel einen Unterbietungswettbewerb gibt; stattdessen wird ein Qualitätswettbewerb im Hinblick auf die Auswahl und die Präsentation der vorrätigen Bücher erwartet. Auch in dieser Konstellation ist gegenwärtig eine Konzentration des Buchhandels zu beobachten. Die Thalia-Gruppe mit mehr als 100 Filialen im ganzen Bundesgebiet (und weiteren in Österreich und der Schweiz) macht in Deutschland einen Umsatz von ca. 330 Mio. Euro, das entspricht nach Branchenschätzungen in dem von dieser Gruppe abgedeckten Sortimentsbereich etwa 10 % des Umsatzes in Deutschland. Für 2010 strebt die Gruppe in Deutschland einen Umsatz von 820 Mio. Euro an, so dass andere Buchhändler einen Verdrängungseffekt befürchten.

Mit der Weiterentwicklung der → Drucktechnik ist es möglich geworden, Bücher in kleinsten Auflagen bis hin zu Einzelexemplaren zu produzieren. Beim *Publishing on Demand* erfolgen Druck und Einband erst nach Eingang einer Bestellung, so dass die Lagerhaltung entfällt und die Produktionskosten erst anfallen, wenn eine Bestellung vorliegt.

Noch weitreichender ist die Möglichkeit, den Inhalt eines Buch im → Internet per Volltext-Recherche zu ermitteln und ggf. per Download zugänglich zu machen. Ein solches Projekt wird von Google unter dem Namen Buchsuche erprobt. Führt die Recherche auf den Inhalt eines urheberrechtlich geschützten Buches, kann nur ein kurzer Ausschnitt angezeigt werden, bei nicht mehr geschützten Büchern der gesamte Text. Anscheinend als Reaktion startet nun der Börsenverein des Buchhandels ein Projekt, das die Volltextsuche ermöglicht und zugleich sicherstellen soll, dass die Rechte der Verlage und der Urheber gewahrt werden.

Eine besondere Form des Buches ist das Hörbuch, in dem der Text des Buches vorgelesen und damit auch interpretiert wird. Es gibt inzwischen etwa 13.000 lieferbare Hörbücher, von denen etwa 10 % auch zum Download in Internet bereitgestellt werden. Etwa die Hälfte des Umsatzes entfällt auf die Belletristik, umsatzstark sind auch die Segmente Kinder- und Jugendbuch sowie Schule und Lernen. *Schr*

*Literatur*

U. Dehm, C. Kochhan, D. Storll: Bücher – „Medienklassiker" mit hoher Erlebnisqualität. In: Media Perspektiven 10/2005, S. 521-534.
W. Faulstich: Buch. In: ders. (Hrsg.): Grundwissen Medien. 4. Aufl., München 2000, S. 133-150.
B. Langendorf: Den Standort bestimmen. Buch und Buchhandel in Zahlen. In: Börsenblatt des Deutschen Buchhandels 28/2005, S. 41-52.

## Bundeskartellamt

Der Schutz des Wettbewerbs ist die zentrale ordnungspolitische Aufgabe in einer Marktwirtschaft. In Deutschland ist das Bundeskartellamt, zusammen mit den Landeskartellbehörden, für den Schutz des Wettbewerbs zuständig. Das Bundeskartellamt ist eine selbständige Bundesoberbehörde im Geschäftsbereich des Bundesministeriums für Wirtschaft und Technologie.

Grundlage der Tätigkeit des Bundeskartellamtes ist das Gesetz gegen Wettbewerbsbeschränkungen (GWB), auch Kartellgesetz genannt (→ Konzentration). Neben dem deutschen wendet das Bundeskartellamt auch das europäische Wettbewerbsrecht an, soweit nicht die Europäische Kommission als Wettbewerbsbehörde auf EU-Ebene zuständig ist. Im Medienbereich hat das Bundeskartellamt u. a. die Übernahme der → ProSiebenSat.1 Media AG durch die → Axel Springer AG untersagt. Gleiches gilt für die Übernahme der Berliner Zeitung durch → Holtzbrinck, zu der später auch die → Monopolkommission Stellung genommen hat. Die Übernahme von n-tv durch RTL (→ Bertelsmann) wurde dagegen zugelassen. Die Entscheidungen des Bundeskartellamts werden unter www.bundeskartellamt.de im Internet veröffentlicht.

## Bundesprüfstelle für jugendgefährdende Medien

Die Bundesprüfstelle für jugendgefährdende Medien ist eine selbstständige Bundesoberbehörde und dem Bundesministerium für Familie, Senioren, Frauen und Jugend nachgeordnet. 1954 hat sie als Bundesprüfstelle für jugendgefährdende Schriften ihre Arbeit aufgenommen, mit dem Jugendschutzgesetz von 2003 wurde ihr Tätigkeitsbereich über die Printmedien hinaus auf Filme und Computerspiele erweitert (→ Jugendschutz). Für privaten Rundfunk und Online-Dienste ist dagegen die Kommission für den Jugendmedienschutz der Landesmedienanstalten (→ KJM) zuständig. Wenn die Bundesprüfstelle auf Antrag von Jugendämtern oder auf Anregung eines anerkannten Trägers der freien Jugendhilfe Medieninhalte in die Liste jugendgefährdender Inhalte aufnimmt, unterliegt ihre Verbreitung erheblichen Einschränkungen.

## Bundesnetzagentur

Die Bundesnetzagentur für Elektrizität, Gas, Telekommunikation, Post und Eisenbahnen (www.bundesnetzagentur.de) ist eine selbständige Bundesoberbehörde im Geschäftsbereich des Bundesministeriums für Wirtschaft und Technologie mit Sitz in Bonn. Die Bundesnetzagentur (bis 2005 Regulierungsbehörde für Telekommunikation und Post) hat die Aufgabe, durch Liberalisierung und Deregulierung für die weitere Entwicklung auf dem Elektrizitäts-, Gas-, Telekommunikations-, Post- und Eisenbahninfrastrukturmarkt zu sorgen. Zur Durchsetzung der Regulierungsziele ist sie mit Verfahren und Instrumenten ausgestattet worden, die auch Informations- und Untersuchungsrechte sowie abgestufte Sanktionsmöglichkeiten einschließen. Die Entscheidungen der Bundesnetzagentur basieren auf dem Telekommunikationsgesetz, dem Postgesetz und dem Energiewirtschaftsgesetz und sind gerichtlich überprüfbar. Eine so genannte Ministerentscheidung ist, abweichend von den Regelungen im Gesetz gegen Wettbewerbsbeschränkungen (GWB), nicht vorgesehen.

## Burda Verlag

Die Hubert Burda Media ist ein international agierender Medienkonzern und einer der führenden Zeitschriftenverlage in Deutschland. Hauptsitz des Verlages ist Offenburg, daneben gibt es weitere Standorte in München, Berlin und Hamburg. International ist der Verlag an Standorten in Europa, Mittel- und Südamerika, Asien sowie in der Sowjetunion und in der Ukraine vertreten. Hubert Burda Media ist eine GmbH & Co. Kommanditgesellschaft und als Holding organisiert. Prof. Dr. Hubert Burda, Enkel des Gründers Franz Burda, ist seit 1987 alleiniger Gesellschafter und Vorstandsvorsitzender des Medienkonzerns.

Den Grundstein für das Unternehmen legte Franz Burda im Jahr 1902 mit dem Kauf einer Druckerei in Philippsburg. Bereits ein Jahr später erschien mit der Philippsburger Zeitung der erste Printtitel des

Unternehmens. 1908 wurde der Sitz der Druckerei nach Offenburg verlegt, in die Heimatstadt Burdas. Zu Beginn der 1920er Jahre stieg der Sohn, Franz Burda Junior, in die Druckerei ein und brachte 1927 die Radioprogrammzeitschrift *Sürag* (Südwest Deutsche Radio Zeitung) heraus. Nach dem Tod des Vaters im Jahr 1929 übernahm der inzwischen in Kunstgeschichte promovierte Franz Burda die Druckerei. In weniger als vier Jahren vergrößerte er den Drei-Mann-Betrieb auf 100 Mitarbeiter.

Der Wiedereinstieg ins Pressegeschäft begann nach dem 2. Weltkrieg mit der französischen Soldatenzeitung *Revue d'Information*. Ab 1948 wurde schließlich das Zeitschriftenangebot sukzessive ausgebaut. Der Titel *Das Ufer*, die erste Illustrierte des Verlags, ist heute unter dem Namen *Bunte* eine der meistverkauften Publikationen des Unternehmens. Wenige Monate später wurde die *Sürag* neu aufgelegt (1953 umbenannt in *Bild+Funk*), und es kam das erste Exemplar von *Das Haus* auf den Markt. Im Jahr 1949 gründete Aenne Burda, die Ehefrau von Franz Burda, den VAB Verlag (Verlag Aenne Burda), der erst 1994 in den Burda Verlag eingegliedert wurde. Daraus ging die Zeitschrift *Burda Moden* hervor, ein Titel, der heute in 17 Sprachen und 100 Ländern erscheint.

Zu einem entscheidenden Einschnitt in der Entwicklung des Verlags kam es 1986. Dem Tod des Vaters folgten heftige Streitigkeiten zwischen den drei Brüdern Hubert, Frieder und Franz Burda um die strategische Ausrichtung des Verlags. In Folge des Zwistes kam es zu einer Realteilung des Unternehmens. Frieder und Franz Burda, ehemals verantwortlich für den Finanz- und Druckereibereich im Verlag, gründeten die F&F-Burda-Gesellschaft. Anteile an der → Axel Springer Verlag AG (damals 24,9 %), Spedition, Pressevertriebe in Salzburg und Saar, Druckereien in den USA sowie eine Papierfabrik in Dachau gingen in die neu gegründete Gesellschaft über. Hubert Burda führt seitdem als Alleineigentümer den väterlichen Verlag.

Bis heute hat der Burda Verlag durch eigene Entwicklungen wie auch durch Zukauf und Kooperationen sein Zeitschriftenangebot stark vergrößert. Das Portfolio umfasst ein ausgesprochen breites Zeitschriftenangebot in unterschiedlichen Preissegmenten, das sich sowohl an das Massenpublikum wie auch an exklusive Leserschichten richtet. Neben Frauen- und Programmzeitschriften werden auch zahlreiche Spe-

**Burda Verlag**

zialtitel publiziert. Kennzeichnend für den Verlag sind Zeitschriftenfamilien: Aus einem am Markt etabliertem Zeitschriftenangebot werden namensähnliche Titel für spezielle Zielgruppen entwickelt. So folgten beispielsweise der am Markt etablierten Frauenzeitschrift *Lisa* die Ableger *Lisa Blumen & Pflanzen*, *Lisa Kochen & Backen*, *Lisa Wohnen & Dekorieren* sowie *Lisa Fit & Gesund*.

2004 kam es zu einigen Änderungen im Zeitschriftenportfolio des Hubert Burda Verlags. Durch die Trennung von der italienischen RCS Media Group, mit der Burda seit 1995 im Zeitschriftenbereich weltweit kooperiert hatte, verringerte sich das Zeitschriftenangebot des Verlags um 31 Titel. Gleichzeitig ermöglichte der Rückzug der RCS Media Group der Hubert Burda Media die Übernahme der Hamburger Verlagsgruppe Milchstraße (u. a. *TV Spielfilm*, *MAX* und *Fit for Fun*), an der seit 1995 beide Partner beteiligt waren.

Insgesamt publiziert der Hubert Burda Verlag heute 239 Zeitschriften im In- und Ausland, darunter 76 Titel in Deutschland. Kennzeichnend für den Verlag ist das relativ starke Engagement in Osteuropa und → Russland. Bereits 1987 erscheint Burda Moden als erste westliche Zeitschrift in der ehemaligen UdSSR. Zu den erfolgreichsten Titeln des Verlags gehören die Programmzeitschrift *TV Spielfilm* (Auflage 1,7 Mio.), die niedrigpreisige Frauenzeitschrift *Freizeit Revue* (1 Mio.) sowie *Focus* und *Bunte* mit je 0,8 Mio. verkauften Exemplaren. Die Illustrierte *Super Illu* hat sich als größte Kaufzeitschrift Ostdeutschlands erfolgreich auf dem Markt etabliert. Daneben besitzt der Burda Verlag seit 2003 die Lizenz für den deutschen *Playboy*, die vom → Bauer Verlag übernommen wurde.

Neben dem Schwerpunkt im Zeitschriftenbereich zeigt der Verlag Aktivitäten im Rundfunk-, Online- und Zeitungsmarkt. Hubert Burda Media ist an ca. 30 Radiosendern in Deutschland direkt und indirekt beteiligt. Im Fernsehbereich produziert das Unternehmen derzeit fünf Sendungen (z. B. Focus TV auf ProSieben) und ist am Fernsehsender RTL II mit 1,1 % beteiligt. Daneben verleiht Burda seit 1948 jährlich den Medienpreis Bambi. Aus dem Zeitungsgeschäft hat sich der Verlag 2005 mit dem Verkauf der *Schweriner Volkszeitung*, den *Norddeutschen Neuesten Nachrichten* und der *Prignitzer* vollständig zurückgezogen. Der Druck-Bereich hat durch die Realteilung des Unternehmens bereits 1986 seine große Bedeutung innerhalb des Verlags verloren. Heu-

*Daten zum Burda Verlag*

|  | 2003 | 2004 |
|---|---|---|
| **Konzernumsatz** | 1.526 Mio. Euro | 1.477 Mio. Euro |
| **Umsatz nach Geschäftsbereichen** | | |
| Zeitschriften | 1.079 Mio. Euro | 956 Mio. Euro |
| Druck | 179 Mio. Euro | 170 Mio. Euro |
| Direct Marketing | 136 Mio. Euro | 157 Mio. Euro |
| Digitalbereich (inkl. TV und Hörfunk) | 87 Mio. Euro | 128 Mio. Euro |
| Zeitung | 41 Mio. Euro | 42 Mio. Euro |
| Sonstiges | 5 Mio. Euro | 24 Mio. Euro |
| **Gesamtauflage Zeitschriften (Inland)*** | 15,7 Mio. | 15,5 Mio. |
| **Mitarbeiter** | 7.388 | 7.309 |

* Auflagedaten der bei der IVW gemeldeten Zeitschriftentitel; Angaben im Jahresdurchschnitt

te besitzt der Verlag noch drei Druckereien in Offenburg, Vieux-Thann/Frankreich und Bratislava/Slowakei. Neben den Zeitschriften hat der Verlag im Internetgeschäft einen weiteren Kernbereich, der bereits 1994 – und damit früher als bei anderen deutschen Großverlagen – aufgebaut wurde.

Trotz der seit 2001 anhaltenden Krise auf dem Zeitschriftenmarkt zeigt die Hubert Burda Media eine positive Entwicklung (bereinigt durch den Ausstieg der RCS Media Group im Jahr 2004). Im Jahr 2004 erzielte der Konzern einen Gesamtumsatz von 1,4 Mrd. Euro und ist damit der umsatzstärkste Zeitschriftenverlag in Deutschland. Der Zeitschriftenumsatz ist mit knapp 65 % am Konzernumsatz (956 Mio. Euro) beteiligt, die Aktivitäten am ausländischen Markt machen in etwa 35 % des gesamten Zeitschriftenumsatzes aus. Der Anzeigenumsatz beläuft sich auf 546 Mio. Euro. Das größte Wachstum zeichnet sich im Digitalbereich (Internet, Fernsehen und Hörfunk; + 32 % gegenüber 2003) ab. Im Jahr 2004 beschäftigte das Unternehmen 7.309 Mitarbeiter, davon ca. 70 % im Inland. *JP*

*Literatur*

H.-J. Jakobs, U. Müller: Augstein, Springer & Co. Deutsche Mediendynastien. Zürich/ Wiesbaden 1990.
I. Sjurts: Strategien in der Medienbranche. Grundlagen und Fallbeispiele. Wiesbaden 2003.
A. Vogel: Konsolidierte Großkonzerne bereit zu erneutem Wachstum. Daten zum Markt und zur Konzentration der Publikumspresse in Deutschland im I. Quartal 2004. In: Media Perspektiven, Heft 7/2004, S. 322-338.

## BVDA – Bundesverband Deutscher Anzeigenblätter e. V.

Der Bundesverband Deutscher Anzeigenblätter e. V. (BVDA) ist die Spitzenorganisation der Anzeigenblattverlage. Ihm gehören 190 Verlage mit 728 Titeln bei einer Wochenauflage von 52 Mio. Exemplaren an (Stand: 1. Januar 2006, vgl. www.bvda.de). Damit repräsentiert der Verband mehr als 60 % des Marktes. Zahlreiche der meist wöchentlich erscheinenden Anzeigenblätter waren ab 1960 im Verleger-Verband Deutscher Anzeigenblätter organisiert. Daneben etablierte der Bundesverband Deutscher Zeitungsverleger (→ BDZV) die Arbeitsgemeinschaft Anzeigenblätter der Zeitungen (AdZ). Allerdings führte das innerhalb des BDZV zu Zielkonflikten zwischen den Tageszeitungen und den kostenlos zugestellten Wochenblättern. Deshalb wurde der VVDA aufgelöst und zahlreiche Mitglieder traten aus der AdZ aus. VVDA-Verleger und ehemalige AdZ-Mitglieder gründeten Mitte 1987 den BVDA. Zu seinen Aufgaben gehören die Wahrung und Förderung aller gemeinsamen Belange der Mitgliedsverlage. Der BVDA berät seine Mitglieder, fördert einen intensiven Meinungs- und Erfahrungsaustausch und stellt Unterlagen bereit, die der Transparenz des Anzeigenblattmarktes förderlich sind. Der BVDA ist darüber hinaus Ansprechpartner für Media- und Werbeagenturen, Fachmedien, Politiker, Bildungseinrichtungen und sonstige Interessierte.

## BVV – Bundesverband Audiovisuelle Medien e. V.

Der 1982 gegründete Bundesverband Audiovisuelle Medien (BVV) vertritt die Interessen der maßgeblichen deutschen Video-Programmanbieter, darunter die Tochterunternehmen der großen Hollywood-Studios. Die Mitgliedsfirmen des BVV vertreiben Spielfilme, Kinder- und Zeichentrickfilme, eine breite Palette von Special-Interest-Themen und Musikprogramme auf VHS und DVD. Zu den Aufgaben des Verbandes gehört neben der Interessenvertretung seiner Mitglieder und der Beratung des Fachhandels auch die Marktbeobachtung und Erstellung von Statistiken, die auf seiner Internet-Seite (www.bvv-medien.de) veröffentlicht werden.

## China

China ist das drittgrößte und mit mehr als 1,3 Mrd. Einwohnern das bevölkerungsreichste Land der Erde. Die sozialistische Volksrepublik durchläuft seit den 1980er Jahren einen Reformprozess, eine Vielzahl wirtschaftlicher, politischer und sozialer Reformen sorgt für eine innere Umgestaltung des Landes und trägt zu einer allmählichen Öffnung des Landes bei. Im Zuge dieser Umgestaltung haben sich auch die Rahmenbedingungen des Mediensystems geändert. Die wirtschaftliche Bedeutung des Medien-, Telekommunikations- und Informationstechnikbereichs ist in den letzten Jahren kontinuierlich gewachsen, so dass auch bei ausländischen Unternehmen großes Interesse besteht, auf dem chinesischen Markt aktiv zu sein.

Nach der Machtergreifung im Jahr 1949 errichtete die kommunistische Partei zunächst eine zentral kontrollierte nationale Parteipresse. Neben den Parteizeitungen erschienen in den folgenden Jahren auch Publikationen von Institutionen und Organisationen. 1957 erschienen in China 341 Provinzzeitungen, 936 Regionalzeitungen und 31 Zeitungen für sprachliche Minderheiten. In den folgenden Jahren erweiterten vor allem Bauernzeitungen das Angebot. Während der Kulturrevolution wurden die politischen Kontroversen der einzelnen Flügel der Kommunistischen Partei in den Zeitungen ausgetragen. Ein Resultat dieses Vorgehens waren Zeitungsverbote, so dass 1974 nur noch 43 Zeitungen in China erschienen. Nach dem Ende der Kulturrevolution entwickelte sich der Pressemarkt wieder positiv und es entstanden viele neue Zeitungen, bis 2003 stieg die Zahl der Tageszeitungen auf mehr als 1.000 Titel mit einer Gesamtauflage von über 85 Mio. Exemplaren. Hinzu kommen mehr als 1.000 Zeitungen, die seltener als täglich erscheinen, diese Titel erreichen zusammen eine Auflage von mehr als 100 Mio. Exemplaren. Die größten chinesischen Tageszeitungen sind *Cankao Xiaoxi* mit einer Auflage von 2,63 Mio. Exemplaren und *Peoples Daily* mit mehr als 2,5 Mio. Exemplaren, beide erscheinen in Peking. Im Bereich der Agenturen ist die zentrale Nachrichtenagentur Xinhua News Agency, die auch die Kontrolle über *Cankao Xiaoxi* ausübt, die wichtigste Nachrichtenquelle; die meisten chinesischen Medien nutzen diese Agentur und die Berichterstattung der *Peoples Daily* als Informationsquellen.

Die rechtlichen Rahmenbedingungen der Presse sind durch eine stark eingeschränkte Pressefreiheit gekennzeichnet. Die chinesische Verfassung von 1982 enthält zwar die Garantie der Pressefreiheit in Artikel 35, allerdings wird diese Freiheit durch eine Vielzahl von anderen Bestimmungen eingeschränkt, die so unscharf formuliert sind, dass sie staatliche Restriktionen gegen die Medien ermöglichen. Da die meisten Medien ohnehin direkter staatlicher Kontrolle oder der Kontrolle durch die kommunistische Partei unterstellt sind, ergeben sich nur wenige Fälle, in denen eine Reaktion auf eine Veröffentlichung im Nachhinein erfolgt. Zuständig für die Kontrolle der Presse ist die State Press and Publications Administration (SPPA), die 1987 gegründet wurde und den Status eines Ministeriums hat. Sie vergibt (und entzieht) Lizenzen und entwickelt spezielle Regeln für die Presse. Neben diesen Einflussmöglichkeiten auf die Presse ist auch über die Finanzierung bei vielen Zeitungen eine Kontrolle möglich. Die meisten der öffentlich zugänglichen Tageszeitungen erhalten staatliche Subventionen, allerdings steigen seit den 1980er Jahren die Anzeigenerlöse sehr schnell. Im Zeitraum zwischen 1986 und 1996 verzehnfachte sich die Auflage der chinesischen Zeitungen, gleichzeitig verdreißigfachten sich die Anzeigenerlöse. Mehr als ein Drittel der Werbeerlöse in Höhe von 63 Mrd. Remimbi (Rmb) entfallen auf die Tageszeitungen. Der Vertrieb der

Zeitungen erfolgt in erster Linie per Post, einige Titel erscheinen auch im Straßenverkauf. Die aus Sicht der Staatsführung wichtigsten offiziellen Tageszeitungen werden zusätzlich in Schaukästen für die Bevölkerung zugänglich gemacht, da sie in der Regel nur im Abonnement verbreitet werden.

Werbeerlöse sind auch für den Rundfunk in China die wichtigste Einnahmequelle. Im Jahr 2003 beliefen sich die Werbeumsätze im Fernsehen auf 25,5 Mrd. Rmb. Der Hörfunk erzielte 2,5 Mrd. Rmb. Genau wie bei den Tageszeitungen ist auch der Rundfunk durch ein System der Kontrolle von Staatsführung und Partei gekennzeichnet. Im Fall des Rundfunks ist die Kontrollbehörde die State Administration of Radio, Film and Television (SARFT), die 1985 gegründet wurde und den gleichen Status wie die SPAA hat. Die SARFT gibt unter anderem Vorgaben für die Gestaltung der Programme heraus. Bis 1992 herrschte im Rundfunk vollständige staatliche Kontrolle, seitdem sind in vielen Provinzen Chinas so genannte kommerzielle Radio- und Fernsehsender entstanden. Diese Sender haben mehr Freiheiten bei der Programmgestaltung und sind zum Teil inhaltlich spezialisiert. Allerdings wird auch über sie eine starke Kontrolle ausgeübt.

Der chinesische Rundfunkmarkt hat sich seit einer Reform im Jahr 1998 stark ausdifferenziert. Mittlerweile gibt es mehr als 2200 Fernsehveranstalter, über 1.200 landesweite und mehr als 1.700 lokale Fernsehkanäle. Über 95 % der chinesischen Bevölkerung haben Zugang zu einem Fernsehgerät, Kabelfernsehen nutzen mehr als 110 Mio. Chinesen, in erster Linie in den Städten. Hörfunk kann von rund 94 % der Chinesen empfangen werden, es gibt 306 verschiedene Radiostationen. Die wichtigsten sind die beiden nationalen Sender China Radio International und China National Radio, die staatlich kontrolliert sind. Hinzu kommen etwa 40 Stationen auf Provinz- und rund 260 auf Bezirksebene.

Die traditionelle zentral kontrollierte Struktur des Rundfunks zeigt sich beim staatlichen Fernsehen Central China Television (CCTV). CCTV betreibt 14 Kanäle, die auf unterschiedliche Inhalte wie allgemeine Nachrichten, Wirtschaft oder Bildung spezialisiert sind. Einige der Sender sind Pay-TV, die z. B. Unterhaltung und Sport anbieten. Internationale Nachrichten bezieht CCTV unter anderem von CNN und Reuters (→ Nachrichtenagentur). Ein Teil der Programme wird für die im Land lebenden Ausländer in englischer Sprache ausgestrahlt. SARFT kontrolliert auch den Import ausländischer Programme und überwacht die Aktivitäten internationaler Anbieter von Satellitenprogrammen, die auch in China empfangen werden können. Trotz des großen staatlichen Einflusses auf das Programm ist die wesentliche Finanzierungsquelle des Rundfunks in China Werbung. CCTV wird nur noch zu etwa 25 % durch direkte staatliche Zuschüsse finanziert.

Neben den traditionellen Medien hat sich in China auch das → Internet schnell entwickelt. Vor 25 Jahren gab es in China praktisch keine Telekommunikationsinfrastruktur, inzwischen hat sich dies stark geändert. Mittlerweile verfügen bereits mehr als 100 Mio. Chinesen über Telefon, mit Blick auf die Bevölkerungszahl des Landes ist hier noch mit einem immensen Wachstum zu rechnen. Der Ausbau der Telekommunikationsinfrastruktur ist die Voraussetzung für die Verbreitung des Internets in China. Der Beginn des Internetzeitalters in China liegt im Jahr 1994, seitdem ist in diesem Bereich ein enormes Wachstum zu verzeichnen. Ende 2005 nutzten 110 Mio. Chinesen das Internet mindestens eine Stunde pro Woche, davon 64 Mio. über Breitbandkabel. 58 % der Nutzer sind männlich, 35 % gehören zur Altersgruppe der 18- bis 24-Jährigen. Dabei ist einerseits festzustellen, dass eine Reihe von chinesischen Anbietern das Netz nutzen, um das eigene Publikum zu vergrößern, andererseits wird der Zugang zu Online-Angeboten ausländischer Anbieter, wie das der New York Times oder von CNN, gesperrt. Ausländische Anbieter, die in China ein Angebot bereitstellen möchten, müssen sich in der Regel reglementieren lassen; so ist das Angebot der Suchmaschine Google in China zensiert, und auch die Online-Angebote von Unternehmen, die zur → News Corporation gehören, erscheinen mit Auflagen.

Die in China begonnene Entwicklung zu einer Liberalisierung der Märkte wird auch die Entwicklung auf den Medienmärkten des Landes mitbestimmen. Mittlerweile stammen 30 % der Fernsehprogramme aus dem Ausland und eine große Zahl ausländischer Investoren ist darum bemüht, den chinesischen Markt zu erschließen. Es scheint nur eine Frage der Zeit zu sein, wann die letzten Barrieren gelockert werden, die bislang ein Engagement auf dem chinesischen Medienmarkt erschweren, so dürfen z. B. bislang ausländische Unternehmen nicht am Betrieb von Rundfunksendern beteiligt sein, Produktionsunterneh-

| Rahmendaten zum Mediensystem in China | |
|---|---|
| Einwohner 2003 | 1.242.609.000 |
| Zahl der Haushalte | 365.073.000 |
| Bruttosozialprodukt pro Kopf in US$ 2002 | 890 |
| TV-Verbreitung (in % aller Haushalte) | 95 % |
| Werbeausgaben 2004 brutto gesamt in Rmb. | 63.384.000.000 |
| Tägliche Zeitungsnutzung 2003 (in Minuten) | 61,6 |
| Tägliche Fernsehdauer 2003 (in Minuten) | 179 |
| Internetnutzer Ende 2005, mind. 1 Std./Woche | 110 Mio. |

*Quellen:* World Press Trends 2005; Internationales Handbuch Medien 2004/ 2005; CNNIC 17th Survey Report (www.cnnic.net.cn/download/2006/17threport-en.pdf)

men können hingegen gemeinsam mit einheimischen Partnern betrieben werden. Neben dem Prozess des wirtschaftlichen und politischen Wandels wird möglicherweise auch die internationale Aufmerksamkeit zu den olympischen Spielen im Jahr 2008 in Peking dazu beitragen, dass die Liberalisierung weiter fortschreitet. Schließlich bringt auch die technische Entwicklung ein enormes Veränderungspotenzial mit sich: Bis zum Jahr 2015 will China digitales Fernsehen einführen. *H3r*

*Literatur*

S. Abels: Das Mediensystem in der Volksrepublik China. In: Hans-Bredow-Institut (Hrsg.): Internationales Handbuch Medien 2004/2005, Baden-Baden 2004, S. 761-782.
L Yan: China. In: S.A. Gunaratne (Hrsg.): Handbook of the Media in Asia. New Delhi, Thousand Oaks, London 2000.

## Cross Promotion

Cross Promotion beschreibt die Bewerbung eines Medienangebotes in einem anderen Medienangebot, etwa die Platzierung von Fernsehspots für ein Programm in einem anderen Sender. Dabei kommt es sowohl zu Kombinationen unterschiedlicher Medien (Zeitschriften – Fernsehen; Hörfunk – Fernsehen) als auch zur der Zusammenarbeit von Medien aus derselben Gattung. In vielen Fällen kommt es bei Cross-Promotion zu einem Austausch von Werbebotschaften zwischen den Beteiligten, so dass z. B. Fernsehveranstalter gegenseitig aufeinander verweisen. Erscheinungsformen sind neben den traditionellen Formen der Werbung als Spots oder Anzeigen in den letzten Jahren vor allem die wechselseitige Ausstrahlung von Programmhinweisen und redaktionelle Verweise auf andere Anbieter.

Das Ziel der Aktivitäten ist die Steuerung der → Aufmerksamkeit des Publikums auf einen Ausschnitt des Gesamtangebotes mit dem Ziel der Maximierung des Marktanteils einer Anbietergruppe im Gesamtmarkt der Medienangebote. Ein Beispiel für eine solche Marketingstrategie, die insbesondere für die crossmediale Auswertung von Inhalten eine wichtige Rolle spielt, ist die Fernsehshow *Deutschland sucht den Superstar*, die in einer Reihe von Auswertungsvarianten sehr erfolgreich war. Die Fernsehsendung erreichte hohe Marktanteile und die singenden Kandidaten erzielten mit gemeinsam und einzeln veröffentlichten Tonträgern hohe Umsätze. Darüber hinaus gab es eine Vielzahl von Merchandising- und Lizenzprodukten, die durch ihren Verkauf ebenfalls zu den Gesamterlösen beitrugen.

Eine der zentralen Voraussetzungen für den Einsatz einer solchen Marketingstrategie ist ein gemeinsames Interesse der Beteiligten. Dies lässt sich am einfachsten umsetzen, wenn die unterschiedlichen Anbieter miteinander wirtschaftlich verflochten sind und von einer Konzernleitung in eine bestimmte Hierarchie gebracht werden können. Prominenteste Beispiele sind hierfür die in unterschiedlichen Gruppen organisierten kommerziellen Fernsehanbieter in der Bundesrepublik. Cross-Promotion als Bestandteil der Marketingstrategie ist in unterschiedlichem Ausmaß Bestandteil der Programme der RTL-Gruppe (RTL, RTL II, SuperRTL, VOX, N-TV), der ProSieben/SAT.1-Gruppe (Pro Sieben, SAT.1, Kabel 1, N 24, Neun live). auch die öffentlich-rechtlichen Programme betreiben Cross-Promotion durch gegenseitige Verweise. Auch Netzwerke unabhängiger Unternehmen sind mit Cross-Promotion-Aktivitäten erfolgreich, so gelingt es z. B. vielen deutschen Filmproduzenten immer wieder, durch Marketingpartnerschaften Aufmerksamkeit im Wettbewerb mit den großen amerikanischen Filmstudios zu gewinnen.

Eine zweite Bedingung, die für Cross-Promotion eine zentrale Bedeutung hat, ist die Ähnlichkeit der Verbreitungsgebiete der betreffenden Medienangebote. So kooperieren bundesweit verbreitete Fernsehsender mit Zeitschriften und Tageszeitungen, die über ein vergleichbares Verbreitungsgebiet verfügen. Auf lokaler und regionaler Ebene kommt es häufiger zu Cross-Promotion zwischen miteinander wirtschaftlich verflochtenen Hörfunksendern und Tageszeitungen oder Anzeigenblättern. Aus diesen Verknüpfungen ergeben sich auch die Probleme für die Entwicklung der Medienmärkte. Durch den Einsatz von Cross Promotion zur Erzielung von Aufmerksamkeit erreichen vor allem Anbieter, die auf mehreren Märkten aktiv sind, leichter die Aufmerksamkeit für ihre Produkte als Anbieter, die lediglich auf einem einzelnen Markt aktiv sind. Dadurch kann es zu der Situation kommen, dass ein qualitativ schlechteres Angebot bei einem höheren Preis sich allein aufgrund der Bekanntheit der Marke gegen die Konkurrenz durchsetzt. Das Ergebnis einer solchen Entwicklung wäre ein Verlust der Angebotsvielfalt. Aus diesem Grund gibt es in der aktuellen Gesetzgebung zur Medienkonzentration die Tendenz, so genannte verwandte Märkte bei der Analyse von Unternehmenszusammenschlüssen in der Entscheidungsfindung einzubeziehen und einer solchen Konzentrationsentwicklung gegebenenfalls durch Auflagen für die Unternehmen entgegen zu wirken. *H3r*

## Datenschutz

Im Rahmen der Recherche und der Berichterstattung über Personen, aber auch bei der Nutzung von Medien fallen personenbezogene Daten an. Durch die fortschreitende → Digitalisierung der Medien, auch im Bereich der Produktion, wird die Datenverarbeitung zunehmend automatisiert und elektronische Archive wachsen exponenziell. Die Befugnis des Einzelnen, grundsätzlich selbst über die Preisgabe und Verwendung seiner persönlichen Daten zu bestimmen, bedarf unter diesen Bedingungen eines besonderen Schutzes. Durch Datenschutz sollen daher Gefährdungslagen für das Persönlichkeitsrecht des Einzelnen

(→ Persönlichkeitsschutz) auf technischer wie auf organisatorischer Ebene minimiert werden. Datenschutzrecht ist verfassungsrechtlich determiniert: Wer nicht überschauen kann, welche Informationen seiner sozialen Umwelt über ihn bekannt sind, und wer das Wissen möglicher Kommunikationspartner nicht abzuschätzen vermag, kann in seiner Freiheit, aus eigener Selbstbestimmung zu planen oder zu entscheiden, wesentlich gehemmt werden. Wer unsicher ist, ob abweichende Verhaltensweisen jederzeit notiert und als Information dauerhaft gespeichert, verwendet oder weitergegeben werden, wird versuchen, nicht durch solche Verhaltensweisen aufzufallen. Dies würde nicht nur die Entfaltungschancen des Einzelnen beeinträchtigen, sondern auch das Gemeinwohl. Denn Selbstbestimmung ist die elementare Funktionsbedingung eines freiheitlichen demokratischen Gemeinwesens, das auf die Bereitschaft seiner Bürger, mitzudenken und mitzuwirken, angewiesen ist.

In seinem „Volkszählungsurteil" spricht das Bundesverfassungsgericht 1983 erstmals vom „Recht auf informationelle Selbstbestimmung" in dem Sinne, dass es sich bei Datenschutz um ein aus dem allgemeinen Persönlichkeitsrecht fließendes Grundrecht handelt: „Das Grundrecht gewährleistet die Befugnis des Einzelnen, grundsätzlich selbst über die Preisgabe und Verwendung seiner persönlichen Daten zu bestimmen." Einschränkungen dieses Rechts sind jedoch im überwiegenden Allgemeininteresse zulässig. Durch die Möglichkeiten der Datenerhebung, -verarbeitung und -vernetzung ist für den Einzelnen kaum überschaubar, wer was wann wie und bei welcher Gelegenheit über ihn in Erfahrung gebracht und gespeichert hat. Die Möglichkeiten der individuellen Gegenwehr sind infolgedessen begrenzt. Daraus folgt die Notwendigkeit von vorgelagerten Mechanismen der Kontrolle zum Schutze des allgemeinen Persönlichkeitsrechts. Datenschutzgesetze sind demnach nicht als repressive, nachträgliche, sondern präventive, Grundrechtsverletzungen von vornherein vermeidende Regelungen konzipiert. So ist einer der Grundsätze der Datenschutzgesetzgebung der der technischen Datensparsamkeit und Datenvermeidung.

Nicht alle Daten müssen im Hinblick auf das allgemeine Persönlichkeitsrecht des Einzelnen relevant sein. So betreffen die Datenschutzvorschriften ausschließlich personenbezogene Daten, d. h. Einzelangaben über persönliche oder sachliche Verhältnisse einer bestimmten oder bestimmbaren natürlichen Person. Personenbezogenes Datum kann dabei jede einzelne Information sein, die sich auf eine Person bezieht oder geeignet ist, einen Bezug zu ihr herzustellen – unabhängig von der Herkunft, der Form (Schrift, Sprache, Bild, Code) und der Darstellung (analog, digital, numerisch, alphanumerisch).

Das Konzept des derzeitigen Datenschutzrechts sieht als Grundsatz der Datenverarbeitung ein Verbot mit Erlaubnis- oder Einwilligungsvorbehalt vor: Grundsätzlich ist der Umgang mit personenbezogenen Daten verboten. Hiervon wird nur dann eine Ausnahme gemacht, wenn eine gesetzliche Erlaubnis vorliegt oder der Betroffene in die Datenverarbeitung eingewilligt hat.

Sieht die jeweils anwendbare Datenschutzvorschrift eine ausdrückliche Erlaubnis für den Umgang mit personenbezogenen Daten vor, so ist in diesen Fällen keine Einwilligung erforderlich. So werden etwa für die Begründung und Abwicklung eines Vertragsverhältnisses einige Daten benötigt, da der Anbieter personenbezogene Informationen des Kunden für die Rechnungserstellung erheben, verarbeiten und nutzen können muss. In gesetzlich nicht geregelten Fällen ist eine Datenverarbeitung von personenbezogenen Daten dagegen ausschließlich dann zulässig, wenn der Betroffene vorher eingewilligt hat. Die Einwilligung kann schriftlich, mündlich oder elektronisch gegeben werden. Ein Widerruf der Einwilligung muss jederzeit möglich sein, auf dieses Recht muss der Betroffene vor Erhebung der Daten hingewiesen werden.

Gesetzessystematisch enthält das Bundesdatenschutzgesetz (BDSG) allgemeine Vorschriften für den öffentlichen als auch den nicht-öffentlichen Bereich, trifft aber für beide teilweise unterschiedliche Regelungen. Es dient dabei als Auffangregelung, d. h. seine Vorschriften gelten dann, wenn nicht ein bereichsspezifisches Gesetz Vorgaben macht. Die medienspezifischen Gesetze enthalten praktisch durchweg konkrete datenschutzrechtliche Vorgaben. So finden sich Datenschutzvorschriften für Telekommunikationsdienste und -anbieter im Telekommunikationsgesetz (§§ 91 ff.), für Anbieter von Telediensten im Teledienstedatenschutzgesetz, für Anbieter von Mediendiensten im Mediendienstestaatsvertrag (§§ 16 ff.) sowie für Rundfunkanbieter im Rundfunkstaatsvertrag (§§ 47 ff.) bzw. in den Landesmediengesetzen und den Staatsverträgen zur Einrichtung von öffentlich-rechtlichen Rundfunkanstalten. Neben den Vorschriften zum datenschutzrechtlichen

Medienprivileg, also der Erlaubnis der Medien, Daten für ausschließlich journalistisch-redaktionelle Zwecke auch ohne die Einwilligung des Betroffenen verarbeiten zu dürfen, sehen die bereichsspezifischen Vorgaben Leitlinien insbesondere für die personenbezogenen Daten vor, die bei der Nutzung des jeweiligen Medienangebotes entstehen. Pressespezifische datenschutzrechtliche Vorgaben gibt es mit Ausnahme des Medienprivilegs nicht.

Um das Recht auf informationelle Selbstbestimmung gegenüber staatlichen oder privaten Stellen durchzusetzen, muss der Betroffene gewisse Befugnisse erhalten. So kann ein Betroffener jederzeit einfordern, die über ihn bei einem Anbieter gespeicherten Daten einzusehen. Das Gesetz ordnet dabei ausdrücklich an, dass dem Nutzer die Einsichtnahme unentgeltlich und auf Wunsch elektronisch möglich sein muss. Der Betroffene muss darüber hinaus seine ursprünglich erteilte Einwilligung jederzeit und mit sofortiger Wirkung widerrufen können. Nur bis zum Zeitpunkt des Widerrufs darf der Anbieter die Daten des Nutzers verarbeiten und nutzen. Danach ist die Situation so, als habe es nie eine Einwilligung gegeben. Über die Einhaltung der Datenschutzvorschriften wachen daneben ein betrieblicher Datenschutzbeauftragter oder die zuständigen Aufsichtsbehörden. *SD*

*Literatur*

P. Gola, C. Klug: Grundzüge des Datenschutzrechts. München 2003.
H. H. Wohlgemuth, J. Gerloff: Datenschutzrecht. München 2005.

## Deutsche Gesellschaft für Publizistik- und Kommunikationswissenschaft e. V. – DGPuK

In der Deutschen Gesellschaft für Publizistik- und Kommunikationswissenschaft (DGPuK) haben sich Kommunikationswissenschaftler und Kommunikationspraktiker zusammengeschlossen, die die Disziplin in Forschung und Lehre vertreten bzw. ihre Erkenntnisse in verschiedenen Berufsfeldern anwenden. Hauptziel der DGPuK ist die

Förderung gemeinsamer Interessen der Publizistik- und Kommunikationswissenschaft.

Seit ihrer Gründung im Jahre 1963 (als Deutsche Gesellschaft für Publizistik- und Zeitungswissenschaft) hat die DGPuK einen deutlichen Strukturwandel durchgemacht. Das Fach, später meist Publizistik- und Kommunikationswissenschaft genannt (was seit 1972 auch im Namen der Fachgesellschaft zum Ausdruck kommt), war noch eine relativ junge akademische Disziplin. Im Zusammenhang mit der Etablierung sozialwissenschaftlicher Institute an den Universitäten und der zunehmenden Nachfrage nach akademischem Nachwuchs für Kommunikationsberufe wurden in den 1970er und 1980er Jahren viele neue Studiengänge für Journalistik eingerichtet. In der Folge sind auch immer mehr Soziologen, Psychologen, Politologen, Pädagogen, Literaturwissenschaftler, Historiker, Juristen und Ökonomen Mitglieder der DGPuK geworden, so dass sie sich mit inzwischen über 700 Mitgliedern auch als ein Forum interdisziplinärer Zusammenarbeit versteht.

## Deutscher Werberat

Der Deutsche Werberat (www.interverband.com/werberat/) wurde als Selbstkontrolleinrichtung der deutschen Werbebranche 1972 vom Zentralverband der deutschen Werbewirtschaft (→ ZAW) ins Leben gerufen. Die vom Werberat durchzusetzenden Verhaltensregeln, auf deren Basis die Entscheidungen des Werberates gefällt werden, werden innerhalb der Gremien des ZAW erstellt. Sie geben daher die gemeinsame Auffassung der gesamten Werbewirtschaft wieder und werden auch einheitlich verfolgt. Die Verhaltensregeln gelten als Standesrecht der Werbewirtschaft. Der Werberat wird aufgrund von Beschwerden einzelner Bürger, gesellschaftlicher Institutionen, politischer Parteien, der staatlichen Exekutive, aus Kirchen, Gewerkschaften und Interessengruppen tätig. Im Jahre 2005 sind insgesamt 258 Beschwerden eingegangen, davon ein Drittel wegen Frauendiskriminierung, 10 % wegen Verherrlichung oder Verharmlosung von Gewalt und 9 % wegen Gefährdung von Kindern oder Jugendlichen. Wenn der Werberat der Beschwerde folgt, versucht er das werbetreibende Unternehmen zu veranlassen, die entsprechende Werbemaßnahme zu ändern oder zu stoppen. Falls dies nicht geschieht, wird eine öffentliche Rüge ausgesprochen. 2005 ist dies in drei Fällen geschehen.

## Deutscher Presserat

Der Deutschen Presserat wurde 1956 als Selbstkontrollorgan der Presse gegründet. Anliegen des Deutschen Presserates ist es, im Interesse der Erhaltung der Pressefreiheit für die Beachtung der Grundregeln eines freien und verantwortlichen Journalismus in Form eines Pressekodex einzutreten. Dazu soll die Einhaltung selbstverfasster berufsethischer Grundsätze durch ein mit Verlegern und Journalisten paritätisch besetztes, freiwillig geschaffenes Gremium kontrolliert werden. Diese publizistische Selbstkontrolle auf der Grundlage des Pressekodex wurde mit Beschluss des Deutschen Presserats vom 20. November 1996 ausgedehnt auf Inhalte von Online-Publikationen mit journalistisch-redaktionellen Beiträgen von Zeitungsverlagen, Zeitschriftenverlagen und Pressediensten.

Die vier Verleger- und Journalistenorganisationen Bundesverband Deutscher Zeitungsverleger (→ BDZV), Verband Deutscher Zeitschriftenverleger (→ VDZ), Deutscher Journalisten-Verband (→ DJV) und Deutsche Journalistinnen- und Journalisten-Union (dju) in der Vereinten Dienstleistungsgewerkschaft → ver.di sind Mitglieder im Trägerverein des Deutschen Presserats.

Bei Beschwerden, die von jedermann an den Deutschen Presserat gerichtet werden können, entscheidet der Beschwerdeausschuss über Rügen, Missbilligungen oder Hinweise. Nahezu alle deutschen Verlage haben sich zum Abdruck der Rügen verpflichtet. Ein großer Teil der Beschwerden wird jedoch durch Vermittlung des Presserats zwischen dem Beschwerdeführer und den Verantwortlichen der beanstandeten Publikation beigelegt.

## Deutschland

Das deutsche Mediensystem wurde in seiner heutigen Form wesentlich von den Entscheidungen der alliierten Besatzungsmächte nach dem zweiten Weltkrieg geprägt. Bis zum Jahr 1949 übten die Alliierten Kontrolle über die Medien in der Bundesrepublik Deutschland aus und schufen mit der föderalen Struktur der Bundesländer und der Staatsferne des Rundfunks wesentliche Elemente der deutschen Medienordnung. Ein großer Teil der deutschen Tageszeitungen erschien zum ersten Mal unter den Alliierten als Bestandteil der Lizenzpresse, aber auch viele Zeitschriften wie der *Stern*, der *Spiegel* oder die Wochenzeitung *Die Zeit* wurden in dieser ersten Phase der Entwicklung der bundesdeutschen Medienlandschaft gegründet. Das Vorgehen der Alliierten unterschied sich in den einzelnen Besatzungszonen, in der Sowjetzone und der DDR existierten viele Elemente der Lizenzpresse bis zum Jahr 1990 weiter, eine marktwirtschaftliche Organisation der Medien fand dort praktisch nicht statt. Nach der deutschen Vereinigung entsprechen die Vorgaben für die Gestaltung des Mediensystems auch in den neuen Bundesländern dem Grundgesetz.

Die Medienlandschaft in den alten Bundesländern bestand nach dem Ende der alliierten Kontrolle im Jahr 1949 aus der privatwirtschaftlichen Presse und dem staatsfern organisierten öffentlich-rechtlichen Rundfunk. Aufgrund der alliierten Vorgaben sind für die Gestaltung der rechtlichen Rahmenbedingungen der Medien in der Bundesrepublik die Bundesländer zuständig. Nur in einigen Bereichen, wie der Entwicklung der Infrastruktur oder dem Auslandsrundfunk der Bundesrepublik, verfügt der Bund über Kompetenzen. Die rechtlichen Rahmenbedingungen der Presse sind in Landespressegesetzen festgehalten, die Bestimmungen zum kommerziellen und öffentlich-rechtlichen Rundfunk sind vielfach in Landesmedien- und Landesrundfunkgesetzen formuliert. Zusätzlich zu den Bestimmungen der Landesgesetze spielen für den Rundfunkbereich so genannte Staatsverträge eine wichtige Rolle, in denen die Bundesländer gemeinsame Vereinbarungen für den Medienbereich treffen. So ist die gesetzliche Grundlage für die Tätigkeit des → ZDF ein solcher Staatsvertrag. Ähnliche Staatsverträge gibt es zur Regelung des kommerziellen Rundfunks. Solche Verträge werden auch zwischen einzelnen Bundesländern geschlossen, wenn es

**Deutschland**

z. B. um den Betrieb einer gemeinsamen öffentlich-rechtlichen Rundfunkanstalt wie etwa dem NDR geht. Hier schlossen sich die Länder Hamburg, Mecklenburg-Vorpommern, Niedersachsen und Schleswig-Holstein zusammen. Zusätzlich zu den Gesetzen und Staatsverträgen ist die Rechtsprechung des Bundesverfassungsgerichtes mit den sogenannten Rundfunkurteilen prägend für diesen Bereich. In einer Vielzahl von Urteilen seit den 1960er Jahren konkretisiert das höchste deutsche Gericht die Ausgestaltung der Rundfunkordnung im Sinne des Art. 5 der Verfassung, der die zentrale Grundlage der Medienordnung ist und in dem Pressefreiheit, → Meinungsfreiheit und → Informationsfreiheit formuliert sind.

Nach der alliierten Besatzung setzte auf dem Markt der Tagespresse eine starke → Konzentration ein, die erst durch eine Neuformulierung der Kartellgesetze in den 1970er Jahren stark eingeschränkt werden konnte. Das Ergebnis dieser Entwicklung ist, dass heute in mehr als der Hälfte der bundesdeutschen Landkreise nur noch eine regionale Lokal- oder Regionalzeitung erscheint, die Zeitungslandschaft also durch lokale und regionale Monopole geprägt ist. Im Jahr 2004 erschienen in Deutschland 359 Zeitungen mit 1.538 Ausgaben, von denen 345 im Abonnement und 14 ausschließlich im direkten Verkauf verbreitet wurden. Die Gesamtauflage der Zeitungen betrug in diesem Jahr 21,7 Mio. Exemplare, damit setzte sich der in der Vergangenheit zu beobachtende Rückgang der Auflage der Tageszeitungen fort. Im Jahr 1999 wurden noch mehr als 24 Mio. Tageszeitungen abgesetzt. Neben 334 regionalen und lokalen Abonnementtageszeitungen erscheinen in der Bundesrepublik acht überregionale Tageszeitungen und drei Titel für sprachliche Minderheiten. Die wichtigsten Akteure auf dem deutschen Tageszeitungsmarkt sind der → Axel Springer Verlag mit einem Marktanteil von mehr als 22 %, gefolgt von der → WAZ-Mediengruppe aus Essen und der Verlagsgruppe Stuttgarter Zeitung/Die Rheinpfalz/Südwest Presse aus Ulm, die jeweils einen Marktanteil von 6 % erreichen. Die deutsche Tageszeitung mit der höchsten Auflage ist die Boulevardzeitung *Bild* mit einer Auflage von mehr als 3,7 Mio. Exemplaren. Die größten überregionalen Tageszeitungen sind die *Süddeutsche Zeitung* mit einer Auflage von mehr als 430.000 und die *Frankfurter Allgemeine Zeitung* mit einer Auflage von mehr als 380.000

Exemplaren. Im Durchschnitt nutzt die Bevölkerung über 14 Jahren Tageszeitungen 28 Minuten täglich.

Im Gegensatz zur Tagespresse gibt es auf dem Zeitschriftenmarkt keine besonderen rechtlichen Vorgaben, die eine wirtschaftliche Konzentration verhindern würden. Auch hier hat nach dem Zweiten Weltkrieg vor allem bei der Publikumspresse eine Konzentrationsentwicklung stattgefunden, deren Ergebnis im Bereich der Publikumspresse die Dominanz der Unternehmen → Bauer, → Axel Springer, → Burda und Gruner + Jahr (→ Bertelsmann) ist. 2004 erreichten diese vier Unternehmen mehr als 60 % Marktanteil auf dem Markt für Publikumszeitschriften. Bei einer Gesamtauflage von mehr als 85,6 Mio. Exemplaren kamen 51,7 Mio. Hefte aus diesen vier Konzernen. Neben den 850 Publikumszeitschriften mit einer verkauften Auflage von 123,6 Mio. Exemplaren gibt es in der Bundesrepublik noch über tausend Fachzeitschriften, die zusammen eine verkaufte Auflage von 14,5 Mio. Exemplaren erreichen.

Der Rundfunk in der Bundesrepublik wurde zunächst als staatsferner öffentlich-rechtlicher Rundfunk nach dem Vorbild der britischen → BBC organisiert. Die Finanzierung erfolgte in erster Linie aus einer monatlichen → Rundfunkgebühr und Werbeerlösen. Die Werbemöglichkeiten sind für den öffentlich-rechtlichen Rundfunk stark eingeschränkt (→ Werberecht). So sind in den ersten beiden öffentlich-rechtlichen Fernsehprogrammen 20 Minuten werktäglich vor 20 Uhr erlaubt. Die übrigen Zeiten und anderen öffentlich-rechtlichen Rundfunkprogramme sind werbefrei. Heute betreiben die öffentlich-rechtlichen Sender mehr als 60 Hörfunkprogramme und 20 Fernsehprogramme, einige davon ausschließlich in digitaler Form.

Im Jahr 1984 kam es dann zur Einführung des kommerziellen Rundfunks, der sich in den folgenden Jahren sehr dynamisch entwickelte. Als Aufsichtsinstitutionen für den kommerziellen Rundfunk wurden die Landesmedienanstalten (→ ALM) eingerichtet, deren Aufgabe die Lizenzierung und Kontrolle des kommerziellen Rundfunks ist. In den ersten Jahren erfolgte die Finanzierung der Anbieter ausschließlich über → Werbung, mittlerweile gibt es mehrere Anbieter von Pay-TV, darüber hinaus werden weitere Möglichkeiten wie Gewinnspiele genutzt, um Einnahmen zu erzielen. Auf der Seite der Anbieter hat sich seit der Einführung des kommerziellen Fernsehens ein von zwei Sendergruppen bestimmtes Angebot entwickelt. Dies sind auf der einen Seite die zum → Bertelsmann-Konzern gehörende RTL-Group, der auf der anderen Seite die → ProSiebenSat.1-Gruppe gegenübersteht. Die Programme dieser beiden Gruppen vereinigen mehr als 40 % der Sehdauer der Zuschauer ab 6 Jahren, weitere rund 44 % der Sehdauer entfallen auf den öffentlich-rechtlichen Rundfunk. Neben dem frei empfangbaren Fernsehen, das über Gebühren oder Werbung finanziert wird, gibt es eine wachsende Zahl von Pay-TV-Angeboten. Marktführer in diesem Bereich ist bislang die Premiere AG, die allerdings in der Zukunft möglicherweise Marktanteile an den neuen Anbieter Arena verlieren wird, der die Übertragungsrechte für die Fußball-Bundesliga erworben hat und damit Premiere als Fußballsender ablöst. Derzeit hat Premiere mehr als drei Mio. Abonnenten.

Neben den öffentlich-rechtlichen Hörfunkprogrammen gibt es mehr als 200 kommerzielle Hörfunkveranstalter, die in der Regel auf Länderebene senden. Die rechtlichen Rahmenbedingungen in den Bundesländern unterscheiden sich hierbei erheblich, und so auch die Hörfunklandschaft in den einzelnen Bundesländern. Hörfunk und Fernsehen werden in der Bundesrepublik von großen Teilen der Bevölkerung intensiv genutzt. 89 % der Bevölkerung über 14 Jahren sehen täglich fern, 84 % hören täglich Radio. Die Nutzungszeiten betragen rund 220 Minuten.

Seit den 1990er Jahren hat sich die Nutzung des Internet dynamisch entwickelt. Im Jahr 2005 gaben knapp 60 % der Bevölkerung an, das Internet zumindest gelegentlich zu nutzen, rund 50 % verfügen zu Hause über einen Onlinezugang. Internetnutzer sind in der überwiegenden Zahl männlich und höher gebildet, die intensivste Internetnutzung ist bei Personen unter 40 Jahren anzutreffen, die zu knapp 80 % das Internet nutzen. Nur 18 % der Personen, die älter als 60 Jahre sind, zählen zu den Online-Nutzern. Die wichtigsten Inhalte, die Online genutzt werden, sind aktuelle Nachrichten, Informationen aus Wissenschaft, Bildung und Forschung sowie Serviceinformationen wie Veranstaltungstipps und Wetterinformationen. Die beliebteste Anwendung bleibt neben der Informationssuche die Nutzung elektronischer Post, die von rund 80 % der Nutzer mindestens einmal wöchentlich genutzt wird. Die tägliche Nutzungsdauer des Internets liegt bei rund 44 Minuten. Zu den erfolgreichsten Onlineangeboten zählen die Internetauf-

| Rahmendaten zum Mediensystem in Deutschland | |
|---|---|
| Einwohner 2004 (Bevölkerungsdichte) | 82,5 Mio. (231/km$^2$) |
| Bruttosozialprodukt pro Kopf in Euro | 26.400 |
| TV-Verbreitung (in % aller Haushalte) | 97,0 % |
| Werbeausgaben brutto gesamt in Euro (davon im TV) | 29,2 Mrd. (3,9 Mrd.) |
| Tägliche Zeitungsreichweite (in % der Erwachsenen) | 51 % |
| Tägliche Fernsehdauer 2004 (Alter 16+) | 220 Min. |
| Kabelfernsehen (in % aller TVHH) | 57,2 % |
| Satellitenschüssel (in % aller TVHH) | 37,0 % |
| Allein terrestrischer Empfang (in % aller TVHH) | 3,3 % |
| Digital-Pay-TV (in % aller TVHH) | 16,2 % |
| Rundfunkgebühren pro Jahr in Euro | 204,36 |
| PC-Verbreitung (in % der Haushalte) | 63,6 % |
| Internetnutzer | 48,7 Mio. |

*Quellen:* Television 2005 International Key Facts, World Press Trends 2005

tritte klassischer Medien wie etwa *Spiegel Online*. Hinzu kommen die deutschen Auftritte internationaler Unternehmen wie *Google*, *Yahoo* und *Ebay*. Die Steigerung der Leistungsfähigkeit des Übertragungsnetzes trägt dazu bei, dass das Internet auch für die Verbreitung von Rundfunk attraktiver wird. Hinzu kommt, dass das Internet auch über das → Breitbandkabelnetz genutzt werden kann. *H3r*

*Literatur*

H. Dreier: Das Mediensystem der Bundesrepublik Deutschland. In: Hans-Bredow-Institut (Hrsg.): Internationales Handbuch Medien 2004/2005, Baden-Baden 2004, S. 245-268.

## Digitalisierung

Mit Digitalisierung wird die Umwandlung von Informationen wie Ton, Bild oder Text in Zahlenwerte zum Zwecke ihrer elektronischen Bearbeitung, Speicherung oder Übertragung bezeichnet. Während für die analoge Informationsübertragung je nach Informationstyp unterschiedliche Übertragungswege und Datenträger eingesetzt werden, ermöglicht die Digitalisierung eine Vereinheitlichung. Darüber hinaus können digitalisierte Informationen ohne Qualitätsverlust übertragen und reproduziert werden. Mit Rücksicht auf den Schutz des geistigen Eigentums (→ Urheberrecht) werden daher besondere rechtliche oder technische Vorkehrungen getroffen, um die unerlaubte Vervielfältigung zu verhindern.

Die Digitalisierung nahm ihren Anfang in der elektronischen Datenverarbeitung, bei der Informationen in binäre Zahlenwerte umgesetzt werden. Das breite Publikum erreichte sie zunächst mit der Einführung der CD als → Tonträger im Jahre 1982, nachdem die zur Wiedergabe notwendige Elektronik hinreichend klein und kostengünstig produziert werden konnte.

1987 begann die Digitalisierung des Telefonnetzes. Mit dem integrierten schmalbandigen Datennetz ISDN wurde gegen Aufpreis die Übertragung im Telefonnetz so geändert, dass Sprache digitalisiert und die Übertragungskapazität so genutzt wird, dass auf einer Leitung zwei Gespräche gleichzeitig übertragen werden können. Inzwischen kann mit → DSL (*Digital Subscriber Line*) auf den gleichen Leitungen eine noch weit größere Datenmenge übertragen werden.

Für den → Hörfunk verspricht die Digitalisierung eine bessere Nutzung der Übertragungsmöglichkeiten. Mit *Digital Audio Broadcasting (DAB)* sollen die Übertragungsqualität verbessert und die Kosten für die Ausstrahlung eines Programms geringer werden, zugleich kann die Zahl der Hörfunkprogramme steigen, weil die Frequenzen besser genutzt werden. Es ist geplant, die bisherige terrestrische Hörfunkübertragung bis zum Jahr 2010 zu beenden. Es werden bereits zahlreiche Programme digital ausgestrahlt, allerdings sind wegen der Kosten für die zeitweilig parallele analoge und digitale Ausstrahlung und der zunehmenden Konkurrenz bei digitaler Verbreitung nicht alle Hörfunkveranstalter an einer Beteiligung und einer Durchsetzung des digitalen

Hörfunks interessiert. Die Nachfrage der Nutzer ist wegen der Kosten für die digitalen Empfänger und möglichen Empfangsproblemen in geschlossenen Gebäuden eher zurückhaltend. Durch Erhöhung der Sendeleistung soll die Akzeptanz gesteigert werden. Auch für die in Deutschland kaum noch genutzten Frequenzbereiche Langwelle, Mittelwelle und Kurzwelle wird seit 2003 unter dem Titel *Radio Digital Mondiale (RDM)* die Digitalisierung international erprobt.

Beim → Fernsehen hat zur besseren Nutzung der Übertragungskapazitäten die Digitalisierung zunächst bei der Satellitenausstrahlung und bei der Kabelverbreitung eingesetzt, und zwar bisher zusätzlich zur analogen Verbreitung. Die meisten privaten Fernsehveranstalter haben erst seit dem Winter 2005/2006 eine digitale Verbreitung ihrer Programme gestattet und dafür eine Grundverschlüsselung und eine einmalige Gebühr für die Freischaltung verlangt. Die terrestrische Verbreitung, die nur noch für 5 % der Fernsehhaushalte der einzige Zugang zum Fernsehen ist, wird seit dem 1. November 2002 (Start in Berlin) gebietsweise auf digitalen Betrieb umgestellt.

Die bedeutendste Digitalisierung der Medien ergibt sich aus der Verbreitung von Inhalten über das → Internet. Texte und Bilder, die bisher allein auf Papier in → Büchern, → Zeitungen und → Zeitschriften zugänglich waren, können zunehmend als Dateien abgerufen werden, wahlweise in vollem Umfang oder aber selektiv nach vorgegebenen Kriterien oder nach individueller Recherche. Multimedia-Dateien werden beim Streaming in kleine Portionen zerlegt und übertragen – und schon während des Downloads wiedergegeben; sie „strömen" konstant zum Betrachter. Im Unterschied zum normalen Download werden die Daten nicht auf dem lokalen Computer des Betrachters gespeichert. Es werden zwei Arten des Streaming unterschieden: Beim On Demand Streaming wird eine auf dem Server befindlich Datei übertragen; beim Live Streaming, etwa von Hörfunkprogrammen, erfolgt die Übertragung synchron zum Sendeablauf. Viele Fernsehprogramme und Tausende von Hörfunkprogrammen können so aus dem Internet übertragen und am PC wiedergegeben werden.

Auch für die Erhaltung alter Bibliotheksbestände wird inzwischen die Digitalisierung eingesetzt. Sie hat den Vorteil, die digitalisierten Werke leicht zugänglich zu machen, beispielsweise im interdisziplinären Internetportal vascoda.de, das ein Grundbaustein einer digitalen wissenschaftlichen Bibliothek für Deutschland sein soll. Auch die Rundfunkanstalten, insbesondere die → BBC, bieten inzwischen per Internet Zugang zu umfangreichen digitalisierten Archivbeständen. *Schr*

*Literatur*

Arbeitsgemeinschaft der Landesmedienanstalten (Hrsg.): Digitalisierungsbericht 2005. Digital-TV und Analog-Digital-Übergang. Berlin 2005.
Hans-Bredow-Institut (Hrsg.): DocuWatch Digitales Fernsehen. Eine Sichtung ausgewählter Dokumente und wissenschaftlicher Studien. Hamburg 1999 ff. (im Internet zugänglich unter www.hans-bredow-institut.de/publikationen/dw/index.html).
G. Pasch: Digitalisierung der Medien. In: Aus Politik und Zeitgeschichte 42/2003, S. 21-25.

## DJV – Deutscher Journalisten-Verband e. V.

Der Deutsche Journalisten-Verband (DJV), 1949 gegründet, vertritt die berufs- und medienpolitischen Ziele und Forderungen der hauptberuflichen Journalistinnen und Journalisten aller Medien. In seiner Kombination aus Gewerkschaft und Berufsverband fördert er die publizistische Unabhängigkeit seiner mehr als 40.000 Mitglieder.

Seit 1950 schließt der DJV als Tarifpartei in allen Medien Tarifverträge und überwacht deren Einhaltung. Er setzt sich für die Aus- und Weiterbildung von Journalistinnen und Journalisten ein und bietet Seminare zur gewerkschaftlichen und beruflichen Qualifizierung. In Fachausschüssen und Kommissionen werden aktuelle berufliche wie medienpolitische Probleme fachkundig aufbereitet und in gewerkschaftliche Forderungen auf Landes-, Bundes- und (über die Internationale Journalisten-Föderation) internationaler Ebene umgesetzt.

## Drucktechnik

Die Grundlage von Druckverfahren ist in der Regel die Herstellung einer Druckform, die eingefärbt wird, um ein Motiv oder Schrift auf einen Träger, z. B. Papier zu übertragen. Bei den Druckverfahren lassen sich direkte und indirekte Verfahren unterscheiden. Beim direkten Druck wird die Druckform direkt auf den Träger gepresst, muss also spiegelverkehrt sein, beim indirekten Druck wird ein Zwischenträger verwendet, bei diesem Verfahren ist die Druckform seitenrichtig. Neben direkten und indirekten Druckverfahren wird zwischen Hochdruck, Tiefdruck und Flachdruck unterschieden. Beim Hochdruck verfügt die Druckform über erhabene Teile, die mit Druckfarbe eingefärbt werden und diese an den Träger weitergeben. Dieses Verfahren wird vor allem beim Druck von Verpackungsmaterialien oder beim Textildruck verwendet. Im Gegensatz zum Hochdruck sind beim Tiefdruck die übertragenden Teile der Druckform Vertiefungen, in die Druckfarbe eingebracht wird. Dieses Verfahren wird vor allem bei Kunstdrucken eingesetzt. Beim Flachdruck liegen druckende und nicht druckende Teile in einer Ebene, hier spielt beim Auftrag der Farbe die chemische Vorbehandlung der Druckform eine entscheidende Rolle. Durch die Vorbehandlung nehmen Teile der Druckform Farbe auf und geben diese an den Träger weiter. Zu den Flachdruckverfahren zählen die Lithografie, der Offsetdruck und die z. B. bei Fotokopierern eingesetzte Xerografie. Die bei diesen Verfahren eingesetzten Druckprinzipien sind der Tiegeldruck, der Schnellpressen- und der Rotationsdruck. Beim Tiegeldruck werden Flächen gegeneinander gepresst, beim Schnellpressendruck wird ein Zylinder eingesetzt, der auf eine Fläche druckt, und beim Rotationsdruck schließlich überträgt ein Formzylinder die Farbe auf einen Druckzylinder.

Der wichtige Bedruckstoff Papier wurde bereits ca. 105 n. Chr. in China erfunden, fand seinen Weg nach Europa allerdings erst im 8. Jahrhundert. Im Jahr 1330 gab es in Nürnberg die erste deutsche Papiermühle, in der aus Lumpen Papier hergestellt wurde. Dieses sehr grobe, teure und wenig reißfeste Produkt war mit dem heutigen Papier nicht zu vergleichen und konnte nur als einzeln eingelegtes Blatt bedruckt werden. Erst seit Mitte des 19. Jahrhunderts wird Papier hergestellt, das maschinell bedruckt werden kann.

## Drucktechnik

Bis ins 15. Jahrhundert wurde in Europa mit Druckformen gedruckt, in denen die Buchstaben fest miteinander verbunden waren. Dies bedeutete, dass für jede Seite eines Buches eine komplette Druckform erstellt wurde. Dabei muss bei der Erstellung des so genannten Druckstocks beachtet werden, dass er den relativ großen Druck gleichmäßig übertragen kann und sich das Material nicht schnell abnutzt. Außerdem gilt es zu beachten, dass der Druckstock spiegelbildlich sein muss. Die ersten Drucke wurden in Form von Tafeldrucken etwa als Kupferstiche ausgeführt. Ab dem 11. Jahrhundert gab es bereits Experimente mit beweglichen Lettern, die in unterschiedlichen Kombinationen zu Texten zusammengestellt wurden, allerdings gelang erst im 15. Jahrhundert eine überzeugende Umsetzung des Drucks mit beweglichen Lettern. Um das Jahr 1455 revolutionierte Johannes Gutenberg den Druck mit beweglichen Lettern, bei dem die Buchstaben getrennt gesetzt und immer wieder zu neuen Kombinationen zusammengesetzt werden. Er entwarf 299 bewegliche Lettern, mit denen er die Seiten gleichmäßig füllen konnte. Für die Herstellung der Lettern entwickelte er Gussformen und eine wiederverwendbare Metalllegierung, die immer wieder eingeschmolzen und neu gegossen werden konnte. Diese rationelle Verwendung des Materials senkte die Kosten stark. Die Erfindung hatte enorme Folgen, da es von nun an möglich war, zu wesentlich geringeren Kosten als in der Vergangenheit Druckwerke herzustellen. Damit wurde die Voraussetzung für die Kommunikationsform des individuellen Lesens von Literatur ermöglicht, die letztlich zur Alphabetisierung führte und den Wechsel von der oral kommunizierenden Gesellschaft zur Schriftgesellschaft einleitete. Der Entwicklung verlief nach der Erfindung Gutenbergs rasant, so gab es bereits Anfang des 17. Jahrhunderts in Europa etwa 40.000 unterschiedliche Buchtitel mit einer Auflage von ca. 8 Mio. Exemplaren.

Anfang des 18. Jahrhunderts wird der Dreifarbendruck entwickelt, bei dem die verschiedenen Druckstöcke nacheinander auf das Papier gepresst werden. Im folgenden Jahrhundert wurde die Leistungsfähigkeit von Druckmaschinen durch den Einsatz neuer Technologien stark verbessert. So baute 1811 König die erste Druckmaschine mit Dampfantrieb, 1846 werden die ersten Rotationsmaschinen eingeführt, etwa zur gleichen Zeit wird der Mehrfarbendruck zur Routine. 1884 konstruiert Mergenthaler die Zeilensetz- und Gießmaschine Lynotype, mit der die Kosten des Drucks wiederum gesenkt werden konnten.   *H3r*

*Literatur*

G. Wersig: Informations- und Kommunikationstechnologien. Eine Einführung in Geschichte, Grundlagen und Zusammenhänge. Konstanz 2000.

## DSL

Eine Digital Subscriber Line (DSL) ist eine digitale Teilnehmeranschlussleitung an das Telefonnetz. Mit Hilfe von DSL lassen sich hohe Bandbreiten für die Übertragung von Daten über Telekommunikationsnetze zur Verfügung stellen. Es gibt eine Reihe unterschiedlicher Varianten, die unter der Abkürzung xDSL zusammengefasst werden. Alle Varianten werden für die Übertragung digitaler Signale über Kupferleitungen verwendet. Der dabei genutzte Frequenzbereich liegt oberhalb der für ISDN und Sprachtelefonie genutzten Bandbreiten, so dass eine störungsfreie parallele Nutzung der Leitung möglich ist. Theoretisch sind mit DSL Übertragungsraten von bis zu 50 Mbit/s möglich, die in der Praxis jedoch in der Regel nicht erreicht werden, da die Netzbetreiber die Kapazitäten begrenzen.

Die für Privatnutzer wichtigste Variante von DSL ist ADSL (Asymetric DSL), die heute am weitesten verbreitete Variante des Breitbandzugangs zum → Internet. In diesem Fall wird eine hohe Datenübertragungsrate für den Empfang von Daten zur Verfügung gestellt, in vielen Fällen sind dies 768 kBit/s oder mehr, während zum Senden von eigenen Daten oft nur eine vergleichsweise geringe Kapazität von 128 kbit/s zur Verfügung steht. Mit einer solchen Aufteilung des Übertragungsvolumens sind z. B. die Voraussetzungen für die Übertragung von Video-on-Demand oder Internet-Fernsehen gegeben, da für den Empfang die große Bandbreite zur Verfügung steht, während für die weniger datenintensiven Vorgänge der Programmwahl und ggf. der Abwicklung der Bezahlung eine geringe Bandbreite ausreicht.

Neben ADSL gibt es mit VDSL (Very High Bitrate DSL) eine weitere asymetrische Variante der Datenübertragung, für die ein Hybridnetz aus Glasfasernetz und Kupferkabelnetz notwendig ist. Hohen technischen Anforderungen an die Übertragungsnetze steht eine theoretische Übertragungsleistung von bis zu 52 Mbit/s für den Empfang und 24 Mbit/s für das Senden gegenüber. Diese Variante hat in der Praxis nur eine geringe Bedeutung.

Neben den genannten asymetrischen DSL-Varianten gibt es mit SDSL (Symetric DSL) und HDSL (High Bitrate DSL) zwei Varianten, bei denen für das Senden und Empfangen von Daten die gleiche Übertragungskapazität zur Verfügung steht. SDSL wird in vielen Fällen für Standleitungen und die Verbindung von Servern mit dem Internet verwendet und verfügt über eine Übertragungsleistung von bis zu 3 Mbit/s. HDSL ist eine ältere Variante, die bei einer Übertragungskapazität von bis zu 2 Mbit/s 3 Kupferleitungen benötigt. *H3r*

## EBU – European Broadcasting Union

Die EBU mit Sitz in der Schweiz (www.ebu.ch) ist der weltgrößte Verband öffentlich-rechtlicher Rundfunkveranstalter. Sie hat 74 aktive Mitglieder in 54 Ländern in Europa, Nordafrika und im Nahen Osten; daneben gibt es 44 assoziierte Mitglieder aus weiter entfernten Ländern. Die EBU wurde 1950 von westeuropäischen Rundfunkanstalten gegründet; 1993 kam es zum Zusammenschluss mit der OIRT als dem osteuropäischen Gegenstück.

Für ihre Mitglieder betreibt die EBU die internationale Verbreitung von Sendungen per Eurovision und Euroradio, organisiert den Programmaustausch, erwirbt Übertragungsrechte für große Sportereignisse, koordiniert Koproduktionen und wirkt bei der Weiterentwicklung der Rundfunktechnik mit. Gegenüber der EU vertritt die EBU die Interessen der öffentlich-rechtlichen Rundfunkanstalten.

## Electronic Commerce (E-Commerce)

Der Begriff des Electronic Commerce (E-Commerce) wird unterschiedlich definiert. Enge Definitionen verwenden diese Bezeichnung zur Beschreibung des Kaufs und Verkaufs von Waren und Dienstleistungen mit Hilfe von elektronischen Übertragungsmöglichkeiten an Endkunden. In diesem Zusammenhang bezeichnet E-Commerce einen Teil des Electronic Business (E-Business), das alle geschäftlichen Aktivitäten, an denen mindestens ein Unternehmen beteiligt ist, umfasst. Dies bedeutet, dass nur Beziehungen zwischen Unternehmen und Konsumenten erfasst werden. Als Varianten kommen die Optimierung des Einkaufs von Gütern mit Hilfe des Einsatzes von Informations- und Kommunikationstechnologien (*Electronic Procurement*) und die unternehmensübergreifende Optimierung der Material-, Finanz- und Informationsflüsse (*Supply Chain Management*) hinzu.

Neben diesem Verständnis des E-Commerce existieren weiter gespannte Definitionen, zu denen die von der OECD (Organisation for Economic Co-operation and Development) verwendete gehört. Als einzige Bedingung zur Kennzeichnung einer Geschäftsbeziehung als E-Commerce wird hier die Nutzung elektronischer Datenübertragung zur Abwicklung der Bestellung von Gütern und Dienstleistungen gesehen. In diesem Rahmen zählen dann nicht nur die über computergestützte Netzwerke erfolgenden Bestellungen zwischen Unternehmen und Endkunden zum E-Commerce, sondern auch Geschäftsbeziehungen von Unternehmen untereinander sowie solche zwischen Unternehmen und öffentlichen Verwaltungen und Konsumenten und öffentlichen Verwaltungen. *H3r*

*Literatur*

I. Sjurts: Gabler Lexikon Medienwirtschaft. Wiesbaden 2004.
TNS INFRATEST: Monitoring Informationswirtschaft, 8. Faktenbericht. München 2005.

# Europäische Audiovisuelle Informationsstelle

Die im Dezember 1992 gegründete Europäische Audiovisuelle Informationsstelle beschäftigt sich mit der Erfassung und Verbreitung von Informationen über und für die europäische audiovisuelle Wirtschaft. Sie wurde als europäische Einrichtung des öffentlichen Rechts im Rahmen des Europarates errichtet und wird von 36 Mitgliedstaaten und der Europäischen Gemeinschaft sowie teilweise durch den Verkauf ihrer Produkte finanziert.

Das Ziel der Europäischen Audiovisuellen Informationsstelle ist es, den Informationsfluss innerhalb der audiovisuellen Industrie zu verbessern und den Überblick über den Markt sowie dessen Transparenz zu fördern, dabei wird die Vergleichbarkeit der Informationen angestrebt. Die Arbeit ist gegliedert in die Sektoren Film/Kino, Rundfunk, Video/DVD und Multimedia/Internet. In diesen vier Sektoren bietet die Informationsstelle Informationsdienstleistungen zu Markt und Statistiken, Recht und Produktionsfinanzierung an, die in Form von Printpublikationen, Online-Diensten, Datenbanken und in Konferenzen und Workshops zugänglich gemacht werden. Eine umfangreiche Datensammlung ist das Jahrbuch Film, Fernsehen, Video und Multimedia in Europa, weitere Orientierung bietet die Informationsstelle im Internet unter www.obs.coe.int.

# Europäisches Medienrecht

Das nationale Medienrecht ist weitgehend durch europäische Vorgaben geprägt. Zwar ist die Kompetenz der Europäischen Gemeinschaft in kulturellen Fragen auf fördernde Maßnahmen beschränkt, Medien stellen jedoch auch Wirtschaftsgüter dar, so dass europäische Vorgaben Anwendung finden.

Auf europäischer Ebene wird zwischen primärem und sekundärem Gemeinschaftsrecht unterschieden. Zum Primärrecht zählen der Vertrag über die Europäische Union (EU-Vertrag) und der Vertrag zur Gründung der Europäischen Gemeinschaft (EG-Vertrag). Der EG-

Vertrag enthält Regelungen zum Schutz der Freiheiten des Binnenmarktes, insbesondere des freien Waren-, Personen-, Dienstleistungs- und Kapitalverkehrs. Der Europäische Gerichtshof (EuGH) hat Rundfunk als Dienstleistung im Sinne des EG-Vertrages eingestuft.

Zum sekundären Gemeinschaftsrecht gehören die von den Organen der Europäischen Gemeinschaft (Kommission, Rat, Parlament) erlassenen Rechtsnormen, u. a. Verordnungen und Richtlinien. Richtlinien dienen der Harmonisierung von Rechtsvorschriften in der Europäischen Gemeinschaft; sie werden durch nationale Gesetze in das Recht des jeweiligen Mitgliedstaates umgesetzt. Von der Möglichkeit der Harmonisierung haben die Europäischen Organe im Bereich der elektronischen Medien Gebrauch gemacht.

Für den Rundfunk ist vor allem die so genannte Fernsehrichtlinie (Richtlinie 89/552/EWG, geändert durch 97/36/EG) von Bedeutung. Der Begriff des → Fernsehens schließt Dienste aus, die auf individuellen Abruf übermittelt werden (was etwa bei vielen Online-Diensten der Fall ist). Die Kommision plant aber, die Fernsehrichtlinie zu einer Richtlinie für audiovisuelle Mediendienste zu erweitern, die sowohl lineare Dienste (Fernsehen) als auch nicht-lineare Dienste (z. B. *Video on Demand*) erfasst.

Die Richtlinie dient der Harmonisierung von Rechtsvorschriften, um den freien grenzüberschreitenden Verkehr von Fernsehsendungen (zukünftig: audiovisuellen Mediendiensten) zu gewährleisten. Zu den Inhalten der Richtlinie gehören Regeln zum freien Zugang zur Übertragung von Ereignissen von erheblicher gesellschaftlicher Bedeutung, zum Umfang der Sendung von europäischen Werken, zu → Werbung, Sponsoring und Teleshopping, zum → Jugendschutz sowie zum Recht auf Gegendarstellung. Die Regelungen sind in Deutschland vor allem durch den Rundfunkstaatsvertrag umgesetzt.

So genannte Dienste der Informationsgesellschaft sind Gegenstand der Richtlinie über den elektronischen Geschäftsverkehr (Richtlinie 2000/31/EG). Darunter fallen Dienstleistungen, die in der Regel gegen Entgelt elektronisch im Fernabsatz und auf individuellen Abruf eines Empfängers erbracht werden. Die Richtlinie enthält u. a. den Grundsatz der Zulassungsfreiheit, Informationspflichten der Anbieter und Regeln zur Verantwortlichkeit der Anbieter verschiedener Dienstetypen (reine Durchleitung, Caching, Hosting) für die übermittelten bzw. gespeicherten Inhalte. Diese vor allem für den Bereich des → Internets bedeutsamen Regeln sind in Deutschland in den gesetzlichen Grundlagen für so genannte Telemedien umgesetzt (→ Medienrecht).

Umstritten ist die Richtlinie 2003/33/EG, die auch die Werbung für Tabakerzeugnisse in den Medien betrifft (→ Werberecht). Die Bundesregierung hat 2003 Klage beim Europäischen Gerichtshof (EuGH) gegen Teile der Richtlinie eingereicht.

2002 trat ein Richtlinienpaket zur Kommunikationsinfrastruktur in Kraft. Neben einer so genannten Rahmenrichtlinie (Richtlinie 2002/21/EG) gehören zu diesem Paket die Zugangsrichtlinie (Richtlinie 2002/19/EG), die Genehmigungsrichtlinie (Richtlinie 2002/20/EG), die Universaldienstrichtlinie (Richtlinie 2002/22/EG) und die Datenschutzrichtlinie (Richtlinie 2002/58/EG). Ergänzt wird das Paket durch die Entscheidung des Europäischen Parlaments und Rates über einen Rechtsrahmen für die Frequenzpolitik in der Europäischen Union (Entscheidung Nr. 676/2002/EG). Daneben existiert noch eine Wettbewerbsrichtlinie (Richtlinie 2002/77/EG über den Wettbewerb auf den Märkten für elektronische Kommunikationsnetze und -dienste). Diese Richtlinien betreffen sowohl die Telekommunikationsregulierung als auch die Medienregulierung (soweit es nicht um die Inhalte selbst, sondern um die Übertragung der Inhalte geht). Umgesetzt sind sie in Deutschland u. a. im Telekommunikationsgesetz (TKG, → Telekommunikationsrecht) und im Rundfunkstaatsvertrag (vor allem in den §§ 52 und 53 RStV). 2006 hat die Kommission eine Überarbeitung des Richtlinienpakets angestoßen.

Von großer Bedeutung für die Regulierung von Fernsehkabeln ist die Universaldienstrichtlinie: Nur wenn eine erhebliche Zahl von Endnutzern bestimmte Übertragungsnetze als Hauptmittel zum Empfang von Hörfunk- und Fernsehsendungen nutzt, dürfen den Unternehmen, die diese Netze betreiben, Übertragungspflichten auferlegt werden. Diese Vorgabe ist vor allem relevant, wenn neue Übertragungswege (etwa DSL) für den Rundfunkempfang genutzt werden.

Ebenfalls durch europäische Richtlinien wird das → Urheberrecht geprägt.

Auch die Wettbewerbsregeln des EG-Vertrages sind für den Medienbereich von großer Bedeutung, insbesondere das Kartellverbot (Art. 81) und das Verbot der missbräuchlichen Ausnutzung einer beherrschenden Stellung (Art. 82). Zum Missbrauchsverbot hat der Europäische Gerichtshof im Medienbereich einige Entscheidungen erlassen. Auf der Grundlage von Art. 83 EG-Vertrag wurde die Europäische Kartellverordnung erlassen (Verordnung (EG) Nr. 1/2003). Außerdem gilt die Europäische Fusionskontrollverordnung (Verordnung (EG) Nr. 139/2004). Die Verordnungen sind unmittelbar anwendbar, bedürfen also nicht erst einer Umsetzung in nationales Recht. Zuständige Kartellbehörde ist die Europäische Kommission. Fusionskontrollentscheidungen der Kommission sind auch im Medienbereich ergangen. So ist z. B. 2000 der Zusammenschluss von British Sky Broadcasting (BSkyB) und dem damaligen Kirch-Pay-TV nur unter der Bedingung zusätzlicher Öffnungsklauseln für digitale Zusatzdienste erlaubt worden.

Die Regulierung zum Schutz kommunikativer Ziele wie der Meinungsvielfalt (→ Medienfreiheit) fällt allein in die Kompetenz der Mitgliedstaaten. Soweit diese jedoch bestimmten Anbietern tatsächliche oder vermeintliche Privilegien einräumen, kann es zu einem Konflikt mit dem Europarecht kommen, das grundsätzlich von gleichen Bedingungen für alle Wirtschaftsteilnehmer ausgeht.

Vor allem die Finanzierung öffentlich-rechtlichen Rundfunks in den Mitgliedstaaten ist und war Gegenstand zahlreicher Verfahren vor der Europäischen Kommission. Dabei geht es um die Frage, ob die besondere Finanzierung (etwa wie in Deutschland über → Rundfunkgebühren) gegen das im EG-Vertrag enthaltene Verbot staatlicher Beihilfen verstößt (worunter Subventionen, aber auch andere Begünstigungen fallen können). Staatliche Beihilfen sind laut EG-Vertrag nur in Ausnahmefällen zulässig. Eine solche Ausnahme besteht, soweit sich die Beihilfe auf Dienstleistungen „von allgemeinem wirtschaftlichen Interesse" bezieht.

Es ist allgemein anerkannt, dass der EG-Vertrag einer besonderen Finanzierung des Auftrags öffentlich-rechtlichen Rundfunks grundsätzlich nicht entgegensteht. Dies kommt in einer Protokollerklärung zum EG-Vertrag zum Ausdruck, dem so genannten Amsterdamer Protokoll von 1997. In den Entscheidungen der Europäischen Kommission ging und geht es darum, welche Tätigkeiten zum Auftrag öffentlich-rechtlichen Rundfunks gehören und wie sicher gestellt wird, dass die dem öffentlich-rechtlichen Rundfunk zur Verfügung stehenden staatlichen Mittel nicht über das hinausgehen, was zur Finanzierung dieses

Auftrags erforderlich ist (Ausschluss einer so genanten Überkompensation). Die Kommission bezieht in diesen Fällen bei ihrer Prüfung auch die von ihr erlassene Richtlinie ein, die die Transparenz der finanziellen Beziehungen zwischen der öffentlichen Hand und öffentlichen Unternehmen gewährleisten soll (Richtlinie 80/723/EWG, zuletzt geändert durch Richtlinie 2000/52/EG). Inwieweit diese Richtlinie auf öffentlich-rechtlichen Rundfunk überhaupt anwendbar ist, ist allerdings umstritten. Im Fall der Gebührenfinanzierung der öffentlich-rechtlichen Spartensender Phoenix und Kinderkanal sah die Kommission 1999 keinen Verstoß gegen die Beihilferegeln des EG-Vertrages. Später waren aufgrund von Beschwerden (u. a. vom Verband Privater Rundfunk und Telekommunikation → VPRT in Jahre 2003) weitere Aktivitäten (unter anderem das Online-Angebot) der öffentlich-rechtlichen Rundfunkanstalten in Deutschland Gegenstand eines Verfahrens bei der Kommission. *TH*

*Literatur*

D. Dörr: Die europäische Medienordnung. In: Hans-Bredow-Institut (Hrsg.): Internationales Handbuch Medien 2004/2005, Baden-Baden 2004, S. 40-77.

# Fernsehen

Fernsehen bezeichnet die Aufnahme, Übertragung und Wiedergabe sichtbarer Vorgänge oder Vorlagen mittels elektromagnetischer Wellen oder per Kabel. Die Entwicklung dieser Technik bis zur Anwendungsreife erfolgt in vielen einzelnen Schritten. Auf das Grundprinzip, elektrisch zu übertragende Bilder punkt- und zeilenweise abzutasten, hat 1843 A. Bain hingewiesen. P. Nipkow erfand 1883 einen mechanischen Bildzerleger, die Nipkow-Scheibe. Bereits 1906 wurde die Braunsche Röhre zur Wiedergabe von 20-zeiligen Schwarzweißbildern genutzt. 1928 wurden auf der Funkausstellung in Berlin erste Prototypen vorgestellt, 1929 begann die Reichspost mit Versuchssendungen. M. von Ardenne konstruierte einen Leuchtschirmabtaster als Ersatz für die Nipkow-Scheibe und präsentierte 1931 das erste vollelektronische Fernsehbild. Große Übertragungen von den Olympischen Spielen 1936 wurden vorwiegend in öffentlichen Fernsehstuben und Fernsehsälen von 150.000 Zuschauern gesehen. In → Großbritannien gab es 1937 die erste Außenübertragung, in → Frankreich begann das Fernsehen 1938, in den USA starteten 1939 NBC und CBS, während in Deutschland und England mit Kriegsbeginn der öffentliche Sendebetrieb eingestellt wurde.

Am 12. Juli 1950 sendete der NWDR das erste deutsche Fernseh-Testbild nach dem Krieg, im November begann ein regelmäßiges Versuchsprogramm mit einer Bildauflösung in 625 Zeilen, also abweichend von der bestehenden Praxis in den USA (525 Zeilen) und in Großbritannien (405 Zeilen). Auf der Fernsehkonferenz in Stockholm 1952 wurden der Bundesrepublik Frequenzen für 31 Fernsehsender eingeräumt. Am 25. Janur 1952 begann der NWDR mit regelmäßigen Sendungen, 1953 vereinbarten die Landesrundfunkanstalten in der → ARD ein Gemeinschaftsprogramm, das am 1. November 1954 offiziell begann. Am 21. Dezember 1955 begann auch das DDR-Fernsehprogramm.

Bereits 1954 wurde in den USA die NTSC-Norm für Farbfernsehen eingeführt. In Frankreich und Osteuropa wurde das 1957 entwickelte SECAM-System angewendet, in Deutschland und den meisten westeuropäischen Ländern wurde ab 1967 das bei Telefunken entwickelte PAL-System eingesetzt. Inzwischen wird das digitale Fernsehen eingeführt, für das es wiederum verschiedene Standards gibt.

Mit den Kabelpilotprojekten zum Ausbau der technischen Infrastruktur wurde in Deutschland das kommerzielle Fernsehen eingeleitet. Am 1. Januar 1984 ging SAT 1 (noch unter dem Namen PKS) auf Sendung, am 2. Januar RTL plus. 1986 folgten Eureka (ab 1988 unter dem Namen ProSieben), 1987 Tele5 (1992 umgewandelt in Deutsches Sportfernsehen), 1992 Premiere und 1993 Vox. Wegen der knappen Frequenzen wurde das private Fernsehen überwiegend per Kabel verbreitet. Nach dem Start des ersten ASTRA-Satelliten im Jahre 1989 wurde der Direktempfang mit einer kleinen, preisgünstigen Satellitenschüssel möglich. Auch der Kabelkanal (später in Kabel 1 umbenannt), n-tv, RTL 2, Viva, Super RTL, TM3 (jetzt Neun Live) und VH-1 starteten zwischen 1992 und 1995. Unter verschiedenen rundfunkrecht-

lichen Regelungen, die auf unterschiedliche Weise eine zu starke →
Konzentration im Fernsehbereich verhindern sollten, entwickelte das
werbefinanzierte Fernsehen die Struktur eines Duopols mit der Kirch-
Gruppe (heute → ProSiebenSat.1, Zuschaueranteil im Mai 2006:
21,8 %) auf der einen und → Bertelsmann als Haupteigner der RTL
Group (25,4 %) auf der anderen Seite; 42,7 % Zuschaueranteil entfallen auf die Programme der öffentlich-rechtlichen Rundfunkanstalten.

Produktion und Ausstrahlung der Fernsehprogramme lagen in der
Anfangszeit bei den Rundfunkanstalten in einer Hand, weil es sich
weithin um Live-Sendungen handelte und weil es für Auftragsproduk-
tionen weder Anbieter noch Nachfrager gab. Mit dem Niedergang des
Kinofilms änderte sich das, und für die Filmproduzenten wurde auch
die Produktion von Fernsehsendungen zu einer akzeptablen Aufgabe.
Spätestens mit der Gründung des → ZDF wurde die Vergabe von Auf-
tragsproduktionen und die Sendung von ausländischen Programmen in
synchronisierter Fassung zur gängigen Praxis. Viele Sendungen, die für
die Erstausstrahlung in ARD und ZDF synchronisiert wurden, sind
Jahre später immer noch in manchen privaten Programmen zu sehen,
die auf Eigenproduktionen weitgehend verzichten und auch Auftrags-
produktionen wegen der hohen Kosten scheuen.

Bei ihrer Programmgestaltung setzen viele Programme darauf, bei
den Zuschauern stabile Erwartungen dadurch zu schaffen und zu bedienen, dass einzelne Programme in wöchentlichem oder sogar täglichem
Rhythmus wiederkehren. Bei den öffentlich-rechtlichen Programmen
ist der Anteil der Informationssendungen am Programm meist höher
als bei den privaten Programmen, die bis zu einem Fünftel ihrer Sendezeit auf Werbung und Sponsoring und 5 % und mehr auf Programm-
trailer verwenden. *Schr*

*Literatur*

Kommission zur Ermittlung der Konzentration im Medienbereich: Zuschaueranteile
2006. Veröffentlicht unter www.kek-online.de/kek/medien/zuschauer/2006.pdf.
G. Schäffner: Fernsehen. In: W. Faulstich (Hrsg.): Grundwissen Medien. München 2000,
S. 174-200.
J. Trebbe: Fernsehen in Deutschland 2003-2004. Programmstrukturen, Programminhal-
te, Programmentwicklungen. Berlin 2004.

## Fernsehen, Programmformate

In der deutschen Fernsehlandschaft findet sich nach Einführung des dualen Rundfunksystems im Jahre 1984 eine Vielzahl von Programmanbietern. Diese lassen sich nach der Reichweite ihrer Ausstrahlung, dem Themenspektrum ihrer Angebote und nach der Art ihrer Finanzierung unterscheiden.

Sender des Lokalfernsehens oder des Ballungsraumfernsehens richten sich an die Bewohner einer bestimmten Region. Die Sendungsangebote sollten ihre spezifischen Interessen, etwa an lokalen Ereignissen, ansprechen. Doch durch die enge Kooperation verschiedener Anbieter etwa im Bereich von Sendungen des Ballungsraumfernsehens geht diese Ausrichtung an lokalen Interessen häufig verloren.

Anbieter des so genannten *Closed Circuit TV* richten sich an eingeschränkte Benutzerkreise in Hotels, Hospitälern, Ausbildungseinrichtungen, Flugzeugen oder Unternehmen. So werden Mitarbeiter von Konzernen durch das firmeneigene Fernsehen über Änderungen in der Konzernstruktur informiert.

Mit dem Begriff Vollprogramm sind Sender erfasst, die ein breites Angebotsspektrum an Sendungen zu den Themenbereichen → Information, Bildung/Kultur und → Unterhaltung vermitteln. Spartenprogramme hingegen spezialisieren sich auf ein Thema wie etwa Kultur (Arte) oder eine Angebotsform wie etwa aktuelle Informationssendungen (CNN, N24).

Digital verbreitete und durch eine Abonnementgebühr finanzierte Fernsehprogramme wie Premiere bieten ein Bouquet unterschiedlicher Spartenprogramme an. In diesem Bouquet erfolgt die Aufteilung der Sender nach thematisch gleichbleibenden Genres wie Western oder Actionfilmen. Das → Internet wird von bestehenden Rundfunkveranstaltern als Plattform für einzelne Sendungen und zusätzliche Programminformationen verwendet. Es fungiert aber auch als Verbreitungsweg für Onlinefernsehens und als Tauschbörse für die Aufzeichnungen einzelner Fernsehsendungen. *JoB*

*Literatur*

J. K. Bleicher (Hrsg.): Fernseh-Programme in Deutschland. Konzepte – Diskussionen – Kritik. Opladen 1996.

K. Hickethier: Dispositiv Fernsehen – Programm und Programmstrukturen in der Bundesrepublik Deutschland. In: ders. (Hrsg.): Institution, Technik und Programm. Rahmenaspekte der Programmgeschichte des Fernsehens. München 1993, S. 171-243.

K. Hickethier: Simulation oder Programmfluss – Theorieaspekte des Programmfernsehens. In: Abarbanell, Stephan; Cippitelli, Claudia; Neuhaus, Dietrich (Hrsg.): Fernsehen verstehen. Frankfurt am Main 1993, S. 101-124.

## Fernsehen, Sendungsformate

Der Anspruch des Mediums Fernsehen, seinen Zuschauern Welt zu vermitteln, schlägt sich in einem ausdifferenzierten Spektrum unterschiedlicher Sendeformen wieder. Insgesamt lässt sich das Fernsehen als mediales Erkenntnissystem beschreiben, das sich aus einer Vielzahl verschiedener Sendungsangebote zusammensetzt, die unterschiedliche Teilbereiche von Welt präsentieren und erklären. Diese Sendungsangebote lassen sich verschiedenen Genres zuordnen, die nach Vermittlungsformen und Inhalten ausdifferenziert sind. Programmschemata legen die zeitliche Struktur der Ausstrahlung dieser unterschiedlichen Erzählangebote fest. Zu den Themenschwerpunkten der Programmangebote zählen die Bereiche → Information, → Unterhaltung und Bildung. Es lassen sich außerdem fiktionale und nonfiktionale Erzählangebote unterscheiden.

Die Live-Übertragung übermittelt ein Ereignis im Moment seines Geschehens an die Zuschauer. Ein Moderator erläutert die Art und den Ablauf des Ereignisses und vermittelt seine Bedeutung. Übertragungen kultureller Veranstaltungen wie etwa Konzerte oder Theateraufführungen werden häufig live ausgezeichnet, aber zu einem späteren Zeitpunkt ausgestrahlt.

Nachrichten fassen durch Sprecher und Bildbeiträge mehrere aktuelle Ereignisse des Weltgeschehens und im jeweiligen Land der Ausstrahlung zusammen. Das Themenspektrum der Beiträge reicht von Politik über Kultur hin zu Unglücksfällen, Katastrophen und Meldungen aus dem Leben von Prominenten. In Kommentaren wird eine Bewertung dieser Ereignisse vermittelt. Als zusätzliches Serviceangebot ist eine Wettervorhersage enthalten.

Politische Magazine vermitteln Hintergrundinformationen zu aktuellen Ereignissen oder decken Missstände in Politik, Wirtschaft und Gesellschaft auf. Andere Magazinformen sind thematisch spezialisiert. So gibt es im Fernsehen u. a. Kultur-, Literatur-, Gesundheits- und Boulevardmagazine.

Dokumentationen und Reportagen vermitteln den Zuschauern Einblicke in verschiedene Wirklichkeitsbereiche. Dazu zählen Arbeitsabläufe in Institutionen oder Wirtschaftsunternehmen ebenso wie Einblicke in fremde Länder oder die Lebenswelt von Menschen.

Bei den fiktionalen Sendeformen lassen sich abgeschlossene oder fortdauernde Erzählformen unterscheiden. Fernsehspiele und Fernsehfilme vermitteln in den einzelnen Sendungen abgeschlossene Geschichten. Mehrteiler, Reihen und Serien hingegen erzählen über mehrere Sendungen hinweg.

Vielfältige Sendeformen umfasst auch der Bereich der Fernsehunterhaltung. Shows bilden eine Reihung verschiedener Musikbeiträge oder Spieleinheiten, die von einem oder einer Gruppe von Kandidaten im Wettkampf absolviert werden müssen. Ironisch witzige Präsentationen kennzeichnen Showformate, in denen in einer Abfolge kurzer Beiträge Comedians gespielte Sketche oder Wortpräsentationen vorführen. Es gibt auch Comedyadaptionen von Quizsendungen (*Genial daneben* von SAT.1) und Talkshows (*7 Tage, 7 Köpfe* von RTL) .

Vielfältig sind auch Mischformen verschiedener Genres. So verknüpfen Dokumentarspiele Vermittlungskonventionen der Dokumentationen mit denen von Fernsehfilmen. Reality Shows kombinieren Gameshow-Konventionen mit Erzählstrukturen von Langzeitserien. *JoB*

*Literatur*

E. J. Epstein: News from Nowhere: Television and the News. Ivan R. Dee. Chicago 2000.
K. Hickethier: Die Fernsehserie und das Serielle des Fernsehens. Lüneburg 1991.
S. Lücke: Real Life Soaps: ein neues Genre des Reality TV. Münster 2002.
H. Newcomb (Hrsg.): Television. The Critical View. New York, Oxford 1994.
B. G. Rose (Hrsg.): TV Genres. A Handbook and Reference Guide. Westport 1985.

J. Trimborn: Fernsehen der Neunziger. Die deutsche Fernsehlandschaft seit der Etablierung des Privatfernsehens. Köln 1999

## Feuilleton

Die journalistische Berichterstattung über kulturelle Themen oder Ereignisse ist ein Gegenstandsbereich in allen Massenmedien. Doch mit dem Begriff Feuilleton bezeichnet man vor allem den Kulturteil der Zeitung. Die Auswahl des Themenspektrums eines Feuilletons hängt von der jeweiligen Kulturauffassung der Redaktion ab. Ein eng gefasstes Verständnis von Kultur führt zu einer Konzentration auf Themen aus dem Bereich der E-Kultur wie → Musik, bildende Kunst, Theater, Literatur. Ein weiter gefasstes Verständnis von Kultur berücksichtigt darüber hinaus auch Themen aus der menschlichen Alltagswelt, populäre Musik und Angebote der Medien → Film und → Fernsehen.

Wichtigste Textsorten des Feuilletons sind die Kritik (auch als Rezension bezeichnet), der Bericht, die Reportage, das Porträt, das Essay oder die Glosse. Die verschiedenen Textsorten des Feuilletons ermöglichen unterschiedliche Arten der Informationsvermittlung. So können Überblicksartikel oder Reportagen zu einer klareren Sicht auf das Theater der Zeit verhelfen als eine Summe von Einzelrezensionen. In der Textsorte der Reportage ist ein subjektiver Zugriff auf das jeweilige Thema möglich. Auch der reportierende Kritiker teilt nicht einfach mit, sondern vermittelt, interpretiert, erläutert bereits seine Wahrnehmung. Essays und Features wiederum ermöglichen es, über Kontexte nach zu denken. Porträts können Autoren ihren Lesern nahe bringen.

Feuilleton ist innerhalb der Ressorts der Platz, wo die Integration von erzählerischen Schreibweisen möglich ist. Faktische Vermittlungsformen des Journalismus treten gegenüber unterschiedlichen Strategien der Veranschaulichung und der → Unterhaltung in den Hintergrund. Dabei lassen sich verschiedene journalistische Strategien im Feuilleton unterscheiden: „Klassisch ist für den Kulturteil das Feuilletonisieren. Die Sprachcharakteristika und Darstellungsmittel dieses Stils müssten noch analysiert werden. Andere journalistische Strategien sind das Personalisieren, vom namenlosen Betroffenen als Beispiel zur Veranschaulichung eines abstrakten Sachverhalts bis zum Klatsch über Prominenz als Leseanreiz; das Emotionalisieren nach Zeitschriftenvorbild, das Visualisieren, Rubrizieren in der Gestaltung etc." (Stegert 1998, S. 24). Einige Sprachcharakteristika sind erkennbar, wie etwa der Versuch durch viele Adjektive Anschaulichkeit zu erreichen.

Zu den Aufgaben des Feuilletons gehört es, über kulturelle Entwicklungen zu informieren, aber auch neu entstandene kulturelle Produktionen in bisherige Entwicklungen einzuordnen und zu bewerten. Die Zielsetzung der Unterhaltung durch kulturelle Themen hingegen wird kontrovers bewertet. Kulturjournalisten leben im Grundkonflikt, sowohl möglichst vielen Lesern und Leserinnen als auch der Kultur als ihrem Gegenstand und als dem zu Vermittelnden gerecht zu werden. In Zeiten der finanziellen Krisen von Zeitschriftenverlagen wurden bei vielen Tageszeitungen Kürzungen im Feuilleton vorgenommen. *JoB*

*Literatur*

W. Haacke: Handbuch des Feuilletons, 3 Bände, Emsdetten 1951-1953.
G. Reus: Ressort: Feuilleton. Kulturjournalismus für Massenmedien. Konstanz 1995.
G. Stegert: Feuilleton für alle. Strategien im Kulturjournalismus der Presse. Tübingen 1998.
Th. Steinfeld: Was vom Tage bleibt: das Feuilleton und die Zukunft der kritischen Öffentlichkeit in Deutschland. Frankfurt am Main 2004.

# Fiction

Der Oberbegriff Fiction bezeichnet unterschiedliche Formen der Konstruktion und Vermittlung nichtrealer Ereignisse. Innerhalb des Ensembles kultureller Ausdrucksformen fungiert das Erzählen als grundlegende Form der Informations-, Erlebnis- und Wahrnehmungsorganisation. In Erzählungen, die auch als Narrationen bezeichnet werden, wird die Kausalstruktur der Handlungsabfolge mit einer grundlegenden Abfolge von Ursache und Wirkung an das Handeln, Erleben und Empfinden von Figuren geknüpft. Es lassen sich medienübergreifende

gleichbleibende Organisationsformen des Erzählens unterscheiden, die hierarchisch strukturiert sind:
- die Zusammenfassung bestimmter Erzählkonventionen in Gattungen oder Genres,
- die zeitliche und räumliche Organisation von Haupt- und Nebenhandlung in bestimmte szenische Abfolgestrukturen,
- menschliche oder nichtmenschliche Figuren als Handlungsträger,
- Formen visueller Beschreibung, Darstellung und sprachlicher Äußerung (Dialog, Monolog, *Stream of Consciousness* als Erzählform der Gedanken einer Figur).

Genrebezeichnungen markieren thematische und erlebnisorientierte Spezialisierungen der narrativen Weltvermittlung. So thematisiert beispielsweise der Western die Begegnung zwischen der Zivilisation und der Wildnis, dem Vertrauten und dem Fremden und er zeigt den Konflikt zwischen Individuum und Gesellschaft. Science Fiction-Filme erzählen vom menschlichen Leben in der Zukunft. Krimis und Detektivfilme thematisieren die Wertestruktur einer Gesellschaft. Das Melodram schildert wie tragische Schicksalsschläge etwa Unfall oder Krankheit ein Leben verändern. Dieses Genre thematisiert Wertestrukturen ebenso wie unterschiedliche Lebensmodelle. Genres sind von gleichbleibenden visuellen Zeichensystemen wie etwa Kleidung, Pferden, Raumschiffen oder Waffen geprägt. Neben den Genrebezeichnungen erleichtern diese Zeichensysteme den Zuschauern die Orientierung im jeweiligen Erzählangebot.

Die zentrale Bedeutung von Erzählungen im Ensemble kultureller und medialer Ausdrucksformen basiert auf den vielfältigen Wirkungspotenzialen der mit einander verschränkten Bereiche Informationsvermittlung und Erlebnisdimension. Psychologen und Kulturwissenschaftler sehen in der Rezeption von Erzählungen einen erlebnisorientierten Prozess der Weltaneignung ebenso wie eine spezifische Archivierungsform des zu einem Zeitpunkt vorhandenen Weltwissens.

In jedem Medium finden sich fiktionale Angebotsformen. In der → Zeitung ist es der Zeitungsroman, im → Hörfunk ist es das Hörspiel oder die Hörserie, im Fernsehen der Fernsehfilm, das Fernsehspiel, die Serie, aber auch der Kinospielfilm, im → Internet Formen der Netzliteratur, aber auch Onlinefilme und Serien. Charakteristisch für visuell vermittelte mediale Erzählungen ist die Verknüpfung von Narration und Performanz, also von Erzählen und Darstellen. Die Handlungsabfolge ist in Szenen unterteilt. Fiktionale Erzählungen zählen in allen Medien zu den populärsten Angeboten. *JoB*

*Literatur*

S. Davis: Quotenfieber: das Geheimnis erfolgreicher TV-Movies. Bergisch Gladbach 2000.
K. Hickethier: Das Fernsehspiel der Bundesrepublik. Themen, Form, Struktur, Theorie und Geschichte 1951-1977. Stuttgart 1980.
R. Nelson: TV Drama in Transition: Forms, Values and Cultural Change. London 1997.
K. Thompson: Storytelling in film and television. Cambridge 2003.

# Film

In diesem Abschnitt wird der Begriff Film als die Bezeichnung für den Kinofilm verstanden. Im Gegensatz dazu stände das Material, das für das Erstellen von Fotos oder Filmen in Form von lichtempfindlichen Trägern benötigt wird. Die technischen Grundlagen für den Kinofilm wurden in den letzten 20 Jahren des 19. Jahrhunderts von einer Reihe von Erfindern geschaffen. Marey entwickelte die Fototechnik 1882 so weiter, dass Phasenbilder auf einem Träger möglich wurden, 1888 entwickelte er die Rollfilmkamera. In den 1890er Jahren entwickelte Edison das Kinetoskop, das ein individueller Betrachtungsapparat mit einer Kurbel und einem Guckloch war und dem Publikum bewegte Bilder präsentierte. Die ersten öffentlichen Filmprojektionsvorführungen fanden ebenfalls in dieser Zeit statt, neben den frühen Filmpräsentatoren le Roy und Skladanowsky waren es vor allem die Brüder Lumière, die dem Kinofilm von Frankreich aus zu einem Siegeszug verhalfen, indem sie einige technische Weiterentwicklungen umsetzten, die die Vorführung wesentlich vereinfachten. 1897 verkauften die Brüder ihr Patent an Charles Pathé, der mit dem Aufbau einer Kinoindustrie begann. Die Reste des von Pathé aufgebauten Filmimperiums wurden viel später schließlich Bestandteil des → Vivendi-Konzerns.

**Film**

Die technische Weiterentwicklung des schwarz-weißen Stummfilms zum farbigen Tonfilm erfolgte in zahlreichen Schritten. Der Schritt zur Kombination von Ton und Bild wurde dabei schon in den Anfangsjahren des Films gegangen, 1900 verwendet Edison zum ersten Mal Kombinationen von Schall- und Bildträgern. Die ersten derartigen Kombinationen, die sich tatsächlich im praktischen Einsatz bewährten, waren die Kombinationen aus Filmvorführung und Grammophon. Dieses Verfahren des Tonfilms wird Nadeltonverfahren genannt, die Länge der Schellackplatten, die den Ton zum Film enthielten, wurde an die Kapazität der Filmrollen angepasst. Eine Filmrolle reichte für eine Präsentationsdauer von 11 Minuten, damit war auch die Länge der ersten Langspielplatten festgelegt. Die ersten LPs in der Schellackvariante wurden tatsächlich als Begleitton zu Filmen entwickelt. So dauern die Filme *The Jazz Singer* und *The Singing Fool*, die in den 1920er Jahren von den Warner-Brüdern produziert wurden 11 Minuten. Der Nadelton wurde schon in den 1930er Jahren vom Lichtton abgelöst. Hierbei werden die Toninformationen auf der Filmrolle gespeichert, so dass der parallele Betrieb von zwei unterschiedlichen Abspielgeräten für Bild und Ton entfällt.

Bevor entsprechendes Filmmaterial vorlag, wurden eine Vielzahl unterschiedlicher Verfahren eingesetzt, um farbige Bilder in die Kinos bringen zu können. Schon Ende des 19. Jahrhunderts wurden Filme handkoloriert, in den folgenden Jahren wurden gefärbte Filme eingesetzt und es wurde mit Schablonen gearbeitet. Der nächste Schritt war das Filmen mit mehreren Objektiven auf unterschiedliche Negativ-Filme, die dann auf ein gemeinsames Positiv kopiert wurden. Im Jahr 1928 wurde das Verfahren Technicolor eingeführt, bei dem Spezialkameras drei getrennte unterschiedlich farbige Filme aufnehmen, die dann auf einem Klarfilm zusammengefügt werden. Dieses Verfahren war bis Mitte der 1950er Jahre im Einsatz, bevor entsprechendes Filmmaterial zur Verfügung stand.

Mittlerweile hat wie bei den meisten anderen Medien auch für den Kinofilm das digitale Zeitalter begonnen. Digitaler Ton in unterschiedlichen technischen Formaten ist mittlerweile die Regel, seit einigen Jahren breitet sich die digitale Technik auch in der Produktion der Kinofilme kontinuierlich aus. In den ersten Jahren wurde digitale Technik vor allem im Bereich der Effekte und für die Nachbearbeitung von Filmen eingesetzt, mittlerweile werden in zunehmendem Maße auch digitale Kameras, Speichermedien und Vertriebsmöglichkeiten auf dem Filmmarkt eingesetzt.

Neben den unterschiedlichen technischen Merkmalen des Films, die sich auf die Form der Präsentation auswirkten entwickelten sich eine Vielzahl von Varianten des Films, die sich in verschiedenen Merkmalen voneinander unterscheiden. Hier sind die Unterschiede zwischen Dokumentar- und Spielfilm, Real- und Animationsfilm oder Spielfilm und Kurzfilm zu nennen. In vielen Fällen geht es hierbei um die ästhetische Dimension des Films die sich in einer spezifischen Bildsprache bei der Umsetzung der darzustellenden Inhalte widerspiegelt. Mit Blick auf diese Dimension des Films wird seine Bedeutung als Kulturgut besonders deutlich, Film ist häufig eine national geprägte Kunstform, im Filmbereich haben sich unterschiedliche nationale Traditionen entwickelt.

Neben der kulturellen Dimension spielt für den Film schon sehr früh sein Charakter als Ware eine entscheidende Rolle. Die industrielle Auswertung von Inhalten in Form von Kinofilmen entwickelt sich nach dem zweiten Weltkrieg vor allem in den USA sehr erfolgreich, wichtigster Standort für Filmstudios in den Industrieländern ist Hollywood, ein Stadtteil von Los Angeles. Daneben entwickeln sich aber auch in anderen Regionen Filmindustrien, die allerdings in weit geringerem Maße international ausgerichtet sind. Dies sind z. B. die nationalen europäischen Filmindustrien, eins der größten Filmproduktionsländer der Welt ist Indien, das in den letzten Jahren auch international an Bedeutung gewonnen hat. Während in den USA Filme in der Regel über Kapitalgeber finanziert werden, sind es in den europäischen Staaten in vielen Fällen öffentliche Fördergelder, die eine Filmproduktion ermöglichen. Die wichtigsten Gründe hierfür sind, dass in den USA viele Filme zur Auswertung auf dem internationalen Markt produziert werden, während in Europa häufig nicht der internationalen Markt das Ziel ist, so dass die Refinanzierungsmöglichkeiten der Filme weniger groß sind, als dies bei amerikanischen Filmen der Fall ist. Hinzu kommt, dass die Marktposition der amerikanischen Produktionsunternehmen und der mit ihnen verbundenen Unternehmen sehr komfortabel ist. Durch eine Integration unterschiedlicher Unternehmen aus der Wertschöpfungskette des Films sind amerikanische Unternehmen häufig wettbewerbsfähiger, als dies bei deutschen Produktionsunternehmen der Fall ist, der Marktanteil amerikanischer Filme in Deutschland lag zwischenzeitlich über 80 %. In der Bundesrepublik fördert auf Bundes- und Länderebene eine Vielzahl von Institutionen den deutschen Film mit kulturellen und wirtschaftlichen Zielen. Darüber hinaus fördert auch die Europäische Union den Film mit einem speziellen Förderprogramm.

Die Auswertung eines Kinofilms erfolgt in mehreren Stufen. Zunächst wird der Film produziert. Schon zu diesem Zeitpunkt werden Rechte für die Aufführung des Films zur Finanzierung des Projektes verkauft, dies kann z. B. die spätere Ausstrahlung des Films im → Fernsehen betreffen. Nach der Fertigstellung des Films übergibt der Produzent diesen an einen Verleiher, der die Auswertung organisiert, also das Marketing und die Aufführungsmöglichkeiten sicherstellt. Diese Auswertung erfolgt zunächst im Kino, in späteren Stufen auf Videocassette oder DVD, als Pay-per View und im Pay-TV und schließlich im frei empfangbaren Fernsehen. Mittlerweile hat sich bei der Auswertung von Filmen einer Veränderung der wirtschaftlichen Bedeutung der Auswertungsformen ergeben, in vielen Fällen sind heute die Erlöse, die mit DVDs und Videocassetten erzielt werden höher als die an der Kinokasse. Als Folge dieser Entwicklung steht auch die Kinolandschaft vor einer erneuten Umgestaltung. In den 1970er und 1980er Jahren hat im Kinobereich ein Differenzierungsprozess eingesetzt, der sich an den unterschiedlichen Typen von Filmen und den Ansprüchen des Publikums orientierte. Dabei entwickelte sich eine Kinolandschaft zu der Großkinos für die Aufführung amerikanischer Großproduktionen gehören, bis hin zu Off-Kinos, in denen nationale anspruchsvolle Produktionen eine Spielstätte finden. Aufgrund der wachsenden Bedeutung digitaler Technik in der Produktion und Distribution von Filmen zeichnet sich zumindest für die großen Kinos ab, dass ein technischer Wechsel bevorsteht, der den Wettbewerb in diesem Segment weiter vorantreiben wird. Darüber hinaus trägt auch die Entwicklung des digitalen Fernsehens und die immer professionellere Ausstattung der Haushalte für die Filmnutzung dazu bei, dass das Kino Publikum verliert.

*H3r*

*Literatur*

B. Frank: Zur Ökonomie der Filmindustrie, Hamburg 1993.
G. Wersig: Informations- und Kommunikationstechnologien. Eine Einführung in Geschichte, Grundlagen und Zusammenhänge. Konstanz 2000.

# Flugblatt

Als Flugblatt bezeichnet man ein Papier beliebigen Formats, meist einseitig bedruckt mit Text und/oder Bild, das in mehreren bis sehr vielen reproduzierten Exemplaren vorliegt und eine vollständige Mitteilung transportiert. Flugblätter werden in der Öffentlichkeit kostenlos verteilt bzw. liegen zur Mitnahme an öffentlichen Plätzen aus. Die Verbreitung kann auch durch den Abwurf aus Ballons oder Flugzeugen erfolgen. Flugblätter sind den Printmedien zuzuordnen, erscheinen im Gegensatz zu Zeitung und Zeitschrift aber nicht periodisch. Bezeichnend für das Medium ist die große Spannweite möglicher Themen, in der Regel wird aber nur ein Thema je Flugblatt behandelt. Ein weiteres charakteristisches Merkmal ist ihre Polyfunktionalität, da sie unterschiedliche Arten von → Information oder → Unterhaltung transportieren können. Im Laufe der Geschichte hat das Flugblatt mehrfach einen funktionalen Wandel vollzogen. Gegenwärtig wird es fast ausschließlich zur Übermittlung von Nachrichten und Kommentierung aktueller Ereignisse genutzt. Flugblätter richten sich nicht an eine bestimmte Zielgruppe oder Einzelpersonen, sondern vielmehr an „Jedermann". Zur Beschreibung der Rezipienten von Flugblättern wird häufig der Begriff der „dispersen Masse" herangezogen, der die verstreute und individuelle Nutzung des Mediums beschreibt. Als Herausgeber von Flugblättern kann grundsätzlich jeder tätig werden. Bezeichnend für das Flugblatt sind nicht-kommerzielle Herausgeber wie politische Gruppierungen, Vereine oder Behörden. Weitere typische Merkmale von Flugblättern sind die Einfachheit der Herstellung (meist Fotokopie) und Verbreitung, niedrige Herstellungskosten, potenziell unbegrenzte Auflage, Distribution und Rezeption, schwere Kontrollierbarkeit durch den Staat sowie ihre Einmaligkeit. Die Herstellung und Verbreitung von Flug-

**Flugblatt**

blättern kann im Verborgenen erfolgen und auch die Anonymität der Autorenschaft kann gewahrt bleiben.

Zur eindeutigen Abgrenzung des Mediums Flugblatt gegenüber der eng verwandten Publikationsform Flugschrift kann als wesentliches formales Unterscheidungsmerkmal der Umfang herangezogen werden. Als Flugschrift bezeichnet man eine Druckschrift mit einem Umfang von mindestens vier Seiten, meist ohne Bilder. Auch der Reklamezettel weist Ähnlichkeiten zum Flugblatt auf. Anders als das Flugblatt hat der Reklamezettel aber keine publizistische Funktion und Relevanz, sondern dient primär kommerziellen Werbezwecken. Zudem handelt es sich bei den Reklameblättern meist um Postwurfsendungen, die sich an einen spezifischen Adressatenkreis richten.

Der Begriff „Flugblatt" ist in der deutschen Sprache erst seit Ende des 18. Jahrhunderts nachweisbar. Zu Beginn des 18. Jahrhunderts erscheinen zunächst die Begriffe „fliegendes Blatt" und „fliegende Schrift" als Lehnübersetzungen aus dem französischen „feuille volante", die, im Gegensatz zum → Buch, auf den nicht gebundenen, losen Zustand des Flugblatts anspielten. Für die Entstehung und Verbreitung von Flugblättern war die Erfindung des Drucks mit beweglichen Metall-Lettern von Johannes Gutenberg Mitte des 15. Jahrhunderts entscheidend. Damit wurde die schnelle Produktion großer Stückzahlen bei geringen Herstellungskosten möglich. Aufgrund seiner hohen Herstellungszahlen wird das Flugblatt als das erste (technisch hergestellte) Massenkommunikationsmittel bezeichnet. Unmittelbarer Vorgänger des Flugblatts waren Einblatthandschriften, die noch einige Zeit parallel zur gedruckten Form existierten. Weitere Vorformen des Flugblatts sind Schrifttafeln und textierte Tafelbilder.

Das Flugblatt des 15. und 16. Jahrhunderts unterscheidet sich in einigen wesentlichen Merkmalen stark von seiner heutigen Form und Funktion: Es wurde von reisenden Händlern zum Kauf angeboten, war sehr wertvoll und daher fast ausschließlich für die Oberschicht erschwinglich. Flugblätter wurden als Statusobjekt im Haus an Wänden, Kisten oder Schränken sichtbar angebracht. Ihre Herstellung war daher von wirtschaftlichen Interessen geprägt, der Autor blieb meist anonym. Aufgrund der hohen Analphabetenquote und als Kaufanreiz waren die Flugblätter häufig mit großen Illustrationen versehen. Primär diente das Flugblatt zu dieser Zeit der → Unterhaltung (Sensationen und

Wunder, Rätsel). Daneben erfüllten Flugblätter eine religiöse Funktion (Bewältigung von Angst, Leid und Tod und Trost in schlechten Zeiten) und informierten als Nachrichtenmedium über politische und kriegerische Ereignisse.

Ab dem 16. Jahrhundert wurde das Flugblatt politischer und damit auch situationsbezogener und aktueller. Das boulevardeske Flugblatt wurde parallel weiter verbreitet, verlor aber zunehmend an Bedeutung. Im 17. Jahrhundert entwickelten sich die ersten → Zeitungen, die zunehmend die Funktion des Flugblatts hinsichtlich einer schnellen und weiten Verbreitung von → Information übernommen haben. Das Flugblatt wird seit dieser Zeit vor allem zur Verbreitung von Informationen genutzt, die über die übrigen verfügbaren Massenmedien nicht an die Öffentlichkeit gelangen können oder dürfen. Zugleich erlangten Flugblätter einen besonderen Stellenwert als nicht gewaltsames Mittel der Kriegsführung. Während des Ersten Weltkrieges wurde mittels Flugblättern, die aus Ballons oder Flugzeugen abgeworfen und sogar durch Katapulte in gegnerische Gräben gefeuert wurden, erstmals gezielt und massenhaft Propaganda beim Gegner betrieben. Zur Zeit des zweiten Weltkrieges erlangten Flugblätter ihre Bedeutung als Mittel des politischen Widerstandes gegen das deutsche Nazi-Regime. Insbesondere die Flugblätter der Geschwister Scholl und der übrigen Mitglieder der Widerstandsgruppe *Weiße Rose* haben weltweit Bekanntheit erlangt.

*JP*

*Literatur*

W. Faulstich: Medien zwischen Herrschaft und Revolte. Die Medienkultur der frühen Neuzeit (1400-1700). Göttingen 1999.

L. Goertz: Reaktionen auf Medienkontakte. Wann und warum wir Kommunikationsangebote annehmen. Eine empirische Untersuchung zur Verteilung von Handzetteln. Opladen 1992.

K. Schottenloher: Flugblatt und Zeitung. Ein Wegweiser durch das gedruckte Tagesschrifttum. 2 Bde., neu herausgegeben, eingeleitet und ergänzt von J. Binkowski, München 1985.

# Frankreich

Der französische Staat kümmert sich intensiv um die Medien, etwa um französische Inhalte in den audiovisuellen Medien, aber auch um ihre Finanzsituation. Das Rundfunksystem Frankreichs ist noch eher öffentlich-rechtlich geprägt, auch wenn seit Anfang der 1980er Jahre kommerzielle und Pay-TV-Anbieter den Markt eroberten. Die Presse, vor dem Ersten Weltkrieg eine der fortschrittlichsten der Welt mit Tagesauflagen von 11 Mio. Exemplaren, verzeichnet seit den 1970er Jahren kontinuierlich sinkende Auflagen- und Leserzahlen.

Die gesamte Auflage der Tagespresse pendelt gegenwärtig bei täglich 8 Mio. Exemplaren, dies verdankt sich einer relativen Stabilität der Regionalpresse (61 Titel), die ihre vorherrschende Position in einigen Regionen halten konnte, während die nationale (d. h. Pariser) Tagespresse (24 Titel) schwindende Auflagen zeigt. Die Regionalzeitung *Ouest-France* ist bei weitem die meistverkaufte französische Zeitung mit einer täglichen verkauften Auflage von 783.000 Exemplaren (2004), es folgen *Le Monde* (Group Le Monde, 381.000), *L'Equipe* (Sportzeitung, Group Amaury, 369.000), *Le Parisien* (Group Amaury, 353.000), *Le Figaro* (Socpresse/Dassault, 346.000), *Sud Ouest* (Group Sud Ouest, 326.000), *La Voix du Nord* (VNI Voix du Nord, 307.000) und *Le Dauphiné Libéré* (Socpresse/Dassault, 256.000).

Die meistverkauften Zeitschriftentitel sind Fernsehzeitschriften: *Télé 7 jours* (Hachette Filipacchi, Auflage 2003/2004: 2,07 Mio. Ex.), *Télé Loisirs* (Prisma Presse/G+J, 1,78 Mio.), *Télé Star* (EMAP France, 1,66 Mio.) und *Télé 2 Semaines* (Prisma Presse/G+J, 1,45 Mio.), es folgt die Frauenzeitschrift *Femme Actuelle* (Prisma Presse/G+J, 1,34 Mio.), *Pleine Vie* (EMAP France, 1,03), *Notre Temps* (Bayard Presse, 1,02 Mio.), *Télé Poche* (EMAP France, 894.000), *TV Grande Chaines* (Prisma Presse/G+J, 778.000) und *Paris Match* (Hachette Filipacchi, 721.000).

Heute kommen nur 167 Tageszeitungsexemplare (bzw. 6 Sonntagszeitungsex.) auf 1.000 Einwohner, womit Frankreich 2003 weltweit auf Rang 31 rangierte. Nur 45,3 % der Franzosen haben täglich eine Zeitung in der Hand. Die Presse erhält neben indirekten Zuwendungen des Staates (Steuererleichterungen etc.) über zwei Fonds direkte Subventionen, die sich 2003 auf 63,6 Mio. Euro beliefen (weltweit lag nur Italien darüber).

Von den insgesamt 9.820,0 Mio. Euro netto, die in Werbung fließen, geht ein Drittel ans Fernsehen (32,6 %), 14,3 % an die Tageszeitungen, 17,5 % an andere Printmedien, 15,9 % an Zeitschriften, 8,0 % ans Radio, 11,0 % an Außenwerbung und 0,7 % an das Kino.

Im Rundfunk bestand seit Ende des 2. Weltkriegs ein staatliches Monopol, das auch für das 1949 gestartete Fernsehen galt und erst 1982 gelockert wurde. 1989 wurde die noch heute zuständige Regulierungsbehörde Conseil Supérieur de l'Audiovisuel (CSA) zur Kontrolle sowohl der Privatsender als auch des öffentlichen Sektors eingerichtet.

Der öffentliche Hörfunkveranstalter *Radio France*, der sich – wie auch das öffentliche Fernsehen – aus Rundfunkgebühren, Werbung und staatlichen Zuschüssen finanziert, bietet fünf nationale Programme: *France Inter, France Musiques, France Culture, France Info* und *France Bleu* (Rahmenprogramm für 40 Lokalstationen). Daneben gibt es 1.202 lizenzierte private, werbefinanzierte Radios mit unterschiedlicher Reichweite, von denen etwa ein Drittel zu großen Ketten gehört. In der Hörergunst liegen die privaten Angebote vorn, allen voran die Radios von *RTL* (RTL Group, Hörermarktanteil II/2004: 11,1 %), *Europe 1* (Lagardère Media, 7,6 %), *NRJ* (Groupe NRJ, 7,2 %), *Skyrock* (Skyrock, 5,1 %), *Chérie FM* (Groupe NRJ, 4,6 %) und *Europe 2* (Lagardère Media, 3,9 %). Spitzenreiter unter den öffentlich-rechtlichen Radioprogramme ist *France Inter* mit 9,6 %, es folgen *France Bleu* (5,4 %) und *France Info* (4,2 %). Der öffentlich-rechtliche Auslandsrundfunk *Radio-Télévision française d'outre-mer* (RFO) ist für die überseeischen Departements und Territorien zuständig.

Landesweit sind sieben analoge TV-Programme terrestrisch zu empfangen: 4 Programme des öffentlichen *France Télévision* (das Vollprogramm *France 2*, *France 3* mit Schwerpunkt Regionalberichterstattung, das Bildungsprogramm *France 5* und der deutsch-französische Kultursender *Arte*; letztere senden zeitpartagiert auf der gleichen Frequenzkette) und die drei nationalen privaten Fernsehsender *TF1* (Vollprogramm, Hauptaktionär: Bouygues), *M6* (Vollprogramm mit musikalischem Schwerpunkt) sowie – ebenfalls terrestrisch zu empfangen, aber verschlüsselt – der Pay-TV-Anbieter *Canal+* (gehört zu → Vivendi Universal; 4,9 Mio. Abonnenten Ende 2003, Marktanteil 4,8 %), der

# Frankreich

| Rahmendaten zum Mediensystem in Frankreich | |
|---|---|
| Einwohner 2005 (Bevölkerungsdichte) | 60,5 Mio. (111/km²) |
| Zahl der Haushalte 2004 (Haushaltsgröße) | 24,9 Mio. (2,5) |
| Bruttosozialprodukt pro Kopf in Euro | 24.967 |
| TV-Verbreitung (in % aller Haushalte) | 95,4 % |
| Zahl der TV-Sender, die von 70 % der Bevölkerung empfangen werden können | 7 |
| Werbeausgaben netto gesamt in Euro (davon im TV) | 9.820,0 Mio. (3.204,0 Mio.) |
| Tägliche Zeitungsreichweite 2004 | 45,3 % |
| Tägliche Fernsehdauer 2004 (Alter 15+) | 257 Min. |
| Kabelfernsehen (in % aller TVHH) | 15,7 % |
| Satellitenschüssel (in % aller TVHH) | 23,1 % |
| Allein terrestrischer Empfang (in % aller TVHH) | 62,0 % |
| Digital-Pay-TV-Abonnenten (in % aller TVHH) | 20,0 % |
| Rundfunkgebühren pro Jahr in Euro | 116,00 |
| Telefonverfügbarkeit (in % der Haushalte) | 96,0 % |
| Handyausstattung (in % der Haushalte) | 75,0 % |
| PC-Verbreitung (in % der Haushalte) | 45,7 % |
| Internetnutzer (11+, min. einmal im Monat) (in % der Bevölkerung) | 46,3 % |

*Quelle:* Television 2005 International Key Facts, hrsg. von IP, World Press Trends 2005; Statistisches Bundesamt (www.destatis.de)

seit 1984 ein Vollprogramm mit Schwerpunkt auf Kinoproduktionen und Sportsendungen gegen Gebühr bietet. Der Zuschaueranteil beträgt beim privaten *TF 1* 31,8 % (Nettowerbeumsatz 2003: 1461 Mio. Euro, das entspricht etwa 50 % aller TV-Werbeaufwendungen) und bei *M6* (575 Mio. Euro) 11,9 %, die öffentlich-rechtlichen Programme *France 2* (21,7 %), *France 3* (15,5 %) und *France 5/Arte* (5,0 %) konnten insgesamt fast gleich viele Zuschauer für sich verbuchen. Auf lokaler Ebene senden zudem private Fernsehanbieter in Toulouse, Lyon, den Departements Haute-Savoie und Savoie, in Nîmes sowie für das Gebiet nördlich der Dordogne. Außerdem sind über Kabel und Satellit sowie neuerdings auch über DSL- oder ADSL-Telefonleitungen (1,2 %

der Haushalte) zahlreiche französische und ausländische Spartenprogramme verfügbar.

Seit 2005 können 35 % der Bevölkerung (meist in Ballungsräumen) terrestrisch mittels Decoder auch kostenlose Digitalkanäle empfangen (TNT – Télévision Numérique Terrestre; die 7 analogen Programme sowie u. a. neu: *France 4* und *La Chaîne parlementaire, Direct 8*, NT1, NRJ 12, W9, TMC), weitere digitale unverschlüsselte und Pay-Programme sind seitdem hinzugekommen. Über Satellit bieten zwei Pay-TV-Plattformen digitale Bouquets: *CanalSatellite* (→ Vivendi Universal/Lagardère; 2,8 Mio. Abos) und *TPS* (gehört zu 66 % TF1, zu 34 % M6; 1,5 Mio.).

2004 haben täglich 84,0 % der Bevölkerung über 15 Jahren ferngesehen, bei den Kindern von 4-10 Jahren waren es täglich 89,3 %.

Das → Internet wird vor allem in der Freizeit genutzt, eine berufliche Nutzung in den Haushalten ist bislang nur zu erahnen (für fast die Hälfte aller Internetnutzer sind Freizeitbeschäftigungen im WWW vorrangig). Das Mailen (elektronische Post empfangen und versenden) überwiegt (67 % nutzen vorrangig diese Funktion); 25 % der Internetnutzer besuchen einzelne Foren, und weniger als ein Fünftel nimmt an Chats teil; in 30 % der Fälle wird das Internet beruflich genutzt. Die Informationsbeschaffung ist bisher nicht die Hauptnutzungsart. Gleichzeitig steigt die Computerdurchdringung stetig und auch die Anzahl der DSL-Anschlüsse wächst. *Ma*

*Literatur*

R. Le Champion: Das Rundfunksystem Frankreichs. In: Hans-Bredow-Institut (Hrsg.): Internationales Handbuch für Hörfunk und Fernsehen 1998/1999. Baden-Baden 1998, S. 326-337.
B. Miège: Das Mediensystem Frankreichs. In: Hans-Bredow-Institut (Hrsg.): Internationales Handbuch Medien 2004/2005, Baden-Baden 2004, S. 304-316.
Fokus Westeuropa, Presse unter Druck. In: W&V-Compact Nr. 2/2005, S. 12.
Informationen des Conseil Supérieur de l'Audiovisuel (CSA) unter www.csa.fr (französisch).

## FSF – Freiwillige Selbstkontrolle Fernsehen

Im Jahr 1993 gründeten die privaten Fernsehveranstalter den Verein Freiwillige Selbstkontrolle Fernsehen e. V. (FSF). Ziel der FSF ist die Prüfung der für die Ausstrahlung im Fernsehen vorgesehenen Sendungen im Hinblick auf die Einhaltung der Jugendschutzbestimmungen und der selbst festgelegten Grundsätze, die mit den geltenden Gesetzen im Einklang stehen. So soll eine Gefährdung oder Beeinträchtigung von Kindern und Jugendlichen durch Fernsehsendungen, z. B. durch eine soziale Desorientierung, verhindert werden.

Die FSF wird auf Antrag der einzelnen Fernsehveranstalter tätig. Die dieser Einrichtung angeschlossenen Veranstalter legen vor Ausstrahlung alle Programme, die im Hinblick auf Inhalt und geplante Sendezeit unter dem Gesichtspunkt des → Jugendschutzes nicht offensichtlich unbedenklich erscheinen, der FSF zur Begutachtung vor. Diese spricht Empfehlungen hinsichtlich der Sendezeit – analog zur → FSK – aus und regt ggf. Modifikationen an. Sie hat bei Nichtbeachtung keine eigenen Sanktionsmöglichkeiten, kann aber Hinweise an die zuständige Landesmedienanstalt (→ ALM) geben. Die Veranstalter modifizieren mittlerweile bereits vor der Vorlage der Programme bei der FSF die entsprechenden Inhalte so, dass sie in der Regel unbedenklich sind.

## FSK – Freiwillige Selbstkontrolle der Filmwirtschaft

Die Freiwillige Selbstkontrolle der Filmwirtschaft (FSK) ist eine Einrichtung der Spitzenorganisation der Filmwirtschaft (→ SPIO); sie wurde 1949 von einer Vorläuferorganisation gegründet. Die FSK kooperiert mit den obersten Landesbehörden, die für die Freigabe von Filmen, Videos und anderen vergleichbaren Bildträgern zur öffentlichen Vorführung für Kinder und Jugendliche zuständig sind (→ Jugendschutz). Gemäß einer Ländervereinbarung bedienen sich diese der FSK als gutachterlicher Stelle und übernehmen deren Prüfvoten.

Die Grundsatzkommission der FSK ist paritätisch mit Vertretern der Film- und Videowirtschaft, der öffentlichen Hand, der öffentlich-rechtlichen Rundfunkanstalten und der Landesmedienanstalten besetzt. Sie erlässt die Grundsätze der FSK, die neben den gesetzlichen Vorgaben auch eigene Ausführungs- und Verfahrensregeln enthalten. Die FSK führt im Wege der Selbstverwaltung freiwillige Prüfungen durch. Die pluralistisch besetzten Prüfausschüsse prüfen auf Antrag Filme, Videos und andere vergleichbare Bildträger (auch digitale Bildträger wie CD-ROM), die in der Bundesrepublik Deutschland für öffentliche Vorführungen bzw. die Veröffentlichung vorgesehen sind. Nach einer Prüfung erfolgt eine Kennzeichnung unter Jugendschutzgesichtspunkten mit „freigegeben ohne Altersbeschränkung, ab sechs Jahren, ab zwölf Jahren, ab sechzehn Jahren" oder mit „nicht freigegeben unter achtzehn Jahren".

Die in der SPIO zusammengeschlossenen Verbände haben sich zur Einhaltung dieser Altersfreigaben verpflichtet. Mit der gesetzlichen Kennzeichnung wird für die filmwirtschaftlichen Unternehmen eine für sie wesentliche Rechtssicherheit gewährleistet. Wer als Veranstalter oder Gewerbetreibender die Alterskennzeichen nicht beachtet, begeht eine Ordnungswidrigkeit.

## FSM – Freiwillige Selbstkontrolle Multimedia-Diensteanbieter e. V.

Verantwortlich für die Rechtmäßigkeit von online angebotenen Inhalten sind auf einer ersten Stufe die Anbieter und Vermittler dieser Inhalte. Aus diesem Grund verpflichtet der Jugendmedienschutz-Staatsvertrag (→ Jugendschutz) die Anbieter von Online-Diensten, die jugendgefährdende Inhalte enthalten, einen Jugendschutzbeauftragten zu bestellen. Diese Verpflichtung kann auch dadurch erfüllt werden, dass der Anbieter eine Organisation der freiwilligen Selbstkontrolle mit der Wahrnehmung dieser Aufgaben betraut. Nach dem Jugendmedienschutz-Staatsvertrag können sich Einrichtungen der Freiwilligen Selbstkontrolle staatlich anerkennen lassen, wodurch sie ihre Mitglieder in gewissem Umfang vor staatlichen Sanktionen schützen können. Die FSM wurde im November 2004 als Einrichtung der Freiwilligen

Selbstkontrolle von der Kommission für Jugendmedienschutz (→ KJM) anerkannt. Die FSM hat eine Beschwerdestelle eingerichtet, bei der jedermann auf elektronischem Wege den Verstoß gegen den Verhaltenskodex beanstanden kann. Richtet sich die Beschwerde gegen einen ausländischen Diensteanbieter, wird sie von der FSM an das jeweilige Selbstkontrollorgan des fraglichen Staates weitergeleitet, sofern ein solches existiert.

# GEMA

Die GEMA ist die deutsche Gesellschaft für musikalische Aufführungs- und mechanische Vervielfältigungsrechte. Sie ist eine Verwertungsgesellschaft in der Rechtsform eines wirtschaftlichen Vereins und verwaltet als staatlich anerkannte Treuhänderin die Nutzungsrechte der Musikschaffenden. Dabei ermöglicht es die GEMA, alle Rechte zur Musiknutzung unkompliziert zu erwerben, anschließend leitet sie die Lizenzbeiträge an die Komponisten, Textdichter und Musikverleger weiter. Alle Einnahmen schüttet die GEMA nach Abzug der Verwaltungskosten an die in- und ausländischen Rechteinhaber aus, deren Werke aufgeführt wurden. Die GEMA vertritt rund 60.000 Komponisten, Textdichter und Musikverleger. Voraussetzung ist die Mitgliedschaft, mit der die Verpflichtung verbunden ist, sämtliche Werke bei der GEMA anzumelden; es können dann also keine Werke mehr von der Rechtewahrnehmung durch die GEMA ausgenommen werden. 2005 hat die GEMA Gesamterträge von 850 Mio. Euro erzielt.

Die erste deutsche Einrichtung zur Wahrnehmung von Aufführungsrechten wurde 1903 unter dem Namen Anstalt für musikalisches Aufführungsrecht (AFMA) gegründet. Nach wechselvoller Geschichte erhielt sie 1947 den Namen GEMA; in der DDR entstand 1950 als Paralleleinrichtung die Anstalt zur Wahrung der Aufführungsrechte (AWA), die sich seit 1990 in Auflösung befindet.

## Gesellschaft für Unterhaltungs- und Kommunikationselektronik – gfu

Elf führende Unternehmen der Unterhaltungselektronik haben 1973 die Gesellschaft zur Förderung der Unterhaltungselektronik gegründet. Ihre Ziele sind die Veranstaltung der Internationalen Funkausstellung Berlin, deren Rhythmus ab 2006 von zweijährlich auf jährlich geändert wurde, und die Information der Öffentlichkeit über die Entwicklung der Unterhaltungselektronik. Seit 1986 lautet der Name Gesellschaft für Unterhaltungs- und Kommunikationselektronik (gfu) mbH.

Gesellschafter sind zwölf Mitgliedsfirmen des Fachverbandes Consumer Electronics im Zentralverband Elektrotechnik- und Elektronikindustrie (ZVEI) e. V. Die gfu veröffentlicht auf ihrer homepage (www.gfu.de) regelmäßig Daten über die Marktentwicklung für Unterhaltungs- und Kommunikationselektronik.

## Gewalt in den Medien

Gewalt als beabsichtigte physische oder psychische Schädigung von Personen, Lebewesen oder Sachen wird in der öffentlichen Kommunikation häufig zum Thema gemacht. Schon die Geschichte von Kain und Abel ist ein Beispiel dafür, dass gewaltsam ausgetragene Konflikte mitteilenswert sind.

Da Normverstöße und Gewalttaten beim Publikum hohe → Aufmerksamkeit erlangen, sind sie auch als Bestandteil fiktionaler Medieninhalte, vom Roman bis hin zum Computerspiel, weit verbreitet. Angesichts der ständigen Präsenz von Gewaltdarstellungen im → Film, im → Fernsehen und in Computerspielen (→ Bildschirmspiele) wird nach möglichen Auswirkungen solcher Darstellungen gefragt. Im Hinblick auf Kinder und Jugendliche gibt es Befürchtungen, dass sie u. a. durch Gewaltdarstellungen in ihrer persönlichen Entwicklung gefährdet werden können. Im Jugendschutzgesetz und im Jugendmedienschutz-Staatsvertrag sind deshalb u. a. solche Angebote untersagt, die Gewalttätigkeiten verherrlichen oder verharmlosen (→ Jugendschutz).

Mögliche Auswirkungen von Gewaltdarstellungen in den Medien gehören zu den am häufigsten untersuchten Gegenständen der Wirkungsforschung. Die Ergebnisse ergeben kein eindeutiges Bild. Die Forschung hat häufig ein experimentelles Design, das kurzfristige Effekte von Gewaltdarstellungen auf die Einstellungen von Versuchspersonen ermittelt. Bei langfristigen Wirkungen ist es sehr schwierig, die Wirkungen von Medieninhalten von denen anderer Einflussfaktoren zu unterscheiden.

Zur Wirkungsweise von Gewaltdarstellungen gibt es sehr verschiedene Konzepte. So besagt die *Katharsis-These*, dass die beobachtende Teilnahme an gewaltsamen Handlungen Aggressionen abbaut und eine emotional reinigende Wirkung hat. Auf diese Weise sollen mediale Darstellungen von Gewalt dazu beitragen, tatsächlich gewalttätiges Verhalten zu vermeiden. Die empirische Forschung hat diese These jedoch meist nicht bestätigen können.

Die *Habitualisierungsthese* geht davon aus, dass die häufige Beobachtung fiktionaler Gewaltdarstellungen zu einer Abstumpfung gegenüber solchen Reizen führt und Gewalt dadurch als normales Alltagsverhalten angesehen und toleriert wird. Die empirischen Ergebnisse sprechen aber in der Mehrzahl nicht für eine zunehmende Gleichgültigkeit gegenüber Gewalt.

Nach der *Stimulationsthese* wird unter bestimmten Bedingungen, etwa bei vorausgehender Frustration, durch das Ansehen von Gewaltdarstellungen kurzfristig aggressives Verhalten stimuliert. Diese These wird durch empirische Befunde gestützt. So haben sich Gruppen, denen gewalthaltige Kinofilme vorgeführt wurden, aggressiver gezeigt als solche, denen Filme ohne Gewalt vorgeführt wurden.

Nach der *Suggestionsthese*, die sich auf spektakuläre Einzelfälle bezieht, kann die Beobachtung einer Gewalttat zu Nachahmungstaten führen. Bekanntester Fall ist das 1774 zunächst anonym erschienene Buch *Die Leiden des jungen Werthers* von Goethe, das den Freitod eines jungen Mannes zum Gegenstand hat und offenbar für zahlreiche Selbstmörder zum Vorbild wurde (später als „Werther-Effekt" bezeichnet), so dass dieses Buch in Leipzig, Kopenhagen und Mailand verboten wurde.

Angesichts der widersprüchlichen Thesen und der oft unzureichenden Belege haben verschiedene Autoren auch die *These der Wirkungslosigkeit* von Gewaltdarstellungen vertreten. Die festgestellten geringen statistischen Zusammenhänge seien angesichts der vielfältigen anderen Einflussfaktoren auf Einstellungen und Verhalten nur unbedeutend. Dies dürfte auch damit zusammenhängen, dass die eigenmächtige Anwendung von Gewalt eine staatlich sanktionierte Normverletzung ist. Und bei Gewaltdarstellungen in den Medien wird nicht nur zwischen Gut und Böse unterschieden, sondern am Ende fiktionaler Handlungsstränge sind die Missetäter letztlich unterlegen und werden bestraft.

Lerntheoretisch ist zu unterscheiden zwischen dem Erwerb eines Verhaltens durch Beobachtung von (Medien-)Modellen einerseits und der tatsächlichen Ausführung des Verhaltens andererseits. Der Theorie zufolge wird ein latentes, gelerntes Verhalten dann ausgeführt, wenn Belohnungen zu erwarten sind, das Verhalten also dem Erreichen spezifischer Ziele dient. Erfolgreiche Modelle werden eher nachgeahmt als erfolglose Modelle. Dementsprechend sind auch Befunde einzuordnen, dass Anfang der 1990er Jahre die Berichterstattung über fremdenfeindliche Gewaltakte in Deutschland weitere solche Straftaten hervorgerufen hat.

Die in der Öffentlichkeit häufig vertretene These, dass Gewaltdarstellungen in den Medien abweichendes Verhalten verursachen, wird auch von Jugendlichen übernommen, die wegen ihres Fehlverhaltens gemaßregelt werden. Auf diese Weise können sie versuchen, eine persönliche Verantwortung für das eigene Fehlverhalten zu bestreiten. *Schr*

*Literatur*

Th. Hausmanninger, Th. Bohrmann (Hrsg.): Mediale Gewalt: Interdisziplinäre und ethische Perspektiven. München 2002.
M. Kunczik: Gewalt und Medien. 4. Aufl., Köln 1998.

## GfM – Gesellschaft für Medienwissenschaft e. V.

Die Gesellschaft für Medienwissenschaft e. V. wurde im November 1985 gegründet, zunächst unter dem Namen Gesellschaft für Film- und Fernsehwissenschaft (GFF) mit kulturwissenschaftlicher Orientierung, im Gegensatz zur → Deutschen Gesellschaft für Publizistik- und Kommunikationswissenschaft mit vorwiegend sozialwissenschaftlicher Ausrichtung. Die Gesellschaft für Medienwissenschaft dient vorrangig der Selbstverständigung der Medienwissenschaften. Sie vermittelt einen Überblick über nationale und internationale Fachentwicklungen und Fachdebatten, um Forschungsdefizite zu erkennen, Forschungsschwerpunkte und Forschungsprojekte zu formulieren und damit eine lebendige Weiterentwicklung des Fachs zu gewährleisten. Die GfM hat darüber hinaus die Aufgabe, zwischen Theorie und Praxis zu vermitteln und die verschiedenen Teildisziplinen der Medienwissenschaft zusammenzuführen. Die Diskussion in der GfM gibt ästhetischen, historischen, soziologischen, psychologischen und kommunikationstheoretischen Ansätzen in gleicher Weise Raum. Die GfM will die Medienwissenschaften stärker profilieren und ihnen hochschulpolitisch mehr Gewicht verleihen.

## Großbritannien

Fünf der 10 größten europäischen Medienkonzerne haben ihren Sitz in Großbritannien, darunter der Pay-TV-Anbieter *BSkyB* und die beiden Verleger *Daily Mail and General Trust* und *Trinity Mirror*. Sechs der 10 größten Tageszeitungen Europas kommen aus London: *The Sun* und *Daily Mail* haben je über 2 Mio. Exemplare Auflage, nur die *Bild*-Zeitung liegt noch darüber. Großbritannien gilt mit der → BBC zudem als Mutterland des öffentlich-rechtlichen Rundfunks. Doch auch der Pay-TV-Markt ist stark, und digitales Fernsehen ist hier weit entwickelt: Etwa 13 Mio. Haushalte (55,8 % aller TVHH) können digitale Übertragungen empfangen. Von den insgesamt 12.558 Mio. Euro brutto, die in 2004 Werbung flossen, ging knapp die Hälfte ans Fern-

sehen (44,7 %), 17,2 % an die Tageszeitungen, 12,5 % an Zeitschriften, 7,0 % an andere Printmedien, 6,5 % ans Radio, 8,3 % an Außenwerbung, 1,8 % an das Kino und 2,0 % ans Internet.
Kennzeichnend für die britische Presse ist ihre starke Boulevard-Ausrichtung („Yellow Press"). Zu den auflagenstärksten Tageszeitungen gehörten 2004 die Boulevardzeitungen *The Sun* (Auflage 2.419.000 Ex., gehört zur → News Corporation), *Daily Mail* (2.093.000, gehört zu Associated Newspapers), *Daily Mirror* (1.597.000, Trinity Mirror) sowie die von Express Newspapers verlegten *Daily Express* (720.000) und *Daily Star* (705.000). Die deutlich kleineren Qualitätszeitungen – *Independent* (179.000, Independent Newspapers), *Times* (485.000, News Corporation), *Guardian* (288.000, Guardian Media Group), *Daily Telegraph* (483.000, Telegraph Group) und die *Financial Times* (101.000, Financial Times) – finanzieren sich hauptsächlich aus Werbeeinnahmen, die Boulevardzeitungen stärker durch den Verkauf. Die 109 lokalen, regionalen und nationalen Tageszeitungen hatten 2004 eine tägliche Gesamtauflage von 17.485.000 Exemplaren, mit sinkender Tendenz. 84 % der erwachsenen Briten lesen täglich eine Lokalzeitung, 39 % nutzen eine Wochenzeitschrift und 48 % eine Monatszeitschrift. Im Bereich der Zeitschriften verkaufen in Großbritannien über 3.200 Publikumsmagazine und etwa 5.100 Fachzeitschriften ihre Werbekontingente.

Der gesamte Kommunikationssektor (inkl. Telekommunikation) wird heute vom Office for Communications (Ofcom) reguliert. Die *British Broadcasting Corporation* (→ BBC), 1922 gegründet, gilt als Vorbild für öffentlich-rechtliche Rundfunkanstalten, deren Aufgabe es ist, ausgewogen und politisch unparteiisch zu informieren, zu bilden und zu unterhalten. *BBC Television* bietet zwei analoge nationale Fernsehprogramme, BBC1 (Marktanteil 2004: 25,1 %) und BBC2 (10,2 %), sowie die digitalen Kanäle BBC3, den Kulturkanal BBC4, *BBC News24, BBC Parliament* sowie die Kinderkanäle *CBBC* und *CBEEBIES*.

*BBC Radio and Music*, das insgesamt über 50 % Höreranteil verzeichnet, bietet fünf nationale Radiokanäle (Radio 1, 2, 3, 4 und 5), fünf Digitalkanäle (*5 Live Sports Extra* und *6 Music, BBC 7, Asian Network* und *1Xtra*), und betreibt 40 lokale Radiosender sowie den *BBC World Service*. Den weitaus größten Teil (91,1 %) ihrer Einnahmen be-

**Großbritannien** 135

zieht die BBC aus der → Rundfunkgebühr, der Rest stammt aus Programmverkäufen etc. Werbung gab es auf BBC nie. Die BBC ist auch an mehreren Sendern im Ausland beteiligt (z. B. an *Animal Planet*). Terrestrisch gibt es außerdem seit 1982 den öffentlichen, aber werbefinanzierten Kanal *Channel 4* (Marktanteil 10,1 %; betreibt auch die digitalen Kanäle E4 und *Film Four*) sowie einen speziellen öffentlichen Dienst für Wales, S4C.

Privates Fernsehen gibt es seit 1954: Auf ITV 1 senden unter dem Dach einer Aufsichtsbehörde (ITC) 15 unabhängige Fernsehgesellschaften, die jeweils regionale Konzessionen haben und sich ausschließlich durch Werbung finanzieren, aber zahlreichen Public Service-Anforderungen unterliegen (Zuschaueranteil: 23,4 %). Seit 2004 gehören alle ITV-Gesellschaften in England und Wales zu ITV plc, einem Joint Venture von *Granada* und *Carlton Communications*, in Schottland wird ITV von der *Scottisch Media Group* dominiert. ITV bietet mittlerweile auch zwei digitale Programme. 1997 ging außerdem der rein private, werbefinanzierte terrestrische Sender *Five* auf Sendung (6,7 %; gehört zu RTL).

Unverschlüsseltes, digitales Free TV bietet *Freeview*, ein Konsortium der BBC mit BskyB. Die mehr als 30 TV- und 20 Radioprogramme sowie zahlreiche interaktive Dienste wurden im März 2005 bereits von 8,5 % der TVHH empfangen. Pay-TV wird von drei Plattformen angeboten: dem digitalen Satellitenrundfunkbetreiber *BskyB* (gehört zur → News Corporation, 7,3 Mio. Abos, Anteil am Pay-TV-Markt 66 %) sowie den Kabelanbietern NTL (im Besitz der US-Gesellschaft NTL Inc.) und *Telewest* (gehört zu 24,6 % der US-Kabelgesellschaft *Liberty Media*), die in 11 % der TVHH vertreten sind. Der Marktanteil aller Satelliten- und Kabelprogramme lag 2004 bei 24,1 %.

2004 haben 78,3 % der Bevölkerung über 16 Jahren täglich mindestens 3 Minuten in Folge ferngesehen, bei den Kindern von 4-15 Jahren waren es täglich 66,5 %.

Kommerzielles Radio wurde 1973 eingeführt; heute gibt es drei nationale Sender (*Classic FM*, *talkSPORT* und *Virgin*), 275 lokale Radios sowie *Digital One*, den nationalen DAB-Anbieter mit 215 Digitalprogrammen, davon 175 kommerziell. Demnächst sollen auch „community Radio stations" zugelassen werden. Mit Abstand größter Hörfunkveranstalter im Hinblick auf Radiostationen, Einnahmen und

| Rahmendaten zum Mediensystem in Großbritannien | |
|---|---|
| Einwohner 2004 (Bevölkerungsdichte) | 59,553 Mio. (242/km²) |
| Zahl der Haushalte (Haushaltsgröße) | 25,421 Mio. (2,3) |
| Bruttosozialprodukt pro Kopf in GBP | 19.484 |
| TV-Verbreitung (in % aller Haushalte) | 97,7 % |
| Zahl der TV-Sender, die von 70 % der Bevölkerung empfangen werden können | 5 |
| Werbeausgaben brutto gesamt in Euro (davon im TV) | 12.558 Mio. (5.617,28 Mio.) |
| Tägliche Reichweite der Regionalzeitungen (in % der Erwachsenen) | 32,6 % |
| Tägliche Fernsehdauer 2004 (Alter 16+) | 237 Min. |
| Kabelfernsehen (in % aller TVHH) | 13,8 % |
| Satellitenschüssel (in % aller TVHH) | 29,5 % |
| Allein terrestrischer Empfang (in % aller TVHH) | 41,0 % |
| Digital-Pay-TV-Abonnenten (in % aller TVHH) | 38,2 % |
| Rundfunkgebühren pro Jahr in Euro | 179,43 (126 GBP) |
| Handyausstattung (in % der Haushalte) | 85 % |
| PC-Verbreitung (in % der Bevölkerung) | 67,6 % |
| Internetnutzer (in % der Haushalte) | 57,6 % |

*Quelle:* Television 2005 International Key Facts, World Press Trends 2005

Hörerzahlen ist GCap Media (eine Fusion von *Capital Radio* und der GWR-Gruppe, betreibt u. a. *Classic FM*, über 50 lokale und über 100 Digitalradios sowie die Internetdienste *classicfm.com* and *musicradio. com*).

Alle Medienanbieter sind auch im WWW mit einer Vielzahl interaktiver Angebote aktiv, allen voran die BBC, die mit monatlich 1,88 Mrd. Aufrufe einen der führenden Online-Dienste entwickelt hat. Es gibt mehr als 400 Internet Service Provider (ISP), die größten sind *Freeserve* mit 2,96 Mio. privaten Nutzern (21 %), AOL (2,68 Mio.; 19 %), BT Internet Openworld (2,26 Mio.;16 %) und NTL World (1,55 Mio.; 11 %). Um bis Ende 2005 alle Dienstleistungen der Regierung online verfügbar zu machen, wurden Hunderte örtliche Online-Zentren gegründet und alle 4.300 öffentlichen Bibliotheken ans Netz angeschlossen.

34,3 Mio. Briten (57 %) nutzen das → Internet, 24 Mio. davon aktiv von zuhause aus. Das Verhältnis von Männern zu Frauen liegt fast gleichauf, mit dem sozialen Status erhöht sich auch die Nutzung deutlich. Für alle Altersgruppen ist die Nutzung von E-Mails der Hauptgrund für die Internetnutzung, dicht gefolgt von der Suche nach Informationen über Waren und Dienstleistungen und das allgemeine Surfen. *Ma*

*Literatur*

P. Humphreys: Das Mediensystem Großbritanniens. In: Hans-Bredow-Institut (Hrsg.): Internationales Handbuch Medien 2004/2005. Baden-Baden 2004, S. 326-339. Rechenschaftsberichte der BBC (www.bbc.co.uk/) und des Ofcom (www.ofcom.org.uk/research/) (Englisch).

## Holtzbrinck-Konzern

Im Jahr 1936 gründete der Buchvertreter Georg von Holtzbrinck gemeinsam mit Wilhelm Schlösser die Deutsche Verlagsexpedition in Stuttgart. Die Kriegszeit überstand das Unternehmen unbeschadet, im Jahr 1943 gelingt es, den Wiesbadener Verlag Deutsche Volksbücher zu übernehmen. Nach dem Krieg bekommt dieser Verlag 1946 eine alliierte Lizenz. Im Jahr 1948 gründet Holtzbrinck die Stuttgarter Hausbücherei und weitere Buchreihen und beginnt damit, Buchgemeinschaften zu etablieren, deren Mitglieder regelmäßig Bücher kaufen. Ab Ende der 1950er Jahre hieß die Buchgemeinschaft *Deutscher Bücherbund* und war bis Mitte der 1980er Jahre der Hauptumsatzträger der Verlagsgruppe.

Neben den Buchgemeinschaften wurde durch Beteiligungen und Übernahmen in den 1960er und 1970er Jahren eine Gruppe von Buchverlagen geformt, zu der so renommierte Namen wie S. Fischer, Rowohlt, Droemer und Kindler zählen. Neben der Erweiterung der Verlagsgruppe durch den Kauf von Buchverlagen erwarb der Konzern zwischen 1969 und 1971 Anteile an den Tageszeitungsverlagen der *Saarbrücker Zeitung* und des *Handelsblatt*. Die erhebliche Vergrößerung des Unternehmens führte zu einer Umstrukturierung an der Spitze. Im Jahr 1971 wurde die Führungsholding „Verlagsgruppe Georg von Holtzbrinck GmbH" gegründet, die an der Spitze der Unternehmensgruppe steht und die Kontrolle über die Tochterfirmen ausübt.

Neun Jahre nach Gründung der Holding übernahm Dieter von Holtzbrinck im Jahr 1980 die Führung des Unternehmens von seinem Vater, der im Jahr 1983 stirbt. Unter seiner Führung folgt eine Phase in der Entwicklung des Unternehmens, in der neue Märkte erschlossen und weniger lukrative Geschäftsfelder aufgegeben werden. Mit den Verlagen Scientific American und Henry Holt erwarb Holtzbrinck in den 1980er Jahren erste Beteiligungen in den USA, im Jahr 1989 trennt sich das Unternehmen vom Deutschen Bücherbund, der von der Kirch-Gruppe übernommen wird. Nach weiteren Akquisitionen in den USA werden mit dem Erwerb des internationalen Verlages Macmillan im Jahr 1995 die Aktivitäten des Konzerns nach Asien, Afrika, Australien und Lateinamerikas ausgeweitet.

Neben der internationalen Expansion engagiert sich der Konzern in dieser Zeit auch auf den Märkten für kommerziellen Rundfunk und erwirbt Beteiligungen an SAT 1 und dem Nachrichtensender n-tv. Daneben wird mit der AV Euromedia ein Fernsehproduktionsunternehmen gegründet und es existieren eine Reihe von Beteiligungen an kommerziellen Hörfunkveranstaltern. Mittlerweile hat sich der Konzern von diesen Beteiligungen mit Ausnahme der Produktionsgesellschaft wieder getrennt. Nachdem im Jahr 2001 Stefan von Holtzbrinck die Leitung des Unternehmens von seinem Bruder Dieter übernahm, konzentrierte sich das Unternehmen wieder verstärkt auf Printmedien.

Obwohl die Aktivitäten des Konzerns durch eine Holding-Struktur kontrolliert werden existieren bei einzelnen Unternehmen der Gruppe besondere Einflussmöglichkeiten der drei Gesellschafter Monika Schoeller-von Holtzbrinck, Dieter von Holtzbrinck und Stefan von Holtzbrinck. So hat z. B. Monika Schöller besonderen Einfluss beim Buchverlag S. Fischer und Dieter von Holtzbrinck kontrolliert die Handelsblatt-Gruppe. Für das Jahr 2006 ist eine Veränderung der Gesellschafterstruktur angekündigt. Dieter von Holtzbrinck scheidet aus dem Unternehmen aus und hat die Absicht, den für seine Unternehmensbeteiligung erwarteten Erlös in eine gemeinnützige Familienstiftung einzubringen. Damit sind in der Zukunft Stefan von Holtzbrinck

*Daten zum Holtzbrinck-Konzern*

| Umsatz nach Ländern (in Mio. Euro) | 2005 | Anteil in % |
|---|---|---|
| Deutschland | 1.011,6 | 48,5,4 |
| USA | 481,1 | 23,0 |
| Großbritannien | 137,0 | 6,6 |
| Übriges Europa | 197,4 | 9,5 |
| Sonstige Länder | 259,7 | 12,4 |
| **Gesamt** | **2.086,8** | **100,0** |

| Umsatz nach Unternehmensbereichen (in Mio. Euro) | 2005 | 2004 | 2003 |
|---|---|---|---|
| Publikumsverlage | 586,4 | 552,6 | 581,0 |
| Bildung und Wissenschaft | 640,4 | 591,6 | 565,6 |
| Zeitungen und Wirtschaftsinformationen | 916,3 | 865,4 | 849,1 |
| Elektronische Medien | 18,1 | 13,0 | 9,9 |
| Innenumsätze und Sonstiges | -74,4 | -61,9 | -68,8 |
| **Gesamt** | **2.086,8** | **1.960,7** | **1.936,8** |

und Monika Schoeller-von Holtzbrinck zu je 50 % an der Gesellschaft beteiligt.

Gegenwärtig ist der Konzern in vier Bereiche gegliedert, denen die einzelnen Unternehmen zugeordnet sind. Dies sind Bildung/Wissenschaft, Belletristik/Sachbuch, Zeitungen und Wirtschaftsinformation und Elektronische Medien und Services.

Zum Bereich Bildung/Wissenschaft zählen renommierte In- und ausländische Verlage wie z. B. W. H. Freeman, Macmillan Education und der Verlag J. B. Metzler, darüber hinaus auch die Zeitschriftenverlage Scientific American und die Nature Publishing Group.

In der Gruppe der Unternehmen, die zum Bereich Belletristik/Sachbuch zählen, finden sich Namen wie S: Fischer, Rowohlt, Kiepenheuer & Witsch und die Verlagsgruppe Droemer Knaur. Die internationalen Verlage werden von den Subholdings Holtzbrinck Publishers und Macmillan kontrolliert. Der in den letzten Jahren durch Akquisitionen gewachsene Bereich Zeitungen setzt sich aus der Verlagsgruppe *Handelsblatt* und den Verlagen der *ZEIT*, der *Main-Post*, der *Lausitzer Rundschau*, des *Südkuriers*, des *Tagespiegels*, der *Saarbrücker Zeitung* und des *Trierischen Volksfreundes* zusammen. Hinzu kommt das Marktforschungsunternehmen Prognos und der Verlag Schäffer-Pöschel. Nachdem sich das Unternehmen von seinen Rundfunkbeteiligungen getrennt hat, sind im Bereich der Elektronischen Medien und Services vor allem Online-Angebote zu finden. Hierzu zählen Handelsblatt online, booxtra.de und buecher.de und mehrere Portale für Online-Rubrikanzeigen.

Heute zählt der Holtzbrinck-Konzern zu den fünfzig größten Medienunternehmen der Welt. Er erzielt mehr als die Hälfte seines Umsatzes von rund 2 Mrd. Euro im Ausland und beschäftigt rund 13.000 Mitarbeiter.
*H3r*

*Literatur*

H.-J. Jakobs: Georg von Holtzbrinck GmbH. In: L. Hachmeister, G. Rager (Hrsg.): Wer beherrscht die Medien? Die 50 größten Medienkonzerne der Welt. München 2005.
H. Röper: Formationen deutscher Medienmultis 2005, Teil 2. In: Media Perspektiven 4/2006, S. 182-200.

*Links*

Unternehmensportrait des Konzerns unter www.holtzbrinck.de.

# Hörfunk

Grundlage des Hörfunks ist die drahtlose Verbreitung von Tönen mittels elektromagnetischer Wellen, eine funktechnische Erfindung, die Ende des 19. Jahrhunderts zur Entwicklung von Telegraphie und Telephonie führte. Im Unterschied hierzu gilt für das Radio, dass ein Sender sich mit einem bestimmten Programmangebot nicht mehr an einen einzelnen Empfänger oder an eine bestimmte Nutzergruppe wendet, sondern an ein disperses Publikum bzw. an die Öffentlichkeit. Diese grundsätzliche Dimension des „Rund-funkens" bildet den Hintergrund für die juristische Definition des Hörfunks als einen Teil des Rundfunks (→ Rundfunksystem).

**Hörfunk**

Im Oktober 1923 startete in Deutschland der Rundfunk – bis zur Entwicklung des → Fernsehens waren die Begriffe Rundfunk und Hörfunk gleichbedeutend. Die Sendegesellschaften in den Großstädten stellten ihre Programme vor als „Veranstaltung und drahtlose Verbreitung von Vorträgen, Nachrichten und Darbietungen künstlerischen, belehrenden, unterhaltenden sowie weitere Kreise der Bevölkerung interessierenden Inhalts". Ein regelrechter „Radio-Boom" brach aus, das Radio wurde zu einem Massenmedium. 1932 waren in Deutschland 4,3 Mio. Empfangsgeräte registriert, bis 1939 wuchs ihre Zahl auf 13,7 Mio. Basierten die ersten Rundfunkorganisationen auf privatwirtschaftlicher Initiative, so sicherte sich der Staat aufgrund seiner Funkhoheit bald umfangreiche Rechte und übernahm 1932 die Kontrolle des Rundfunks. Die Nationalsozialisten konnten so von 1933 an den Rundfunk als propagandistisches Machtmittel nutzen. Nach dem Ende des Zweiten Weltkriegs knüpfte man in der Bundesrepublik weitgehend an die regionale Gliederung des Rundfunksystems in der Weimarer Republik an, übernahm jedoch vor allem nach dem Vorbild → Großbritanniens die öffentlich-rechtliche Organisation des Rundfunks, ein System gesellschaftlicher Kontrolle, um staatliche und parteipolitische Einflussnahme auszuschließen. In der DDR wurde der Rundfunk innerhalb weniger Jahre in ein zentrales, staatlich gelenktes Mediensystem integriert, das von der SED kontrolliert wurde.

Die Hörfunkprogramme veränderten sich in den Nachkriegsjahrzehnten grundlegend aufgrund technischer Neuerungen und infolge sich wandelnder Nutzergewohnheiten. Zunächst dominierten so genannte „Kästchenprogramme", d. h. unterschiedlichste Sendungen wurden zeitlich nacheinander angeboten; der Hörer sah sich aufgefordert, aus dem Programmangebot auszuwählen („Einschaltradio"). Mit der Einführung der Sende- und Empfangstechnik der Ultrakurzwelle (UKW) ab 1950 wurde es möglich, unterschiedliche Programme nebeneinander anzubieten, so dass regional spezifizierte oder Kontrast-Angebote möglich wurden. Mit der Einführung und Ausbreitung des Fernsehens in den 1950er Jahren verlor der Hörfunk seine Funktion als Leitmedium und musste auf neue Nutzungsweisen reagieren. Während der Hörfunk die Primetime am Morgen behielt, verlor er sie am Abend an das Fernsehen. Insgesamt differenzierten sich die Informations-, Bildungs-, Unterhaltungs- und Kulturprogramme des Hörfunks schrittweise aus, beispielsweise mit der Einführung der Servicewellen zu Beginn der 1970er Jahre. Durch die Einführung von Magazin-Formen im Wort-Bereich und durch eine Ausrichtung auf musikalische Profile gelang der Umbau zum tagesbegleitenden Medium Nummer Eins („Begleitmedium", „Nebenbeimedium").

In den 1980er Jahren wurden in Westdeutschland die rechtlichen Bedingungen geschaffen, die neben den öffentlich-rechtlichen Hörfunkanbietern auch privatwirtschaftliche Sender zuließen. Die gegenwärtige Radiolandschaft der Bundesrepublik ist geprägt von diesem „dualen System". Die in der → ARD zusammengeschlossenen neun Rundfunkanstalten veranstalteten 2004 insgesamt 64 Hörfunkprogramme, davon neun ausschließlich digital verbreitete. Zwei bundesweite Programme stammen vom Deutschlandradio. Hinzu kommt die Deutsche Welle als Rundfunkanstalt des Bundes, die Programme speziell für das Ausland verbreitet. Im Jahr 2004 gab es in Deutschland 265 kommerzielle Hörfunkprogramme. Mit 148 Hörfunkprogrammen war die Mehrzahl davon regional bzw. lokal ausgerichtet; 12 boten ein bundesweites, 49 ein landesweites analoges Programm an, 56 ein digitales Radioprogramm. Hinzu kommen eine Reihe von nicht-kommerziellen Hörfunkanbietern, darunter zirka 50 Hochschulradios, 32 nicht-kommerzielle Lokalradios sowie sieben auf Hörfunk spezialisierte Offene Kanäle. Die Programmangebote aller dieser Radioanbieter sind geprägt von einer starken Ausdifferenzierung hinsichtlich ihrer Publika. Zum einen lassen sich Informations-, Jugend- und Kulturwellen unterscheiden, vor allem aber können die Programmangebote der so genannten „Formatradios" nach den bei ihnen dominierenden Musikformaten (→ Hörfunk, Programmformate) klassifiziert werden.

Die Nutzung des Radios wandelte sich im Verlauf der Geschichte. Nach der anfänglichen Faszination durch das neue technische Medium entwickelten sich bald feste Muster im Umgang mit dem Radio als dem zunächst einzig verfügbaren elektronischen Massenmedium in einem meist häuslichen und privaten Umfeld. Mit der Mobilisierung der Empfangstechnik (Transistorradio, Autoradio) sowie mit der zunehmenden Geräteausstattung auch einzelner Familienmitglieder wurde ein bedürfnisorientiertes Nutzen innerhalb eines Sets von verschiedenen Medienangeboten eingeleitet. Mittlerweile ist das Radio zu einem selbstverständlichen Alltagsmedium geworden, das wichtige Funktio-

**Hörfunk** 143

nen für die Hörer übernimmt, darunter die Unterhaltungs- und Informationsfunktion. Bislang behauptete sich das Radio in der gegenwärtigen Situation der Medienkonkurrenz. 97 % der Deutschen haben zu Hause ein Radiogerät, fast die Hälfte besitzt vier und mehr verschiedene Gerätearten (Stereoanlage, Transistorradio, Radiowecker, Autoradio etc.). Die → Reichweite des Hörfunks liegt bereits seit den 1970er Jahren zwischen 75 und 83 % der Bevölkerung. Im Sommer 2005 schalteten täglich 79 % der Personen ab 14 Jahren ein Radioprogramm ein. Die Hördauer stieg in den letzten zehn Jahren an und lag zuletzt bei 193 Minuten pro Tag.

Ein charakteristisches Merkmal der Hörfunknutzung ist, dass die Hörer nur relativ selten das Programm wechseln. Trotz der seit Mitte der 1980er Jahre erfolgten erheblichen Ausweitung der Zahl der verfügbaren Programme ist die Zahl der in 14 Tagen bzw. „gestern" genutzten Programme kaum angestiegen: Zuletzt wurden innerhalb von 14 Tagen im Durchschnitt 4,1 Programme gehört, am Stichtag „gestern" waren es nur 1,2 Programme. Dieser stabile Befund hat mit dazu geführt, dass die dominante Programmstrategie im Hörfunk der letzten Jahre darin bestand, möglichst „durchhörbare" Programme zu gestalten, die keinen Anlass zum Um- bzw. Abschalten bieten.

Die Radiolandschaft befindet sich gegenwärtig in einer Umbruchphase. Die Herausforderungen gehen von der → Digitalisierung aus sowie von einem im Zusammenhang mit der Entwicklung des Internets sich wandelnden Nutzerverhalten. Während die Digitalisierung der Hörfunkproduktion mittlerweile abgeschlossen ist, stößt die Einführung der digitalen Sendetechnik Digital Audio Broadcasting (DAB) in Deutschland auf Schwierigkeiten. Bislang stellen die „Digital Radios", die Szenarien eines „Radioworldwide" und eines satellitenbasierten „WorldSpace System" noch keine ernst zu nehmende Konkurrenz für die terrestrisch verbreiteten Hörfunkangebote dar. Umgekehrt zeichnet sich bereits eine zunehmend individualisierte und interaktive Nutzung von Datenfunkangeboten über das → Internet ab. Hier werden so genannte „rebroadcasters", also Online-Angebote von klassischen Hörfunkanbietern, aufgesucht, spezielle nur im Internet verbreitete Hörfunkangebote abgerufen („audio-streamings") und zusätzliche Online-Angebote von Hörfunkveranstaltern wie zum Beispiel „audio-on-demand" angesteuert. Mediennutzer werden so ihre unterschiedlichen Bedürfnisse, die vorher das Radio bediente, in Zukunft verstärkt mit neuen Geräten und Techniken befriedigen. *HUW*

*Literatur*

K. Dussel: Deutsche Rundfunkgeschichte. 2., überarb. Aufl. Konstanz 2004.
J. Häusermann: Radio. Tübingen 1998.

## Hörfunk, Programmformate

Die Hörer verfolgen in der Regel nicht eine bestimmte Sendung, sondern nutzen das fortlaufende Angebot eines Hörfunkprogramms. In der deutschen Radiolandschaft gibt es eine Vielzahl unterschiedlicher öffentlich-rechtlicher oder privatfinanzierter Programme, die sich nach verschiedenen Kriterien untergliedern lassen:
- rechtlich: öffentlich-rechtliche Rundfunkanstalten oder private Rundfunkveranstalter
- geographisch: Lokalradios, Regionalsender, Landesprogramme, Mehrländerprogramme, bundesweit oder weltweit ausstrahlende Sender
- hörsituativ: Begleitprogramme oder Einschaltprogramme
- inhaltlich: Mischprogramme oder Spartenprogramme

Die klassischen Vollprogramme, die zumeist von öffentlich-rechtlichen Rundfunkanstalten angeboten werden, finden ihre Hörerschaft vor allem bei einem älteren Publikum, das noch dem Medium Radio mit einer konzentrierten → Aufmerksamkeit verbunden bleibt. Formatradio hingegen wird eher als Klangtapete mit einem nur geringen Grad an Aufmerksamkeit wahrgenommen. Das Konzept des Formatradios ist das Endergebnis einer gezielten, auf die Bedürfnisse des spezifischen Marktes abgestimmten Wahl von Struktur, Inhalt und Präsentation. Landesrechtliche Regulierung bildet die Grundlage für die jeweilige Senderlandschaft.

Die heutige Ausdifferenzierung der deutschen Senderlandschaft setzte bereits in den 1970er Jahren ein. Öffentlich-rechtliche Rundfunkanstalten gründeten eine Reihe von Servicewellen mit einem deutlichen Schwerpunkt auf Unterhaltungsmusik und nur kurzen Wortbeiträgen im Bereich Nachrichten und Verkehrsmeldungen. In den 1980er Jahren setzte sich die Ausdifferenzierung der Senderlandschaft fort. Programme wurden nun den immer detaillierter definierten Zielgruppen-Interessen oder regionalen Reichweiten angepasst oder sie hatten thematisch differenzierte Funktionen etwa im Bildungsbereich.

An dem ersten 1985 lizenzierten kommerziellen Radioprogramm FFN waren 56 niedersächsische Tageszeitungs- und 17 Zeitschriftenverleger beteiligt. Die ersten kommerziellen Hörfunkprogramme übernahmen die etablierte Struktur der Servicewellen. Die kommerziellen Anbieter sind u. a. im Verband Privater Rundfunk und Telekommunikation (→ VPRT) organisiert. Ihre Programme werden von den Landesmedienanstalten lizenziert und überwacht.

Die durch den Rundfunkstaatsvertrag vom März 1987 möglich gewordenen Offenen Kanälen sollten die alte Utopie des demokratischen Rundfunks verwirklichen. In Großstädten angesiedelte Studios boten jedem Bürger die Möglichkeit, selbst Radiosendungen zu produzieren, sofern ihre Inhalte nicht der Verfassung der Bundesrepublik widersprachen. Ausländische Mitbürger nutzten diese Möglichkeit für Sendungen in ihrer Landessprache, aber auch religiöse Gruppen und selbsternannte Medienstars nutzten dieses Angebot.

Im Bereich des Formatradios dominieren verschiedene Musikrichtungen, die bereits von der Plattenindustrie erfolgreich vermarktet werden: Adult Contemporary konkurriert mit Middle of the Road, Easy Listening, Contemporary Hit Radio, European Hit Radio, Oldies, Schlager, Beautiful Music und Klassik. Jeweils aktuelle Titel ermitteln Umfragen, Computer bestimmen über die Anzahl der Ausstrahlungen (etwa 200 verschiedene Titel täglich) und ihre zeitliche Platzierung.

Neben Sendern mit unterschiedlichen Musikstilrichtungen wurden privat-rechtliche Radiosender auch nach anderen Spartenkriterien gegründet. An die Seite der aktuellen → Information treten Angebotsformen des Ballungsraumsrundfunks wie Veranstaltungshinweise und die auch im → Fernsehen erfolgreichen Talkelemente mit interaktiven Call-In-Angeboten, wie z. B. bei Radio Hamburg. Auf Wirtschaftsnachrichten ist das Radio Main FM spezialisiert. Auch bei den öffentlich-rechtlichen Anbietern gab es Ende der 1990er Jahre Spartenprogramme wie der Nachrichtensender Bayern 5 aktuell oder das Kulturradio des RBB. Die Anzahl der Spartenradios ist vor allem durch die

Möglichkeit der Verbreitung über das Internet gestiegen. So haben sich Sender für verschiedenste Interessengruppen etabliert, wie z. B. das Queer Radio oder das Volksmusikradio Radio VHR.

Die neueste Entwicklung in der Radiorezeption stellt das Pod Casting dar: Radiosendungen sind nicht mehr an Ort und Zeit durch einen festen Platz in einer Programmschiene gebunden, sondern können als MP3 zeitlich unabhängig und mobil gehört werden. *JoB*

*Literatur*

Chr. Barth, Th. Münch: Webradios in der Phase der Etablierung. Angebote, Nutzung und Inhalte des Hörfunks im Internet. In: Media Perspektiven, Nr. 1/2001, S. 43-50.
K. Goldhammer: Formatradio in Deutschland. Konzepte, Techniken und Hintergründe der Programmgestaltung von Hörfunkstationen, Berlin 1995.
B. Holznagel, Th. Vesting: Sparten- und Zielgruppenprogramme im öffentlich-rechtlichen Rundfunk, insbesondere im Hörfunk. Baden-Baden 1999.
W. v. LaRoche: Hörfunk: Programmkulturen. In: Haller, Michael (Hrsg.): Die Kultur der Medien: Untersuchungen zum Rollen- und Funktionswandel des Kulturjournalismus in der Mediengesellschaft. Münster 2002, S. 73-92.

## Hörfunk, Sendungsformate

Der Hörfunk bietet ein umfangreiches Angebotsspektrum unterschiedlicher Sendungsformate in den Programmbereichen → Information, Bildung, → Unterhaltung, Service-Angebote und → Werbung. Im Unterschied zum Bildmedium → Fernsehen orientieren sich die Sendungsformate des Radios in ihrer Gestaltung an der ausschließlich auditiven Vermittlungstechnik.

In Nachrichtensendungen verlesen Sprecher Meldungen über aktuelle Ereignisse. Berichte mit O-Tonaufnahmen der Ereignisse werden ebenfalls durch Sprecher kommentiert. Magazine informieren in einer durch Moderation verknüpften Reihung einzelner Beiträge über die Hintergründe politischer oder kultureller Ereignisse. In Live-Übertragungen wird der O-Ton eines Ereignisses mit Beschreibungen der Ereignisabfolge durch einen Sprecher kombiniert. Auch Sportwettkämpfe wie etwa die Spiele der Bundesliga werden im Radio live übertragen.

## Hörfunk, Sendungsformate

Einen weiteren Schwerpunkt des akustisch vermittelten Programmangebots bilden Gesprächssendungen. Interviews vermitteln Befragungen zu Ereignissen oder themenorientierte Gespräche. Call-In-Sendungen mit Gesprächen zwischen Moderatoren und Hörern haben unterschiedliche Themenschwerpunkte, die von → Unterhaltung bis zur politischen Diskussion reichen. Presseschauen vermitteln in Lesungen von Artikelausschnitten einen Überblick über Berichte und Kommentare aus Tageszeitungen.

Die unterschiedlichen Serviceangebote des Radios orientieren sich an der spezifischen Nebenbeinutzung des Mediums parallel zu anderen Aktivitäten etwa im Haushalt, am Arbeitsplatz oder während der Verkehrsnutzung. Zu den häufig genutzten Serviceangeboten gehören insbesondere aktuelle Verkehrsmeldungen, die sich an die Nutzer von Autoradios richten.

Hörspiele und Hörserien vermitteln als eine Art akustisches Theater dramatische Stoffe oder Erzählungen in einer Abfolge von Szenen, in der Schauspieler als Sprecher agieren und durch Sound-Effekte eine akustischer Gesamteindruck vom Geschehen erzeugt wird. Auch Lesungen von Romanen werden im Radio gesendet.

Features vermitteln ein sachorientiertes, nichtfiktionales Thema in einer Kombination verschiedener Darstellungsmittel. Dazu zählen u. a. O-Ton-Aufnahmen etwa von Ereignissen, von Schauspielern gesprochene Szenen, Kommentare oder Erläuterungen eines Sprechers.

Im Unterhaltungsbereich dominieren meistens moderierte Musiksendungen. Sendungen von Formatradios sind auf spezifische Musikrichtungen wie etwa Contemporary Hit Radio spezialisiert. Um die Identifizierung vergleichbarer Formatsender zu ermöglichen, strahlen Radiosender diverse Trailer oder Jingles als akustische Formen der Programmwerbung aus.

Das weite Spektrum an Unterhaltungsangeboten unterliegt einem kontinuierlichem Wandel. Waren in den 1950er Jahren Quiz- und Gameshows vorherrschend, so gibt es seit den 1990er Jahren bei kommerziellen Radioanbietern viele Comedyformate. Ihre Bandbreite reicht von humoristischen Telefonaktionen bis hin zu fiktionalen Comedyreihen. Häufig bilden auch Veranstaltungen wie etwa Reisemessen den Anlass, Radiosendungen von den Veranstaltungsorten selbst auszustrahlen.

Im Bereich der Radiowerbung haben sich eine Vielzahl unterschiedlicher Spotformen herausgebildet. Klassische Werbespots haben einen Umfang von ca. 20 bis 30 Sekunden. Tandemspots bestehen aus mehreren Teilen, die durch mindestens einen anderen Werbespot voneinander getrennt sind. Ein Hauptspot vermittelt dabei die Kernaussage der Werbebotschaft, ein als Teaser bezeichneter kurzer Werbespot erinnert zu einem späteren Zeitpunkt an diese Aussage. So genannte Content Spots werden durch einen redaktionellen Teil miteinander verknüpft.

Diese Sendungsformate des Hörfunks kennzeichnen auch Online-Radio-Angebote, die mit Computer oder Mobiltelefon empfangen werden können. *JoB*

*Literatur*

C. Dubrau, E. Oehmichen, S. Erk: Kultur in Hörfunk und Fernsehen. Publikumsinteressen, Senderimages und –bewertungen. In: Media Perspektiven 2/2000, S. 58-70.
K. Neumann-Braun: Rundfunkunterhaltung. Zur Inszenierung publikumsnaher Kommunikationsereignisse. Tübingen 1993.
H. Schwitzke: Das Hörspiel. Dramaturgie und Geschichte. Köln/Berlin 1963.
W. Zehrt: Hörfunk-Nachrichten. Konstanz 1996.

## Information

Information ist ursprünglich ein Begriff aus der mathematischen Kommunikationstheorie, der auf die Massenkommunikation angewandt wird und in Modellen des Kommunikationsprozesses eine zentrale Rolle spielt. Information bezeichnet in diesem ursprünglichen Sinne ein Signal, das von einem Sender an einen Empfänger übertragen wird. Information lässt sich dabei als Ja-Nein-Entscheidung, Entweder-Oder-Sachverhalt oder technischer formuliert als 0/1-Codierung begreifen.

Wenn Information mit dem Ziel übertragen wird, etwas mitzuteilen, liegt Kommunikation vor. Information ohne Mitteilungsabsicht ist demnach nicht Bestandteil von Kommunikation. In der Kommunikation zwischen Menschen findet eine Informationsübertragung im Prozess des Verstehens statt. Wenn der Empfänger eine Information versteht, wird aus latenter aktualisierte Information.

In Bezug auf die Massenmedien bezeichnet Information im allgemeinen Sprachgebrauch nicht jedes beliebige Signal, das zwischen Sender und Empfänger übertragen wird, sondern einen bestimmten Inhaltstypus der Kommunikation. In der Regel sind hier Tatsachendarstellungen aller Genres und Ressorts angesprochen. Der Informationsbegriff ist nicht auf politische Inhalte beschränkt (→ Politikberichterstattung). Vielmehr informieren die Medien auch über kulturelle, gesellschaftliche, wirtschaftliche oder andere Sach-Themen, die nicht mit staatlichem Handeln zu tun haben. Die Informationen können aktuell sein, müssen aber nicht notwendig einen Bezug zum Tagesgeschehen haben. Vielmehr fallen auch historische Inhalte, wissenschaftliche Beiträge oder andere Sachverhalte unter den Informationsbegriff.

Die Vermittlung von Informationen stellt eine wichtige Dienstleistung der Medien für die Gesellschaft dar. Damit bezeichnet der Informationsbegriff nicht nur den spezifischen Inhaltstypus, sondern auch die damit verknüpfte, den Medien normativ zugeschriebene Funktion. Mit einem breiten Informationsangebot erfüllen Medien deswegen eine wichtige Funktion in demokratischen Gesellschaften, weil sie eine umfassende Meinungsbildung ermöglichen. Erst auf der Basis vielfältiger Information können die Bürger sich an der politischen Debatte beteiligen (→ Öffentlichkeit). Andere normativ zugewiesene Medienfunktionen sind etwa Unterhaltung und Bildung.

Obgleich informierende Inhalte auch unterhalten können und das Publikum Informationen auch aus Unterhaltungsangeboten erhalten kann, werden Medieninhalte meist mit Blick auf die vermeintliche Zielsetzung der Medienakteure und nicht mit Blick auf die Wahrnehmung durch das Publikums beschrieben. Der häufig angesprochene Gegensatz von Information und → Unterhaltung bezieht sich also jeweils auf das Angebot, nicht auf die Nutzung. Dabei werden in der Regel die Tages- und Wochenpresse den informationsorientierten Medien zugerechnet, während die Publikumszeitschriften eher den unterhaltungsorientierten Medien zugerechnet werden. Das → Fernsehen und der → Hörfunk gelten als Informations- *und* Unterhaltungsmedien. Im → Internet muss zunächst zwischen verschiedenen Angebotsformen unterschieden werden. Hier lassen sich ebenfalls sowohl informierende

*Tabelle 1: Spartenangebot und -nutzung im deutschen Fernsehen 2003\**
*(Zuschauer ab 3 Jahre, in Prozent)*

|   | Angebot | Nutzung | Index** |
|---|---|---|---|
| Information | 47 | 33 | 69 |
| Sport | 7 | 7 | 98 |
| Unterhaltung | 10 | 15 | 155 |
| Fiction | 24 | 35 | 144 |
| Werbung | 8 | 8 | 104 |
| Sonstiges | 5 | 3 | 63 |

\* Basis: 20 Programme: Das Erste/ARD, ZDF, 8 Dritte Programme, 3sat, RTL, SAT.1, ProSieben, Kabel 1, RTL II, VOX, Super RTL, DSF und Eurosport.
\*\* Indexwerte: Nutzung zu Angebot, Angebot = 100.

*Quelle:* AGF/GfK, Panel (D); PC#TV nach Gerhards, Maria/Klingler, Walter (2004): Programmangebote und Spartennutzung im Fernsehen 2003. Analyse auf der Basis der AGF/GfK-Programmcodierung. In: Media Perspektiven 12/2004, S. 585.

(vor allem in den online-Angeboten der „klassischen" Medien) als auch unterhaltende Inhalte finden.

Im Hörfunkbereich wird Information häufig mit dem Wortanteil am Programm gleichgesetzt. Da in der Moderation jedoch viel ohne konkretes Sachthema geplaudert wird und sich auch der restliche Wortanteil zum Teil aus Gewinnspielen, Service oder Werbung zusammensetzt, fällt nur ein Teil des Wortanteils unter den Inhaltstypus Information.

Im Fernsehbereich ist mit Information eine Programmsparte angesprochen, die mit den Sparten → Sport, nonfiktionale → Unterhaltung, → Musik, Kinder- und Jugendsendungen, → Fiction und → Werbung konkurriert. Dabei macht die Programmsparte Information fast die Hälfte des Programmangebots im Fernsehen aus (vgl. Tabelle 1). Die Nutzung von Informationsangeboten im Fernsehen liegt im Vergleich zu ihrem Anteil im Gesamtangebot deutlich niedriger. Das Publikum nutzt – wenngleich nach Alter, Geschlecht und Milieuzugehörigkeit unterschiedlich – vergleichsweise häufiger die unterhaltenden Inhalte (→ Mediennutzung im Alltag).

*Tabelle 2: Programmstruktur 2004: Inhalte der Informationssparte von Das Erste, ZDF, RTL, SAT.1 und ProSieben 2004 (Sendedauer in Prozent)*

| | Das Erste | ZDF | RTL | SAT.1 | ProSieben |
|---|---|---|---|---|---|
| Politik/Wirtschaft/Gesellschaft/Zeitgeschichte | 18,3 | 19,2 | 7,3 | 3,4 | 1,7 |
| Kultur/Wissenschaft/Religion | 6,7 | 8,7 | 0,7 | 1,2 | 4,8 |
| Recht/Kriminalität/Unfall/Katastrophe | 0,3 | 0,3 | 0,1 | 0,0 | – |
| Alltag/Soziales/Freizeit/menschl. Beziehungen | 4,5 | 6,7 | 6,9 | 0,4 | 6,7 |
| Diverse Themen* | 12,0 | 13,7 | 8,9 | 11,7 | 16,6 |
| Information insgesamt | 41,7 | 48,4 | 23,9 | 16,8 | 29,9 |

\* Stark geprägt von Frühstücksfernsehen/Boulevardmagazinen, deren Themenschwerpunkte hier nicht sichtbar werden.

*Quelle:* IFEM Institut für empirische Medienforschung, Köln nach Krüger, Udo Michael (2005): Sparten, Sendungsformen und Inhalte im deutschen Fernsehangebot. Programmanalyse 2004 von ARD/Das Erste, ZDF, RTL, SAT.1 und ProSieben. In: Media Perspektiven 5/2005, S. 198.

Die Informationsangebote gliedern sich auf in politische Information (→ Politikberichterstattung) sowie Informationen zu Wirtschaft, Gesellschaft und Zeitgeschichte, die v.a. in den öffentlich-rechtlichen Fernsehprogrammen den größten Anteil der Informationsangebote ausmachen. Darüber hinaus werden Informationen zu Recht und Sicherheit, zu Freizeitthemen und zu menschlichen Beziehungen angeboten (vgl. Tabelle 2). *CE*

*Literatur*

O. Jarren (Hrsg.): Medien und Journalismus 1. Eine Einführung. Opladen 1994.

# Informationsfreiheit

Als Informationsfreiheit wird die „passive" Seite der → Meinungsfreiheit bezeichnet, nämlich das Recht, sich aus allgemein zugänglichen Quellen zu informieren. Sie wird gelegentlich auch als Rezipientenfreiheit bezeichnet.

Nicht in allen Grundrechtsverbürgungen ist die Informationsfreiheit eigenständig neben der Meinungsfreiheit geschützt. Umfasst ist sie von Art. 10 Abs. 1 der Europäischen Menschenrechtskonvention (EMRK). Vor dem Hintergrund der Beschränkungen des Informationszugangs in der Zeit des Nationalsozialismus (Strafbarkeit des Hörens von „Feindsendern") wurde die Freiheit, sich ungehindert aus allgemein zugänglichen Quellen zu informieren, ausdrücklich als Grundrecht in Art. 5 des Grundgesetzes aufgenommen. Dazu das Bundesverfassungsgericht in seinem Beschluss vom 3. Oktober 1969 zur Verbreitung der *Leipziger Volkszeitung* in der Bundesrepublik: „Es gehört zu den elementaren Bedürfnissen des Menschen, sich aus möglichst vielen Quellen zu unterrichten, das eigene Wissen zu erweitern und sich so als Persönlichkeit zu entfalten. Zudem ist in der modernen Industriegesellschaft der Besitz von Informationen von wesentlicher Bedeutung für die soziale Stellung des Einzelnen." (BVerfGE 27, 71 (80)). Zugleich ist sie zentrale Voraussetzung für eine freie und möglichst gut informierte demokratische → Öffentlichkeit.

Voraussetzungen für den Schutz durch Art. 5 Abs. 1 GG ist, dass es sich um eine allgemein zugängliche Quelle handelt. Dies können nicht nur Archive sein oder Massenmedien, sondern auch einzelne Ereignisse wie etwa ein Verkehrsunfall. Voraussetzung ist allerdings, dass die Quelle vom Berechtigten für die Öffentlichkeit geöffnet wurde. D. h., dass sich aus der Informationsfreiheit kein Recht darauf ableiten lässt, dass der Staat aktiv → Öffentlichkeitsarbeit betreibt oder Zugang zu geheimen Informationen verschafft. Schwerpunkt des Grundrechtsschutzes liegt in der abwehrrechtlichen Komponente, also des Schutzes dagegen, dass sich der Staat zwischen den Bürger und eine Informationsquelle stellt. Dies ist nur unter engen, verfassungsrechtlich vorgegebenen Kriterien zulässig.

Geschützt sind alle Methoden der Informationsbeschaffung, also auch etwa die Möglichkeit, Kopien anzufertigen oder zu fotografieren. Praktische Bedeutung hat die Informationsfreiheit vor allem in Zeiten des Kalten Krieges erlangt, als das Bundesverfassungsgericht entschied, dass es gegen dieses Grundrecht verstößt, wenn Strafgefangenen der Bezug von kommunistischen Zeitungen verwehrt wird. Das Grundrecht der Informationsfreiheit richtet sich aber nicht nur gegen den Staat; im Zuge der so genannten „Drittwirkung" der Grundrechte ist die Bedeutung der Informationsfreiheit auch bei Streitigkeiten zwischen Bürgern relevant, etwa wenn es um die Beurteilung geht, ob ein Mieter das Recht hat, eine Satellitenschüssel am Haus des Vermieters anzubringen. Das Bundesverfassungsgericht hat dies zumindest für Ausländer, die auf andere Weise nicht Programme ihres Heimatlandes empfangen können, bejaht.

Geschützt sein soll auch die so genannte „negative Informationsfreiheit" als Freiheit, sich aufgedrängten Informationen zu verschließen.

*WS*

*Literatur*

W. Hoffmann-Riem: Kommunikations- und Medienrecht, in: E. Benda, W. Maihofer, H.-J. Vogel (Hrsg.): Handbuch des Verfassungsrechts, 2. Aufl., Berlin 1994.

# Inhaltsanalyse

Neben → Befragung und Beobachtung ist die Inhaltsanalyse (auch: Aussagen- oder Dokumentenanalyse) eine der zentralen Methoden der empirischen Kommunikationswissenschaft. Ziel der Inhaltsanalyse ist es, durch systematisches Vorgehen intersubjektiv nachvollziehbare und überprüfbare Aussagen über Texte zu ermöglichen. Gegenstand inhaltsanalytischer Verfahren können alle möglichen Arten von textlichen oder visuellen (Medien-)Produkten sein: Zeitungsartikel, Politikerreden, Wahlkampfspots, Protokolle von Parlamentsdebatten oder Interviews, Fernsehprogramme, Briefe und viele andere mehr. Irreführend ist der Begriff der Inhaltsanalyse insofern, als sich die entsprechenden Verfahren keineswegs auf die Inhalte der ausgewählten Texte beschränken müssen. Vielmehr kann jedes denkbare Merkmal von Texten Gegenstand der Analyse werden, etwa die Häufigkeit und Dauer der Behandlung bestimmter Themen, die Art der Bezugnahme auf bestimmte Akteure des politischen Lebens, die nonverbalen Ausdrucksformen von Moderatoren und Politikern in Wahlsendungen, Argumentationsstrukturen, explizite und implizite Bewertungen bestimmter Ideen oder Personen. Gemeinsam haben die vielfältigen inhaltsanalytischen Forschungsmethoden, dass sie sich auf Merkmale von Texten beziehen und damit einen für die Untersuchung von Kommunikationsprozessen zentralen Bereich abdecken: das Kommunikat bzw. die Botschaft. Streng genommen erlauben Inhaltsanalysen lediglich eine Aussage über die untersuchten Texte selbst. Sie werden jedoch vielfach angewendet, um darüber hinaus gehende Schlüsse zu ziehen, etwa im Hinblick auf die Absichten der Kommunikatoren, die soziale Situation zur Entstehungszeit des Textes oder potenzielle Wirkungen beim Publikum.

Der erste Schritt einer Inhaltsanalyse besteht in der Festlegung der Texte, über die eine Aussage gemacht werden soll, und gegebenenfalls die Auswahl einer Stichprobe, die eine Verallgemeinerung auf die Gesamtheit der interessierenden Texte erlaubt. Im zweiten Schritt werden die relevanten Analyseeinheiten definiert, ob also etwa Merkmale auf der Ebene ganzer Zeitungsausgaben (oder Sendungen), von Artikeln, inhaltlich-thematisch definierten Teilen von Artikeln oder von einzelnen Sätzen bestimmt werden sollen. Drittens und methodisch ganz entscheidend geht es darum, möglichst eindeutige formale und inhaltliche Kategorien zu definieren, anhand derer die Merkmale, die bei der Untersuchung von Interesse sind, erfasst werden können. Unter *formalen* Kategorien versteht man z. B. das Erscheinungsdatum eines Beitrages, seine Größe oder auch das Medium, in dem er erschienen ist. Mit Hilfe *inhaltlicher* Kategorien werden hingegen beispielsweise Themen, im Beitrag genannte Akteure oder auch Bewertungen erhoben. Die Kategorien müssen so definiert sein, dass sie im vierten Schritt, wenn ein oder mehrere Codierer die Texte anhand der Kategorien bearbeiten (Codierung), den Analyseeinheiten eindeutig zugeordnet werden können, so dass verschiedene Codierer möglichst zu denselben Zuordnungen kommen.

Die Anwendungsfelder der Inhaltsanalyse sind vielfältig. Gerade aus der Forschung zur → politischen Kommunikation sind inhaltsanalytische Befunde nicht wegzudenken: Stichworte wie Nachrichtenfaktoren (→ Nachrichtenauswahl), → Agenda-Setting, Konvergenz, Konsonanz, Personalisierung sowie → Kultivierung verweisen auf Forschungsbereiche, für die Inhaltsanalysen eine wesentliche empirische Grundlage darstellen. Mit Hilfe so genannter Input-Output-Analysen, mit denen per Inhaltsanalyse der Input der Redaktionen, also z. B. Pressemitteilungen, dem Output, also den letztlich veröffentlichten Texten, gegenübergestellt wird, kann der Einfluss von Public Relations auf die Berichterstattung untersucht werden.

Über die Aussagemöglichkeiten inhaltsanalytischer Verfahren ist viel debattiert worden. Die vielfältige Praxis der Anwendung dieser Methode hat mittlerweile aber gezeigt, dass neben „manifesten" Textmerkmalen – wie dem Vorkommen eines konkreten Begriffs – durchaus auch „latente" Merkmale erfasst werden können, wie z. B. die implizite Bewertung einer politischen Position. Überdies haben die Diskussionen über den Status von inhaltsanalytischen Befunden dazu beigetragen, das Bewusstsein dafür zu schärfen, dass es bei Inhaltsanalysen nicht um die definitive Feststellung *der* Bedeutung von Texten geht. Vielmehr zielt das inhaltsanalytische Instrumentarium darauf ab, eine bestimmte Perspektive auf den Text einzunehmen und diese – anders als beim alltäglichen Umgang mit Texten – so transparent wie möglich zu machen, so dass sie auch für andere nachvollziehbar und überprüfbar wird. Zudem werden inhaltsanalytische Verfahren zunehmend mit anderen Methoden kombiniert, um so Kommunikatorabsichten, Rezipientenerwartungen und Textmerkmale in ihrem Zusammenwirken oder im Zeitverlauf untersuchen zu können. *Ha*

*Literatur*

H. Bonfadelli: Medieninhaltsforschung: Grundlagen, Methoden, Anwendungen. Konstanz 2002.
W. Loosen: Methoden der Kommunikationsforschung. In: S. Weischenberg, H. J. Kleinsteuber, B. Pörksen (Hrsg.): Handbuch Journalismus und Medien. Konstanz 2005, S. 299-306.
W. Wirth, E. Lauf (Hrsg.): Inhaltsanalyse: Perspektiven, Probleme, Potentiale. Köln 2001.

# Integration

Für eine Reihe gesellschaftlicher Konstellationen und Prozesse wird Integration als Zielvorgabe formuliert, z. B. für die europäische Einigung. Die Medien gelten bei solchen Überlegungen einerseits als Mittel zur Herstellung von Gemeinsamkeiten, also zur Integration, andererseits durch das differenzierte Medienangebot als Faktor der Individualisierung und Segmentierung, also zur Desintegration. Der Begriff Integration meint seiner Übersetzung aus dem Lateinischen nach die Herstellung eines Ganzen, und bei aller Unterschiedlichkeit in der Verwendung des Begriffs lässt sich die Einheit der Gesellschaft hier als zugrundeliegende Vorstellung festhalten. Grundsätzlich wird mit dem Begriff ein Prozess verbunden, der sich auf verschiedene gesellschaftliche Ebenen beziehen kann: auf politische und kulturelle Integration aller Bürger innerhalb einer Gesellschaft, auf die Integration des eigenen Landes in Europa oder auf die Integration von Minderheiten. Damit verbunden sind sowohl Vorstellungen der Unterordnung und Anpassung verschiedener Gruppen der Gesellschaft unter ein gemeinsames Ganzes als auch die Herstellung und Kultivierung von gemeinsamen Werten und Normen, Wissen oder Zielen.

Da Integration wesentlich durch Kommunikation geleistet wird, können Massenmedien eine wichtige Rolle spielen. Diese Funktion der Medien wird in Deutschland auf juristischer Ebene explizit postuliert; grundlegend formuliert wird dies im 2. Rundfunkurteil des Bundesverfassungsgerichts von 1971, in dem den Rundfunkanstalten bzw. den Massenmedien eine „integrierende Funktion für das Staatsganze" zugeschrieben wird. Historisch betrachtet wird hier an die Re-education-Politik der westlichen Alliierten angeknüpft, die den Medien bei der Vermittlung demokratischer Werte und Normen eine Erziehungs- und Integrationsfunktion zuwies.

Mit der Einführung des privaten Rundfunks in den 1980er Jahren wurde in der Bundesrepublik Deutschland in erster Linie für das → Fernsehen eine möglicherweise desintegrierende Funktion diskutiert. Angeknüpft wird hierbei an die Beobachtung, dass eine Ausdifferenzierung nach verschiedenen Zielgruppen, die mit der Einführung privaten Rundfunks einhergeht, die Schnittmenge gemeinsam genutzter Medieninhalte geringer werden lässt.

In der Kommunikationswissenschaft gibt es verschiedene Ansätze, die die Bedingungen für eine Integrationsfunktion der Massenmedien untersuchen. Die Ansätze unterscheiden sich nach den Medien, auf die sie sich beziehen, und den angenommenen Wirkungsbereichen (Verhalten/Rollen, Meinungen/Einstellungen, Erfahrungen, Themeninteressen). Von großer Bedeutung für die Frage der Integrationsfunktion

**Integration**

von Medien ist die → Kultivierungshypothese, die dem Fernsehen bei ausgedehnter Nutzung eine wichtige Rolle bei der individuellen Entwicklung von Verhaltensweisen zuschreibt, aber auch für die Vereinheitlichung von Einstellungen. Eine homogenisierende Funktion in Bezug auf Einstellungen und Meinungen sieht auch die Theorie der → Schweigespirale gegeben und dies nicht nur beschränkt auf das Fernsehen, sondern allgemein für die Medienberichterstattung. Es wird hier angenommen, dass ein politischer Homogenisierungseffekt dadurch entsteht, dass sich die Menschen in ihrer Meinungsbildung nach der Meinung der Mehrheit richten und dass die Medien die Mehrheitsmeinung vermitteln oder konstruieren. Die → Agenda-Setting-Theorie konstatiert eine homogenisierende Funktion der Medienberichterstattung im Hinblick auf die Themenwahrnehmung und -gewichtung des Publikums.

Demgegenüber konnten mit anderen Ansätzen desintegrierende Wirkungen beobachtet werden: Die → Wissenskluftypothese geht z. B. davon aus, dass bei steigendem Zufluss von Informationen über die Massenmedien Personen mit hohem sozioökonomischem Status Informationen tendenziell schneller aufnehmen als Personen mit niedrigerem Status. Die hieraus entstehende Kluft werde im Laufe der Zeit größer. Die Fragmentierungsthese diagnostiziert angesichts der Ausdifferenzierung des Medienangebotes eine stärkere Segmentierung des Publikums, somit geringer werdende Überschneidungen von Teilpublika und einen Verlust gemeinsamer Erfahrungen. Kritiker der These weisen darauf hin, dass es von großer Bedeutung ist, in welchem Feld die Segmentierung stattfindet: erst die Zersplitterung im Bereich Politik bzw. im Bereich Meinungs- und Willensbildung ist für die Demokratie bedenklich.

Als ein Beispiel dafür, dass es einer differenzierten Betrachtung der Integrationsmöglichkeiten durch Medien bedarf, kann die Integration von Migranten herangezogen werden. Zunächst müssen die Nutzungsgewohnheiten der verschiedenen Gruppen in der Bevölkerung betrachtet werden. Falls die → Mediennutzung eher auf eine Fragmentierung hinweist, könnte dies ein Integrationshindernis sein. Häufig wird gerade im Hinblick auf die Fernsehnutzung per Satellit und die Nutzung heimatsprachlicher Zeitungen durch Ausländer auf die Bildung von so genannten „Medienghettos" geschlossen, d. h. es wird angenommen, dass die ausschließliche Nutzung nicht-deutscher Medien desintegrierende Wirkungen hervorruft. Diesem Klischee widersprechen verschiedene Studien: Eine vom Presse- und Informationsamt der Bundesregierung in Auftrag gegebene Studie fand bspw. heraus, dass türkische Migranten in der Regel gleichermaßen deutsche wie türkische Medien nutzen und türkische Kinder ähnliche Nutzungsmuster haben wie ihre deutschen Altersgenossen. Ähnlich war der Befund einer Untersuchung des Europäischen Forums für Migrationsstudien (efms), der kaum Unterschiede beim Medienkonsum zwischen einheimischen und ausländischen Jugendlichen aufwies. Als wichtige Einflussfaktoren für die Angleichung der Mediennutzung von Migranten und Einheimischen lassen sich die Länge des Aufenthaltes im Lande sowie das Alter der Mediennutzer festhalten. Insgesamt ist allerdings die Informationslage zur Mediennutzung von Einwanderern relativ gering.

Ein andere Frage betrifft die Inhalte der deutschen Medienangebote. Wie und in welchen Themenzusammenhängen werden diese Bevölkerungsgruppen berücksichtigt? Welche Vorstellungen und Einstellungen könnten bei intensiver Nutzung kultiviert werden, welche Themen die Agenda bestimmen? Es lassen sich sowohl auf Seiten der deutschen als auch mancher ausländischer Medien stereotype Darstellungen (→ Stereotype) des jeweils „Fremden" feststellen, die positiven Integrationstendenzen entgegen stehen können. Ein Beispiel stellt hier die häufig benutzte Metaphernwahl in der deutschen Berichterstattung über Migranten dar, die Bedrohung vermittelt: „Ansturm auf die Wohlstandsfeste" oder „Sturm auf Europa" sind Beispiele für Schlagzeilen aus Nachrichtenmagazinen. Des Weiteren wurde in verschiedenen Studien nachgewiesen, dass ausländische Bevölkerungsgruppen in der Berichterstattung in der überwiegenden Zahl im Zusammenhang mit Kriminalität und Gewalt sowie sozialen Problemen vorkommen. Eine Bestätigung und möglicherweise Vertiefung von negativen Vorurteilen gegenüber Migranten und somit eine desintegrierende Wirkung solcher Berichterstattung ist zumindest für Teile der Gesellschaft wahrscheinlich.

Auf die Frage, ob es sich bei den Medien um Wundermittel für gesellschaftliche Integration oder um die Verursacher gesellschaftlicher Spaltung handelt, lässt sich also antworten: weder das eine noch das andere. Medien können Integration fördern, indem in bestimmten

Gruppen (bspw. Kinder und Jugendliche) gemeinsame Themen und gemeinsames Wissen vermittelt wird. Sie können andererseits Fremdheit, ablehnende Haltungen bestätigen und verstärken und so Integration behindern. Letztlich bedarf es in jedem Fall nicht nur integrierend wirkender Medien, sondern ebenso gesellschaftlicher Maßnahmen, wie Bildung, Gleichstellung usw., um integrative Ziele zu erreichen.     *AH*

*Literatur*

F. Esser, B. Scheufele, H.-B. Brosius: Fremdenfeindlichkeit als Medienthema und Medienwirkung. Deutschland im internationalen Scheinwerferlicht. Wiesbaden 2002.
A. Vlasic: Die Integrationsfunktion der Massenmedien. Begriffsgeschichte, Modelle, Operationalisierung. Wiesbaden 2004.

# Internet

Als Internet wird das weltweit größte Computernetzwerk bezeichnet, das aus vielen miteinander verbundenen Netzwerken und Computern besteht und vielfältige Kommunikationsmöglichkeiten eröffnet. Als Leistungen bietet das Internet verschiedene Dienste, die mittels spezieller Software genutzt werden können. Zu den meist genutzten Diensten gehören *E-Mail* (elektronische Post), das *World Wide Web (WWW)* als ein nutzerfreundliches Dokumentensystem, das *Usenet* mit einer Vielzahl themenspezifischer Diskussionsforen, FTP und P2P-Netzwerke zur Übertragung von Dateien sowie das *Internet Relay Chat (IRC)* für schriftliche Echtzeit-Kommunikation.

Technisch basieren diese Dienste auf dem gemeinsamen Datenübertragungsstandard für das Internet, dem *TCP/IP (Transmission Control Protocol/Internet Protocol)*. Das IP dient dem Versand und Empfang von Daten. Das TCP überwacht hingegen den Datentransport und korrigiert Übertragungsfehler. Damit Datenübertragung stattfinden kann, erhält jeder am Internet angeschlossene Computer eine eindeutige Nummer (IP-Adresse). Beim Senden werden die einzelnen Datenpakete an die Nummer der Zielcomputers adressiert. Sie nehmen dann unterschiedliche Wege durch das Netzwerk und werden dort der Reihenfolge nach wieder zusammengesetzt. Die Struktur des Internets wird aus einem komplexen System von Datenmietleitungen gebildet, wobei Seekabel oder → Satelliten die Hauptübertragungswege (*Backbones*) zwischen den Kontinenten bilden. An diese Übertragungswege haben sich nationale Internet-Provider mit ihren Leitungen angeschlossen, um über Einwahlpunkte den Internetzugang für Firmen, Forschungseinrichtungen, andere Einrichtungen und Endnutzer zu vermitteln.

Der Ursprung des Internets geht auf militärische Überlegungen in den USA in den 1960er Jahren zurück, ein dezentrales Kommunikationsnetz für den Katastrophenfall zu schaffen. Dieses wurde 1969 mit der Inbetriebnahme des ersten *ARPANET*-Knotens in Los Angeles verwirklicht; 1972 wurde die Netzwerkfunktion erstmals öffentlich in Washington D.C. demonstriert. In den darauf folgenden Jahren wandelte sich der Nutzungszweck: Nicht mehr die militärische, sondern die wissenschaftliche Nutzung stand im Mittelpunkt; immer mehr Forschungseinrichtungen wurden angeschlossen. Ende der 1980er Jahre setzte die Internationalisierung und zudem die kommerzielle Nutzung des Internets ein. Als Durchbruch kann die Entwicklung des World Wide Webs gefasst werden. Ursprünglich war der Dienst dafür gedacht, die interne Kooperation weltweit zerstreuter Arbeitsgruppen von Hochenergiephysikern zu erleichtern. 1992 wurde die Funktionsweise veröffentlicht: Mit Hilfe des nun bekannten HTML-Standards (*Hyper Text Markup Language*) lassen sich WWW-Seiten mit Texten, Bildern, Audiodokumenten oder Videos gestalten, und durch das Setzen von Verknüpfungen („Links") ist es möglich, auf andere WWW-Seiten zu verweisen.

Der Erfolg des Internets seit der Einführung des WWW und einfach zu handhabender Bedienprogramme (*Browser*) lässt sich u. a. anhand rasant steigender Zahlen der Nutzer ablesen. Allein in Deutschland wuchs die Zahl gelegentlicher Internetnutzer von 4,1 Mio. (6,5 %) in 1997 auf 37,5 Mio. (57,9 %) in 2005. Wie die ARD/ZDF-Online-Studie 2005 zeigt, ist auch die durchschnittliche tägliche Verweildauer der Internet-Nutzer deutlich gestiegen: von 76 Min. in 1997 auf 123 Min. in 2005. Im Vergleich zur Nutzung anderer Medien lässt sich in Deutschland derzeit keine Verdrängung durch das Internet ablesen. Beispielsweise ist die tägliche durchschnittliche TV-Nutzung von 2004 auf 2005 gestiegen. Allerdings ist das Internet weltweit nicht so weit verbreitet und bedeutend wie in westlichen Industrieländern. Fachleute bezeichnen diese Unterschiede als „digitale Kluft" (*digital divide*), die zum einen weltweit, zum anderen aber auch innerhalb einzelner Staaten beobachtet werden kann.

Im Jahre 2002 haben weltweit 606 Mio. Menschen das Internet genutzt. Nach Weltregionen aufgeschlüsselt entfielen auf Europa 31,5 %, auf Asien/Pazifik 30,9 % und auf Nordamerika 30,2 %. Die restlichen rund 7 % der weltweiten Nutzer lebten in Afrika, im mittleren Osten und Südamerika. Als Gründe für das Bestehen dieser Kluft wird u. a. die mangelnde Ausstattung der Staaten mit Telekommunikationsinfrastruktur oder der hohe Kostenunterschied für den Betrieb eines Breitbandinternetanschlusses genannt.

In den Bevölkerungen der Industriestaaten zeigen Studien, dass in den nationalen Bevölkerungsschichten unterschiedliche Zugangs- und Nutzungsmöglichkeiten des Internets bestehen. Studien in den USA weisen neben alters- und bildungsbedingten Unterschieden auch Unterschiede zwischen den ethnischen Gruppen auf. In Deutschland lassen sich ebenfalls Unterschiede ablesen: So ist etwa das Verhältnis von männlichen zu weiblichen Gelegenheitsnutzern mit 67,5 % zu 49,1 % in 2005 weiterhin unausgeglichen.

Durch den Anstieg der Nutzerzahlen hat das Internet an wirtschaftlicher Bedeutung gewonnen. Über das Internet wird weltweit Handel getrieben. Eine wachsende Zahl von Privatnutzern greift auf Angebote wie etwa Online-Auktionshäuser oder Internet-Filialen von Einzelhändlern zurück. In der Boomphase der „New Economy" waren innovative Internetunternehmen teilweise deutlich höher an der Börse bewertet als lang eingesessene und weltweit erfolgreich agierende Konzerne. Nach dem Platzen der Spekulationsblase haben sich von den vielen so genannten „Start-Ups" einige Unternehmen erfolgreich und profitabel am Internetmarkt etabliert, etwa die Suchmaschinenanbieter *Google* oder *Yahoo!*, die Handelsplattform *Ebay* oder der Buchversender *Amazon*.

Durch die globale Struktur und die Möglichkeit des unbegrenzten Zugriffs auf das Internet ergeben sich allerdings zahlreiche rechtliche Probleme. Diese betreffen vor allen den Bereich des → Datenschutzes (Umgang mit Nutzungs- und Kundendaten), die Existenz anstößiger oder nach einzelstaatlichem Recht rechtswidriger Inhalte (s. dazu auch → Jugendschutz) sowie die Verletzung von Schutzrechten (s. dazu etwa

→ Urheberrecht). Es gibt derzeit keine weltweite Kontrollinstanz für das Internet, allerdings Bestrebungen, die *Internet Corporation for Assigned Names and Numbers (ICANN)* zu einer „Internetregierung" aufzuwerten. Bislang ist diese nicht-profitorientierte Organisation, die 1998 von der US-Regierung gegründet wurde, lediglich für technische Fragen wie die Koordination der Namensvergabe-Systeme, die Vergabe von IP-Adressen oder die Entwicklung neuer Standards und Internetprotokolle zuständig. (Zu diesen Fragen vertiefend → Weltkommunikationsordnung). *AL*

*Literatur*

B. van Eimeren, B. Frees: Nach dem Boom: größter Zuwachs bei internetfernen Gruppen. ARD/ZDF-Online-Studie 2005. In: Media Perspektiven 8/2005, S. 363 ff.
F. Leonhard, H. W. Ludwig, D. Schwarze, E. Straßner (Hrsg.): Medienwissenschaft, 3. Teilband. Berlin/New York 2002.
Chr. Meinel, H. Sack: WWW – Kommunikation, Internetworking, Web-Technologien. Berlin/Heidelberg/New York 2004.
J. Zimmer: Die Entwicklung des Internets in globaler Perspektive, in: Hans-Bredow Institut (Hrsg.): Internationales Handbuch Medien 2004/2005, Baden-Baden, 2004, S. 168 ff.

## Internet-Angebotsformen

Die Komplexität der Internetangebote und ihre große Reichweite basieren auf besonderen technischen Grundlagen. Das Internet erreicht seine weltweite Verbreitung durch technische Verbindungen verschiedener Teilnetze. Eines der bekanntesten Teilnetze ist das www (*world wide web*), das die Angebote der an der Vernetzung beteiligten Rechner miteinander verknüpft. Das www stellt als Plattform eine Vielzahl von Angeboten bereit, die von den Nutzerinnen abgerufen oder selbst aktiv genutzt werden können. Diese Angebotsvielfalt lässt sich in verschiedene Kategorien unterteilen:
– Zusätzliche Online-Präsentation bereits vorhandener Angebote von Massenmedien oder kulturellen Institutionen,

- speziell für das Internet konzipierte Informations- oder Unterhaltungsangebote,
- interaktiv nutzbare Orientierungs- und Serviceangebote,
- Formen der Individual- und Gruppenkommunikation.

Viele etablierte Massenmedien wie Zeitungen oder Rundfunksender nutzen das Internet als *zusätzliche Verbreitungsplattform* für ihre Inhalte. So finden sich im Netz Online Ausgaben von Zeitungen wie etwa der FAZ ebenso wie Radiosendungen. Darüber hinaus werden auch etablierte massenmediale Angebote direkt für das Internet produziert wie etwa das Online Magazin *Encore*. Das Netz dient auch als Plattform massenmedialer Unterhaltungsangebote wie etwa Spielfilme oder Computerspiele (→ Bildschirmspiele). Kulturelle Institutionen wie Opernhäuser, Verlage oder Museen verbreiten u. a. Konzertübertragungen, Romane oder Werke der bildenden Kunst.

*Speziell für die Verbreitung im Internet konzipierte Informations- und Unterhaltungsangebote* passen sich den medialen Besonderheiten der Netzkommunikation an. Dazu zählen etwa die Möglichkeiten des Nutzers, aus bestehenden Angeboten auszuwählen, Inhalte zu verändern, aber auch selbst zum Anbieter eigener Inhalte zu werden. Im Bereich der Informationsvermittlung entstanden neben schnellen Verbreitungen von Inhalten durch Instant Messages die Weblogs als netzspezifische Angebotsform. Als Weblog bezeichnet man unterschiedlich gestaltete Kombinationen aus Tagebuch, Bericht oder Nachrichtenmeldung und subjektiven Empfehlungen bestimmter Webseiten.

Im Bereich der kulturellen Angebote entwickelten sich unterschiedliche Formen der Netzliteratur wie etwa gemeinsame Schreibprojekte verschiedener Autoren, oder literarische Texte, die durch Nutzer weiter geschrieben werden können.

An Bedeutung gewann in den letzten Jahren die netzspezifische Veranstaltungsform Flashmob. Flashmobs kombinieren die schriftliche Kommunikation im Netz mit Aktionen außerhalb der virtuellen Realität. Über E-Mails verabreden sich einander unbekannte Menschen zu gemeinsamen Aktionen, die zu einer bestimmten Zeit an einem bestimmten Ort stattfinden. Flashmobs verfolgen nicht nur Unterhaltungszwecke, sondern dienen auch als politische Demonstrationen oder als Kunstaktionen.

*Orientierungsangebote* ermöglichen es den Nutzerinnen, in der Vielzahl vorhandener Angebote die jeweils gewünschte → Information oder → Unterhaltung zu finden. Zu den Orientierungsangeboten des Internets zählen Suchmaschinen, Kataloge oder Portale. Nutzer lassen sich von Suchmaschinen und Katalogen Adressen von Webseiten zu einem bestimmten Thema anzeigen. Portale markieren als Einstiegsbereich in Webangebote die jeweils zur Verfügung stehenden Informations-, Unterhaltungs- und Serviceangebote. Zu den im Internet bereitgestellten Serviceangeboten gehören zahlreiche Alltagsaktivitäten wie etwa das Onlinebanking oder Verwaltungsanträge, Ratgeber in Gesundheitsfragen, aber auch direkte Konsummöglichkeiten wie das Bücherkaufen.

Zu den Formen der *Individualkommunikation* im Internet zählen E-Mails als elektronische Briefe und Chats als schriftsprachlich geführte Gespräche. Chats sind entweder themenbezogen oder dienen dem privaten Austausch zwischen bekannten und unbekannten Gesprächspartnern. Themenbezogene Chats werden auch für politische Diskussionen genutzt. Zu den Formen der an bestimmte Zielgruppen gerichteten Kommunikation zählen Newsgroups, in denen themenbezogene E-Mails an eine Gruppe von interessierten Teilnehmern versendet werden. *JoB*

*Literatur*

M. Beißwenger (Hrsg.): Chat-Kommunikation. Sprache, Interaktion, Sozialität & Identität in synchroner computervermittelter Kommunikation. Perspektiven auf ein interdisziplinäres Forschungsfeld. Stuttgart 2001.
C. Heibach: Literatur im elektronischen Raum. Frankfurt a. M. 2002.
P. Praschl: Kategorisierung von Weblogs. In: jonet.org 2001.
H. Rheingold: Flashmob Revolution. New York 2002.

# Italien

Italien ist vor allem ein Fernseh- und Handy-Land (ca. 80 % Marktdurchdringung), Printmedien spielen eine untergeordnete Rolle. Seit

**Italien**

1997 überwacht die Behörde *Autorità per le Garanzie nelle Comunicazioni* (AGCOM) die Einhaltung der Gesetze im Kommunikationssektor (von der Telekommunikation über den Rundfunk bis hin zum Verlagswesen).

Das Pressewesen Italiens, das 94 Tageszeitungen, 782 Publikumszeitschriften und 2.000 Fachzeitschriften umfasst, entstand in den 60er Jahren des 19. Jahrhunderts, zeitgleich mit der Entstehung Italiens als einheitlichem Staat (*Il Corriere della Sera*, seit 1882 im Besitz der Familie Crespi; *La Stampa* der Familie Agnelli; *Il Secolo XIX* und *Il Messaggero* der Familie Perrone). Zu den vorwiegend regionalen Zeitungen in Familienbesitz kamen in den 1980er Jahren neue Tageszeitungen auf nationaler *(La Repubblica)* und lokaler Ebene hinzu. Mitte der 1990er Jahre wurden viele der großen traditionellen Verlegerfamilien durch Fusionen mit Branchenfremden geschluckt; es entstanden Mischkonzerne (Fiat, De Benedetti), die auch heute noch das Bild der italienischen Presselandschaft prägen.

Im Bereich der Tagespresse sind hauptsächlich folgende Verlagsgruppen tätig: Caltagirone (4 Tageszeitungen), Editoriale L'Espresso (17), Monti-Poligrafici Editoriale (3) sowie R.C.S. (5), eine Holding mit Beteiligungen in der Industrie. Fast alle diese Gruppen veröffentlichen auch Zeitschriften und Bücher. Die Gesamtauflage der nationalen Zeitungen erreichte im Jahr 2004 einen Umfang von 3,7 Mrd. Exemplaren. Die meistverkauften Tageszeitungen waren *Corriere della Sera* (Auflage 2004: 677.000 Exemplare), *La Repubblica* (622.000), *La Gazzetta dello Sport* (409.000), *Il Sole 24 Ore* (378.000) und *La Stampa* (347.000). Die Tagespresse bringt es allerdings lediglich auf eine Reichweite von 40 % der erwachsenen Bevölkerung. Ein Grund dafür ist der Vertrieb: Der Anteil der Abonnenten liegt unter 9 %.

Bei den Zeitschriften lag 2004 die Fernsehzeitschrift *TV Sorrisi e Canzoni* mit 1,375 Mio. Exemplaren weit vorn, es folgten die Zeitschrift *Famiglia Cristiana* (775.000), *Focus* (767.000), *Oggi* (678.000) und *Gente* (593.000).

Die Zeitungsverlage finanzierten sich 2000 zu 53 % durch Werbung, zu 42 % aus dem Verkauf sowie 5 % aus anderen Aktivitäten. Bei den Zeitschriften macht der Anteil des Verkaufs an den Gesamteinnahmen die Hälfte aus, nur 23 % stammten aus der Werbung, der Rest aus anderen Aktivitäten.

Erste Radiosendungen wurden 1924 von der privaten Rundfunkgesellschaft Unione Radiofonica Italiana (URI) ausgestrahlt. 1954 wurde die Gesellschaft in *Radiotelevisione Italia RAI* umbenannt und begann mit regulären Fernsehübertragungen. Die RAI ist bis heute der öffentliche Hörfunk- und Fernsehanbieter.

Der italienische Rundfunkmarkt ist von der Dominanz zweier Anbieter gekennzeichnet – der privatkommerziellen → Mediaset (einer Holding, die im gesamten Bereich der Kommunikation inkl. Festnetz-Telefonie tätig ist und sich zu 51 % im Besitz des früheren italienischen Ministerpräsidenten Silvio Berlusconi befindet, Umsatz 2003: 3.070 Mio. Euro) und der öffentlich-rechtlichen *RAI* (Umsatz 2003: 2.815,7 Mio. Euro). Beide übertragen vorwiegend unverschlüsselt und analog.

Das Programmangebot in Italien insgesamt ist sehr breit gefächert, da zusätzlich Hunderte von Fernseh- und Hörfunksendern auf nationaler, regionaler und lokaler Ebene senden. Im Fernsehsektor gibt es 18 nationale Programme (8 öffentlich-rechtliche und 10 private). Im Hörfunksektor sind insgesamt ca. 1.100 Unternehmen tätig, darunter sechs öffentlich-rechtliche Kanäle, 14 nationale Privatsender, sechs Senderfamilien sowie 260 regionale und lokale Sender.

Die RAI, eine Aktiengesellschaft in öffentlicher Hand, bietet drei Fernsehkanäle (*RAI 1*, Information, Kultur, Unterhaltung und Fiktion, Marktanteil 2004: 23,7 %; *RAI 2*, junge Unterhaltung: 12,2 %; *RAI 3*, Kultur- und Bildung, 9,4 %) sowie fünf digitale TV-Spartenprogramme (RaiDoc, RaiUtile, RaiNews 24, Rai Sport Notizie und RaiEdu), die terrestrisch verbreitet werden, außerdem sechs Hörfunkprogramme (Radiouno, Radiodue, Radiotre, Isoradio, Notturno Italiano, GR Parlamento).

Marktführer im Hörfunk im 1. Quartal 2004 war *RAI Radiouno* (13,9 %), gefolgt von *Radio DeeJay* (Gruppo Editoriale L'Espresso 10,7 %), *RAI Radiodue* (9,8 %), *RDS Radio Simensione Suono* (8,5 %), *RTL 102,5 Hit Radio* (8,2 %), *Radio Italia Solo Musica Italiana* (7,1 %), *Radio 105 Network* (6,6 %), *TMC Radio Montecarlo* (4,3 %) und *RAI Radiotre* (4,1 %).

Die größten privaten Fernsehsender mit landesweiter Lizenz sind die drei Mediaset-Kanäle *Canale 5* (Marktanteil 2004: 22,7 %), *Italia 1* (10,2 %) und *Rete 4* (9,3 %). Geringere Marktanteile erzielen *La 7* (2,5 %) und MTV (beide von der Telecom Italia kontrolliert). *Canale*

5 entspricht dem RAI 1-Modell; *Italia 1* und *Rete 4* richten sich an das jugendliche Publikum (Unterhaltungsmusik, Serien, Trickfilme und Sport) sowie an weibliche Zuschauer (Fernsehserien und Spielfilme). 2004 startete Mediaset zudem das digitale Kinderprogramm *Boing*, das unverschlüsselt terrestrisch verbreitet wird.

Digitales Fernsehen wird heute terrestrisch und via Satellit von der Pay-TV-Plattform *Sky TV* angeboten, die im Besitz der → News Corporation ist. *Sky TV* hat über 3 Mio. Abonnenten und bietet 110 digitale Kanäle (davon 30 Hörfunkkanäle). Ende März 2005 empfingen 2 Mio. Haushalte terrestrisches Digitalfernsehen.

Von den insgesamt 7.313,70 Mio. Euro netto, die 2004 in Werbung flossen, gingen fast zwei Drittel ans Fernsehen (62,2 %), 15,0 % an Zeitschriften, 12,5 % an die Tageszeitungen, 1,0 % an andere Printmedien, 5,5 % ans Radio, 2,6 % an Außenwerbung und 1,2 % an das Kino. RAI und Mediaset erzielen gemeinsam ungefähr 90 % der Einnahmen im Fernsehsektor und über die Hälfte der gesamten Werbeeinnahmen. Werbung ist die Haupteinnahmequelle des Fernsehsystems, vor allem für die nationalen kommerziellen Sender. Danach folgen die Einnahmen aus den Rundfunkgebühren der öffentlich-rechtlichen Fernsehanstalten (etwa 20 % der Gesamteinnahmen) und die Einnahmen aus Pay-TV-Gebühren (13 %).

2004 haben 84,9 % der Bevölkerung über 15 Jahren täglich mindestens 1 Minute lang ferngesehen, bei den Kindern von 4-14 Jahren waren es täglich 85,2 %.

Das → Internet verbreitete sich in Italien erst gegen Ende der 1980er Jahre und entwickelte sich nur schleppend, da Heimcomputer wenig verbreitet und die Kosten für den Zugang zum Internet hoch waren. Auch heute hinkt Italien in Punkto Nutzerzahlen, Host Computer und Server noch etwas hinter den anderen europäischen Ländern her. Die Entwicklungstendenzen deuten jedoch auf ein konstantes Wachstum und eine Konsolidierungsphase hin. Zu den führenden italienischen Portalen nach Benutzerzahlen gehören: Wind, Seat.Tin.it, MSN, Microsoft, Dada, Tiscali und Yahoo. Einer Studie von Eurisk zufolge haben etwa 12,7 Mio. Italiener Zugang zum Internet, „mindestens einmal pro Woche" wählen sich 7,6 Mio. Nutzer ein. Dennoch ist die Altersstruktur immer noch recht homogen und der Nutzerkreis besteht vorwiegend aus Jugendlichen und jungen Erwachsenen, die das Internet

| Rahmendaten zum Mediensystem in Italien | |
|---|---|
| Einwohner 2005 (Bevölkerungsdichte) | 58,1 Mio. (193/km²) |
| Zahl der Haushalte 2004 (Haushaltsgröße) | 21,644 Mio. (2,6) |
| Bruttosozialprodukt pro Kopf in Euro | 24.263 |
| TV-Verbreitung (in % aller Haushalte) | 99,1 % |
| Zahl der TV-Sender, die von 70 % der Bevölkerung empfangen werden können | 9 |
| Werbeausgaben netto gesamt in Euro (davon im TV) | 7.313,70 Mio. (4.551,19 Mio.) |
| Tägliche Zeitungsreichweite (in % der Bevölkerung) | 41,5 % |
| Tägliche Fernsehdauer 2003 (Alter 15+) | 289 Min. |
| Kabelfernsehen (in % aller TVHH) | 0,6 % |
| Satellitenschüssel (in % aller TVHH) | 20,2 % |
| Allein terrestrischer Empfang (in % aller TVHH) | k. A. |
| Digital-Pay-TV-Abonnenten (in % aller TVHH) | 14,0 % |
| Rundfunkgebühren pro Jahr in Euro | 99,60 |
| Telefonverfügbarkeit (in % der Bevölkerung) | 83,0 % |
| Handyausstattung (in % der Bevölkerung) | 89,9 % |
| PC-Verbreitung (in % der Bevölkerung) | 49,4 % |
| Internetverfügbarkeit daheim (in % der Bevölkerung) | 35,5 % |

*Quelle:* Television 2005 International Key Facts, hrsg. von IP International Marketing Committee, World Press Trends 2005, Statistisches Bundesamt (www.destatis.de)

vor allem zur Information, Unterhaltung und für Online-Käufe (Geschenke, Bücher, Reisen usw.) nutzen. *Ma*

*Literatur*

A. L. Natale: Das Mediensystem Italiens. In: Hans-Bredow-Institut (Hrsg.): Internationales Handbuch Medien 2004/2005, Baden-Baden 2004, S. 373-382.
Fokus Westeuropa, Geliebte Telefoninos. In: W&V-Compact Nr. 2/2005, S. 16.

## IVW – Informationsgemeinschaft zur Feststellung der Verbreitung von Werbeträgern e. V.

Die Informationsgemeinschaft zur Feststellung der Verbreitung von Werbeträgern (IVW) wurde 1949 als Unterorganisation des kurz zuvor konstituierten Zentralverbandes der deutschen Werbewirtschaft (→ ZAW) gegründet und 1955 als eingetragener gemeinnütziger Verein rechtlich verselbständigt. Als neutrale Kontrolleinrichtung verfolgt die IVW den Zweck, zur Sicherung eines echten Leistungswettbewerbs vergleichbare und objektiv ermittelte Unterlagen über die Verbreitung von Werbeträgern zu beschaffen und bereitzustellen. Die Daten der IVW basieren auf Angaben der Medienunternehmen, die seitens der IVW überprüft werden können. Stellt sich heraus, dass ein Unternehmen wiederholt falsche Angaben gemacht hat, so kann ein Ausschluss aus der IVW und damit ein nachhaltiger Vertrauensverlust bei den Werbetreibenden die Folge sein. Für Printmedien ist die Mitgliedschaft in der IVW zudem Voraussetzung für die Teilnahme an der → Media-Analyse, so dass ein Ausscheiden aus der IVW auch für den Nachweis der → Reichweiten gegenüber den Werbekunden erhebliche Folgen hat, wie dies 2002 die Motor-Presse Stuttgart erfahren musste.

Ursprünglich als Einrichtung zur Auflagenkontrolle von Printmedien geschaffen, wurde der Tätigkeitsbereich der IVW im Laufe der Jahre auf Plakatanschlag, Verkehrsmittelwerbung, Filmtheater, Funkmedien, periodische elektronische Datenträger und Online-Medien ausgeweitet, für die jeweils spezielle Richtlinien gelten. Die IVW hat etwa 1.800 Mitglieder, davon fast 1.300 Verlage, 300 Online-Anbieter, 60 Rundfunkveranstalter und 60 Werbeagenturen.

## Japan

Zeitungen und Comics (Mangas) sind allgegenwärtig, das Fernsehen zeigt überwiegend japanische Formate, Radio wird noch viel auf Mittelwelle gehört. Die nationalen Zeitungen Japans stehen jeweils auch hinter den fünf großen privaten Fernsehnetzen, obwohl Radio, TV-

und Zeitungsunternehmen eigentlich nicht von ein und derselben Person betrieben werden dürfen. Die Fuji-Sankei-Gruppe hat ihr Medien-Engagement am breitesten gefächert, auch Yomiuri diversifiziert seine Aktivitäten. Die wirklich großen Akteure auf dem Medienmarkt sind nicht Print- oder Rundfunkunternehmen, sondern die Inhalte produzierenden Global Player, allen voran → *Sony*.

Eine Besonderheit der japanischen Presse sind Zeitungen im „Set" von Morgen- und Abendausgabe, die als Teile *einer* Zeitung gelten (und bei der Auflage auch nur einfach gezählt werden), die zweimal täglich ausgetragen wird. Zeitungen entstanden in Japan in den 1860er Jahren. 2005 zählte der japanische Zeitungsverband unter seinen Mitgliedern 61 Morgen-, 45 Set- und 14 Abendzeitungen. 95 % der Bevölkerung lesen täglich Zeitung, durchschnittlich 27 Minuten lang, 2005 hatte jeder Haushalt 1,04 Tageszeitungen abonniert.

Im Bereich der allgemeinen Tageszeitungen (120 Titel) gibt es fünf nationale Blätter mit landesweiter Verbreitung (*Yomiuri Shinbun, Asahi Shinbun, Mainichi Shinbun, Sankei Shinbun* und die Wirtschaftszeitung *Nihon Keizai Shinbun*), die 2005 mehr als die Hälfte der Gesamtauflage (52,6 Mio. Ex.) ausmachten, sowie viele starke Regionalzeitungen (überregionale, Präfektur- und kleinere Lokalzeitungen). Daneben gibt es „Fachzeitungen", zu denen auch die 18 Sportzeitungen, Japans Boulevardpresse, zählen (Anteil an der Gesamtauflage 2005: 10,2 %). Die Tageszeitungen finanzierten sich 2004 zu 52,9 % durch den Verkauf, 31,7 % durch Anzeigen, 15,4 % durch Anderes. 94,15 % der Auflage aller Tageszeitungen wurden 2005 im Abonnement durch eine von knapp 21.000 Vertriebsagenturen an den Leser gebracht, die meist als „Exklusivagenturen" ausschließlich die Produkte *eines* Zeitungsverlags vertreiben.

Die Zahl der regelmäßig erscheinenden Zeitschriften wird auf mehr als 23.000 Titel geschätzt, nur knapp 4.500 sind aber im Handel erhältlich, darunter Allgemeine Zeitschriften, Literaturzeitschriften, Männerzeitschriften (Erotik und Klatsch), Lifestyle-Magazine, Frauenzeitschriften, Jugendzeitschriften (u. a. Mode, Games), populärwissenschaftliche Zeitschriften (u. a. Computer) sowie Wochenzeitschriften. Manga-Zeitschriften wie das wöchentliche *Shonen Janpu* (2005: knapp 3 Mio. Ex) und *Shonen Magajin* (2,3 Mio. Ex.) zählen zu den auflagenstärksten Titeln.

Hörfunk gibt es in Japan seit 1925, 1926 entstand nach dem Modell der → BBC die japanische Rundfunkgesellschaft *Nippon Hoso Kyokai* (NHK), die bis Ende des Zweiten Weltkriegs das Sendemonopol innehatte. 1950 wurde NHK in ein öffentlich-rechtliches Unternehmen umgewandelt, ab 1951 erhielten auch private Radios Lizenzen. 1953 begann NHK mit Fernsehausstrahlungen, im selben Jahr startete der erste kommerzielle TV-Anbieter *Nippon Terebi*. Heute gibt es 129 Fernseh- und 257 Radioveranstalter, die terrestrisch senden, 139 Satellitenfernseh- und 21-Radioveranstalter und im Kabel weitere 669 Veranstalter mit eigenem Programmangebot.

NHK bietet drei Hörfunkkanäle (2 MW, 1 UKW) sowie zwei terrestrische (das Allgemeine Programm, ein Bildungsprogramm) und drei Satelliten-TV-Programme (NHK BS 1, NHK BS 2 und NHK-HI). Der Anteil an Information und Bildung/Erziehung ist in allen Programmen recht hoch. NHK finanziert sich fast ausschließlich durch Fernsehgebühren (Radio ist kostenlos; Gesamteinnahmen 2005: 647,8 Mrd. Yen); es gibt keine Werbung.

Private Rundfunkveranstalter brauchen eine Lizenz des Ministeriums für öffentliche Verwaltung, Inneres, Post und Telekommunikation (Somusho). In jeder der 47 Präfekturen sind 2-5 terrestrische Fernsehanbieter sowie je ein MW- und UKW-Radio (in den Metropolen jeweils 2) zugelassen. Die MW-Radios sind fast alle in zwei Netzwerken mit Hauptsendern in Tokio organisiert: Ende 2005 hatte JRN (Hauptsender: Tokyo Hoso) 34 Sender und NRN (Hauptsender: Bunka Hoso und Nippon Hoso) 40, wobei die meisten der insgesamt 47 Sender in beiden Netzwerken vertreten sind. Im UKW-Bereich gibt es keine Senderüberschneidungen in den Netzwerken, von den insgesamt 53 Sendern sind wenige unabhängig, die übrigen verteilen sich auf drei Netzwerke: JFN (38 Mitglieder), JFL (5) und Meganet (4).

Die kommerziellen Radios finanzieren sich durch Werbung. Von den insgesamt 29.531,69 Mio. Euro brutto, die 2004 in Werbung flossen, ging die Hälfte ans Fernsehen (49,6 %), 25,6 % an die Tageszeitungen, 9,6 % an Zeitschriften, 4,4 % ans Radio, 6,5 % an Außenwerbung und 4,4 % an das Internet.

Bei den fünf landesweiten terrestrischen Fernsehnetzwerken ist NNN Marktführer (Hauptsender: NTV; 29 Stationen), dann folgen JNN (TBS; 27), FNN (*Fuji TV*; 27), EX (früher: ANB, *Asahi TV*; 23)

| Rahmendaten zum Mediensystem in Japan | |
|---|---|
| Einwohner 2003 (Bevölkerungsdichte) | 127,640 Mio. (336/km²) |
| Zahl der Haushalte (Haushaltsgröße) | 49,840 Mio. (2,6) |
| Bruttosozialprodukt pro Kopf in Euro | 29.838,88 |
| TV-Verbreitung (in % aller Haushalte) | 99,0 % |
| Zahl der TV-Sender, die von 70 % der Bevölkerung empfangen werden können | 6 |
| Werbeausgaben 2004 brutto gesamt in Euro (davon im TV) | 29.531,69 Mio. (14.633,73 Mio.) |
| Tägliche Zeitungsreichweite 2003 (in % der Erwachsenen) | 95 % |
| Tägliche Fernsehdauer 2002 (Alter 20+) | 254 Min. |
| Kabelfernsehen (in % aller TVHH) | 35,0 % |
| Satellitenschüssel (in % aller TVHH) | 56 % |
| Allein terrestrischer Empfang (in % aller TVHH) | k. A. |
| Digital-Pay-TV-Abonnenten (in % aller TVHH) | 8,0 % |
| Rundfunkgebühren pro Jahr in Euro | 127,51 |
| Telefonverfügbarkeit (in % der Bevölkerung) | 40,1 % |
| Handyausstattung (in % der Haushalte) | 91,1 % |
| PC-Verbreitung (in % der Haushalte) | 77,5 |
| Internetnutzer (in % der Bevölkerung) | 62,3 % |

*Quelle:* Television 2005 International Key Facts, World Press Trends 2005, sowie Internationales Handbuch Medien 2004/2005, hgg. vom Hans-Bredow-Institut

und TXN (*TV Tokyo*; 5), Senderüberschneidungen in den Netzen gibt es kaum. Daneben arbeiten 13 unabhängige TVs in Ballungsgebieten. Via Satellit und im Kabel senden WOWOW (Pay-TV, ca. 2,5 Mio. Abonnenten) sowie die Pay-Radios *Club COSMO* und *Music Bird.* Digitale Fernseh- und Radiokanäle in verschiedenen Paketen bieten die Plattformen WOWOW und *SKY PerfecTV!* (seit 1996, ca. 3,5 Mio. Abonnenten).

In der Gunst der Zuschauer (20+) lag NTV 2004 mit einer Reichweite von 19,4 % an der Spitze, gefolgt von *Fuji* (18,3 %), dem allgemeinen NHK-Programm (17,5 %), EX (15,6 %), TBS (15,2 %), TX (7,2 %) und dem NHK-Bildungsprogramm (1,9 %).

Im Jahr 2005 hörte ein Japaner täglich 37 Minuten Radio (14 Min. NHK, 23 Min. Private). 87,7 % der Bevölkerung über 20 Jahren sahen 2004 täglich mindestens 1 Minute lang fern, bei den Kindern von 10-19 Jahren waren es 77,4 %.

Der Internetmarkt ist seit 1993, als die ersten Zugangsprovider entstanden, explosionsartig gewachsen. Im Mai 2003 waren 7.773 Provider beim *Somusho* gemeldet, 48,4 % der Haushalte hatten einen Festnetz-Internetanschluss, in weiteren 24,6 % wurde das Internet via Handy genutzt. Die Zahl der Internet-Nutzer stieg 1997-2005 von 5,7 auf 79,5 Mio. Personen (62,3 % der Bevölkerung), männliche Nutzer sind mit 53,7 % noch leicht in der Mehrheit. 2004 gingen bereits 61,9 % der Nutzer per → DSL ins Netz. 85,9 % der User hatten Erfahrung mit Online-Shopping, 25,3 % mit kostenpflichtigen Downloads, 63,1 % nutzten Internet-Banking, 24,0 % Online-Spiele und 8,2 % E-Learning.

Japans größte Provider, *@nifty* und BIGLOBE, sind nicht nur reine Zugangsprovider, sondern bieten eigene Inhalte an. Die Großprovider sind ausnahmslos im Besitz von Großunternehmen. *@nifty* (5,2 Mio. Mitglieder) gehört zu *Fujitsu*, BIGLOBE (4,1 Mio.) zu NEC, OCN (3,2 Mio.) zu *NTT Communications*, So-net (2,2 Mio.) zu *Sony Communications Network*. **Ma**

*Literatur*

M. Löhr: Das Mediensystem Japans. In: Hans-Bredow-Institut (Hrsg.): Internationales Handbuch Medien 2004/2005, Baden-Baden 2004, S. 912-928.

## Journalistenausbildung

Die Journalistenausbildung in Deutschland ist rechtlich nicht geregelt. Jede und jeder darf sich als Journalist bezeichnen. Dieser offene Zugang zu dem Beruf „Journalist/in" wird aus dem Artikel 5 des Grundgesetzes abgeleitet, wonach jeder das Recht hat, seine Meinung in Wort, Bild und Schrift zu verbreiten. In der Praxis führen viele unterschiedliche Wege in den Journalismus: Praktika, Volontariate, der Besuch einer Journalistenschule oder ein Studium – oft in Kombination der verschiedenen Formen.

Zu den notwendigen Kenntnissen und Fähigkeiten, die Journalisten erwerben müssen, um im Beruf zu bestehen, zählt einerseits das journalistische „Handwerk", wie Recherchieren, Formulieren und Redigieren. Andererseits sind auf der Grundlage einer guten Allgemeinbildung Sachkenntnisse auf einzelnen Spezialgebieten wichtig, wie z. B. Politik, Kultur, Wirtschaft, Mode usw., um kompetent über die jeweiligen gesellschaftlichen Bereiche berichten zu können. Weitere Qualifikationen sind z. B. technische Fertigkeiten wie der Umgang mit Computersoftware oder Ton- und Bildproduktion. Auch spezielle Fähigkeiten der Organisation und Planung oder der Präsentation (z. B. Radiomoderation) zählen dazu.

Am Anfang einer journalistischen Laufbahn stehen oft Praktika und Hospitationen in den Redaktionen von Zeitungen, Zeitschriften, Radio- oder Fernsehstationen, Nachrichtenagenturen oder Online-Medien. Sie dauern einige Wochen bis Monate und sind häufig der Ausgangspunkt, um dort anschließend als freier Mitarbeiter weiter zu arbeiten oder auch ein Volontariat zu absolvieren.

Das Volontariat in einer Redaktion bildet den klassischen Ausbildungsweg für mehr als 80 % aller Berufsanfänger. Je nach Arbeitgeber dauert das Volontariat zwischen 15 und 24 Monaten. Bei der Presse ist das Volontariat in einem Ausbildungstarifvertrag geregelt, so dass bestimmte betriebliche Ausbildungsstationen und Kurse in überbetrieblichen Schulen absolviert werden müssen. Die Konkurrenz um Volontärsstellen ist groß. Zwar genügt theoretisch das Abitur, doch inzwischen haben die meisten Volontäre einen Hochschulabschluss und können bereits journalistische Berufserfahrung nachweisen.

Neben den Volontariaten gehören auch die Journalistenschulen zu den klassischen Ausbildungswegen. Dazu zählen zum einen Schulen wie die renommierte Deutsche Journalistenschule in München. In den 1980er Jahren haben auch große Verlagshäuser begonnen, eigene Schulen für ihren Nachwuchs zu gründen, wie z. B. Gruner + Jahr und Die Zeit mit der Henri-Nannen-Schule in Hamburg. Die Bewerberzahlen sind im Verhältnis zu den wenigen Plätzen sehr hoch. Die Chancen auf dem → Arbeitsmarkt sind für Absolventen zwar im Vergleich sehr gut, allerdings gibt es nach dem Stellenabbau seit einigen Jahren auch hier keine Garantie für eine anschließende Redakteursstelle mehr. Neben solchen klassischen Journalistenschulen bieten auch private Akademien Lehrgänge im Umfang mehrerer Monate an, die zum Teil vom Arbeitsamt gefördert werden. Sie bilden überwiegend für spezielle Berufsfelder wie Online- oder Radiojournalismus aus.

Die traditionell stark praxisorientierte Journalistenausbildung hat mit den steigenden Anforderungen an Journalisten in den 1970er Jahren zu einer Diskussion über Reformen der Ausbildung geführt. Das Ergebnis waren die ersten universitären Ausbildungsgänge in München und Dortmund, in denen Theorie und Praxis verzahnt wurden. Während die „Journalistik" seitens der Journalisten und Verlage wegen vermeintlicher Praxisferne zunächst auf große Skepsis stieß, haben sich inzwischen bundesweit verschiedene Formen von Studiengängen etabliert. Typisch für diese Modelle ist, dass neben den universitären Lehrinhalten, die Journalismus in Theorie und Praxis vermitteln, studienbegleitende Praktika in Redaktionen eine wesentliche Rolle spielen. Inzwischen haben sich verschiedene Varianten ausdifferenziert: Man kann Journalistik im Hauptfach in Kombination mit verschiedenen Nebenfächern studieren. Als besonders gute Verbindung von Sach- und Fachwissen gilt die umgekehrte Form, in der Journalistik als Nebenfach mit anderen Hochschulfächern kombiniert wird. Für Absolventen anderer Fächer werden außerdem Journalistik-Aufbaustudiengänge angeboten. Weitere praxisorientierte Studiengänge decken spezielle Berufsbereiche ab, wie z. B. Wirtschafts- oder Online-Journalismus. Andere Studienangebote sind weniger direkt auf das Berufsfeld zugeschnitten, können aber durch besondere Studienschwerpunkte oder in Kombination mit studienbegleitenden Praktika ebenfalls in den Journalismus führen. Dazu zählen Publizistik, kommunikations- oder medienwissenschaftliche Studiengänge sowie Film- und Fernsehhochschulen.

Der → Arbeitsmarkt und das Berufsfeld Journalismus sind im Zuge des gesellschaftlichen, wirtschaftlichen und technischen Wandels starken Veränderungen unterworfen. So entstehen neue Anforderungen in Bereichen wie Redaktionsmanagement. Ständig neue Produktions- und Redaktionstechniken verändern im Zuge der → Digitalisierung die journalistische Arbeit und die dafür notwendigen Qualifikationen. Auch die zunehmende Ausdifferenzierung der Medien prägt den Wandel des Berufsfeldes: Zu „klassischen" Bereichen, wie Print-, Radio-, Fernseh- oder Agenturjournalismus kommen ganz neue Tätigkeitsfelder hinzu, wie der Online-Journalismus oder auch multimediale Anforderungen. Diesem Wandel muss sich die journalistische Ausbildung ständig anpassen. Aber auch die bereits berufstätigen Journalisten müssen sich praxisbegleitend weiterqualifizieren, um mit der Entwicklung Schritt zu halten. Dies geschieht oft unsystematisch und eingebettet in die Zwänge des Berufsalltags „on the job". Daneben haben sich für die fachliche Weiterqualifikation von Journalisten jedoch ein breites Bildungsangebot von journalistischen Akademien sowie diverse Seminarprogramme von Verbänden, Parteien und Stiftungen entwickelt. *KE*

*Literatur*

K. Gavin-Kramer: Studienführer Journalistik, Kommunikations- und Medienwissenschaften. 4. Aufl., München 2003.
W. v. LaRoche: Einführung in den praktischen Journalismus. 16. Aufl., München 2003.
H. Pürer, M. Rahofer, C. Reitan: Praktischer Journalismus. 5. Aufl., Konstanz 2004.


# Jugendschutz

Jugendschutz in den Medien basiert auf der Annahme, dass bestimmte Inhalte für Kinder und Jugendliche nicht geeignet sind, da sie deren Entwicklung zu eigenverantwortlichen und gemeinschaftsfähigen Persönlichkeiten behindern können.

Nach Auffassung des Bundesverfassungsgerichts kommt dem Jugendschutz Verfassungsrang zu (so etwa die „Josephine Mutzenbacher"-Entscheidung, BVerfGE 83, 130). Staatliche Jugendschutzregeln beugen Störungen des Erziehungsrechts der Eltern vor und schützen das Recht von Kindern und Jugendlichen auf Entfaltung ihrer Persönlichkeit. Es wird sogar von einem verfassungsrechtlichen Schutzauftrag des Staates ausgegangen.

Gleichzeitig hat der Gesetzgeber aber auch zu beachten, dass die Verfassung → Meinungsfreiheit, → Informationsfreiheit, Rundfunk-, Presse und Filmfreiheit (→ Medienfreiheiten) garantiert (Artikel 5 Ab-

# Jugendschutz

satz 1 Grundgesetz). Zwar ist in Artikel 5 Absatz 2 Grundgesetz der Jugendschutz ausdrücklich als Schranke der genannten Freiheiten genannt, der Gesetzgeber muss aber bei Jugendschutzvorgaben die Verhältnismäßigkeit wahren und einen Ausgleich zwischen den durch Artikel 5 Grundgesetz geschützten Freiheiten und dem Jugendschutz schaffen.

2003 traten nach einer Einigung von Bund und Ländern über die Aufteilung der Zuständigkeiten im Jugendschutz in den Medien ein neues Gesetz und ein Staatsvertrag in Kraft. Ziel der Reform war es, die Jugendschutzbestimmungen, die vorher in einer Vielzahl von Gesetzen verteilt waren, zu bündeln und dadurch – zumindest dem Grundsatz nach – ein einheitliches Schutzniveau für alle elektronischen Medien zu gewährleisten.

Das Jugendschutzgesetz des Bundes enthält u. a. Vorgaben für die Presse, Online-Medien, Film und Computerspiele, jedoch keine Vorgaben für den Rundfunk.

Zum einen regelt das Jugendschutzgesetz die Indizierung jugendgefährdender Medien: Die Bundesprüfstelle für jugendgefährdende Medien ist dafür zuständig, die Liste jugendgefährdender Inhalte zu führen. Die Folgen der Aufnahme von Medien in diese Liste regelt das Jugendschutzgesetz u. a. für Presseerzeugnisse, Bücher, Filme und Computerspiele, nicht aber für Online-Dienste (hier kommt der Jugendmedienschutzstaatsvertrag zur Anwendung, s. u.). Ziel des Gesetzes ist es, den Zugang von Kindern und Jugendlichen zu jugendgefährdenden Medien zu verhindern.

Zum anderen enthält das Jugendschutzgesetz rechtliche Vorgaben für die Bewertung und die Verbreitung von Medien, die zwar nicht jugendgefährdend, aber dennoch entwicklungsbeeinträchtigend sind und daher nur für diejenigen Altersstufen zugänglich gemacht werden dürfen, für die sie geeignet sind (frei ab 6, 12, 16, keine Jugendfreigabe). Diese Vorgaben beziehen sich u. a. auf Filme und Computerspiele. Die Bewertung kann laut Jugendschutzgesetz von Einrichtungen freiwilliger Selbstkontrolle vorgenommen werden. Bei Filmen erfolgt diese Bewertung durch die → *Freiwillige Selbstkontrolle der Filmwirtschaft* (ehemals: „Kinowirtschaft", FSK), bei Computerspielen durch die → *Unterhaltungssoftware-Selbstkontrolle* (USK).

Der Jugendmedienschutzstaatsvertrag (JMStV) der Länder stellt einen einheitlichen und länderübergreifenden Rechtsrahmen für Online-Dienste und Rundfunk dar. Erstere werden in der Terminologie des JMStV als „Telemedien" bezeichnet.

Auch der JMStV unterscheidet zwischen jugendgefährdenden und entwicklungsbeeinträchtigenden Angeboten. Zunächst enthält der JMStV einen Katalog von Inhalten, deren Verbreitung im Internet oder im Rundfunk verboten ist. Hierzu gehören vor allem Inhalte, deren Verbreitung gegen das Strafrecht verstößt und/oder die Menschenwürde verletzt (u. a. Gewaltverherrlichung, Kinderpornografie, Volksverhetzung). Darüber hinaus gibt es einen weiteren Katalog von Inhalten, die im Rundfunk gar nicht und im Internet nur in so genannten „geschlossenen Benutzergruppen" angeboten werden dürfen. Hierzu zählen unter anderem pornografische Angebote und Angebote, die von der Bundesprüfstelle in die Liste jugendgefährdender Medien aufgenommen wurden (soweit es sich nicht um solche Inhalte handelt, deren Verbreitung gegen das Strafrecht verstößt). Bei geschlossenen Benutzergruppen im Internet muss der Anbieter sicherstellen, dass nur Erwachsene Zugang haben. Dies setzt laut den gemeinsamen Richtlinien der Landesmedienanstalten (→ Medienaufsicht) zur Gewährleistung des Schutzes der Menschenwürde und des Jugendschutzes sowohl eine persönliche Identifizierung vor der Nutzung als auch eine Authentifizierung beim jeweiligen Zugang voraus.

Bei entwicklungsbeeinträchtigenden Angeboten müssen die Anbieter dafür Sorge tragen, dass Kinder und Jugendliche diese „üblicherweise nicht wahrnehmen" (so der Gesetzeswortlaut). Dies kann entweder durch die Wahl der Zeit erfolgen, zu der die Inhalte verbreiten werden (so dürfen etwa Angebote, die für Kinder und Jugendliche unter 16 Jahren nicht geeignet sind, nicht vor 22 Uhr verbreitet werden), oder durch technische Vorkehrungen. Letztere setzen beim Rundfunk eine Verschlüsselung oder Vorsperrung und bei Internetangeboten die Vorschaltung eines Jugendschutzprogramms (Altersverifikation) oder die Programmierung des Angebots für ein Jugendschutzprogramm (Filterprogramm) voraus. Internetanbieter können ihre gesetzlichen Verpflichtungen aber nicht mit jedem Jugendschutzprogramm erfüllen, sondern nur mit solchen Programmen, die von der für den Jugendschutz in elektronischen Medien zuständigen Aufsichtsinstanz anerkannt wurden.

Die Aufsicht über den Jugendschutz in privaten Online-Diensten und privatem Rundfunk üben die Landesmedienanstalten aus (→ Medienaufsicht). Um bei länderübergreifenden Rundfunk- und Internet-Angeboten ein einheitliches Schutzniveau zu gewährleisten, wurde durch den JMStV die *Kommission für den Jugendmedienschutz* (→ KJM) geschaffen. Bei der Aufsicht über Internetangebote wird sie durch die staatliche Stelle *jugendschutz.net* unterstützt. Diese hat eine Beschwerde-Hotline eingerichtet. Beim öffentlich-rechtlichen Rundfunk sind die internen Gremien zuständig (→ Medienaufsicht).

Auch im JMStV haben Einrichtungen freiwilliger Selbstkontrolle eine hohe Bedeutung. Die Länder haben mit dem JMStV ein Konzept eingeführt, das als „regulierte Selbstregulierung" bezeichnet wird. Die Aufsichtsmöglichkeiten der Landesmedienanstalten und der KJM gegenüber Rundfunkveranstaltern und Internetanbietern sind begrenzt, wenn deren Angebote von einer Einrichtung der freiwilligen Selbstkontrolle bewertet wurden. Hat eine Selbstkontrolleinrichtung die Ausstrahlung einer Sendung (zu einer bestimmten Uhrzeit) oder ein Internet-Angebot als unbedenklich bewertet, kann sich die KJM über diese Bewertung nur in Ausnahmefällen hinwegsetzen (und zwar – wie es im JMStV heißt – wenn die Selbstkontrolleinrichtung ihren „Beurteilungsspielraum" überschritten hat). Die Bewertung durch die Selbstkontrolleinrichtung stellt also für Rundfunkveranstalter und Internet-Anbieter eine Art Schutzschild gegen Maßnahmen durch die Landesmedienanstalten und die KJM dar.

Voraussetzung für diese Schutzschildwirkung ist aber, dass die jeweilige Selbstkontrolleinrichtung von der KJM anerkannt wurde. Für den Rundfunkbereich wurde die *Freiwillige Selbstkontrolle Fernsehen (FSF)* und für den Internetbereich wurde die *Freiwillige Selbstkontrolle Multimedia-Diensteanbieter* (→ *FSM*) anerkannt. Die Anerkennung ist auf vier Jahre befristet. Unter bestimmten Umständen kann sie auch schon früher widerrufen werden. Damit beurteilt werden kann, ob sich dieses neue Konzept der „regulierten Selbstregulierung" bewährt, muss die KJM regelmäßige Berichte erstellen. *TH*

*Literatur*

Bundesarbeitsgemeinschaft Kinder- und Jugendschutz (Hrsg.): Die Ordnung der Medienkontrolle in Deutschland. Berlin 2003.
J. Ukrow, Jugendschutzrecht, Aktuelles Recht für die Praxis, München 2004.

*Links*

Bundesprüfstelle für jugendgefährdende Medien: www.bundespruefstelle.de
FSK: www.fsk.de
USK: www.usk.de
KJM: www.kjm-online.de
Jugendschutz.net: www.jugendschutz.net
FSF: www.fsf.de
FSM: www.fsm.de

## KEF – Kommission zur Ermittlung des Finanzbedarfs der Rundfunkanstalten

Die Kommission zur Ermittlung des Finanzbedarfs der Rundfunkanstalten (KEF) wurde erstmals 1975 von den Ministerpräsidenten der Bundesländer eingesetzt. Nach dem Gebührenurteil des Bundesverfassungsgerichtes aus dem Jahr 1994 wurde die Kommission im Jahre 1997 durch die Novellierung des Rundfunkfinanzierungsstaatsvertrags neu konstituiert. Seit dieser Neuregelung besteht die Kommission aus 16 unabhängigen Sachverständigen aus unterschiedlichen Bereichen wie Rundfunkrecht, Rundfunktechnik oder Betriebswirtschaft. Jedes Bundesland benennt eines der Mitglieder.

Die wesentliche Aufgabe der KEF ist es, die Bedarfsanmeldungen der Rundfunkanstalten fachlich zu überprüfen und den Finanzbedarf festzustellen. Mindestens alle zwei Jahre hat die Kommission den Ländern einen Bericht vorzulegen, in dem sie Einblick in die finanzielle Situation der öffentlich-rechtlichen Rundfunkanstalten gibt und Vorgaben zur Gestaltung der → Rundfunkgebühr macht. Die neueren Berichte sich im Internet unter www.kef-online.de abrufbar. Der Gebührenvorschlag der KEF ist die Vorgabe für die Entscheidungen der Landesregierungen und Landesparlamente über die Gebührenhöhe.

## KEK – Kommission zur Ermittlung der Konzentration im Medienbereich

Mit der Novellierung des Rundfunkstaatsvertrags 1996/97 wurde zur Sicherung der Meinungsvielfalt im bundesdeutschen Privatfernsehen die Kommission zur Ermittlung der → Konzentration im Medienbereich (KEK) geschaffen. Die Kommission setzt sich aus sechs Sachverständigen zusammen, die von den Ministerpräsidenten der Bundesländer einvernehmlich für jeweils fünf Jahre berufen werden und in ihrer Arbeit nicht an Weisungen gebunden sind.

Das wichtigste Ziel der Kommission ist es zu verhindern, dass ein einzelnes Unternehmen eine Stellung erreicht, die es ihm ermöglicht, die freie Meinungsbildung einzuschränken. Diese Möglichkeit wird als gegeben vermutet, wenn die Programme eines Unternehmens im Durchschnitt eines Jahres einen Zuschaueranteil von 30 % erreichen. Das Berechnungsverfahren, nach dem die KEK verfährt, wird im Rundfunkstaatsvertrag geregelt. Bei Zulassungsverfahren zur Programmveranstaltung und bei Veränderungen der Beteiligungsverhältnisse an Fernsehveranstaltern beurteilt die KEK, ob ein Unternehmen durch die Veranstaltung ihm zurechenbarer Programme oder durch die Veränderung von Beteiligungsverhältnissen oder beides vorherrschende Meinungsmacht erlangt.

Über die Prüfung der Einhaltung der für die privaten Veranstalter geltenden Bestimmungen zur Sicherung der Meinungsvielfalt hinaus zählt es zu den Aufgaben der KEK, Transparenz über die Entwicklung im Bereich des bundesweit verbreiteten privaten → Fernsehens zu schaffen. Hierzu gehört neben der Erstellung einer jährlichen Programmliste, in der alle Programme, ihre Veranstalter und deren Beteiligte erfasst werden, auch die Erarbeitung eines mindestens dreijährlich zu erstellenden Berichts über die Entwicklung der Konzentration und über Maßnahmen zur Sicherung der Meinungsvielfalt im privaten Rundfunk. Dieser Bericht enthält Angaben zu den Verflechtungen zwischen Fernsehen und medienrelevanten verwandten Märkten, zu Verflechtungen zwischen Rundfunkveranstaltern in verschiedenen Verbreitungsgebieten und Angaben zu internationalen Verflechtungen im Medienbereich. Der erste Bericht wurde im November 2000 vorgelegt, der zweite ist im Dezember 2003 erschienen.

## KJM – Kommission für Jugendmedienschutz

Bund und Länder haben zum 1. April 2003 den → Jugendschutz im Fernsehen und in anderen elektronischen Medien umfassend reformiert und die rechtlichen Vorgaben für Trägermedien (CD-ROMs, Videokassetten und DVDs) sowie die Online-Medien (Rundfunk, Teledienste und Mediendienste) vereinheitlicht. Eine zentrale Rolle bei dieser Reform spielte die Einrichtung der Kommission für Jugendmedienschutz der Landesmedienanstalten (KJM). Im Rundfunk- und Online-Bereich soll dieses Gremium als zentrale Aufsichtsstelle für den Jugendschutz und den Schutz der Menschenwürde fungieren. Sie ist ebenso wie die → KEK als Organ der jeweils geschäftsführenden Landesmedienanstalt der → ALM konstruiert. Ob die Rundfunkveranstalter und die Anbieter von Telemedien die Jugendschutzbestimmungen einhalten, soll künftig vor allem von Einrichtungen der freiwilligen Selbstkontrolle überprüft werden, die für diese Tätigkeit jedoch eine Anerkennung der KJM benötigen.

## Konstruktion von Realität

In komplexen Gesellschaften wird das politische und gesellschaftliche Geschehen meist nicht direkt, sondern vermittelt über die Massenmedien erfahren. Die Medien beobachten die Realität, wählen zur Weitervermittlung diejenigen Ausschnitte aus, die sie für relevant halten, und präsentieren dem Publikum ihr Bild dieser Ausschnitte. Sie konstruieren damit eine spezifische Medienrealität. Unter den Begriff Medienrealität fällt die Gesamtheit der von den Medien veröffentlichten Texte und Bilder. Sie bestimmt die soziale Wirklichkeit des Publikums in zunehmendem Maße.

Für das Publikum steht damit neben der direkt erfahrbaren Realität auch eine Medienrealität zur Verfügung. Diese geht neben dem individuell bereits vorhandenen Wissen in die Informationsverarbeitung des Publikums ein, das sich ebenfalls ein Bild von der Realität macht. Aus der Medienrealität werden Rezipientenrealitäten konstruiert.

Da das gesellschaftliche Zusammenleben sowie die politische Entscheidungsfindung häufig auf medienvermittelten Informationen beruhen, kommt der Realitätskonstruktion durch Medien eine herausgehobene Bedeutung zu. Dabei konzentriert sich das Interesse der kritischen → Öffentlichkeit vor allem auf die Nachrichtenberichterstattung. Wie jede individuelle Informationsverarbeitung erzeugt auch die mediale Verarbeitung kein vollständiges Abbild der Realität. Vielmehr hängen die Wahrnehmungsresultate von den Erfahrungen, Erwartungen und Zielen des Beobachters ab. Realität wird also individuell unterschiedlich konstruiert. Die Medien konstruieren Realität entsprechend ihrer spezifischen Aufmerksamkeitsregeln und ihrer Darstellungserfordernisse. Diese lassen sich als „Medienlogik" beschreiben und dienen als spezifische Konstruktionsmechanismen für die Realitätsbilder der Medien.

Die Konstruktion von Realität lässt sich zunächst als Selektion bestimmen. Aus der Vielzahl und Komplexität der Umweltreize wird einigen wenigen Relevanz zugewiesen. Bei der Umweltbeobachtung durch die Medien wird aus dem nicht abreißenden Strom des Welt-Geschehens einzelnes als Ereignis herausgehoben und mit Bedeutung versehen. Diese Auswahl folgt bestimmten journalistischen Selektionskriterien, den Nachrichtenfaktoren (→ Nachrichtenauswahl).

Nachrichtenfaktoren lassen sich als Merkmale von Ereignissen begreifen, die die Publikationswürdigkeit oder den Nachrichtenwert bestimmen. Wichtige Nachrichtenfaktoren sind etwa Personalisierung, geographische Nähe oder Konflikt. Ereignisse, auf die diese Merkmale zutreffen, werden als besonders relevant eingestuft. Vor dem Hintergrund der begrenzten → Aufmerksamkeit der Medien ist ihre Publikation wahrscheinlicher als die von Ereignissen ohne diese Charakteristika.

Die Wirksamkeit von Nachrichtenfaktoren als Selektionskriterien führt dazu, dass das von den Medien gezeichnete Realitätsbild bestimmte typische Merkmale aufweist. Das betrifft sowohl die Auswahl der Ereignisse als auch die Hervorhebung bestimmter Aspekte von Ereignissen. So sind etwa in der Medienrealität statushohe und prominente Personen sowie mächtige und nah gelegene Länder überrepräsentiert, die berichteten Ereignisse sind besonders konflikthaft und haben häufig negative Folgen.

In den Grundzügen stimmt die Medienrealität in dieser Hinsicht in verschiedenen Medien weitestgehend überein. Die Medienlogik resultiert also in relativ konsonanten Realitätsbildern. Unterschiede zwischen einzelnen Medien ergeben sich dort, wo weitere Einflussfaktoren die Konstruktion beeinflussen. So kann sich die politische Haltung einer Zeitung in einer mehr oder weniger starken Beachtung bestimmter Ereignisse oder Geschehensaspekte niederschlagen. Ereignisse, die für die politische Haltung einer Zeitung nützlich sind, werden dann bspw. betont, während Ereignisse, die ein ungünstiges Licht auf die Zeitungsposition werfen, heruntergespielt werden. Hier spricht man von einer Verzerrung der Realitätsbilder. Auch die Produktions- und Publikationsbedingungen können zu unterschiedlichen Realitätsbildern im Mediensystem führen. Im → Fernsehen spielt etwa die Visualisierbarkeit des Geschehens eine besondere Rolle. Abstrakte Sachverhalte erhalten deshalb meist weniger Beachtung als Staatsbesuche.

Obgleich bei der Rede von der Konstruktion von Realität meist die Nachrichtenberichterstattung der Medien angesprochen ist, bestimmen Konstruktionen bei der Informationsverarbeitung jede Stufe des Vermittlungsprozesses. Rezipienten konstruieren ihre Realität individuell auf der Basis der zur Verfügung stehenden neuen Informationen aus den Medien und bestehenden Vorstellungen. Analog zur journalistischen Selektion wählen sie nach bestimmten Relevanzkriterien aus den angebotenen Umweltreizen aus und weisen dabei den einzelnen Aspekten unterschiedlich viel Bedeutung zu. Aus der Medienrealität konstruieren Rezipienten also ihre individuelle Realität. Auch hier kann nicht von einer schlichten Übertragung der Medienrealität auf die Rezipientenrealität ausgegangen werden. In dem Maße, in dem Rezipienten individuell unterschiedlich Realitätsbilder konstruieren, muss man von einer individuell unterschiedlichen Wirkung eines identischen Medieninhalts ausgehen. Wirkungen erzeugt nicht ein spezifischer Medieninhalt, sondern erst das individuelle Bild dieses Inhalts.

Auch fiktionale Medienangebote stellen eine Medienrealität dar, die nach bestimmten Kriterien konstruiert wurde. Die Darstellung sozialer Realität im US-amerikanischen, teilweise aber auch im deutschen Fernsehen lässt sich beispielsweise charakterisieren durch eine Überrepräsentation bestimmter Berufe und Milieus (Oberschicht mit hoher Präsenz von Anwälten, Polizei und Ärzten), durch besonders hohe Gewaltanteile, durch stereotype Geschlechterrollen (→ Stereotype) oder durch das weitgehende Fehlen alter Menschen. Beim Publikum kann diese Fernsehdarstellung langfristig entsprechende Vorstellungen über die soziale Realität fördern (→ Kultivierung). Es konstruiert seine Realitätsbilder auf der Grundlage eigener Erfahrung, greift aber teilweise auch auf die Fernsehrealität zurück. CE

*Literatur*

G. Ruhrmann: Ereignis, Nachricht, Rezipient. In: K. Merten, S.J. Schmidt, S. Weischenberg (Hrsg.): Die Wirklichkeit der Medien. Eine Einführung in die Kommunikationswissenschaft. Opladen 1994, S. 237-256.
W. Schulz: Die Konstruktion von Realität in den Nachrichtenmedien. Analysen der aktuellen Berichterstattung. 2., unv. Aufl., Freiburg/München 1990.

## Konzentration

In Bezug auf Medien wird das Phänomen der Wirtschaftskonzentration in Verbindung mit den Auswirkungen auf die Vielfalt des Angebotes diskutiert. Konzentration wird dabei auf die Marktstellung eines Anbieters bezogen. Konzentrationsprozesse sind ein Bestandteil des Wettbewerbes, bei dem weniger erfolgreiche Anbieter durch erfolgreichere vom Markt verdrängt werden und es so zu einer allmählichen Verringerung der Zahl der Anbieter kommt. Diese absolute Konzentration wird mit Hilfe der Concentration Ratio (CR) beschrieben, die Auskunft über die Bedeutung der größten Unternehmen einer Branche gibt. Eine CR-1 = 100 bedeutet die Monopolstellung eines Unternehmens, eine CR-5 = 40 sagt aus, dass die größten fünf Anbieter 40 % eines Marktes kontrollieren. Neben der absoluten Konzentration wird auch die relative Konzentration untersucht, bei der die unterschiedlichen Firmengrößen erfasst werden.

Weitere Unterscheidungskriterien bei der Beschreibung von Konzentrationsentwicklungen beziehen sich auf die Richtungen, in denen die Entwicklung verläuft. So spricht man von horizontaler Konzentration, wenn die beteiligten Unternehmen auf demselben Markt agieren. Ein Beitrag zur horizontalen Konzentration ist z. B. der Kauf eines Zeitungsverlages durch einen anderen, als Ergebnis sinkt die Zahl der Anbieter, der Marktanteil des Käufers steigt. Von vertikaler Konzentration spricht man, wenn die Übernahme sich auf eine vor- oder nachgelagerte Produktionsstufe bezieht, also wenn z. B. ein Verlag eine Druckerei übernimmt. In diesem Fall wird davon ausgegangen, dass aufgrund der Integration des neuen Betriebes die Marktmacht des Unternehmens steigt, da es nun im Wettbewerb leichter über die entsprechenden Ressourcen verfügen kann. Diagonale Konzentration schließlich ist der wirtschaftliche Zusammenschluss von Unternehmen, die auf mehreren voneinander unabhängigen Märkten agieren, dies ist z. B. in der Vergangenheit bei der Beteiligung der Kirch-Gruppe am → Axel Springer-Verlag der Fall gewesen.

Die Gründe für die Konzentration bestehen aus der Sicht der Unternehmen in der Regel in der Erwartung, entweder Kostenvorteile bei der Produktion von Angeboten zu erreichen oder sich durch eine Investition in anderen Branchen gegen Konjunkturschwankungen in der eigenen Branche wirtschaftlich abzusichern. Mögliche Risiken, die sich aus der Abnahme der Zahl der Anbieter auf einem Markt ergeben sind die Einschränkung der Angebotsvielfalt für die Konsumenten und das Steigen von → Marktzutrittsschranken für neue Unternehmen, da die marktbeherrschenden Unternehmen ihre komfortable Situation zur Behinderung neuer Wettbewerber missbrauchen können.

Wegen dieser Folgen wirtschaftlicher Konzentration für den Wettbewerb gibt es verschiedene rechtliche und organisatorische Vorkehrungen zur Konzentrationskontrolle. Seit 1958 gilt in Deutschland das Gesetz gegen Wettbewerbsbeschränkungen (GWB), das einen Missbrauch der Marktstellung durch einzelne Unternehmen verhindern soll und vom → Bundeskartellamt umgesetzt wird. Neben dem Bundeskartellamt gibt es auch auf der Ebene der Bundesländer weitere Kartellbehörden, die diese Bestimmungen umsetzen. Neben dem Bundesrecht gibt es auch ein europäisches Wettbewerbsrecht; die europäische Fusionskontrollverordnung sieht das Eingreifen der EU-Kartellbehörden für große Zusammenschlüsse vor. Ein wesentlicher Bestandteil des Kartellrechts ist die Meldepflicht für Unternehmenszusammenschlüsse, bei dem die beteiligten Unternehmen einen bestimmten Mindestumsatz überschreiten. Seit in den 1970er Jahren die Pressefusionskontrolle Bestandteil des Kartellrechts wurde, gelten für Tageszeitungen niedrigere Schwellen als für andere Wirtschaftsbereiche. Nach einer solchen Anmeldung wird der Zusammenschluss im Hinblick auf seine Auswirkungen auf die Funktionsfähigkeit des Marktes überprüft und vom Kartellamt mit oder ohne Auflagen genehmigt oder aber untersagt. Es gibt zahlreiche Fälle, in denen die Kartellbehörden die Fusion von Medienunternehmen untersagt haben. Sie sind ein Beleg für die Wirksamkeit der Fusionskontrolle. Im Fall der Untersagung eines Zusammenschlusses kann das Bundeswirtschaftsministerium eine so genannte Ministererlaubnis aussprechen und so einen Zusammenschluss auch gegen das Votum des Bundeskartellamts ermöglichen. Dies geschieht aber nur äußerst selten.

Die kontinuierliche Beobachtung der wirtschaftlichen Konzentrationsentwicklung in der Wirtschaft wird durch die 1973 gegründete → Monopolkommission durchgeführt, die in regelmäßigen Gutachten Aussagen zur Entwicklung der Wirtschaftskonzentration trifft. Das GWB, Kartellamt und Monopolkommission dienen zur Verfolgung wirtschaftspolitischer Ziele bei der Sicherung des Wettbewerbes.

Im Medienbereich werden von der Politik aber auch medienpolitische Ziele wie etwa die Sicherung der Meinungsvielfalt verfolgt. Vor diesem Hintergrund wird versucht, auch die Messung der publizistischen Konzentration, also der Vielfalt der öffentlich vertretenen Meinungen, zur Grundlage der Gestaltung politischer Rahmenbedingungen zu machen. Zum Teil werden medienpolitische Ziele dabei mit Mitteln der Wirtschaftspolitik umgesetzt, wie dies im Fall der besonderen Behandlung der Tagespresse im GWB geschieht, zum Teil enthalten aber auch die spezifischen rechtlichen Regelungen für den Medienbereich Bestimmungen zur Einschränkung der Konzentration. So gibt es im Rundfunkstaatsvertrag Bestimmungen, die Sanktionen für den Fall vorsehen, dass ein Anbieter mehr als 30 % Marktanteil auf dem Zuschauermarkt erreicht. Überwacht wird dies durch die Kommission zur Ermittlung der Konzentration im Medienbereich (→ KEK). Dabei kann die KEK ihren Betrachtungsfokus auf vor- und nachgelagerte oder benachbarte Märkte erweitern, um die publizistische Relevanz eines Unternehmens für die Entwicklung der Meinungsvielfalt besser berücksichtigen zu können. Auch die KEK ist in der Lage, den Zusammenschluss von Rundfunkunternehmen aufgrund der Erwartung negativer Folgen für die Meinungsvielfalt zu untersagen. Ihr Votum kann nur durch einen Beschluss der Mehrheit der Direktoren der Landesmedienanstalten überstimmt werden.

Die Entwicklung der Medienkonzentration hat sich in den letzten Jahren als ein sehr schnell ablaufender Prozess gezeigt, in dessen Verlauf eine Vielzahl internationaler Medienkonzerne entstanden sind. Deutsche Unternehmen engagieren sich zunehmend auf internationalen Märkten, da die rechtlichen Vorgaben für die größten deutschen Unternehmen mittlerweile kaum noch Spielraum beim Erwerb weiterer Beteiligungen in der Bundesrepublik lassen. Dafür engagieren sich in der Bundesrepublik in zunehmendem Maße internationale Investoren, so dass in einigen Bereichen nationales und europäisches Recht an den Rand der Wirksamkeit kommt. Wirtschaftliche Konzentration birgt in diesem Fall immer das Risiko, dass auch die publizistische Konzentration zunimmt, allerdings zeigen einige Fälle in der Vergangenheit, dass dies nicht zwangsläufig ist. So können durchaus Titel mit unterschiedlichen redaktionellen Ausrichtungen unter dem Dach eines Verlagskonzerns erscheinen. *H3r*

*Literatur*

M. Knoche: Konzentrationsboom und Forschungsdefizite. Von der Presse- zur Medienkonzentrationsforschung. In: K.-D. Altmeppen (Hrsg.): Ökonomie der Medien und des Mediensystems. Grundlagen, Ergebnisse und Perspektiven medienökonomischer Forschung. Opladen 1996.

Kommission zur Ermittlung der Konzentration im Medienbereich: Sicherung der Meinungsvielfalt in Zeiten des Umbruchs. Berlin 2004.

## Kultivierung

Als Kultivierung wird der langfristige Beeinflussungsprozess bezeichnet, im Zuge dessen die Medien, insbesondere das → Fernsehen, das Weltbild der Menschen im Sinne medienvermittelter Bilder verändern; es geht also um Medienwirkungen (siehe auch → Agenda-Setting, → Schweigespirale, → Wissenskluft). Der Begriff stammt aus der Kultivierungstheorie des amerikanischen Kommunikationswissenschaftlers

**Kultivierung** 189

George Gerbner, die dieser in den späten 1960er Jahren entwickelte – überwiegend mit Blick auf das damals noch junge, aber höchst erfolgreiche Medium Fernsehen. George Gerbner sah die Funktion des Fernsehens darin, den Menschen standardisierte Rollen und Verhaltensweisen zu vermitteln. Die Brisanz der Theorie ergab sich daraus, dass er zugleich unter Verweis auf entsprechende Untersuchungen annahm, dass das Bild, das das Fernsehen von der Realität entwirft, und damit die konkreten Verhaltensweisen, die es den Menschen vermittelt, fernsehspezifisch sind und von der Realität abweichen. Anders als der Begriff → Mediensozialisation beinhaltet der Begriff Kultivierung also eine explizit kritische Haltung gegenüber den Medien und ihrem langfristigen Einfluss auf die Realitätswahrnehmung der Menschen.

Im Einzelnen umfasst die zur Untersuchung der Annahmen der Kultivierungstheorie entwickelte so genannte „Kultivierungsanalyse" folgende Schritte: 1) Die Fernsehunternehmen werden im Hinblick auf die Leitlinien untersucht, die die Produktion und Verbreitung von Medienbotschaften lenken. 2) Mit Hilfe von → Inhaltsanalysen wird das Bild der Welt, wie es im Fernsehen gezeigt wird, beschrieben; diese Beschreibungen werden als kulturelle Indikatoren verstanden. Das Interesse von George Gerbner galt in diesem Zusammenhang besonders den Darstellungen von Gewalt. Ein Beispiel für diese kulturellen Indikatoren ist etwa die Wahrscheinlichkeit für verschiedene Bevölkerungsgruppen, als Täter oder Opfer in Verbrechen verwickelt zu sein. 3) Mit Hilfe von → Befragungen werden die Fernsehnutzer im Hinblick auf ihr Bild von der Realität untersucht. Die Annahme der Kultivierungstheorie lautet, dass diejenigen, die besonders viel fernsehen, in ihrem Bild von der Realität dem Fernsehbild näher sind als diejenigen, die wenig fernsehen. Auf die Frage etwa, wie hoch die Wahrscheinlichkeit ist, Opfer eines Verbrechens zu werden, geben Vielseher höhere Schätzungen ab als Wenigseher; im Sinne der Theorie wird dies darauf zurückgeführt, dass die im Fernsehen gezeigten Personen weitaus häufiger in Verbrechen verwickelt werden als das die vorliegenden Verbrechensstatistiken über die Realität ausweisen.

Die Kultivierungstheorie ist im Laufe der Jahre weiter ausdifferenziert worden. Bedeutung gewonnen hat vor allem der so genannte Mainstreaming-Effekt. Dieser besagt, dass das Vielsehen die zwischen verschiedenen Gruppen bestehenden Unterschiede ausgleicht; danach sind etwa die Unterschiede in den Realitätswahrnehmungen und Meinungen zwischen höher und niedriger gebildeten Vielsehern geringer als zwischen höher und niedriger gebildeten Wenigsehern. Anders als das ursprüngliche Konzept der Kultivierung, welches vor allem die Vermittlung eines verzerrten Weltbildes betont, geht es beim Mainstreaming also darum, dass das Fernsehen die Menschen in Richtung auf ein gemeinsames Mittelmaß hin beeinflusst.

Die Kultivierungstheorie zeichnet sich dadurch aus, dass sie mit ihrer Betonung langfristiger, eher schleichender Beeinflussungsprozesse sehr plausibel erscheint. Allerdings konnten die Annahmen der Theorie nur bedingt belegt werden. Zwar lässt sich beobachten, dass Vielseher die Wahrscheinlichkeit, Opfer von Gewalttaten zu werden, überschätzen, dass sie – entsprechend dem seltenen Auftreten Älterer im Fernsehen – den Anteil alter Menschen an der Bevölkerung unterschätzen und insgesamt eher den Eindruck haben, in einer „gemeinen und gefährlichen Welt" („mean world") zu leben. In aller Regel sind diese Zusammenhänge zwischen dem Vielsehen und der (verzerrten) Realitätswahrnehmung nur sehr schwach ausgeprägt. Entschiedene Kritik an der Theorie wurde vor allem deshalb vorgetragen, weil kaum nachweisbar ist, ob hier tatsächlich ein Einfluss des Fernsehens vorliegt. Wenn Menschen, die viel fernsehen, eher vermuten, dass sie Opfer eines Verbrechens werden könnten, und entsprechend ängstlicher sind, dann kann dies im Sinne der Theorie daran liegen, dass das Fernsehen diese Wahrnehmungen und Ängste kultiviert hat. Es ist aber ebenso denkbar, dass der beobachtete Zusammenhang dadurch zustande kommt, dass die Menschen, die ängstlicher sind und sich nicht so gern in der Öffentlichkeit aufhalten, gern mehr fernsehen – in diesem Falle wäre also das Vielsehen die Folge der Ängstlichkeit und nicht deren Ursache.

Trotz der Kritik ist die Forschung zu potenziellen Kultivierungseffekten des Fernsehens und der Medien insgesamt nach wie vor sehr intensiv; denn die Frage nach langfristigen Medieneinflüssen behält ihre Relevanz. Die Untersuchungsfelder sind zahlreich: Es geht um Geschlechterbilder, um die Bilder von In- und Ausländern, um verschiedene Berufsgruppen, um die Vorstellungen, die man in den Medien von Alkohol und anderen Drogen bekommt, und um den Einfluss, die die westlich geprägten Medien auf andere Kulturen haben; und es geht nicht zuletzt um das Bild der Politik (→ Politische Kommunikation).

Um die Schwächen der ursprünglichen These zu überwinden, wird vor allem versucht, systematischere Erkenntnisse darüber zu gewinnen, wie Menschen medienvermittelte Erfahrungen mit ihren direkten Erfahrungen zu einem integrierten Bild der Realität zusammenführen. Außerdem wird angesichts des erheblich ausdifferenzierten Mediensystems stärker darauf geachtet, die → Medienauswahl der Menschen differenzierter zu berücksichtigen, als dies mit der einfachen Unterscheidung zwischen Viel- und Wenigsehern geschehen ist. *Ha*

*Literatur*
G. Gerbner: Die Kultivierungsperspektive: Medienwirkungen im Zeitalter von Monopolisierung und Globalisierung. In: Schorr, Angela (Hrsg.): Publikums- und Wirkungsforschung: ein Reader. Wiesbaden 2000, S. 101-122.
C. Roßmann: Die heile Welt des Fernsehens: eine Studie zur Kultivierung durch Krankenhausserien. München 2002.
P. Winterhoff-Spurk: Medienpsychologie: eine Einführung. 2. überarb. und erw. Aufl.. Stuttgart 2004.

## Lokalberichterstattung

Die Lokalberichterstattung, insbesondere in den Tageszeitungen, hat in der zweiten Hälfte der 1990er Jahren nachhaltig an Bedeutung gewonnen. Im Leserinteresse rangieren lokale Themen und Berichte vor der Politikberichterstattung, vor → Sportberichterstattung, → Feuilleton, → Wirtschaftsberichterstattung etc. Trotz des geringen Prestiges, trotz der viel belächelten Biederkeit hat sich die Lokalberichterstattung zu einem Alleinstellungsmerkmal in einem unübersichtlichen Markt entwickelt.

Information, Meinung und Service aus dem lokalen Bereich von Gemeinden, Städten und Regionen stellen mehr dar als bloß ein weiteres der klassischen Ressorts neben Politik, Wirtschaft, Kultur, Sport und dem so genannten Vermischten. Lokalberichterstattung umfasst all diese Ressorts. Sie präsentiert ebenso Themen aus Wissenschaft, Umwelt und Technik, die sich als eigenständige Medienressort erst in den 1990er Jahren emanzipiert haben. Dennoch leidet das Lokale unter dem Klischee, die Berichterstattung sei buchstäblich und sprichwörtlich „provinziell", haben Lokaljournalisten nicht den Stellenwert wie ihre Kollegen, die überregionale und internationale Themen bearbeiten.

Das thematische Leistungsspektrum der Lokaljournalisten ist groß: Berichterstattung aus dem Rathaus, über gewählte kommunale Spitzen oder die so genannten Honoratioren, Nachrichten aus lokalen Unternehmen, Kultur, Sport, Vereine im weiteren Sinne, Gerichtsreportagen, Polizei- und Feuerwehrbericht, Kirche, Schule, Verkehr, Bauaktivität, Bürgerinitiativen – all diese Felder müssen Lokaljournalisten zu den beherrschenden Themen machen können.

Zur routinenmäßigen Chronistenpflicht zählen politische Termine, Sitzungen von Parteien und Vereinen, Jubiläen und unerwartete Ereignisse vom Blitzeinschlag bis zu Unfällen und Unglücken. Reaktionen von Lesern (Telefonate, Briefe, Faxe, E-Mails) spielen in Tageszeitungen eine große Rolle. Während Pressemitteilungen und eine sich stark professionalisierende → Öffentlichkeitsarbeit aus dem politischen Raum, von Unternehmen und selbst kleinen Vereinen breiten Raum einnehmen, spielen → Nachrichtenagenturen kaum eine Rolle. Ihr Angebot ist fürs Lokale generell nicht kleinteilig genug.

Die Lokalberichterstattung hat genuine Rubriken und Darstellungsformen hervorgebracht. Die so genannte Lokalspitze ist in der Lokalzeitung eine Art Kurz-Kommentar oder Glosse im glossierenden Sinne, mitunter eine mundartliche Betrachtung oder Ergebnis einer alltäglichen Begebenheit eines Mitarbeiters. Die Lokalspitze stärkt ebenso die Leser-Blatt-Bindung wie der Service: Öffnungszeiten, Kinoprogramm, Fahrzeiten von Bussen, Bahnen. Kriminalitäts- und Gerichtsberichterstattung nimmt ebenfalls großen Raum ein. Nachrufe gelten als anspruchsvolles Handwerk des Genres (Lokaljournalistenweisheit: „Jeder Tote belebt das Blatt").

Wegen der Fülle an Themen, Anregungen, Mitteilungen und Terminen sind Lokalberichterstatter auf Netzwerke von Informationszuträgern angewiesen. In vielen Redaktionen müssen sie zusätzlich zur Recherche und journalistischen Aufbereitung mitunter in Text *und* Bild auch Termine verwalten, die Zeitungsproduktion verantworten (Ganzseitenumbruch, Layoutzeichnung, Absprache mit der Herstellung, dem Vertrieb) oder die Sendepläne sowie den Verlag/den Sender bei Aktionen mit Lesern oder Institutionen repräsentieren.

## Lokalberichterstattung

Es unterscheidet die Lokalberichterstattung von der überregionalen, dass sie in die unmittelbare Erlebbarkeit ihrer Rezipienten eingebettet ist, dass Leser, Hörer und Zuschauer eine größere Chance zur Überprüfbarkeit haben. Genauigkeit in der Recherche stärkt die Authentizität der Berichterstattung und die Glaubwürdigkeit. Umgekehrt schwächen Fehler und unpräzise Darstellungen den Stellenwert der Berichterstattung und -erstatter in der lokalen Kommunikation. Die Lokalberichterstattung ist enger rückgekoppelt an ihr Publikum, an die Akteure und Institutionen, über die sie berichtet, und an die lokalen Eliten generell. Das können politische, wirtschaftliche oder im weiteren Sinne soziale Eliten sein: der Fraktionsvorsitzende, ein Bauunternehmer, der Pastor. Allerdings lastet der Generalverdacht von Kumpanei zwischen Journalisten und lokalen Eliten auf der Lokalberichterstattung.

Auch wenn der Vorwurf des Termin- und Verlautbarungsjournalismus zutrifft und die mangelnde Kritik- und Kontrollfunktion von lokalen Medien oft beklagt wird, liegen die Stärken der Lokalberichterstattung in ihrer genuinen Marktplatzqualität: Sie präsentiert Themen aus allen Ressorts, suggeriert Nähe zu ihren Nutzern, bietet ein leicht zugängliches Forum für Entscheidungsträger und Leser, liefert Service und nicht zuletzt Rubrikenanzeigen (z. B. Immobilien- und Stellenmarkt).

Leser- und Höreraktionen haben an Zahl und Prominenz innerhalb der Berichterstattung zugenommen. Die vernetzte Berichterstattung über die Ausweitung von Internetangeboten im Redaktionellen und im Anzeigengeschäft sowie bei der Leserkommunikation hat das Lokale erreicht. Gleichzeitig wurde in den Redaktionen am Personal und an den Honoraren für freie Mitarbeiter gespart, wurden vorgeblich unprofitable Außenredaktionen geschlossen oder durch freie Mitarbeiter ersetzt. Öffentlich-rechtliche wie private Sender leisten sich nur noch in den Metropolen und Ballungsräumen eine eigene qualifizierte Lokalberichterstattung.

Das wichtigste Medium der Lokalberichterstattung ist die Tageszeitung. Die in den 1980er Jahren aufgekommene alternative lokale Publizistik (Stadtmagazine) hat die Regionalzeitung nicht verdrängt. Die → Reichweite der Tageszeitungen in Deutschland (Quelle: Bundesverband Deutscher Zeitungsverleger/BDZV) nimmt seit Jahren durch die Lesemüdigkeit jüngerer Menschen stetig ab, lag aber 2005 bei 74,8 %

aller Deutschen. 63,6 % werden von Regionalzeitungen erreicht. Von den 21,7 Mio. täglich verkauften Zeitungsexemplaren sind 15,5 Mio. lokale bzw. regionale Abozeitungen, der Rest überregionale und Kaufzeitungen (Bild, Express etc.).

Auf dem Markt der Regionalzeitungen sind seit den 1990er Jahren verstärkt → Konzentrationstendenzen zu beobachten. Ebenso hat die Zahl der so genannten Ein-Zeitungs-Kreise zugenommen, die publizistische Vielfalt ist geschrumpft. 341 Lokaltitel erschienen 2005 in den 138 eigenständigen publizistischen Einheiten. Die Branchengrößen wie der → Axel Springer Verlag, die → WAZ-Gruppe oder die Verlagsgruppe Stuttgart haben auch von regionalen Verlegerfamilien Anteile erworben. Die Großverlage sind auch an regionalen Hörfunksendern beteiligt.

In den Regionalzeitungen ist auf den Titelseiten zu beobachten, dass lokale Themen mindestens gleichberechtigt neben die überregionalen gestellt werden. Beim Blattmachen hat sich das als leserattraktiv erwiesen. Ein inhaltlicher Trend, der an Bedeutung gewinnt, ist das „Herunterbrechen" eines nationalen oder internationalen Themas auf die lokale Lebenswelt: Welchen Einfluss konkret haben Entscheidungen, Ereignisse für die Nutzer der Lokalberichterstattung? Wie denken sie darüber? Diese Regionalisierungsstrategie hat handfeste ökonomische Gründe. Während sich nationale und internationale Themen in vergleichbarer Aufmachung und Platzierung in allen Medien finden, bietet Lokalberichterstattung eine Markt-Identität und dem Publikum eine Identifikation an. *CR*

*Literatur*

N. Jonscher: Lokale Publizistik: Theorie und Praxis der örtlichen Berichterstattung. Ein Lehrbuch. Opladen 1995.
Projektteam Lokaljournalisten (Hrsg.): Lokaljournalismus: Themen und Management. München 1998.

## Marktzutrittsschranken

Diese Bezeichnung Marktzutrittsschranken oder Markteintrittsbarrieren wird verwendet, wenn aufgrund bestimmter Bedingungen die Zugangsmöglichkeiten auf einen Markt für potenzielle Anbieter eingeschränkt sind. Solche Barrieren können aufgrund von strukturellen, institutionellen oder strategischen Vorgaben bestehen. Sie sind im Mediensektor vielfältig zu beobachten.

Strukturelle Barrieren können zum Beispiel darin bestehen, das ein Unternehmen als Grundlage der Wettbewerbsfähigkeit über bestimmte Voraussetzungen verfügen muss oder über einen Zugang zu bestimmten Infrastrukturen sichern muss. Beispiele aus dem Pressebereich sind hier die Mindestauflagenhöhe, die benötigt wird, um zu einem wettbewerbsfähigem Preis eine Tageszeitung drucken zu können. Ist die Auflage einer Tageszeitung zu niedrig, um die entstehenden Produktionskosten durch die Verteilung auf eine hohe Anzahl von Exemplaren für den Käufer gering zu halten, kann sich der Anbieter nicht im Wettbewerb behaupten. Anbieter, denen es gelingt, die fixen Kosten des Unternehmens auf eine hohe Zahl von verkauften Exemplaren umzulegen können ihr Produkt billiger anbieten. Ein weiteres strukturelles Problem in der Presse wären Begrenzungen für Unternehmen beim Zugang zum → Pressevertrieb, da dann in allen Bereichen neue Strukturen geschaffen werden müssten, um am Markt aktiv zu werden. Eine solche strukturelle Markteintrittsbarriere soll durch die rechtlichen Vorgaben für den Pressevertrieb vermieden werden.

Institutionelle Barrieren beim Marktzutritt bestehen bislang vor allem im Bereich der audiovisuellen Medien. Im Fall des Rundfunks und der Telekommunikation ergibt sich aus der Knappheit der verfügbaren Übertragungsmöglichkeiten die Notwendigkeit für politische und administrative Regulierung, um die verfügbaren Kapazitäten zu verteilen. Weitere institutionelle Barrieren, die im Ausland bestehen ergeben sich z. B. aus konzentrationsrechtlichen Vorgaben.

Der dritte Typ der strategischen Marktzutrittsschranken ergibt sich aus dem Verhalten der bereits existierenden Marktteilnehmer, die auf unterschiedlichen Wegen versuchen, einen Marktzutritt eines neuen Anbieters zu verhindern. Ein Beispiel hierfür sind die gescheiterten Versuche mehrerer ausländischer Unternehmen, in Deutschland Gratiszeitungen zu etablieren. Die etablierten Tageszeitungsverlage verhinderten unter anderem durch die Gründung eigener Konkurrenzblätter und das Einleiten juristischer Schritte den erfolgreichen Marktzutritt.  *H3r*

## Media-Analyse

Die Media-Analyse (MA) ist die wichtigste Untersuchung zur Ermittlung der Reichweiten von Hörfunkprogrammen sowie von Zeitungen und Zeitschriften in Deutschland (→ Reichweitenforschung). Durchgeführt wird sie von der Arbeitsgemeinschaft Media-Analyse (ag.ma), der neben den Hörfunkveranstaltern und Printverlagen auch Werbe- und Media-Agenturen und die werbetreibende Wirtschaft angehören. Die Erhebungen erfolgen zweimal pro Jahr (Frühjahr und Herbst). Befragt werden insgesamt mehr als 60.000 Personen, die repräsentativ für gut 60 Mio. Personen ab 14 Jahren in deutschsprachigen Privathaushalten sind. Aufgrund der Vielzahl der zu erfassenden Hörfunkprogramme und Printtitel werden die hörfunk- und printbezogenen Untersuchungsteile getrennt bearbeitet. Die → Befragung für die so genannten Radio-MA wird in Form computergestützter Telefon-Interviews (CATI) durchgeführt, die Daten für die Presse-MA werden in Face-to-Face-Interviews erhoben. Der Kern der Hörfunkerhebung besteht aus einem Tagesablauf: Für den Stichtag vor dem jeweiligen Interview werden in Viertelstundenintervallen von 5.00 bis 24.00 Uhr folgende Tätigkeiten abgefragt:
- Im Haus: Schlafen, Körperpflege/Anziehen, Essen/Mahlzeiten, Hausarbeit, Berufsarbeit, Sonstiges;
- Außer Haus: Unterwegs im Auto, unterwegs mit Bus/Bahn, Einkaufen, Berufsarbeit, Schule/Studium, Freunde/Verwandte, Kneipe/Restaurant, Sonstiges;
- Medien: Radio, CD/Kassette, Fernsehen, Video, PC.

Als Radiohörer werden die Personen bezeichnet, die am Vortag mindestens ein paar Minuten Radio gehört haben, bei denen also im Tagesablauf für mindestens eine Viertelstunde die Tätigkeit Radionutzung vermerkt wurde. In den letzten Jahren lag diese → Reichweite des Hörfunks annähernd stabil um 79 %. Mit Hilfe der Tagesabläufe kann auch die durchschnittliche Hördauer pro Tag ermittelt werden; diese lag in den letzten Jahren bei etwa 200 Minuten.

Im Hinblick auf einzelne Hörfunkprogramme liefert die Media-Analyse verschiedene Kennwerte. Insgesamt werden in den → Befragungen mittlerweile über 200 Einzelsender und Hörfunkkombinationen abgefragt – die große Bedeutung regionaler und lokaler Programme ist der Grund dafür, dass die Media-Analyse mit einer so großen Stichprobe durchgeführt wird, mit der auch kleinere Verbreitungsgebiete abgedeckt werden können. Für jedes Programm wird in der Befragung zunächst festgestellt, ob die Befragten dieses bereits gehört haben. Für die Programme, bei denen dies der Fall ist, wird weiter gefragt, wann es zuletzt gehört wurde. Alle Personen, die innerhalb der letzten 14 Tage ein bestimmtes Programm gehört haben, bezeichnet man als den „Weitesten Hörerkreis" (WHK) dieses Programms.

Die Bekanntheit und Nutzung von Printmedien wird in der Media-Analyse mittels eines 4-stufigen Abfragemodells ermittelt. In der Befragung enthalten sind insgesamt 180 Zeitschriften, 700 Tageszeitungen, Abo- und Kaufzeitungen sowie konfessionelle Presse, Stadtmagazine und Lesezirkel.

Der zentrale Kennwert innerhalb des Abfragemodells ist der Leser pro Nummer (LpN). Darin eingeschlossen sind alle Personen, die angegeben haben, in einem definierten Erscheinungsintervall einen Kontakt mit einem Printmedium gehabt zu haben („schon mal in der Hand gehabt, um darin zu blättern oder zu lesen"). Das Erscheinungsintervall richtet sich danach, wie häufig einzelne Ausgaben von Printmedien regelmäßig neu erscheinen (täglich, wöchentlich, alle zwei Wochen etc.). Der Kennwert Leser pro Nummer als Prozentwert ausgedrückt (Anteil der Personen, die eine Zeitung oder Zeitschrift in einem Erscheinungsintervall genutzt haben) gibt die Nettoreichweite eines Titels an. Da bei der Nettoreichweite Mehrfachkontakte nur einmal gezählt werden, bleibt unberücksichtigt, ob eine Person mehrfach einen Titel im Erscheinungsintervall genutzt hat.

Neben dem LpN ist der „Weiteste Leserkreis" (WLK) ein zentraler Kennwert der Printmediennutzung. Zum WLK gehören alle Personen, die zumindest eine Ausgabe in den letzten 12 Erscheinungsintervallen einer Zeitschrift oder Zeitung durchgeblättert oder gelesen haben. Die

Dauer der Printmediennutzung in Minuten/Stunden wird in der Media-Analyse nicht erhoben.
Ha, JP

*Literatur*

W. Klingler, D. K. Müller (): ma 2005 Radio II: Radio behält Leitfunktion. Aktuelle Daten zur Hörfunknutzung in Deutschland. In: Media Perspektiven 9/2005, S. 465-477.
ag.ma (o. J.): Die Media-Analyse. Online-Angebot, verfügbar unter www.agma-mmc.de/03_forschung/die_media_analyse.asp?subnav=73&topnav=10 (letzter Zugriff: 26.04.2006).

## media control

Das 1976 gegründete Unternehmen media control GmbH & Co. ist ein führendes Marktforschungsunternehmen und Dienstleister für Medienbeobachtung und -analyse. Es beobachtet den Entertainment-Markt und erstellt u. a. diverse Charts, von Musik über Bücher, Filme, Videos/DVDs, Computerspiele bis hin zu Klingelton-Downloads. Darüber hinaus vermarktet media control Auswertungen der Fernseh-Einschaltquoten, die im Auftrag der → AGF ermittelt wurden. Mit der Beobachtung und Auswertung der Werbung in 270 Zeitschriften, 60 Hörfunk- und Fernsehprogrammen, 250 Internet-Sites und den überregionalen Tageszeitungen bietet media control einen Einblick in die Strategien der Werbetreibenden.

## Mediaset

Die entscheidende Person hinter dem größten italienischen Medienkonzern Mediaset ist der ehemalige Ministerpräsident Silvio Berlusconi. Er und seine Familie üben die Kontrolle innerhalb des Unternehmens aus, in seiner Zeit als Ministerpräsident trat Berlusconi persönlich weniger stark als Vertreter des Unternehmens in Erscheinung. Der Ausgangspunkt des Medienimperiums ist ein Bauunternehmen, mit

**Mediaset**

dem Berlusconi in den 1970er Jahren in Mailand aktiv war. Berlusconis Firma baute in den 1970er Jahren die Trabantenstadt Milano 2 und entwickelte für das dortige TV-Kabelnetz ein Programm, das unter dem Namen TeleMilano im Jahr 1978 auch terrestrisch ausgestrahlt wird. In den 1970er Jahren steigt Berlusconi auch bei der Tageszeitung *Il Giornale* in Mailand ein. Nach der Aufhebung des öffentlich-rechtlichen Monopols im Jahr 1976 beginnt Berlusconi, die Medienaktivitäten seines Konzerns kontinuierlich auszubauen. Bis Mitte der 1980er Jahre hat sich der Konzern komplett vom Bau- zum Fernsehkonzern verändert, Berlusconi ist der einzige nennenswerte Konkurrent des staatlichen Fernsehens RAI. Darüber hinaus erwirbt Berlusconi 1986 den Fußballverein AC Mailand. Zum Konzern gehören nun die Fernsehsender Italia 1 und Rete 4. Mit der Werbeagentur Publitalia kontrolliert der Konzern auch das Werbegeschäft in Italien. Ende der 1980er Jahre erwirbt Berlusconi auch Beteiligungen an Fernsehsendern in anderen europäischen Staaten, bei Tele 5 in → Deutschland, La Cinq in → Frankreich und Telecinco in → Spanien, dieser Expansionskurs wird jedoch nicht intensiv fortgeführt, einige der Beteiligungen werden wieder verkauft. Neben dem Fernseh-, Werbungs- und Verlagsbereich ist das Unternehmen auch Gesellschafter der Kinokette Medusa. Auf internationaler Ebene kommt es zu einem Nichtangriffspakt zwischen Berlusconi und Murdoch, der sich daraufhin bei seinen Aktivitäten in Italien zurückhält. Mittlerweile hat aber auch in → Italien die → Digitalisierung des Fernsehens begonnen und die beiden Unternehmer stehen sich als Konkurrenten gegenüber.

Alle Aktivitäten des Konzerns werden zunächst unter dem Dach der Holding Fininvest zusammengefasst. Der kommerzielle Rundfunk ist bis 1990 kaum durch Regulierung in seiner Entwicklung beeinflusst, deshalb kann Berlusconi seine Position ungestört zu einem kommerziellen Quasi-Monopol ausbauen. Hierbei bekommt er auch politische Rückendeckung. Das Mediengesetz aus dem Jahr 1990 schreibt nur den Status Quo fest und schließt weitere Aktivitäten des Medienkonzerns nicht aus. So erwirbt das Unternehmen in den kommenden Jahren die Mehrheit bei Mondadori, dem größten Buch- und Zeitschriftenverlag des Landes, der in den folgenden Jahren mit großen wirtschaftlichen Problemen kämpft. In den folgenden Jahren wird der Konzern durch Akquisitionen weiter vergrößert.

Im Jahr 1995 werden die Fernsehaktivitäten des Konzerns schließlich unter dem Namen Mediaset zusammengefasst und an die Börse gebracht. Neben der Fininvest und einer Bankenbeteiligung befinden sich die Anteile an der Gesellschaft im Streubesitz. Die wichtigsten Teile des Konzerns sind die drei Fernsehsender Canale 5, Italia 1 und Retequattro mit den an sie angeschlossenen Produktions- und Sendeunternehmen. Ebenfalls zum Konzern gehört Publitalia 80, die exklusiv die Werbezeiten der Fernsehsender vermarktet und rund zwei Drittel des italienischen Marktes für Fernsehwerbung kontrolliert. RTI New Media ist ein Tochterunternehmen, das Angebote für neue Medien und Themenkanäle für das digitale Fernsehen entwickelt und betreibt. Auch die Mehrheitsbeteiligung am Sender Telecinco, dem Marktführer in → Spanien, gehört zum Konzern.

Die italienischen Fernsehprogramme von Mediaset zeichnen sich durch eine Mischung aus seichter Unterhaltung aus, Nachrichten und Informationen spielen keine wichtige Rolle in den kommerziellen Programmen.

Anfang der 1990er Jahre startet Berlusconis politische Karriere. Er gründet die Partei Forza Italia und es gelingt ihm schon 1994 das Amt des italienischen Premierministers zu übernehmen. Entscheidend für das Abschneiden seiner Partei bei der Wahl war die massive Unterstützung der Partei durch die Medien des Konzerns. Diese erste Amtszeit Berlusconis endete nach sieben Monaten, dann zerbrach seine Regierungskoalition. Er setzte seine politische Karriere seitdem fort und es gelingt ihm 2001, erneut Ministerpräsident zu werden. Nach einer Regierungsumbildung im Jahr 2005 tritt Berlusconi als Ministerpräsident im April zurück, seine Rückkehr ins Amt erfolgt aber schon direkt im Anschluss. Mittlerweile wurde er nach einer Niederlage bei den Parlamentswahlen von Romano Prodi als Ministerpräsident abgelöst. Die Amtszeit Berlusconis ist von zahlreichen Diskussionen über seine Rolle begleitet worden. Immer wieder werden ihm Verbindungen zum organisierten Verbrechen in Italien nachgesagt, das seine Aktivitäten zumindest in den Anfangsjahren auch mitfinanziert haben soll. Im Rahmen zahlreicher Gerichtsverfahren wurde in Italien bislang wegen Meineid, Bestechung und Bilanzfälschung gegen ihn ermittelt, in einigen Fällen wurde er auch verurteilt. In der Rolle als italienischer Ministerpräsident gelang es ihm mehrfach, die gesetzlichen Vorgaben so zu ändern, dass er einer Verurteilung entging. Seinen Einfluss setzte er in der Vergangenheit auch dann ein, wenn durch eine Neufassung der rechtlichen Rahmenbedingungen wirtschaftliche Folgen für seinen Konzern zu erwarten waren. So gelang es Berlusconi im Fall des Rundfunkgesetzes aus dem Jahr 2004 eine Verringerung des Einflusses seines Konzerns durch Konzentrationsbeschränkungen zu verhindern. Darüber hinaus wurde dem Konzern der Weg ins digitale Fernsehen geebnet, indem die Einführung von digitalem terrestrischen Fernsehen vorgeschrieben wurde. Der so eröffnete neue Markt sichert Mediaset weiteres Wachstumspotenzial.

Darüber hinaus trägt sein politischer Stil immer wieder zu Kontroversen bei, wiederholt beleidigt er politische Gegner oder versucht, Tatsachen zu seinen Gunsten verfälscht darzustellen. Im Rahmen des Wahlkampfes zu den Parlamentswahlen 2006 verließ er als Reaktion auf Fragen einer Journalistin das Fernsehstudio. Auf einer internationalen Tagung erklärte er, in China seien unter den Kommunisten Babys gekocht und als Dünger auf den Feldern verwendet worden.

Die intensivste Diskussion beschäftigt sich jedoch mit seinem umfassenden Einfluss auf die italienischen Medien. Neben der Kontrolle von Mediaset hatte Berlusconi auch großen Einfluss auf das staatliche Fernsehen RAI. Insbesondere bei der Gestaltung der Rahmenbedingungen des Konkurrenten gelang es Berlusconi, die Interessen seines Konzerns durchzusetzen. Seit seinem Einstieg in die Politik ist es Berlusconi gelungen, die Marktposition seines Konzerns zu festigen. Er profitierte aber auch persönlich in hohem Maße von der Entwicklung, so ist er heute der reichste Mann Italiens mit einem geschätzten Vermögen von mehr als 9,5 Mrd. Euro.

Nach der Niederlage Berlusconis bei den Parlamentswahlen scheint es aufgrund seiner wirtschaftlichen und publizistischen Macht nur eine Frage der Zeit zu sein, bis er wieder in eine führende Position in der italienischen Politik aufsteigt. Die bisher reibungslose Ergänzung von wirtschaftlicher, publizistischer und politischer Macht ist eine europäische Ausnahmesituation, die in der Zukunft immer wieder die Bedeutung der Balance zwischen diesen drei Bereichen ins öffentliche Bewusstsein rufen wird. *H3r*

*Daten zu Mediaset*

|  | 2005 | 2004 | 2003 | 2002 | 2001 |
|---|---|---|---|---|---|
| Umsatz (in Mio. Euro) | 3.678,0 | 3.421,6 | 3.070,0 | 2316,1 | 2.351,1 |
| Gewinn (in Mio. Euro) | 603,4 | 549,6 | 369,7 | 362,0 | 248,4 |
| Beschäftigte | 5.844 | 5.662 | 5.600 | 4.393 | 4.396 |

*Literatur*

Geschäftsbericht des Unternehmens unter www.mediaset.it
P. Ginsborg: Berlusconi. Berlin 2005.
U. Gümpel: Berlusconi Zampano. München 2006.
U. Sauer: Mediaset S.p.A.. In: L. Hachmeister, G. Rager (Hrsg.): Wer beherrscht die Medien? Die 50 größten Medienkonzerne der Welt. München 2005, S. 213-2128.
A. Stille: Citizen Berlusconi. München 2006, 75 f.

# Medienaufsicht

Grundsätzlich folgt die Ausgestaltung der deutschen Medienordnung dem Grundsatz der Staatsfreiheit. Um die Funktionsfähigkeit und die Unabhängigkeit des Medienbereichs zu sichern, kann es allerdings notwendig sein, durch Aufsicht Korrekturen vorzusehen oder die Einhaltung gesetzlicher Vorgaben zu kontrollieren und ggf. zu sanktionieren. Eine rechtliche Kontrolle zur Einhaltung von Gesetzen, die die Kommunikationsfreiheiten beschränken, findet im Bereich des Strafrechts durch die Strafverfolgungsbehörden, zivilrechtlich durch die jeweils Betroffenen und wettbewerbsrechtlich durch die Konkurrenten und Verbände bzw. die Kartellbehörden statt.

Neben diesem allgemeinen Rechtsrahmen bestehen in den Bereichen Presse und Film lediglich Institutionen der Selbstkontrolle, namentlich der *Deutsche Presserat*, der sich um die Einhaltung berufsethischer und professioneller Standards kümmert, und die *Freiwillige Selbstkontrolle der Filmwirtschaft* (→ FSK), die ihr vorgelegte Filme vor der Aufführung insbesondere daraufhin prüft, ob sie Jugendschutzbestimmungen verletzen. Insbesondere für den Rundfunk und die Mediendienste gibt es aber zusätzliche medienspezifische Aufsichtsvorkehrungen.

**Medienaufsicht**

Beim Rundfunk geht das Bundesverfassungsgericht davon aus, dass die Aufstellung gesetzlicher Bestimmungen durch eine effektive Aufsicht ergänzt werden muss, etwa durch binnenpluralistisch organisierte Gremien oder durch externe Aufsichtsinstanzen, insbesondere durch Landesmedienanstalten (s. auch → Rundfunksystem).

Für öffentlich-rechtliche Rundfunkanstalten sind interne Kontrollorgane kennzeichnend. Die Rundfunkräte (ZDF: Fernsehrat) sind pluralistisch zusammengesetzt. Ihre Zusammensetzung und Aufgaben sind in den Staatsverträgen geregelt, wobei sich die Entscheidung des Gesetzgebers auf die Auswahl der zu repräsentierenden Gruppen beschränkt; die Mitglieder selbst werden dann im Interesse der Vermeidung eines staatlichen Einflusses von den jeweiligen Verbänden bzw. Gruppen entsandt. Während die Rundfunkräte für Programmangelegenheiten zuständig sind, haben die Verwaltungsräte Kompetenzen für Fragen der Geschäftsführung außerhalb des Programmbereichs, insbesondere für die Überwachung der Tätigkeit der Intendanten sowie die Feststellung der Wirtschafts- bzw. Haushaltspläne und der Jahresabschlüsse. Über das Programm entscheiden die Intendanten in eigener Verantwortung, wenn auch unter dem Risiko einer nachträglichen Beanstandung der Rundfunkräte.

Fast alle Rundfunkgesetze sehen zudem eine (begrenzte) Rechtsaufsicht über die öffentlich-rechtlichen Rundfunkanstalten vor. Zuständig ist regelmäßig die jeweilige Landesregierung. Die Rechtsaufsicht darf nur subsidiär eingreifen, wenn die anstaltsinterne Kontrolle versagt oder zu versagen droht. Mit Blick auf das Zensurverbot sind präventive Aufsichtsmittel in Programmangelegenheiten ausgeschlossen.

Die Aufsicht über privatwirtschaftliche Rundfunkunternehmen ist dagegen vornehmlich unternehmensextern eingerichtet worden. Dabei wird die staatlich geschaffene Rundfunkaufsicht zum Teil durch freiwillige Selbstkontrolleinrichtungen ergänzt. Um auch im Bereich des Privatfernsehens den Grundsatz der Staatsfreiheit der Medien einzuhalten, wurde die Einrichtung von staatsfernen Landesmedienanstalten als Träger der Rundfunkkontrolle gesetzlich vorgeschrieben. Ihrer Rechtsform nach sind sie Anstalten des öffentlichen Rechts. Um eine staatsfreie Rundfunkaufsicht zu gewährleisten, besitzen die Landesmedienanstalten jeweils ein in der Regel plural, zum Teil auch aus Sachverständigen zusammengesetztes Gremium als Hauptorgan. Seine

Mitglieder sind meist von dem jeweiligen Länderparlament gewählte Personen, die von Verbänden und gesellschaftlich relevanten Gruppen vorgeschlagen bzw. entsandt werden. Die Zuständigkeit der Landesmedienanstalten bezieht sich auf die Bundesländer, für die sie jeweils eingesetzt sind. Daneben wurde eine Arbeitsgemeinschaft der Landesmedienanstalten (→ ALM) eingerichtet; die ALM und ihre gemeinsamen Stellen, etwa für Werbung und Programm, erfüllen Koordinationsfunktionen. Daneben existieren Expertengremien für spezifische Fragestellungen wie im Bereich Konzentrationskontrolle (Kommission zur Ermittlung der Konzentration im Medienbereich, → KEK) oder Jugendschutz (Kommission für Jugendmedienschutz, → KJM), die im Bedarfsfall als beratende Stellen für die jeweils zuständige Landesmedienanstalt fungieren. Die Landesmedienanstalten finanzieren sich aus dem 2 %-Anteil an der → Rundfunkgebühr sowie über Gebühren und Abgaben.

Die Landesmedienanstalten nehmen neben den Aufgaben der rundfunkrechtlichen Zulassung neuer Veranstalter auch solche der laufenden Überwachung wahr. Anknüpfungspunkt ist das Verhalten der einzelnen Rundfunkunternehmen (Verhaltensaufsicht), aber auch das Funktionieren der Rundfunkordnung insgesamt (Strukturaufsicht). So haben die Landesmedienanstalten etwa Vorkehrungen zur Sicherung der Pluralität des Gesamtangebots der Rundfunkprogramme zu treffen. Auch die Einhaltung der Werbe- und Jugendschutzregelungen unterliegt ihrer Aufsicht. Daneben sind ihnen Aufgaben der technischen Versorgungsplanung und Versorgungskontrolle zugewiesen, ihnen erwachsen Kompetenzen bei der Zugangsregulierung etwa im Digitalen Fernsehen (§ 53 Abs. 5-7 RStV) und damit auch eine Aufsicht über den Bereich der reinen Rundfunkveranstalter hinaus, etwa bei Betreibern von Kabelanlagen oder Anbietern von Zusatzdiensten digitalen Fernsehens (z. B. Conditional Access-Anbieter, vgl. § 53 RStV), soweit Mediengesetze auf diese anwendbar sind.

Aufsichtliche Maßnahmen der Landesmedienanstalten gegen die Verletzung von Pflichten sind in gestufter Weise vorgesehen; als schärfste Form der Sanktion nach dem Hinweis, der Beanstandung und der Unterlassungsaufforderung gegenüber dem Veranstalter droht der Widerruf der Zulassung bzw. die Untersagung der Weiterverbreitung eines Programms im Kabelnetz. Daneben gibt es z. T. als Sanktion für

**Medienaufsicht**

Rechtsverstöße das Ruhen der Zulassung, ggf. auch nur in Bezug auf bestimmte Sendungen oder Beiträge. Ergänzungen der Aufsicht folgen aus Bußgeldbewehrungen bis zu 500.000 Euro. Die Landesmedienanstalten unterliegen ihrerseits wie die öffentlich-rechtlichen Rundfunkanstalten einer begrenzten staatlichen Rechtsaufsicht.

An verschiedenen Stellen des Medienrechts wird daneben die Einrichtung besonderer Stellen für den → Jugendschutz angeordnet, die Jugendschutzbeauftragten. Die privaten Fernsehveranstalter haben daneben 1994 eine *Freiwillige Selbstkontrolle Fernsehen e. V. (→ FSF)* gegründet, die auf Verlangen kommerzieller Veranstalter oder der Landesmedienanstalten Filme aus jugendschutzrechtlicher Sicht bewertet. Sanktionen bei Jugendschutzverletzungen können in der Erteilung öffentlicher Rügen, in der Pflicht zur Publikation der Rügen im Programm des Senders und im Ausschluss aus der FSF bestehen.

Auch im Bereich der *Mediendienste* kann spezifische Aufsicht unverzichtbar sein, insbesondere, wenn wie hier auf eine vorherige Zulassung verzichtet wird. Für die Kontrolle der Jugendschutzbestimmungen ist die im jeweiligen Bundesland für den gesetzlichen Jugendschutz zuständige Behörde zuständig, für die datenschutzrechtlichen Regelungen die landesrechtliche Kontrollbehörde. Für die Überwachung der Einhaltung der übrigen Bestimmungen des Mediendienstestaatsvertrags ist schließlich eine nach Landesrecht zu bestimmende Aufsichtsbehörde zuständig. Die jeweils zuständige Aufsichtsbehörde hat die Möglichkeit, bei Verstößen gegen Bestimmungen des MDStV die erforderlichen Maßnahmen zu treffen, die bis zur Untersagung und Sperrung eines Angebots reichen können. Neben diesen Anordnungen können die Aufsichtsbehörden Bußgelder bis zu 250.000 Euro verhängen.

Für den Bereich der neuen Medien existieren mittlerweile ebenfalls verschiedene Selbstkontrolleinrichtungen. Zu erwähnen ist die *Freiwillige Selbstkontrolle Multimedia-Diensteanbieter e.V. (→ FSM)*. Mit der Mitgliedschaft in der FSM entfällt etwa die Pflicht zur Bestellung eines Beauftragten für den Jugendschutz. *SD*

*Literatur*
A. Hesse, Albrecht: Rundfunkrecht. 3. Aufl., München 2003.

## Medienauswahl

Jegliche → Mediennutzung ist zwangsläufig mit einer Auswahl verbunden; bevor es zu einem Medienkontakt kommt, sind verschiedene Auswahlentscheidungen zu treffen: zwischen der Nutzung eines Medienangebots (z. B. Fernsehen) und nicht-medienbezogenen Aktivitäten (z. B. Spazierengehen), zwischen verschiedenen Medien (z. B. Fernsehen oder Internet) sowie zwischen den Teilangeboten eines Mediums (z. B. *Bild* oder *Süddeutsche Zeitung*, RTL oder ProSieben, → Information oder → Unterhaltung, Action oder Comedy, Kerner oder Beckmann). Während die → Reichweitenforschung die Ergebnisse dieser Auswahlentscheidungen untersucht, indem sie feststellt, welches Angebot von wie vielen Menschen genutzt wurde, versucht die Forschung zur Medienauswahl zu erklären, wie die Menschen auswählen und an welchen Kriterien sie sich dabei orientieren. Damit ist meist der Grundgedanke verbunden, dass die Menschen mehr oder weniger aktiv auswählen bzw. dass sie nicht passiv bestimmten Medienangeboten ausgesetzt sind. In dem Maße, wie die Menschen selbst auswählen und damit bestimmen, welchen Angeboten sie sich aussetzen oder nicht, können sie, so die Annahme, die sich gern auf die Nutzer als „mündige Bürger" beruft, mögliche negative Wirkungen der Medien vermeiden. Die Frage nach der Medienauswahl ist also meist mit dem Verständnis eines „aktiven Publikums" verbunden.

Der wichtigste theoretische Ansatz zur Erklärung des Auswahlverhaltens von Mediennutzern ist der so genannte *Nutzen- und Belohnungsansatz.* Dieser Ansatz beschreibt Medienauswahl im Sinne eines einfachen zweckrationalen Modells: Soziale und psychische Voraussetzungen führen zu bestimmten Bedürfnissen und Motiven. Medienangebote, von denen erwartet wird, dass sie im Sinne dieser Motive zur Befriedigung der Bedürfnisse beitragen und in diesem Sinne einen subjektiven Nutzen erfüllen, werden ausgewählt. Stellt sich heraus, dass sich die Erwartungen erfüllen und das ausgewählte Medienangebot zu dem gewünschten Nutzen führt und entsprechend als „belohnend" empfunden wird, erhöht sich die Wahrscheinlichkeit, dieses Angebot in der nächsten Situation wieder auszuwählen. Erfüllt sich die Erwartung nicht, wird in der nächsten Entscheidungssituation vermutlich anders entschieden. Mediennutzung ist nach diesem Ansatz also zielorientiert, absichtsvoll und motiviert. Die Mitglieder des Publikums ergreifen die Initiative bei der Auswahl und Nutzung von Kommunikationsinhalten, um ihre Bedürfnisse und Wünsche zu befriedigen. Die Forschung hat im Laufe der Zeit umfangreiche Motivkataloge herausgearbeitet, mit Hilfe derer in → Befragungen untersucht wird, welche Funktionen verschiedene Medien erfüllen. Zu den Grundfunktionen des Fernsehens gehören etwa Entspannung, Geselligkeit, Information, Gewohnheit und Zeitfüller, Selbstfindung, Spannung und Eskapismus.

Die Grundgedanken des Nutzen- und Belohnungsansatzes und die an ihnen orientierte Forschung sind für die Medienpraxis von herausragender Bedeutung und aus dem Alltag der strategischen Planung von Medienunternehmen kaum mehr wegzudenken. In zahlreichen Untersuchungen werden die konkreten Erwartungen der jeweiligen Zielgruppen an bestimmte Medienangebote erfasst und mit dem tatsächlichen Medienverhalten abgeglichen. So kann festgestellt werden, welche Merkmale des Angebots für die Auswahlentscheidung der Nutzer besonders relevant sind und entsprechend den Erwartungen gestaltet werden sollten. Auch für Vergleiche mit Konkurrenzangeboten ist diese Forschungsstrategie einschlägig, da sich im Detail nachvollziehen lässt, in welchen Nutzenaspekten das eigene Angebot der Konkurrenz über- oder unterlegen ist.

Kritik wird an diesen Annahmen vor allem deshalb geübt, weil angezweifelt wird, dass sich Mediennutzer ihrer Motive bei der Auswahl bewusst sind und insofern stets absichtsvoll auswählen. Dagegen werden z. B. Beobachtungen gesetzt, die dokumentieren, dass die Mediennutzung zu einem großen Teil durch Gewohnheiten geprägt wird – ausgewählt wird danach oft das Gewohnte, nicht unbedingt das Beste oder Nützlichste. Außerdem überblicken Fernsehzuschauer nur einen Teil der verfügbaren Programme, während sie Sendungen auf anderen Programmen, die möglicherweise ihre aktuellen Bedürfnisse besser erfüllen könnten, nicht zur Kenntnis nehmen. Trotz der zahlreichen Kanäle lässt sich bei der Fernsehnutzung nach wie vor ein so genannter „Vererbungseffekt" beobachten, demzufolge Zuschauer eine gewisse Tendenz zeigen, nach dem Ende einer Sendung das betreffende Programm weiterzuverfolgen – unabhängig von der konkreten Sendung; die Programmplanung versucht sich diese Tendenz systematisch zunutze zu machen.

Weitere Befunde zeigen, dass das Auswahlverhalten stark von dem sozialen Kontext, von der Nutzungssituation abhängt: In Abhängigkeit davon, mit wem ferngesehen wird, werden unterschiedliche Sendungen ausgewählt; zumindest bedarf es einer Einigung über das auszuwählende Programm. Eine große Rolle bei der Medienauswahl spielt auch das so genannte Stimmungs-Management: Menschen wählen bestimmte Medienangebote (z. B. eine bestimmte → Musik oder einen bestimmten Film) aus, um damit eine angenehme Stimmung zu erzeugen, eine Anspannung abzubauen oder Langeweile zu vertreiben. Insgesamt hat die Forschung zur Medienauswahl in den letzten Jahren vor allem herausgearbeitet, dass die Auswahlentscheidungen maßgeblich davon geprägt werden, dass sich die betreffenden Medien und Inhalte gut und sinnvoll in den Alltag integrieren lassen, dass sie zur Bewältigung des Alltags beitragen (→ Mediennutzung im Alltag).

Im Zusammenhang mit der Medienauswahl hat sich bereits seit langem eine eigene Gruppe von Medien entwickelt, deren Hauptfunktion darin besteht, die Mediennutzer bei ihrer Auswahl zu unterstützen. Insbesondere die Programmzeitschriften (→ Zeitschrift) haben sich zu einem wichtigen Mediensegment entwickelt, das seit Jahrzehnten große Bedeutung für die Programmauswahl beim Fernsehen hat. In den neuen Medienumgebungen, die noch differenziertere und unübersichtlichere Angebotskonstellationen mit sich bringen, werden solche Meta-Medien, die Orientierung über Medien bieten sollen, eine noch größere Rolle spielen. So ist die Benutzung des Internets ohne Suchmaschinen wie *Google* kaum denkbar. *Ha*

*Literatur*

U. Hasebrink: Nutzungsforschung. In: G. Bentele, H.-B. Brosius, O. Jarren (Hrsg.): Öffentliche Kommunikation. Handbuch Kommunikations- und Medienwissenschaft. Wiesbaden 2003, S. 101-127.
M. Meyen: Mediennutzung. Mediaforschung, Medienfunktionen, Nutzungsmuster. Konstanz 2004.

# Mediendidaktik

Medien spielen in Lehr-Lern-Situationen als Mittel der Veranschaulichung, als Informationsquelle oder Recherchemöglichkeit, als Ausdrucks- und Präsentationsmittel oder als eigener Gegenstandsbereich eine wichtige Rolle. Die Mediendidaktik als ein Teilgebiet der Medienpädagogik befasst sich mit der Frage, wie Medien bzw. Medienangebote zur Erreichung pädagogisch begründeter Ziele konzipiert und eingesetzt werden können bzw. sollen und wie Lehr-Lern-Prozesse durch die Gestaltung oder den Einsatz von Medien optimiert werden können.

Erst in den 1960er Jahren wurde der Medieneinsatz als bedeutsames Strukturmoment des Lehrens und Lernens erkannt. Es lassen sich fünf verschiedene mediendidaktische Konzepte unterscheiden, die vor allem Unterschiede im Hinblick auf den zugrunde liegenden lerntheoretischen Ansatz sowie die Rolle der Lehrenden und Lernenden aufweisen (vgl. Tabelle).

Das *Lehrmittelkonzept* stellt die Verwendung von Medien als Hilfsmittel heraus. Die Medien werden vom Lehrenden in den Unterricht integriert, dem Lernenden kommt lediglich eine rezipierende, reaktive Rolle zu. Ein Beispiel wäre der Einsatz von Bildmaterial zu einem bestimmten Thema.

Das *Arbeitsmittelkonzept* basiert auf der Idee, dass die Lernenden durch den Medieneinsatz zur Selbsttätigkeit aktiviert werden. Die Lehrenden haben in diesem Ansatz vor allem eine strukturierende und unterstützende Funktion. Als Arbeitsmittel könnte beispielsweise vom Lehrenden ausgewählte Internetseiten genutzt werden, um eine konkrete Problem- bzw. Aufgabenstellung zu bearbeiten.

Mit der Entwicklung und dem Einzug von Lehrfilmen, die eine eigene Struktur aufwiesen und daher nur schwer an die jeweilige Lehr-Lern-Situation angepasst werden konnten, entstand das so genannte *Bausteinkonzept*. Medienangebote wurden als eigene Unterrichtselemente betrachtet, die nicht zuletzt auch der Entlastung der Lehrpersonen dienen sollten. Besonders in den 1960er und 1970er Jahren wurden zahlreiche Medienbausteine (Unterrichtsfilme, DVDs, Lernsoftware etc.) erstellt und der Schulfunk und das Schulfernsehen (weiter-)entwickelt. Die Aufgabe der Lehrperson besteht vor allem in der sorgfältigen Auswahl des medialen Bausteins. Den Lernenden kommt –

*Mediendidaktische Konzepte nach Tulodziecki/Herzig (2004)*

| Mediendidaktisches Konzept | Rolle der Medien | Rolle des Lehrenden | Rolle des Lernenden |
|---|---|---|---|
| Lehrmittelkonzept | Hilfsmittel | Auswählen, integrieren | rezipierend, reaktiv |
| Arbeitsmittelkonzept | Arbeitsmittel | Auswählen, integrieren | rezipierend, reaktiv |
| Bausteinkonzept | Wissensvermittler, Entlastung/Ersatz für den Lehrenden | Auswählen, unterstützen | rezipierend, reaktiv |
| Systemkonzept | Arbeitsmittel, Wissensvermittler | Auswählen, unterstützen | rezipierend, (re-)aktiv |
| Lernumgebungskonzept | Arbeitsmittel, Werkzeug, Wissensvermittler | Auswählen, unterstützen | selbsttätig/aktiv |

ähnlich wie beim Lehrmittelkonzept – vor allem eine rezipierende Rolle zu. Typisch wären für dieses Konzept der Einsatz von Arbeitsvideos (z. B. von der FWU) mit entsprechend abgestimmten Arbeitsblättern (plus Begleitmaterial für den Lehrer).

Das *Systemkonzept*, das etwa zur gleichen Zeit entstand, basierte auf der Bereitstellung umfangreicher Lehrsysteme, die neben Schulfernsehsendungen entsprechende gedruckte Begleitmaterialien umfasste. Die eigentliche Lehrplanung wurde zunehmend auf schul-externe Akteure wie z. B. Kultusministerium, Rundfunkanstalten und Verlage verlagert. Ähnlich wie bei dem Bausteinkonzept wählen die Lehrenden ein Medienverbundsystem aus und geben vor, was von den Lernenden rezipiert wird. Inzwischen werden zu verschiedensten Themen umfangreiche Materialkisten angeboten, bestehend aus Büchern, Videos, CDs, Anschauungsmaterial, Kopiervorlagen, weiterführende Informationen (Kontaktadresse o. ä.).

Mit der Hinwendung zu einer konstruktivistischen Lerntheorie entwickelte sich das *Lernumgebungskonzept*, in dem vor allem die aktive Auseinandersetzung der Lernenden betont und gefordert wurde. Die Aufgabe des Lehrenden besteht diesem Konzept zufolge in der Bereitstellung einer Lernumgebung, die den Lernenden zum eigenständigen Lernen anregt, sowie in der Unterstützung des Lernprozesses. Beispiele hierfür sind etwa virtuelle Laboratorien, in denen Simulationen zu verschiedenen Themen durchgeführt werden können (siehe als Beispiel für ein solches virtuelles Laboratorium die *Biology Labs On-Line* der *California State University*: http://biologylab.awlonline.com/).

Der Medieneinsatz im Unterricht ist aus Sicht verschiedener Autoren auch immer mit einem medienerzieherischen Auftrag verbunden, da die Heranwachsenden lernen (sollen), selbstständig und kompetent die Medien zu nutzen, sei es für die Materialrecherche oder zur Aufbereitung ihrer eigenen Arbeitsergebnisse (→ Medienerziehung). Sowohl in Unterrichtseinheiten, in denen Medien lediglich eine unterstützende Funktion zukommt, als auch in solchen, in denen sie selbst Gegenstand der Auseinandersetzung sind, kann und sollte Medienerziehung eine zentrale Rolle spielen.

Der Einsatz von Medien, insbesondere der neueren Medien, ist vor allem an eine technische Ausstattung und an die medienpädagogische Kompetenz der Lehrpersonen gebunden. Dies umfasst sowohl die eigene → Medienkompetenz, als auch die Fähigkeit zur Vermittlung derselben, eine Aufgeschlossenheit gegenüber der Bedeutung von Medien im Alltag der Lernenden sowie den reflektierten Einsatz von Medien in Lehr-Lern-Situationen. *CL*

*Literatur*

B. Hoffman: Medienpädagogik. Paderborn 2003.
G. Tulodziecki, B. Herzig: Handbuch Medienpädagogik, Band 2: Mediendidaktik. Stuttgart 2004.

## Medienerziehung

Medienerziehung stellt eine zentrale Aufgabe der Medienpädagogik dar, was zuweilen dazu führt, dass beide Begriffe synonym verwendet werden. Der Begriff impliziert zweierlei: Zum einen die Erziehung *zu* einer kompetenten und reflektierten Mediennutzung (→ Medienkompetenz) und zum anderen die Erziehung *durch* die Medien (→ Mediensozialisation).

Die Medienerziehung als pädagogische Aufgabe entstand mit der Entwicklung und Ausbreitung der audio-visuellen Massenmedien, insbesondere des → Films. Die anfänglich vor allem auf Filmerziehung ausgerichtete Medienerziehung verfolgte vordringlich das Ziel, Heranwachsende vor den potenziellen Gefahren der Medien zu schützen. Hinter dieser Auffassung steht in der Regel die Auffassung von einer direkten Wirkung der Medien auf den (unmündigen) Rezipienten. Auch heute findet dieser *bewahrpädagogische Ansatz* seine Vertreter, vorzugsweise immer dann, wenn neue Medienangebote und -technologien den Markt erobern.

Daneben haben sich Ansätze etabliert, die Medien weniger als Bedrohung, sondern als bedeutsame Sozialisationsfaktoren neben Eltern, Schule und Freunden akzeptieren und sich auf die Vermittlung von → Medienkompetenz als „Schlüsselqualifikation" für das Aufwachsen in der Medien- und Informationsgesellschaft konzentrieren. Die *medienkritische Medienerziehung* sieht ihre Aufgabe vor allem darin, die Rezipientinnen und Rezipienten zu einem bewussten, kritischen Medienumgang zu befähigen, indem zum einen Strukturen und Verflechtungen verdeutlicht und zum andern die Medien selbst zu Herstellung einer „Gegenöffentlichkeit" genutzt werden. Im Mittelpunkt des *handlungsorientierten* Ansatzes steht vor allem die aktive Auseinandersetzung mit den Medien im Rahmen praktischer Medienarbeit (→ aktive Medienarbeit). Die eigene Gestaltung von Medieninhalten ermöglicht die Reflexion der eigenen Medienrezeption und die Artikulation eigener Sichtweisen und Perspektiven als zentrale Elemente einer allgemeinen → Medienkompetenz.

Betrachtet man Medienerziehung als Erziehung *durch* Medien, lassen sich intentionale und nicht-intentionale Formen der Medienerziehung unterscheiden. Mit intentionaler Medienerziehung ist der gezielte, pädagogisch motivierte Einsatz von Medien zur Initiierung oder Verstärkung von Lern- oder Bildungsprozessen gemeint, sei es durch den didaktischen Einsatz von Unterrichtsmedien (→ Mediendidaktik), die Analyse von Medienangeboten oder die Erstellung eigener Medienprodukte (z. B. Film, Homepage). Diese Form der Medienerziehung findet sich meist in pädagogisch institutionalisierten Kontexten, ist aber keineswegs auf sie beschränkt. Bereits in den 1970er Jahren wurde mit der *Sesamstraße* ein attraktives Medienangebot geboten, dass Kindern auch in ihrer Freizeit sowohl kognitive als auch soziale Kompetenzen auf unterhaltsame Weise vermitteln sollte. Vor allem im Kinderprogramm gibt es inzwischen eine Reihe an lehrreichen Unterhaltungsangeboten oder unterhaltsamen Wissenssendungen (z. B. *Wissen macht Ah! Willi wills wissen, Was ist was TV*). Auch der Markt der bevorzugt für den privaten Gebrauch entwickelten Edutainment-Angebote wie z. B. Lernsoftware oder Internetseiten hat in den letzten Jahren stark expandiert. Das Angebot ist inzwischen so unüberschaubar geworden, dass eigene Ratgeber herausgegeben werden. Als Beispiel für Edutainment-Angebote im → Internet sei hier nur der (vom Schulbuchverlag Cornelsen unterstützte) *Toggo-CleverCLUB* von SuperRTL erwähnt (www.toggo-cleverclub.de), der für einen Jahresmitgliedsbeitrag von 59,00 Euro im Internet diverse Lernspiele für Kinder im Alter von 7 bis 10 Jahren bereitstellt.

Nicht-intentionale Erziehung durch Medien bezieht sich hingegen auf alle positiven und negativen Wirkungen, die von den Medienangeboten ausgehen, denen kein dezidiertes bzw. offenkundiges pädagogisches Konzept zugrunde liegt. Die Angebote sind in der Regel für Unterhaltungszwecke konzipiert, vermitteln aber zum Teil auch Wissenswertes und bieten Lebenshilfe. Gameshows wie etwa *Wer wird Millionär?* oder Infotainmentangebote können ebenso Wissen vermitteln wie auch Talkshows, Spielfilme, Serien, Romane oder Computerspiele Einstellungen und Meinungen prägen, aber auch Verhaltensweisen bzw. eigenes Handeln beeinflussen können.

Vor dem Hintergrund der sozialisierenden Wirkung massenmedialer Angebote hat sich vor allem in den USA in den letzten Jahrzehnten unter dem Stichwort „Entertainment-Education" ein Ansatz herausgebildet, der gezielt versucht, attraktive und populäre Medienangebote wie z. B. Soap Operas oder Spielfilme als Rahmen für pädagogische Zwecke zu nutzen. Die aus pädagogischer Perspektive gewünschten Ansichten und Verhaltensweisen werden zu diesem Zweck attraktiven Charakteren, die ein hohes Identifikationspotenzial aufweisen, quasi „auf den Leib" geschrieben. Anders als bei den oben genannten Infotainment-Angeboten bleibt das pädagogisches Konzept zu Gunsten eines höheren Unterhaltungserlebens im Hintergrund.

*Literatur*

B. Schorb: Medienalltag und Handeln. Medienpädagogik im Spiegel von Geschiche, Forschung und Praxis. Opladen 1995.
B. Schorb: Medienerziehung. In: J. Hüther, B. Schorb: Grundbegriffe Medienpädagogik. München 2005, S. 240-243.

# Medienfreiheit

Als Medienfreiheit wird der verfassungsrechtliche Schutz gerade der massenmedialen Kommunikation (etwa in Abgrenzung zur Freiheit der individuellen Meinungsäußerungen) bezeichnet. Sie ist geistesgeschichtlich eine Errungenschaft der Aufklärung, die praktisch vom Bürgertum erkämpft werden musste, um in die Verfassungstexte zu gelangen. Zuvor war die → Zensur massenmedialer Kommunikation vom Staat aber auch der Kirche geübte Praxis. Der Staatsphilosoph *Thomas Hobbes* (1588-1679) bezeichnet die staatliche Meinungslenkung noch als ein normales – und effektives – Instrument der staatlichen Gesellschaftslenkung.

Die im ersten Zusatzartikel der amerikanischen Verfassung (first amendment) 1789 verbriefte → Meinungsfreiheit umfasst auch die Medienfreiheiten. Die so genannte Bundesakte wird 1815 in Deutschland zum juristischen Garanten der Pressefreiheit, allerdings nur bis zu den Karlsbader Beschlüssen 1819. Bei der Revolution von 1848 wurde daher erneut die Freiheit der Presse gefordert. Schließlich trat 1854 das erste Bundesgesetz in Kraft, das die Pressefreiheit garantierte.

Heute finden sich Verbürgungen der Medienfreiheit auch auf völkerrechtlicher Ebene, wenn auch z. T. nicht explizit, sondern als Teil der Meinungsfreiheit (etwa Art. 10 Abs. 1 der europäischen Menschenrechtskonvention – EMRK). In Deutschland ist sie in Form der Pressefreiheit und der Freiheit der Berichterstattung durch Rundfunk und Film in Art. 5 Abs. 1 S. 2 GG verbrieft.

Nach Auffassung des für die Interpretation des Grundgesetzes maßgeblichen Bundesverfassungsgerichts schützt Art. 5 Abs. 1 S. 2 GG gerade die Freiheit der massenmedialen Vermittlung, so dass der Grundrechtsschutz für eine konkrete Äußerung in den Massenmedien

**Medienfreiheit** 215

verfassungsrechtlich eine Frage der → Meinungsfreiheit und nicht der Medienfreiheit darstellt. Dem historischen Hintergrund gemäß fungieren auch die Medienfreiheiten als Abwehrrechte gegenüber staatlichen Eingriffen. So ist der gesamte Prozess massenmedialer Vermittlung von der Recherche über die Auswahl von Themen, ihre inhaltliche Gestaltung, ihre Publikation und schließlich der → Pressevertrieb durch die Medienfreiheiten des Grundgesetzes geschützt. Dies bedeutet – wie bei allen Grundrechten – nicht, dass der Staat hier keine Eingriffsmöglichkeiten besitzt. Sie sind aber nur unter engen, verfassungsrechtlich vorgegebenen Bedingungen zulässig, über die das Bundesverfassungsgericht wacht. Die Kontrolldichte durch das Bundesverfassungsgericht ist in diesen Fällen vergleichsweise hoch, so dass viele Entscheidungen des Bundesverfassungsgerichts zum Medienbereich das einfachere Recht prägen.

Dass den Medienfreiheiten eine besondere Bedeutung zukommt, hat das Bundesverfassungsgericht etwa in der *Spiegel-Entscheidung* im Jahre 1966 deutlich gemacht. Darin stellt es klar, dass eine freie, keiner staatlichen Lenkung unterworfenen Presse für eine freiheitliche Demokratie existenziell ist.

Praktisch wirkt sich dies in der Rechtsordnung dadurch aus, dass der Staat etwa ein Zeugnisverweigerungsrecht für Journalisten vorsehen muss, damit sie auch im Prozess ihre Quellen schützen können. Zudem ist sowohl bei zivilrechtlichen als auch bei strafrechtlichen Auseinandersetzungen zu beachten, wenn die Medien in Erfüllung ihrer öffentlichen Informationsaufgabe tätig werden. Darüber hinaus entnimmt das Bundesverfassungsgericht dem Art. 5 Abs. 1 S. 2 GG das Prinzip der Staatsfreiheit der Medien, demzufolge der Staat grundsätzlich nicht selbst Massenmedien anbieten und auch über andere Mechanismen etwa der Kontrolle nicht Einfluss auf die Meinungsbildung durch die Medien gewinnen darf.

Während diese staatsgerichtete Komponente der Medienfreiheiten nicht prinzipiell umstritten ist, liest das Bundesverfassungsgericht – praktisch relevant vor allem für den Rundfunk – aus der Medienfreiheit des Grundgesetzes auch eine so genannte objektive Komponente. Grundrechte sind demnach nicht nur gegen den Staat gerichtet, indem sie seine Eingriffsmöglichkeiten begrenzen. Den Gesetzgeber trifft zudem die Aufgabe, freie Meinungsbildung durch den Rundfunk zu gewährleisten, in dem er die Rundfunkordnung ausgestaltet. Hintergrund ist die Überzeugung, dass die Freiheit öffentlicher Kommunikation nicht nur durch den Staat selbst gefährdet werden kann, etwa indem er versucht, Meinungslenkung zu betreiben. Sie kann auch dadurch gefährdet werden, dass Private Einfluss auf die Meinungsbildung gewinnen, der nicht kommunikativ (also durch gute Argumente), sondern durch wirtschaftliche Macht oder Beherrschung von Schlüsseltechnologien entsteht. Aus Sicht des Bundesverfassungsgerichts hat der Gesetzgeber im Rundfunk die Pflicht, der Entstehung vorherrschender Meinungsmacht durch gesetzliche Regelungen entgegen zu wirken (→ Rundfunksystem). *WS*

*Literatur*

W. Hoffmann-Riem: Kommunikations- und Medienrecht, in: E. Benda, W. Maihofer, H.-J. Vogel (Hrsg.): Handbuch des Verfassungsrechts, 2. Aufl., Berlin 1994.

# Medienkompetenz

Mediatisierte Lebenswelten stellen insbesondere Kinder und Jugendliche, aber auch Erwachsene vor neue, sich ständig wandelnde Herausforderungen. Der kompetente Umgang mit unterschiedlichsten Medienangeboten, Technologien und Kommunikationsformen (z. B. E-Mail, Chat, Weblogs, SMS/MMS) wird mehr denn je zu einer Aufgabe, die es im Kontext allgemeiner Entwicklungs- und Sozialisationsprozesse zu bewältigen gilt und Medienkompetenz zu einer Aufgabe lebenslangen Lernens werden lässt.

Medienkompetenz kristallisierte sich als zentrale Zielkategorie medienpädagogischen Handelns in den 1970er Jahren heraus, als sich die handlungsorientierten Medienpädagogik in Abgrenzung zu der bewahrpädagogisch orientierten Tradition etablierte. Bestanden die medienpädagogischen Bemühungen bis dahin vor allem darin, Kinder und Jugendliche vor potenziellen schädlichen Medieneinflüssen zu schützen, richtete sich der Fokus der handlungsorientierten → Medienerziehung verstärkt auf die Hinführung zu einem selbstbestimmten und kompetenten Umgang mit den Medien und der Vermittlung hierfür notwendiger Kompetenzen. Medienkompetenz wurde und wird als ein Teilbereich allgemeiner Kompetenz betrachtet, die es dem Individuum ermöglicht, sich seine Welt aktiv anzueignen. Die Medien in diesem Zusammenhang kompetent zu gebrauchen, bedeutet zum einen, sich analytisch mit den Angeboten auseinandersetzen und auch im Hinblick auf die eigene Person reflektieren zu können (→ Medienkritik). Zum anderen bedarf es gewisser Kenntnisse über die Medien selbst, z. B. über ihre Funktionsweisen, die ökonomischen Hintergründe, Wirkungen etc. (Medienkunde). Darüber hinaus umfasst Medienkompetenz die Fähigkeit, die Medien bedienen, aber auch für eigene Anliegen nutzen zu können, z. B. das Durchführen von Online-Bestellungen (→ Mediennutzung). Medienkompetentes Handeln meint aber auch, die Medien zur Artikulation eigener Meinungen und Perspektiven zu nutzen und sich mittels Medien an gesellschaftlichen Prozessen aktiv zu beteiligen (Mediengestaltung).

Inzwischen gibt es diverse Definitionsversuche, die sich um eine zunehmende Ausdifferenzierung und Aktualisierung des Medienkompetenz-Begriffes bemühen. Dem entgegen steht die inflationäre Begriffsverwendung insbesondere in bildungspolitischen Kontexten, zum Beispiel als Parole im Zusammenhang von „Schlüsselqualifikationen" für das Aufwachsen in der Medien- und Informationsgesellschaft, was nicht zuletzt zu einer gewissen inhaltlichen Entleerung des Begriffes beitragen hat. Zugleich gerät durch die Fokussierung der bildungspolitischen Bemühungen auf die neuen, digitalen Medien aus dem Blick, dass sich Medienkompetenz auf das gesamte Medienspektrum bezieht.

Aus pädagogischer Sicht wird der Kompetenzbegriff häufig als zu einseitig auf kognitive Fähigkeiten ausgerichtet kritisiert. Begriffe wie Medienbildung oder Medienmündigkeit – zuweilen auch synonym zum Medienkompetenz-Begriff verwendet – versuchen demgegenüber die ganzheitliche Dimension von Medienkompetenz und den Aspekt der Selbstbestimmung und Emanzipation herauszustellen. Medienbildung wird als mediatisierter Aspekt der allgemeinen Persönlichkeitsbildung verstanden, der Medienkompetenz voraussetzt, aber darüber hinausgehend die Fähigkeit berücksichtigt, die Bedeutung der Medien für die eigene Person reflektieren und sich auch auf unbekannte medienbezogene Situationen einstellen zu können – eine Kompetenz, die angesichts des rasanten Medienwandels von besonderer Bedeutung ist. Der Begriff der Medienmündigkeit, der von der Klagenfurter Arbeitsgruppe Medienerziehung in die Diskussion eingebracht wurde, betont besonders Mündigkeit als pädagogische Zielkategorie im Sinne von Selbstbestimmung und Emanzipation mit und durch Medien. Der Blick richtet sich aus dieser Perspektive weniger auf die Medien und die von ihnen abgeleiteten normativen Anforderungen an das Subjekt, sondern auf Bedeutung der Medien für das jeweilige Subjekt.

Für die Vermittlung von Medienkompetenz liegen keine verbindlichen Vorschläge oder Konzepte vor. Die konkretesten konzeptionellen Überlegungen finden sich für den schulischen Bereich. Die Vermittlung von Medienkompetenz bzw. Medienbildung ist aber keineswegs auf Schule beschränkt – auch der Familie und außerschulischen Einrichtungen kommt im Hinblick auf Medienkompetenzförderung eine wichtige Bedeutung zu. Inzwischen liegen zahlreiche Publikationen und Dokumentationen gelungener Projekte zur Medienkompetenzförderung vor. Einen umfangreichen Fundus an Materialien bieten zum Beispiel – nach verschiedenen Zielgruppen gegliedert – der „Grundbaukasten Medienkompetenz" des Medienkompetenz-Netzwerkes NRW (www.mekonet.de/php/gbm/uebersicht/) sowie das Medienkompetenz-Portal NRW (www.medienkompetenz-portal-nrw.de). *CL*

*Literatur*

S. Aufenanger: Medienkompetenz oder Medienbildung? Wie die neuen Medien Erziehung und Bildung verändern. In: Bertelsmann Briefe Nr. 142 (1999), S. 21-24.
D. Baacke: Medienkompetenz – Begrifflichkeit und sozialer Wandel. In: A. von Rein (Hrsg.): Medienkompetenz als Schlüsselbegriff. Bad Heilbrunn 1996, S. 112-124.
W. Schludermann: Medienmündigkeit als gesellschaftliche Herausforderung. In: I. Paus-Haase, C. Lampert, D. Süss (Hrsg.): Medienpädagogik in der Kommunikationswissenschaft. Positionen, Perspektiven, Potenziale. Wiesbaden 2000, S. 49-59.
D. Spanhel: Medienkompetenz als Schlüsselbegriff der Medienpädagogik? In: Forum Medienethik 1/2002, S. 48-53.

# Medienkritik

Seit ihrem Entstehen werden Medien von einer kontinuierlichen kritischen Debatte um ihre Angebote und ihre Funktionen begleitet. Im Rahmen dieser Debatte entstanden vielfältige Formen der kritischen Beschäftigung mit Medien. So lassen sich Formen der intermedialen Medienkritik, in der in einem Medium die Angebote eines anderen Mediums kritisiert werden und Formen der selbstreferenziellen Medienkritik, in der die Angebote des eigenen Mediums kritisiert werden, unterscheiden.

Im Bereich der intermedialen Kritik erfolgt eine wechselseitige Beobachtung der verschiedenen Akteure des Mediensystems. So setzen sich Printmedien wie etwa Zeitungen vor allem mit einzelnen Angeboten der audiovisuellen Massenmedien, beispielsweise Kinospielfilmen und Fernsehsendungen, auseinander. Einzelne Kinofilme wie etwa *Die verlorene Ehre der Katharina Blum* (1975) wiederum kritisieren die Arbeit der Printmedien.

Die Rezension ist die am weitesten verbreitete Textsorte der Medienkritik in Zeitungen und Zeitschriften. Innerhalb des → Feuilletons gibt es auch Essays zu Teilfragen der Medienentwicklung und Glossen, die der ironischen Betrachtungen einzelner Erscheinungsformen von Medienangeboten dienen. Seltener sind Formatkritiken, die beispielsweise diverse Talkshow oder Reality Formate in einem Artikel thematisieren. Diese Form findet sich in Medienfachdiensten wie epd medien, die sich an die Mitarbeiter von Medienunternehmen richten. Für die Kritik von Kinospielfilmen haben sich eigene Publikationsorgane wie etwa Cinema oder epd Film etabliert.

Im → Internet etablierten sich Weblogs wie *Bildblog.de* als Instanzen der Kritik. Der Wahrheitsgehalt von Printmedien wird hier ebenso kritisch beobachtet wie aktuelle Fernsehentwicklungen. Einzelne Webseiten etwa der Landesmedienanstalten bieten den Nutzerinnen die Möglichkeit, aus der Sicht der Rezipienten Kritik gegenüber aktuellen Medienangeboten zu formulieren.

Formen der selbstreferenziellen Medienkritik finden sich vor allem im → Fernsehen. Hier setzen sich Medien- und Kulturmagazine mit Fernsehsendungen auseinander. Auch im Bereich von Unterhaltungsshows wie beispielsweise *TV Total* (Pro Sieben) findet eine kritische Beschäftigung mit Fernsehsendungen statt, die jedoch nicht auf eine sachliche, sondern eine parodistisch ironische Auseinandersetzung setzt.

In vielen Ländern etablierte sich die Medienkritik als kontinuierlicher Tätigkeitsbereich in bestimmten Institutionen wie den Landesmedienanstalten, oder Interessensverbänden wie etwa Hörer- oder Zuschauervereinigungen. In Deutschland existieren keine vergleichbaren Interessensverbände, die eine kontinuierliche Medienkritik als Institution etabliert haben. Hier können sich die Zuschauer an die Rundfunkräte der öffentlich-rechtlichen Rundfunkanstalten oder bei Beschwerden über die Programmangebote kommerzieller Anbieter an die jeweils zuständige Landesmedienanstalt wenden.

Die wissenschaftliche Medienkritik befasst sich vor allem mit den Folgen von Medienangeboten. Die wachsende Bedeutung der symbolischen Politik, in der medienwirksame Inszenierungen die thematische Beschäftigung mit politischen Inhalten ersetzten, wurde ebenso kritisiert wie die Gewaltdarstellungen in Film, Fernsehen und Computerspielen (→ Bildschirmspiele). Ein weiterer zentraler Kritikpunkt richtet sich gegen die Virtualisierung der Wirklichkeitserfahrung durch Medienangebote. *JoB*

*Literatur*
K. Hickethier: Geschichte der Fernsehkritik. Berlin 1994.
R. Weiß (Hrsg.): Zur Kritik der Medienkritik. Wie Zeitungen das Fernsehen beobachten. Berlin 2005.
H. Weßler, C. Matzen, O. Jarren, U. Hasebrink (Hrsg.): Perspektiven der Medienkritik. Opladen 1997.

## Mediennutzung im Alltag

Von Mediennutzung ist die Rede, wann immer ein Kontakt zwischen Menschen und einem Medienangebot zustande kommt – wenn der Fernseher eingeschaltet wird, um Nachrichten anzusehen, wenn die Zeitung gelesen wird, wenn beim Vorbeifahren die Plakate gelesen werden, wenn im Internet die aktuellen Filme und ihre Anfangszeiten recherchiert werden, kurz: wenn Menschen Medien nutzen. Aufschluss über diese Kontakte mit den Medien gibt die → Reichweitenforschung. Während diese aber in erster Linie der Messung des puren Kontakts gilt, um so → Reichweiten und Marktanteile zu berechnen, umfasst der Begriff Mediennutzung noch weitere Aspekte: 1) die → *Medienauswahl*, also die Frage, welche Medien und Inhalte sich die Menschen zur Nutzung auswählen; 2) die *Medienrezeption*, also die Frage, wie die Menschen die ausgewählten Angebote wahrnehmen, verarbeiten und interpretieren (siehe z. B. → parasoziale Interaktion) sowie 3) die *Medienaneignung*, also die Frage, wie die Menschen die wahrgenommenen Inhalte in ihren Alltag hineinholen, welche Bedeutung sie ihm im Hinblick auf ihr Wissen, ihre Einstellungen und ihr Handeln zumessen.

Dieses umfassendere Verständnis von Mediennutzung wird oft mit dem Zusatz „im Alltag" verbunden. Damit wird signalisiert, dass Mediennutzung Bestandteil des Alltagshandelns ist und entsprechend auch nur verstanden werden kann, wenn der Kontext, in dem Menschen Medien nutzen, mit berücksichtigt wird. Alltag bedeutet in diesem Zusammenhang nicht „Werktag", also das Gegenteil von Sonn- und Feiertagen; er bedeutet auch nicht „Alltägliches" im Sinne der immer wiederkehrenden Routinen, die unser Leben mit prägen. Vielmehr verweist Alltag hier auf die Tatsache, dass menschliches Handeln stets darin besteht, in den bestehenden grundlegenden gesellschaftlichen, wirtschaftlichen und kulturellen Rahmenbedingungen, angesichts einer bestimmten sozialen Position in der Gesellschaft, die mit bestimmten Anteilen an Macht und Ansehen verbunden ist, und vor dem Hintergrund der individuellen Wertvorstellungen und Vorlieben etwas „Sinnvolles" zu tun, die eigene Identität zu sichern, den eigenen Lebensplan zu verfolgen. Aus einer solchen Perspektive gewinnen bestimmte Formen der Mediennutzung ihren Sinn.

Wie die Forschung gezeigt hat, ist der Umgang mit Medien eng mit vielen Handlungsbereichen verwoben. Dies wird bereits anhand der typischen Tagesverläufe der verschiedenen Medien deutlich: So begleitet das Radio die Menschen zu Beginn des Tages beim Aufstehen, Frühstücken und beim Weg zur Arbeit; viele hören auch über den Vormittag hinweg bei der (Haus-)Arbeit, bei Schülern zeigt sich ein Nutzungsgipfel am frühen Nachmittag nach der Schule. Zum Abend hin übernimmt das Fernsehen für die meisten Menschen die Führungsrolle, der Feierabend zu Hause wird am ehesten mit diesem Medium verbracht. Weiter lässt sich beobachten, wie gesellschaftliche Zeitstrukturen und die Programmstrukturen insbesondere des Fernsehens miteinander zusammenhängen. Die 20-Uhr-Marke als der Zeitpunkt, zu dem seit Jahrzehnten die *Tagesschau* beginnt, hat sich fest in den deutschen Tagesablauf eingeprägt, auch die meisten anderen Programme orientieren sich an dieser Uhrzeit.

Neben diesen zeitlichen Aspekten zeigt sich die Verbindung zwischen Mediennutzung und Alltag auch im Hinblick auf die Inhalte. Reichweitenstudien werden in den letzten Jahren zunehmend um Informationen über die Milieuzugehörigkeit der Nutzer erweitert; die Ergebnisse dokumentieren, dass die Nutzung konkreter Fernsehprogramme oder Zeitschriften sehr eng mit dem Milieu, mit Alter, formaler Bildung, beruflicher Tätigkeit und Einkommen zusammenhängt. Auch Männer und Frauen unterscheiden sich in ihren inhaltlichen und darstellungsbezogenen Vorlieben und ihrer Interpretation von konkreten Angeboten. Wie solche Unterschiede zu erklären sind, ergibt sich aus vertiefenden Untersuchungen zu spezifischen sozialen Kontexten. Studien zur Identitätsentwicklung von Kindern und Jugendlichen etwa (vgl. → Mediensozialisation) verdeutlichen die enge Verbindung zwischen dem Umgang mit bestimmten Medienfiguren, den persönlichen „Medienhelden", und den aktuell bestehenden Entwicklungsaufgaben, z. B. der Ablösung von den Eltern. In der Kommunikation zwischen Kindern und Jugendlichen spielen aktuelle Medienformate und die darauf bezogenen Produkte eine maßgebliche Rolle bei der Verständigung darüber, was „in" und „out" ist. Dies setzt sich im weiteren Lebensverlauf fort: Bei der Analyse von Tischgesprächen in privaten Haushalten oder auch an Stammtischen zeigt sich, dass alltägliche Kommunikation durchwirkt ist von Bezügen auf Medieninhalte, die Anlass für Erzählungen, für kritische oder lobende Urteile bieten. Wie zahlreiche Studien der Genderforschung herausgearbeitet haben, spielen Medieninhalte eine maßgebliche Rolle bei der Konstruktion von Geschlechterrollen und der Herausbildung von Geschlechter-Identitäten. Jenseits dieser differenzierenden Nutzungsformen zwischen verschiedenen Teilgruppen der Bevölkerung sind auch die übergreifenden Anlässe zu erwähnen, in denen sich die Gesellschaft nahezu vollständig auf medienvermittelte Anlässe bzw. „Medienereignisse" bezieht und damit der gesellschaftliche Alltag geprägt wird; dazu gehören außermediale, aber in hohem Maße von und für Medien gestaltete Ereignisse wie Fußballweltmeisterschaften, dazu gehören Katastrophen wie der Tsunami 2005 oder Terrorakte wie der 11. September 2001 – die umfassende mediale Vermittlung hat den Alltag auch derjenigen verändert, die nicht direkt betroffen waren. *Ha*

*Literatur*

U. Hasebrink: Nutzungsforschung. In: G. Bentele, H.-B. Brosius, O. Jarren (Hrsg.): Öffentliche Kommunikation. Handbuch Kommunikations- und Medienwissenschaft. Wiesbaden 2003, S. 101-127.
M. Meyen: Mediennutzung. Mediaforschung, Medienfunktionen, Nutzungsmuster. Konstanz 2004.


# Medienpolitik

Dieser Begriff wird gern austauschbar mit Kommunikationspolitik verwendet. Medienpolitik kommt eher aus der politischen Praxis und der Politikwissenschaft, Kommunikationspolitik ist als Unterbegriff der Kommunikationswissenschaft entstanden. Für die inhaltliche Füllung des Begriffs lassen sich zwei deutlich verschiedene Herangehensweisen unterscheiden. Aus systemtheoretischer Sicht wird Medienpolitik als der Überschneidungsbereich des Mediensystems mit dem politischen System beschrieben. Der Denkweise der Systemtheorie folgend wird dabei betont, dass sich beide Systeme eigensinnig verhalten und ganz unterschiedlicher Handlungslogik folgen. Andere Sichtweisen basieren eher auf handlungstheoretischen Ansätzen und gehen von Akteuren und Arenen aus. In einer klassischen Dreiteilung der Politikwissenschaft leiten sich die Bereiche polity (Kommunikationsverfassung, Institutionen), politics (Input der Medienakteure) und policy (Output der Medienpolitik, z. B. Gesetze oder Regulierungen) ab. Hier wird unter Medienpolitik ein politisch motiviertes und intendiertes Handeln verstanden, das sich auf die Organisationen, die Funktionsweise, die

Ausgestaltung und die materielle wie personelle Seite der Massenmedien bezieht.

Medienpolitik wird betrieben, seitdem es Massenmedien gibt. In der Frühzeit wurden die wenigen Zeitungen landesherrlich privilegiert, d. h. lizenziert und einer dauerhaften → Zensur unterworfen. Die große Idee der Pressefreiheit bannte sich über → Großbritannien, die → USA und → Frankreich mühsam den Weg nach Deutschland (Reichspressegesetz 1874). Heute gilt, dass die Summe der Verfassungsgrundsätze in Bund und Ländern und die entsprechenden Institutionen (Arenen) den rechtlichen Rahmen ausmachen. Bei uns sind die Medien laut Grundgesetz (Art. 5) frei, auch wenn gesetzliche Bestimmungen zu beachten sind. Jedermann darf eine Zeitung publizieren, muss sich aber an die presserechtlichen Vorgaben halten, die in Landespressegesetzen niedergelegt sind.

Das Binnenleben der elektronischen Medien ist deutlich restriktiver gehalten, wobei es eine deutsche Besonderheit ist, dass als Folge des Kulturföderalismus der politische Entscheidungsschwerpunkt bei den Ländern liegt. Die öffentlichen Rundfunkanstalten beruhen auf Landesrecht, verfügen über einen definierten Programmauftrag und eine eigene Kontrollstruktur mit den Rundfunkräten im Zentrum, fixiert in Landesrundfunkgesetzen. Diese Räte mit ihren „sozial relevanten Gruppen" sollen zwar die Zivilgesellschaft in ihrer ganzen Breite repräsentieren, werden aber faktisch meist von den großen Parteien beherrscht, die damit auf die personelle und programmliche Seite der Anstalten Einfluss nehmen. So ist es leider schlechter Brauch, nach einem Regierungswechsel auch das Landesrundfunkgesetz zu verändern und dabei eigenen Leuten eine Mehrheit zu sichern. In dieser Situation sind die Parteien und sozialen Gruppen die (intermediären) Akteure, die Rundfunkräte die Arenen und die Programmleistungen der Sender der Output.

Mit der Dualisierung des → Rundfunksystems ab 1985 entstanden neue Akteure und Arenen. Die gesetzlich begründeten Landesmedienanstalten vergeben Lizenzen und regulieren die privat-kommerziellen Anbieter. Um Einfluss auf die Tätigkeit dieser Arenen zu nehmen, schlossen sich die inzwischen erstarkten Medienunternehmen in eigenen Verbänden zusammen und betreiben massive Lobbyarbeit. Der wichtigste Verband ist der → VPRT, der sich zu einem lautstarken Wi-

## Medienpolitik

dersacher der öffentlichen Anbieter → ARD und → ZDF entwickelt hat. Ähnliche Verbände sichern auch die Interessen der Kabelanbieter, der Filmproduzenten etc.; auf der Gegenseite finden sich vergleichbare Formationen der Beschäftigten, etwa der Journalisten im → DJV und der dju, angeschlossen an → ver.di.

Die Bundesebene ist medienpolitisch vergleichsweise von geringerer Bedeutung, allerdings gibt es seit 1998 einen Staatsminister für Kultur und Medien, dessen Tätigkeitsfeld von einem gleichnamigen Ausschuss des Bundestags gespiegelt wird. Der Bund hat zentrale Kompetenzen im Kartellrecht, so entscheidet das → Bundeskartellamt über große Fusionen, wie im Falle des geplanten Aufkaufs von → ProSiebenSat.1 durch die → Axel Springer AG 2005/6, was auf dessen Ablehnung stieß. Diese Fusion hatte auch die Kommission zur Ermittlung der Konzentration im Medienbereich (→ KEK) abgelehnt, eine Einrichtung für die Landesmedienanstalten. Allerdings verfügt Deutschland neben einigen pressespezifischen Vorschriften aus den 1970er Jahren über keine konzentrationshemmenden Bestimmungen, die sich speziell auf den Mediensektor beziehen, was zunehmend als Mangel empfunden wird. In die Bundesverantwortung fällt auch die → Bundesnetzagentur (seit 2006), die u. a. für die Regulierung des gesamten Telekommunikationssektor verantwortlich ist, der zunehmend mit den konventionellen Medien konvergiert.

Jenseits dieser klaren Bund-Länder-Zuordnungen gibt es auch medienpolitische Handlungsfelder, die quer zu den politisch definierten Räumen liegen, also als Gegenstand von Mehrebenenpolitik zu sehen ist. Dazu zählt z. B. die Filmpolitik, die vor allem aus staatlicher Förderung besteht, die konkurrierend sowohl auf Bundes- wie auf Länderebene organisiert ist. Ein weiteres Feld stellt die Technologiepolitik dar, so sind ganz unterschiedliche Akteure von Herstellerfirmen, Medienunternehmen, Bundesministerien, Rundfunkanstalten bis zu Landesmedienanstalten seit Jahren engagiert, die → Digitalisierung von Hörfunk (etwa DAB) und Fernsehen (etwa DVB) voranzutreiben. Diese fördernden Tätigkeiten finden meist weitgehend außerhalb öffentlicher Aufmerksamkeit statt, so dass hier kaum politische Kontrolle wirksam wird.

Insgesamt gilt, dass die Medienpolitik in Deutschland zwar etabliert ist, sich aber zwischen Bund und Ländern sowie ganz unterschiedlichen

Akteuren und Institutionen sehr fragmentiert darstellt. Eine klare Linie etwa in dem Bereich Medienkonzentration (→ Konzentration) ist nicht festzustellen. Transparente Regulierungsstrukturen, welche auf die digitale Konvergenz von Medien, Telekommunikation und Informationstechnik reagieren, werden durch die föderale Aufgabentrennung behindert. Eigentlich müssten die Aufgaben der Landesmedienanstalten und der Bundesnetzagentur zusammengelegt werden, etwa nach dem Vorbild der britischen Ofcom.

Ein weiteres Problem ist, dass der einst souverän handelnde Nationalstaat angesichts von Europäisierungs- und Globalisierungstendenzen zunehmend Verantwortung abgeben muss, sich die Mehrebenenproblematik also Richtung Welt ausweitet (→ Weltkommunikationsordnung). So ist das globale Netzwerk Internet nur mehr auf globaler Ebene zu regulieren. Dazu bilden sich national wie global neuartige Entscheidungsstrukturen heraus, die Vertreter aus Politik, Wirtschaft und Zivilgesellschaft umfassen und gemeinsam um Konsensfindung ringen. Diese neuen Formen des Regierens werden oft als Media oder Internet Governance bezeichnet und damit von herkömmlichen Formen (government) abgegrenzt. *HJK*

*Literatur*
H. Haas, W. R. Langenbucher (Hrsg.): Medien- und Kommunikationspolitik. Wien 2005.
C. Holtz-Bacha: Medienpolitik für Europa. Wiesbaden 2006.
M. Mai: Medienpolitik in der Informationsgesellschaft. Wiesbaden 2005.
J. Tonnemacher: Kommunikationspolitik in Deutschland. Konstanz 2003.

## Medienprivilegien

Die Medien können ihre gesellschaftliche Funktion nur dann wahrnehmen, wenn sie ihre Beiträge auch veröffentlichen können (→ Zensur). Doch auch vorherige staatliche Eingriffe in der Produktionsphase, etwa während der Informationsbeschaffung, Recherche und Beitragserstellung, können die journalistische Tätigkeit stark beeinträchtigen. Zur

Erfüllung ihrer spezifischen Funktion werden Medienunternehmen und Journalisten daher in verschiedenen Bereichen Sonderrechte eingeräumt, die so genannten Medienprivilegien.

Aus dem Verständnis von Massenmedien als „Medium und Faktor" öffentlicher Meinungsbildung (→ Medienfreiheit) erwächst die Erforderlichkeit gesetzlich verankerter Privilegien, um die Erfüllung dieser Funktionen durch die Massenmedien zu gewährleisten. Dabei ist zu berücksichtigen, dass Artikel 5 des Grundgesetzes die gesamte Tätigkeit der Massenmedien von der Beschaffung über die Bearbeitung bis zur Verbreitung der Kommunikationsinhalte hin zum Rezipienten schützt. Die in gewisser Hinsicht bevorzugte Stellung von Medienangehörigen wird den entsprechenden Personen ausschließlich zur Erfüllung der angesprochenen Funktionen zugeschrieben, es handelt sich also nicht um persönliche Privilegien, die die Betroffenen jederzeit auch für sich selbst bzw. für nicht-journalistische Zwecke in Anspruch nehmen könnten.

Die in der Praxis bedeutsamsten Medienprivilegien beziehen sich auf gesetzlich festgeschriebene, medienspezifische Auskunftsrechte gegenüber staatlichen Stellen und auf strafrechtliche Erleichterungen im Bereich der Zeugenaussagen (Zeugnisverweigerungsrecht) sowie der Beschränkungen von Durchsuchung und Beschlagnahme von Redaktionsmaterial. Daneben bestehen bereichsspezifische Privilegien u. a. im → Datenschutz.

– *Auskunfts- und Informationsrecht:* Es ist aber die Pflicht aller staatlichen Stellen, den Medien in Angelegenheiten öffentlichen Interesses Auskunft zu erteilen. Derartige Auskunftsrechte haben ihre Ausprägungen in vielen Gesetzen gefunden, so etwa das Recht der Einsichtnahme in das Vereinsregister (§ 79 BGB), das Handelsregister (§ 9 HGB) oder in das Grundbuch (§ 12 GBO). Dazu kommen medienspezifische Zutrittsrechte, etwa zu öffentlichen Veranstaltungen oder Versammlungen (§ 6 Abs. 2 VersG). Die in der Praxis bedeutsamste Privilegierung ist der allgemeine Auskunftsanspruch bzw. Informationsanspruch von Medienvertretern gegenüber Behörden und staatlichen Stellen, den die Landesmedien- und Landespressegesetze vorsehen (in der Regel § 4 Landespressegesetz). Auskunftsberechtigt sind in der Regel Vertreter der Presse, des Hörfunks und des Fernsehens sowie von journalistisch-redaktionell gestalteten Mediendiensten, die ihrer Funktion nach an der Beschaffung, Verarbeitung und Verbreitung von Nachrichten sowie der geistigen Einflussnahme auf die Meinungsbildung mitwirken. Insofern können auch freie, gelegentliche Mitarbeiter einer Redaktion einen Auskunftsanspruch haben, ggf. muss ein Legitimationsschreiben vorgelegt werden. Der Informationsanspruch bezieht sich ausschließlich auf die Mitteilung von Tatsachen, ein Anspruch auf eine Bewertung oder Stellungnahme durch die Behörde ist nicht vom Umfang erfasst. Das Auskunftsrecht besteht nicht gegenüber Privatpersonen oder Unternehmen. Diese können sich aber auf Bundesebene und in manchen Bundesländern auf Informationsfreiheitsgesetze berufen.

– *Zeugnisverweigerungsrecht:* Um den insbesondere für den investigativen Journalismus wichtigen Informantenschutz zu gewährleisten, müssen Journalisten die Möglichkeit haben, ihre Quellen geheim zu halten. Das Zeugnisverweigerungsrecht gestattet Medienvertretern, die Aussage als Zeuge vor einem Gericht zu verweigern, soweit in dessen Rahmen Aussagen über einen Informanten oder dessen Mitteilung gemacht werden müssten. Auch über den Inhalt selbst recherchierter Materialien und den Gegenstand berufsbezogener Wahrnehmungen muss der vorgeladene Medienvertreter keine Aussage machen, soweit es sich um Beiträge, Unterlagen, Mitteilungen und Materialien für den redaktionellen Teil handelt. Ausnahmen vom Zeugnisverweigerungsrecht sind für die Fälle vorgesehen, in denen die Aussage zur Aufklärung eines Verbrechens (schwere Straftaten wie z. B. Totschlag, Erpressung etc.) beitragen soll oder wenn Gegenstand der Untersuchung bestimmte, näher beschriebene Straftaten sind. Voraussetzung für eine solche Ausnahme ist jedoch, dass die Erforschung des Sachverhalts oder die Ermittlung des Aufenthaltsortes des Beschuldigten auf andere Weise nicht möglich wäre. Träger des Zeugnisverweigerungsrechts sind alle Personen, die „berufsmäßig" an der Recherche, Herstellung und Veröffentlichung von Massenmedien mitwirken.

– *Beschlagnahme- und Durchsuchungsverbote:* Damit das Zeugnisverweigerungsrecht nicht durch eine ermittlungsbehördliche Durchsuchung der Redaktionsräume und die Beschlagnahme von Dokumenten oder Dateien unterlaufen wird, dienen entsprechende Durchsuchungs- und Beschlagnahmeverbote seiner Absicherung. So ist die Beschlagnahme von Schriftstücken, Ton-, Bild- und Datenträgern,

Abbildungen und anderen Darstellungen, die sich im Gewahrsam von Personen befinden, die sich auch auf das Zeugnisverweigerungsrecht berufen könnten, unzulässig. Das Verbot gilt auch, wenn sich entsprechendes Material im Gewahrsam der Redaktion, des Verlages, der Druckerei oder der Rundfunkanstalt befindet. Ausnahmen bestehen hier für den Fall, dass der Medienvertreter oder der betroffene Gegenstand in Straftaten verstrickt sind.

- *Datenschutzprivileg:* Medien können ihre öffentliche Aufgabe – etwa der Kontrolle und Kritik – dann nicht optimal erfüllen, wenn sie nicht über besondere Möglichkeiten verfügen, Daten über Personen zu verarbeiten oder zu nutzen, um ggf. Informationen bewerten und vernetzen zu können. Durch den datenschutzrechtlichen Grundsatz des Verbots der Datenerhebung mit Einwilligungsvorbehalt (→ Datenschutz) würde kritischer Journalismus faktisch unmöglich gemacht. Aus diesem Grund gilt für die journalistisch-redaktionellen oder literarischen Zwecken dienende Datenverarbeitung durch Medienvertreter der Einwilligungsvorbehalt nicht, d. h. Medien dürfen personenbezogene Daten erheben und archivieren, soweit diese für die Berichterstattung relevant sind. Für Datenverarbeitung bei Massenmedien gelten aufgrund dieses datenschutzrechtlichen Medienprivilegs nur allgemeine Datenschutzvorschriften wie z. B. das Datengeheimnis und der Grundsatz der Datensicherheit.

Weitere Privilegien werden den Medien im Bereich der Kurzberichterstattung (Zutrittsrechte) zugestanden, daneben existieren bereichsspezifische Sonderrechte im → Urheberrecht (z. B. die erlaubnisfreie Abbildung von Werken für die tagesaktuelle Berichterstattung) und im Bereich der Stasi-Unterlagen (privilegierter Zugang). Darüber hinaus bestehen Haftungsbeschränkungen im Wettbewerbsrecht (z. B. im Hinblick auf irreführende Werbung, für die der Verlag nur bei Vorsatz oder gesteigerter Fahrlässigkeit haftet) sowie Privilegierungen im Steuerrecht und Sonderregelungen für den Postvertrieb. *SD*

*Literatur*

F. Rotsch: Der Schutz der journalistischen Recherche im Strafprozessrecht. Frankfurt a. M. 2000.
W. Schulz, B. Korte: Medienprivilegien in der Informationsgesellschaft. In: Kritische Vierteljahresschrift für Gesetzgebung und Rechtswissenschaft 2001, S. 113-145.

# Medienrecht

Unter dem Oberbegriff „Medienrecht" werden alle rechtlichen Regeln versammelt, die die Vermittlung von Informationen an die Allgemeinheit durch Massenmedien betreffen. In Abgrenzung zum → Telekommunikationsrecht betrifft das Medienrecht die übermittelten Inhalte, nicht ihre technische Übertragung; die Abgrenzung kann aber im Einzelnen schwierig sein.

Innerhalb des Medienrechts kann zwischen rechtlichen Strukturvorgaben unterschieden werden, die das Verhalten der Verlage, Rundfunkveranstalter und Online-Unternehmen regulieren und so das Mediensystem eines Landes zumindest mitbestimmen und solchen Regelungen, die rechtliche Grenzen für die kommunikativen Inhalte statuieren. Für Letzteres wird gelegentlich – unabhängig davon, ob tatsächlich ein Inhalt in gedruckter Form verbreitet wird oder ein anderer Verbreitungsweg gewählt wurde – der Begriff „Presserecht" verwendet.

Ein Überblick über das Medienrecht zeigt zunächst, dass es für die Medien relevante Regelungen auf allen Ebenen gibt, also im Bereich des Völkerrechts, im Recht der Europäischen Union und im nationalstaatlichen Recht, wobei letzteres in Deutschland wiederum in Bundes- und Landesrecht unterschieden werden kann. Zudem gewinnt auch nicht-staatlich gesetztes Recht für den Medienbereich an Bedeutung, da es dem Staat in Deutschland verfassungsrechtlich untersagt ist, unmittelbar regulierend auf Medieninhalte zuzugreifen (Grundsatz der „Staatsfreiheit der Medien"; → Medienfreiheit), so dass bestimmte Probleme im Wege der Selbstregulierung von Unternehmen und/oder Journalisten bearbeitet werden. Zudem wurden im Medienbereich Systeme der so genannten Koregulierung installiert, bei denen staatliche und nicht-staatliche Regulierung kombiniert werden.

**Medienrecht** 231

Bei den rechtlichen Regelungen, die das Mediensystem formen, spielt auf völkerrechtlicher Ebene vor allem der Grundsatz des „free flow of information" eine Rolle, der etwa in Art. 19 der Allgemeinen Erklärung der Menschenrechte festgelegt ist. Er besagt, dass grundsätzlich ein freier Informationsfluss auch grenzüberschreitend möglich sein soll, allerdings ist völkerrechtlich anerkannt, dass den Staaten die Ordnung ihres Mediensystems möglich ist.

Auch auf europarechtlicher Ebene existieren spezielle Regelungen für den Medienbereich, z. T. ergeben sich auch aus den allgemeinen Vorschriften wie etwa der Dienstleistungsfreiheit Vorgaben für die nationalen Gesetzgeber bei der Gestaltung der Medienordnung. Während für die Presse keine spezifischen europarechtlichen Vorgaben gelten, werden in der so genannten E-Commerce-Richtlinie (2000-31-EG) Vorgaben für den elektronischen Geschäftsverkehr auch mittels internetbasierter Dienste gemacht. Die so genannte Fernsehrichtlinie (1998-36-EG) statuiert verhältnismäßig differenzierte Regelungen, die seit einer Änderung im Jahre 2005 nicht nur traditionelles Fernsehen erfassen, sondern alle audiovisuellen Inhalte (also etwa auch elektronische Videotheken). Sie enthält Regelungen über die Kennzeichnung kommerzieller Kommunikation (insbesondere Werbung, → Werberecht) und → Jugendschutz, Quoten für europäische Produktionen und Regelungen, die sicherstellen, dass Programme lediglich in einem Land kontrolliert und zugelassen werden müssen, nämlich in dem Sitzland („Sendestaatsprinzip").

Auch auf nationaler Ebene sind die Regelungen für die verschiedenen Medientypen unterschiedlich und auch unterschiedlich intensiv. Die Ordnung der Medien obliegt für alle Typen grundsätzlich den Bundesländern; allerdings prägen mittelbar zahlreiche Bundesgesetze auch das Mediensystem, etwa das Kartellrecht. Die Unterschiede bei der Regulierung unterschiedlicher Medientypen zeigen sich besonders bei der Marktzutrittsregulierung, also den Voraussetzungen, die erfüllt sein müssen, um mit einem Medienangebot an den Markt zu gehen. Während bei der Presse und den so genannten Telemedien (darunter fallen auch die meisten Online-Dienste) weder eine Zulassung noch eine Anmeldung erforderlich ist, ist eine Zulassung (Lizenz) für den Rundfunk obligatorisch. Sie dient vor allem der präventiven Vielfaltsicherung, indem verhindert wird, dass ein Unternehmen durch weitere Programmangebote vorherrschende Meinungsmacht erringt.

Die besonderen Anforderungen an Rundfunk ergeben sich vor allem aus dem Rundfunkstaatsvertrag, den alle Bundesländer untereinander geschlossen haben und der vor allem für bundesweites Fernsehen einheitliche Regelungen enthält, sowie aus den einzelnen Mediengesetzen der Länder. Öffentlich-rechtlicher Rundfunk bedarf keiner Zulassung, sondern wird auf einer besonderen gesetzlichen Grundlage veranstaltet (→ Rundfunksystem). Reguliert wird durch das Rundfunkrecht nicht nur die Veranstaltung, sondern auch die Verbreitung über terrestrische Frequenzen und Breitbandkabelanlagen. Darüber hinaus hat der Gesetzgeber auch zur Sicherung gerechter Kommunikationschancen (→ Medienfreiheit) auch bestimmte Zusatzdienste wie Programmnavigatoren reguliert, die einzelne Programme nicht diskriminieren dürfen. Außerdem gibt es Sonderregeln, etwa das Recht auf Kurzberichterstattung, das es Rundfunkveranstaltern ermöglicht, nachrichtenmäßig über bestimmte Ereignisse, etwa Sportveranstaltungen zu berichten, auch wenn ein konkurrierender Veranstalter die exklusiven Senderechte an der Veranstaltung erworben hat.

Unterschiede zwischen verschiedenen Medientypen ergeben sich auch im Hinblick auf die Regulierung von Werbung. Während für alle Medien – außer dem Film – der Grundsatz der Trennung und Kennzeichnung von Werbung besteht; existieren für den Rundfunk zusätzliche, im Wesentlichen auf der EG-Fernsehrichtlinie beruhende, Regelungen, die auch die zeitliche Menge und die Einfügung von Werbung regeln (→ Werberecht).

Ein wichtiger Bereich des Medienrechtes reagiert auf die Gefahren, die sich aus Medieninhalten für Kinder und Jugendliche ergeben können (→ Jugendmedienschutz).

Teil des Medienrechts sind auch Regelungen zur Aufsicht, die beim Rundfunk für viele Regelungsmaterien über die Landesmedienanstalten erfolgt, die zur bundesweiten Vereinheitlichung der Maßstäbe Kommissionen als gemeinsame Organe besitzen. Für Telemedien ist die Aufsicht in den Ländern unterschiedlich geregelt (→ Medienaufsicht).

Neben den rechtlichen Regelungen, die das Mediensystem ausmachen, existieren Vorgaben, die vor allem die journalistische Arbeit prägen. Dazu gehören auf der einen Seite so genannte → Medienprivilegien, also Rechte, die den Medien zur Erfüllung ihrer öffentlichen Aufgabe zustehen und über das hinaus gehen, was jeder Bürger und jede Bürgerin geltend machen kann. Dazu gehört das Recht auf Auskunft gegenüber Behörden und das Zeugnisverweigerungsrecht für Mitarbeiterinnen und Mitarbeiter der Medien, das bei Gerichtsverfahren vor allem den Schutz der Informanten sicherstellt.

Rechtliche Grenzen journalistischer Arbeit ergeben sich auf der anderen Seite daraus, dass veröffentlichte Inhalte z. T. erhebliche Auswirkungen auf Rechtsgüter Dritter haben können. Dies betrifft vor allem das Persönlichkeitsrecht (→ Persönlichkeitsschutz) einschließlich des Rechts der persönlichen Ehre, aber auch beispielsweise die sittenwidrige Schädigung von Wirtschaftsunternehmen. Abgesehen von der Frage, unter welchen Voraussetzungen das Bildnis einer Person ohne seine oder ihre Einwilligung pressemäßig verwertet werden kann – das wird im Kunsturhebergesetz (KUG) geregelt – handelt es sich in diesem Bereich überwiegend um allgemeine zivilrechtliche und strafrechtliche Regelungen, die aber durch zahlreiche Entscheidungen medienspezifisch ausgeformt wurden. Auch in diesem Bereich hat das übernationale Recht an Bedeutung gewonnen. So ist bei Streitigkeiten zwischen Medien und von der Berichterstattung Betroffenen nicht nur zu beachten, dass auf der einen Seite die → Medienfreiheit und auf der anderen das allgemeine Persönlichkeitsrecht (→ Persönlichkeitsschutz) verfassungsrechtlich im Grundgesetz geschützt sind, sondern sich auch etwa in der Europäischen Menschenrechtskonvention Vorgaben dazu finden, über deren Einhaltung der Europäische Gerichtshof für Menschenrechte wacht.

Darüber hinaus sind die urheberrechtlichen Regelungen für die journalistische Arbeit relevant, aus denen sich vor allem ergibt, unter welchen Voraussetzungen von anderen gestaltete Inhalte (Texte, Bilder) verwendet werden dürfen. Der gesamte Medienbereich lebt vom Kauf und Verkauf medialer Inhalte, deren Regeln sich aus dem Urhebervertragsrecht ergeben (→ Urheberrecht). *WS*

*Literatur*

W. Hoffmann-Riem: Kommunikations- und Medienrecht. In: E. Benda, W. Maihofer, H.-J. Vogel (Hrsg.): Handbuch des Verfassungsrechts, 2. Aufl., Berlin 1994.

A. Hesse: Rundfunkrecht. 3. Aufl., München 2003.
S. Engels, W. Schulz: Ratgeber Presserecht. Baden-Baden 2005.

## Mediensozialisation

Medien sind – wenngleich in unterschiedlichem Ausmaß – in nahezu allen Lebensbereichen präsent, sei es in der Familie, der Schule oder in der Freizeit. Bereits Kleinkinder wachsen in ausdifferenzierten Medienumgebungen auf und werden z. T. gezielt mit für sie zugeschnittenen Angeboten in die Medienwelt eingeführt. Mit zunehmendem Alter erweitert sich die mediale Lebenswelt, Fernsehen, Computer und Handy zählen fast schon zur Grundausstattung der Jugendlichen. Kinder werden heute somit schon frühzeitig als vermeintlich kompetente Mediennutzer angesprochen. Kindheit gilt schon längst als „Medienkindheit".

Mediensozialisation befasst sich mit der Rolle der Medien im Prozess der sozialen Entwicklung von Individuen. Sozialisationstheoretische Fragestellungen werden häufig dann aufgeworfen, wenn aus unterschiedlichen Gründen das Mitgliedwerden in einer Gesellschaft zum Problem wird, sei es aufgrund von Chancenungleichheiten, Interessenskonflikten, Unzufriedenheit o. ä. Mediensozialisation befasst sich vordringlich mit der Frage, wie Menschen den Umgang mit Medien lernen und inwieweit die Medien die allgemeinen Sozialisationsprozesse beeinflussen.

Inzwischen liegt eine unüberschaubare Vielzahl an Untersuchungen vor, die sich mit unterschiedlichsten Teilaspekten von Mediensozialisation (z. B. Rolle der Medien für die politische Sozialisation, Lesesozialisation etc.) befassen und das Verhältnis Kinder/Jugendliche, Medien und Gesellschaft aus verschiedensten Perspektiven thematisieren. Die jeweilige Betrachtungsweise wird vor allem durch die Vorstellung vom Verhältnis zwischen Mensch und Medien geprägt. Hier lassen sich in Anlehnung an Aufenanger (2004) mindestens drei Sichtweisen unterscheiden: Die erste, vor allem in der Öffentlichkeit sehr weit verbreitete Auffassung geht davon aus, dass die Medien direkt auf die Menschen einwirken. Ein Großteil der vorliegenden Studien lässt sich diesem klassischen Wirkungsparadigma zuordnen. Im Mittelpunkt des Interesses steht vor allem die Frage, welche Auswirkungen die technischen Entwicklungen sowie bestimmte Medieninhalte auf die Rezipienten haben, wobei sich ein deutlicher Schwerpunkt auf potenziell negative Medienwirkungen abzeichnet. Allerdings wird auch immer wieder betont, dass eine unmittelbare, monokausale Beziehung zwischen medialen Inhalten und realem Handeln bislang nicht nachgewiesen werden konnte. Die zweite Sichtweise richtet den Fokus weniger auf die Medien, sondern auf die Nutzer und geht davon aus, dass Menschen sich das Medienangebot aktiv aneignen, medienkompetent sind und daher vor jeglichen Wirkungen gefeit seien. Die dritte Auffassung beschreibt das Verhältnis zwischen Medien und Menschen als eine wechselseitige Beziehung und geht davon aus, dass potenzielle Wirkungen immer vor dem Hintergrund der lebensweltlichen und subjektiven Bedingungen betrachtet werden müssen. Den Medien wird aus dieser Warte durchaus auch ein positives Sozialisationspotenzial zuerkannt, zumal zahlreiche Studien zeigen, dass Heranwachsende vor dem Hintergrund ihrer handlungsleitenden Themen mediale Inhalte aktiv auswählen und für sich nutzbar machen, indem sie diese angesichts fehlender alternativer Möglichkeiten zur Orientierung oder Bestätigung, → Integration oder Abgrenzung nutzen. Die Medienangebote bieten den Kindern und Jugendlichen insofern eine Folie zur Auseinandersetzung mit sich selbst und anderen und dienen als zentrale Sinnagenturen.

Betrachtet man die verschiedenen Sichtweisen zur Bedeutung von Medien im Leben von Heranwachsenden, lassen sich nach Süss (2004) drei normative Positionen differenzieren: Zum einen die „Kulturpessimisten", die Medien in erster Linie als Risikofaktoren betrachten. Zum anderen die „euphorischen Medien-Promoter", die den Medien hingegen gänzlich optimistisch, mithin unkritisch gegenüber stehen und sich von neuen technischen Errungenschaften Potenziale für die Bildung versprechen. Und schließlich die so genannten „kritischen Medien-Optimisten", die sich zwischen diesen Polen bewegen, d. h. die gesellschaftliche Bedeutung der Medien akzeptieren, aber mit Blick auf die Rezipienten eine kritisch-kompetente Auseinandersetzung fordern (→ Medienkompetenz).

Wenngleich zahlreiche Untersuchungen vorliegen, die das Sozialisationspotenzial der Medien in den Blick nehmen, fehlt es nach wie vor an Langzeitstudien, die den Wandel von Sozialisation über einen längeren Zeitraum hinweg untersuchen. Eine der wenigen Langzeitstudien, die in diesem Zusammenhang erwähnt werden muss, ist die Untersuchung von Jürgen Barthelmes und Ekkehard Sander (1997, 2001), in der untersucht wurde, inwieweit der Wandel von Jugend auch von Medien beeinflusst wird, welche Bedeutung den Medien im Jugendalter zukommt und wie die Jugendlichen ihre Medienvorlieben im Wechselspiel mit Familie und Freunden entwickeln. Im Rahmen dieser qualitativen Längsschnittstudie wurden 22 Jugendliche (zu Beginn der Untersuchung waren diese 13/14 Jahre alt) sowie deren Eltern über einen Zeitrum von sechs Jahren (1992-1998) begleitet und innerhalb dieses Zeitraumes dreimal befragt. Wenngleich die Autoren auf der Grundlage ihrer Ergebnisse zu dem Schluss kommen, dass Jugendzeit nicht mit Medienzeit gleichgesetzt werden kann, wird doch deutlich, dass die Medien durchaus wichtige Begleiter darstellen, deren Relevanz einer Dynamik unterworfen ist, da sich Mediennutzung und -präferenzen stetig verändern. *CL*

*Literatur*

S. Aufenanger: Mediensozialisation. In: Computer + Unterricht 53 (2004), S. 6-9.
J. Barthelmes, E. Sander: Erst die Freunde, dann die Medien. Medien als Begleiter in Pubertät und Adoleszenz. Opladen 2001.
J. Barthelmes, E. Sander: Medien in Familie und Peer-group. Vom Nutzen der Medien für 13- und 14jährige. Medienerfahrungen von Jugendlichen, Band 1. München 1997.
B. Schorb, E. Mohn, H. Theunert: Sozialisation durch (Massen-)Medien. In: K. Hurrelmann, D. Ulich (Hrsg.): Handbuch der Sozialisationsforschung, 5. Aufl., Weinheim, Basel 1998, S. 493-508.
D. Süss: Mediensozialisation von Heranwachsenden. Dimensionen – Konstanten – Wandel. Wiesbaden 2004.

## Mediensysteme im internationalen Vergleich

Es gibt zwei grundlegend unterschiedene Wege, die globale Mediensituation zu analysieren. Zum einen ist dies der Blick „von oben" mit Kategorien wie Weltgesellschaft, Global Players und dem Entstehen einer → Weltkommunikationsordnung. Die zweite Sichtweise geht „von unten", also von den unterschiedlichen Mediensystemen der etwa zweihundert Staaten des Globus aus. Bei diesem Ansatz steht die kulturelle Vielfältigkeit und Fragmentierung der Welt im Mittelpunkt: Es ist immer wieder faszinierend, die unterschiedlichen nationalen Traditionen und Tendenzen vergleichend zu betrachten. Letztlich aber gilt, dass erst beide Perspektiven ein Gesamtbild abgeben.

Der Vergleich kann als universelle Kategorie menschlichen Schauens auf die gesellschaftliche Umwelt interpretiert werden, verglichen wird im Alltag, auf dem Markt, in der Politik. Der Vergleich zählt aber auch zu den wissenschaftlich etablierten Methoden; dabei werden mindestens zwei unterschiedliche im Prinzip aber vergleichbare (d. h. nicht völlig unterschiedene) Systeme gegeneinander gestellt und auf Gemeinsamkeiten und Unterschiede befragt. Der Vergleich hat immer auch mit dem Thema des Eigenen und des Fremden zu tun: Die eigene Medienordnung ist uns vertraut, dient also als Referenzebene. Das Fremde, also die außerhalb unserer Grenzen vorfindbare Medienordnung, müssen wir ohne Vorbehalte und Besserwisserei anschauen und zur Kenntnis nehmen, oft werden wir dabei Anregungen beziehen können.

Komparative Herangehensweisen richten den Fokus auf bestimmte Eigenheiten der Vergleichssysteme. Einerseits finden wir in der Welt universelle Entwicklungen, etwa die (prinzipielle) Anerkennung des Rechts der → Medienfreiheit oder die Idee der Informationsgesellschaft, was ein hohes Maß an Übereinstimmung (Konkordanz) schafft. Umgekehrt beobachten wir auch enorme Unterschiede (Differenz), etwa wenn die Vorstellung eines „Kampf der Kulturen" auf Medienentwicklungen in einer auseinanderdriftenden Welt angewandt wird.

Was die konkrete Entwicklung von Mediensystemen anbetrifft, so finden wir zwischen und innerhalb der verschiedenen Weltregionen beachtliche Wechselwirkungen, die beschreiben, wie Mediensysteme sich grenzüberschreitend beeinflussen. So entstand in → Großbritannien der Typ des Public Service, der sich als öffentlich-rechtlicher Rundfunk in Europa und dem Commonwealth durchsetzte. In den → USA war der Typ des kommerziellen, werbefinanzierten Rundfunks entstanden, der in den 1980er Jahren auf Europa übersprang und duale Modelle entstehen ließ. Diese Prozesse der horizontalen, freiwilligen Weitergabe erprobter Modelle sind typisch für offene Strukturen (Diffusion). Elemente von Medienordnungen können aber auch unter Abhängigkeit weitergegeben werden, so übernahm Lateinamerika weitgehend das kommerzielle US-Modell; im Umfeld der ehemaligen Sowjetunion orientierte man sich am Modell der Medien als „kollektiver Agitator und Propagandist" (Dependenz). Eine weitere Variante liegt darin, dass Medienerfahrungen an einem Ort zuerst gemacht und darauf zeitversetzt weitergegeben werden (Temporanz). Die USA waren in vielen Bereichen Vorreiter, z. B. bei der Einführung von Fernsehen, Kabel, Internet; wer sich über zukünftige Entwicklungen bei uns informieren will, sollte daher dieses Land sorgfältig beobachten. Schließlich wird oft die Frage aufgeworfen, wie ein anstehendes eigenes Problem im Ausland erfolgreich gelöst wurde (Performanz). So orientierte sich die deutsche Gesetzgebung zur Akteneinsicht (Informationsfreiheitsgesetz 2005) an ausländischen Vorbildern von Schweden bis zu den USA.

Vergleichende Ansätze sind oft auch Grundlage einer Theoriebildung in dem Sinne, dass man aus konkreten Erfahrungen verschiedener Länder die Gemeinsamkeiten herausdestilliert und daraus abstrakte Aussagen zieht. Das lässt sich am Beispiel der internationalen Tendenzen bei Wahlkämpfen verdeutlichen. Weit verbreitet ist die Sichtweise, dass wesentliche neue Instrumentarien aus den USA übernommen wurden (z. B. TV-Duelle), was zur Etikettierung als „Amerikanisierung" führte. Demgegenüber entstand die Position einer unabhängigen „Modernisierung", bei der eine von den USA weitgehend unabhängige autonome Weiterentwicklung im Vordergrund steht. Beide Theorieansätzen ist die komparative Grundierung gemein.

Die vergleichende Sichtweise betont die Unterschiede in einer technisch geeinten, aber kulturell fragmentierten Welt. Auch wenn Satelliten und Internet heute globale Kommunikation ermöglichen, heißt dies keineswegs, dass damit Homogenität erzeugt wird. Kulturen geben regionaler Widerständigkeit enorme Kraft und befördern eher so etwas wie eine „Glokalisierung", also eine Verbindung globaler und lokaler Entwicklungen. Dies wird bereits in Europa sichtbar, wo trotz einer gemeinsamen audiovisuellen Politik Mediensysteme weiterhin erstaunliche Differenzen aufweisen, es gibt z. B. Staaten, die vollständig verkabelt sind (wie Belgien), in hohem Maße (wie Deutschland) oder kaum (wie Griechenland). Auf dem Kontinent findet sich ein großes Gefälle in der Nutzung von Zeitungen, die im Norden viel, im Süden nur wenig gelesen werden. In manchen Staaten spielt Boulevardpresse eine große Rolle (Großbritannien, Deutschland), in anderen ist sie nahezu unbekannt (Südeuropa).

Diese große Variationsbreite setzt sich im globalen Kontext fort. Es liegt in der Natur der Sache, dass Rahmenbedingungen zwischen reichen und armen Staaten sehr unterschiedlich sind. So spielt das anspruchslose und kostengünstige Medium Radio in den ärmsten Teilen der Welt weiterhin eine dominierende Rolle. Beim Internet wird die Nord-Süd-Kluft unter dem Begriff des „digital divide" beschrieben, der die extrem ungleiche Verteilung von Computern und Netzzugängen in der Welt thematisiert.

Immer wieder beobachten wir auch, dass sich Kulturen neue Medien in ihre historische gewachsenen Traditionen einbauen. So wurde in Japans Geschichte auf Lesefähigkeit hoher Wert gelegt, heute ist es (neben Norwegen) das Land mit dem höchsten täglichen Zeitungskonsum. Dort, wo traditionell Lesefähigkeit gering geachtet wurde oder Analphabetentum verbreitet ist – wie in Teilen Lateinamerikas –, wird die Bilderwelt des Fernsehen besonders intensiv genutzt. Auch die Freiheit der Medien wird weltweit sehr unterschiedlich geachtet: Während sie in Westeuropa und Nordamerika einen hohen Stellenwert hat, wird Zensur in vielen Diktaturen der Welt praktiziert. Länder wie → China oder Iran kontrollieren nicht nur ihre nationalen Medien, sondern suchen auch aus dem Internet kritische Inhalte heraus zu filtern. Insgesamt gilt, dass die vergleichende Sicht auf Mediensysteme den Blick schärft für die spezifischen Leistungen, aber auch die Bedrohungen von Mediensystemen. *HJK*

*Literatur*

B. Esser, B. Pfetsch (Hrsg.): Politische Kommunikation im internationalen Vergleich. Wiesbaden 2003.
D. C. Hallin, P. Mancini: Comparing Media Systems: Three Models of Media and Politics. Cambridge 2004.
H. J. Kleinsteuber: Mediensysteme im internationalen Vergleich. In: G. Bentele, H. B. Brosius, O. Jarren (Hrsg.): Öffentliche Kommunikation – Hadbuch Kommunikations- und Medienwissenschaft. Wiesbaden 2003, S. 382-396.

## Meinungsfreiheit

Die Freiheit, seine Meinung zu bilden, zu äußern und zu verbreiten ist bereits in der Antike ein Thema, in kodifizierter Form aber eine Errungenschaft der Aufklärung. So wurde die Rede- und Pressefreiheit durch Art. 11 der Französischen Erklärung der Menschenrechte 1789 und 1791 durch das 1. Amendment zur amerikanischen Verfassung garantiert. In Deutschland bedurfte es des weiteren Kampfes, um der Meinungsfreiheit in § 143 der Paulskirchenverfassung von 1849 eine Grundlage zu schaffen.

Dabei unterschieden sich im internationalen Vergleich die Verbürgungen nach ihrer geistesgeschichtlichen Verwurzelung. Während im angloamerikanischen Rechtskreis der Gedanke der Wahrheitsfindung auf dem Markt der Meinungen dominiert, ist es in Deutschland eher die Vorstellung eines Diskurses, in dem sich die → Öffentlichkeit konstituiert. Auch das deutsche Bundesverfassungsgericht folgt einem Konzept der Öffentlichkeit, in dem in Rede und Gegenrede um den richtigen politischen Weg gerungen wird (etwa in der Spiegel-Entscheidung 1966 (Fundstelle in der amtlichen Sammlung: BVerfGE 20, 162))

Art. 5 Abs. 1 GG schützt in der Bundesrepublik die Meinungsfreiheit neben der → Informationsfreiheit und den → Medienfreiheiten. Geschützt sind nicht nur Meinungen im engeren Sinne, also Äußerungen, die ein Element der persönlichen Stellungnahme enthalten, sondern auch Tatsachenbehauptungen. Letztere allerdings nur, soweit sie nicht bewusst oder bewiesen unwahr sind. Diese Einschränkung geht vor allem auf die Erfahrungen der Deutschen Geschichte zurück und führt dazu, dass die so genannte Auschwitzlüge nicht vom Grundrecht der Meinungsfreiheit gedeckt ist. Im Übrigen gibt es keine Einschränkung des Grundrechtsschutzes, Äußerungen sind von der Meinungsfreiheit erfasst, auch wenn sie anderen als belanglos oder gar schädlich erscheinen. Es darf kein staatliches „Meinungsrichtertum" geben. Auch kommerzielle Kommunikation genießt diesen Grundrechtsschutz, wenn sie auch auf Meinungsbildung zielt, wie etwa an gesellschaftliche Probleme anknüpfende Imagewerbung.

Unter dem Grundgesetz ist nicht nur die Äußerung einer Meinung geschützt, sondern auch die Verbreitung, also der Kontakt zum Rezipienten. Dies war bei der Weimarer Reichsverfassung noch nicht aus-

**Meinungsfreiheit**

drücklich einbezogen. Auch wenn das Grundgesetz von der Äußerung in „Wort, Schrift und Bild" spricht, sind alle Ausdrucksformen geschützt, also beispielsweise auch durch Symbole.

Das Grundrecht der Meinungsfreiheit kommt nicht – wie einige Grundrechte – nur Deutschen zu, sondern auch Ausländern und auch privaten juristischen Personen wie Wirtschaftsunternehmen.

Dass eine Meinungsäußerung Grundrechtsschutz genießt, heißt nicht, dass sie rechtlich nicht sanktioniert werden kann, allerdings nur unter verfassungsrechtlich definierten Bedingungen. Art. 5 Abs. 2 GG sieht zugunsten bestimmter Rechtsgüter die Möglichkeit der Beschränkung vor, namentlich den → Jugendschutz und den Ehrschutz. Letzterer fällt verfassungsrechtlich unter das allgemeine Persönlichkeitsrecht (→ Persönlichkeitsschutz), das von Art. 2 Abs. 1 i. V. m. Art. 1 Abs. 1 GG geschützt ist. In jedem Fall darf sich die Beschränkung nicht als → Zensur darstellen, diese ist dem Staat verwehrt. Darunter wird allerdings verfassungsrechtlich traditionell nur die systematische staatliche Vorkontrolle von Kommunikationsinhalten angesehen.

Das Bundesverfassungsgericht versteht das Grundrecht der Meinungsfreiheit in seiner Wirkung nicht nur als staatsgerichtet. Dies hat das Gericht in einer berühmt gewordenen Entscheidung herausgearbeitet, bei der es dem Hamburger Senatsdirektor Lüth Recht gab, der zum Boykott eines Films aufgerufen hatte, den ein im Nationalsozialismus durch judenfeindliche Werke aufgefallener Regisseur gestaltet hatte; dessen Produktionsfirma war zivilrechtlich gegen Lüth vorgegangen (Fundstelle in der amtlichen Sammlung: BVerfGE 7, 198). Auch in Beziehungen zwischen Privaten sind dem Bundesverfassungsgericht zufolge die Wertungen der Meinungsfreiheit (wie auch anderer Grundrechte) zu beachten. Daher strukturiert die Verfassung auch das Presserecht sehr weitgehend.

Neben Art. 5 GG sieht auf völkerrechtlicher Ebene auch Art. 10 der Europäischen Menschenrechtskonvention (EMRK) ein Recht auf freie Meinungsäußerung vor, ebenso die Grundrechtcharta der EU in Art. 11. In der Anwendung kommt es zwischen Bundesverfassungsgericht und dem zur Auslegung der EMRK berufenen Europäischen Gerichtshof für Menschenrechte (EGMR) durchaus zu Differenzen, die sich aber vor allem bei den → Medienfreiheiten auswirken. Auch international wird die Meinungsfreiheit geschützt, etwa durch Artikel 19 der Allgemeinen Erklärung der Menschenrechte. Allerdings existiert noch immer ein Spannungsverhältnis zwischen dem aus der Meinungsfreiheit abgeleiteten Prinzip des „free flow of information" und der territorialen Souveränität der Staaten, da Struktur und Reichweite der Meinungsfreiheit sich auch auf Grund kultureller Besonderheiten unterscheiden und in vielen Staaten die Meinungsfreiheit nach westlichen Maßstäben überhaupt nicht garantiert ist. *WS*

## Microsoft

Das amerikanische Unternehmen Microsoft ist der weltweit größte Hersteller von Computersoftware und hat seinen Sitz in Redmont im Bundesstaat Washington. Die Geschichte von Microsoft beginnt im Jahr 1975 mit der Gründung durch Bill Gates und Paul Allen. In den folgenden Jahren entwickelt das Unternehmen sehr erfolgreich Software und es gelingt Microsoft, zum Weltmarktführer zu werden. Die Bedeutung des Konzerns für den Medienbereich ergibt sich aus dem Einsatz digitaler Technik in vielen Bereichen der Medienbranche. Damit öffnen sich für Microsoft neue Märkte, auf denen das verfügbare Know-how erfolgreich eingesetzt werden kann.

Zu diesen neuen Wachstumsmärkten zählen zunächst vor allem zwei Bereiche: Das → Internet und der Bereich der Computer- und Videospiele (→ Bildschirmspiele). Nachdem zunächst die Entwicklung des Internets unterschätzt worden war und das Unternehmen in einigen Bereichen über keine eigenen Angebote verfügte, gelang es Microsoft, den verloren gegangenen Boden wieder gut zu machen, indem es eigene Produkte auf den Markt brachte, die in der Regel preisgünstiger verfügbar waren als bei der Konkurrenz. Ein Beispiel für diese Handlungsweise ist der so genannte Browserkrieg mit der Firma Netscape. Netscape war es gelungen, die erfolgreichste Software für den Zugang zum Internet zu entwickeln. Der Browser Netscape war Anfang der 1990er Jahre das dominierende Produkt auf dem Markt für Browser. In den folgenden Jahren entwickelte Microsoft eine eigene Software, den Internet Explorer, der als Bestandteil der Software aus dem Konzern zusammen mit dem Betriebssystem verbreitet wurde, ohne dass der Benutzer die Möglichkeit hatte, ein browserfreies günstigeres Produkt zu erwerben. Letztlich gelang es Microsoft, mit dieser Strategie Netscape Marktanteile abzunehmen, hinzu kam, dass Microsoft die technischen Möglichkeiten des eigenen Programms als Quasi-Standard auch bei anderen Anbietern durchsetzte, so dass Netscape schnell an Boden verlor und schließlich durch Microsofts Internet-Explorer abgelöst wurde. Neben der Entwicklung von Software ist Microsoft auch mit dem Onlinedienst Microsoft Network MSN aktiv. Zu diesem Bereich gehört unter anderem der E-Mail-Dienst Hotmail mit mehr als 170 Mio. Benutzern. Zu MSN gehört ein Internet-Portal mit unterschiedlichen Diensten von E-Mail bis zu Informationsangeboten und Suchfunktionen. Die Seite MSN.com gehört zu den meistbesuchten Online-Angeboten.

Neben dem Online-Bereich gibt es im Konzern auch eine Sparte Home and Entertainment. Hier werden neben Computer und Videospielen auch die Aktivitäten im Bereich der Spielkonsolen Xbox und Xbox360 und die Softwareentwicklung für die Nutzung von Unterhaltungsinhalten betrieben. Dazu zählen auch die Encarta-Enzyklopädie von Microsoft und die Aktivitäten von Microsoft im Fernsehbereich. Daneben beschäftigt sich auch der Bereich Mobile and Embedded Devices in zunehmendem Maße mit Medienangeboten. Hier sind alle Konzernaktivitäten gebündelt, die sich mit der Nutzung von Inhalten auf mobilen Endgeräten beschäftigen. Längst sind Mobiltelefone und Personal Digital Assistants (PDAs) multifunktional und können auch zur Unterhaltung genutzt werden, so ist eines der Ziele des Konzerns, die Grundlage für eine Vernetzung der unterschiedlichen Endgeräte zu schaffen.

Die bislang in den Bereichen Home and Entertainment und Mobile and Embedded Devices erwirtschafteten Verluste sind für den Konzern aufgrund der immensen Profitabilität anderer Bereiche kein Problem. Im Jahr 2005 erzielte der Konzern bei einem Umsatz von 39,8 Mrd. US$ einen Gewinn von 14,6 Mrd. Den Verlusten in Höhe von 337 Mio. US$ in den beiden genannten Sparten stand ein Gewinn allein im Bereich Client, das ist der Erlös aus dem Vertrieb der diversen Betriebssysteme, in Höhe von 9,4 Mrd. US$ gegenüber.

Die von Microsoft formulierten Ziele für den Medienbereich zeigen, dass der Konzern die sich bietenden Wachstumsmöglichkeiten nutzen will. Auf diese Weise wird das klassische Softwareunternehmen in wachsendem Maße zu einem Medienunternehmen, auch wenn die Medienaktivitäten in Vergleich zu anderen Konzernbereichen nicht besonders groß sind, so sind sie aus der Sicht der viel kleineren Medienkonzerne als Konkurrenz deutlich spürbar. Der von 5,5 auf 5,8 Mrd. US$ gewachsene Umsatz in den Bereichen Online, Home and Entertainment und Mobile and Embedded Devices zeigt, dass Microsoft sich erfolgreich engagiert. *H3r*

*Literatur*

A. Roesler, B. Stiegler (Hrsg.): Microsoft – Medien, Macht, Monopol. Frankfurt a. M. 2002.
Geschäftsbericht des Unternehmens online verfügbar unter www.microsoft.com.

## Mobilkommunikation

Der Begriff Mobilkommunikation wird in erster Linie für Anwendungen des Mobilfunks verwendet und umfasst die mobile Nutzung elektronischer Medien- und Kommunikationsangebote. Anders als die Druckerzeugnisse waren die elektronischen Medien wegen der Anbindung an das Stromnetz und Antennen- oder Kabelanlagen für lange Zeit nur stationär zu nutzen. Das galt gleichermaßen für Radio und Fernseher, Tonbandgerät und Videorecorder, Telefon und Computer. Hinzu kommt, dass aufgrund analoger Technik auch die Abmessungen der Geräte und ihr Gewicht in der Vergangenheit eine mobile Nutzung erschwerten oder unmöglich machten. Insofern gibt es eine Reihe von disponiblen Medien, deren Inhalte in irgendeiner Form fixiert sind, sei es in Form des Drucks auf Papier wie bei der Zeitung oder beim Buch, oder in Form analoger oder digitaler Daten auf einem entsprechenden Träger wie im Fall von Musikkassetten oder CDs für die Nutzung im Auto, Spielen für mobile Spielkonsolen wie den Gameboy oder Datenspeicher mit Musikdateien zur Nutzung mit MP3-Playern. Die wich-

**Mobilkommunikation** 245

tigsten mobilen Medienangebote orientieren sich am Radio, für dessen Nutzung es schon sehr lange transportable Endgeräte gibt, sei es in Form von tragbaren Radios oder als Autoradio.

Ein wichtiges Element der neuen mobilen Medienangebote ist die Nutzung digitaler Technik und von Funknetzen, die dafür sorgen, dass Angebote in einem großen Raum empfangbar und nutzbar sind. Wie beim Radio werden heute über eine Vielzahl unterschiedlicher Endgeräte Medieninhalte empfangen und genutzt. Dabei kann es zu einer synchronen Nutzung der übertragenen Inhalte kommen, der Empfänger nutzt die empfangenen Informationen direkt, etwa in Form des Telefonats. Darüber hinaus gibt es eine Reihe von Abrufdiensten, für die eine Datenverbindung hergestellt wird, etwa für die Suche im → Internet. Eine dritte Variante der Nutzung von Angeboten mit mobilen Endgeräten ist der Abruf von Medienangeboten zur Nutzung mit dem entsprechenden mobilen Endgerät. In diese Kategorie fallen in Bezug auf Mobiltelefone z. B. Anwendungen, die über das Netz zur Nutzung mit dem Endgerät als Download zur Verfügung stehen, etwa Klingeltöne, Spiele oder ähnliche Angebote.

Die ersten Netze, die für mobile Telefonie genutzt wurden, gab es bereits in den 1950er Jahren. Im Jahr 1958 entstand mit dem A-Netz das erste mobile Mobilfunknetz, das bis 1977 von der Deutschen Bundespost betrieben wurde. Auf das A-Netz folgte im Jahr 1972 das B-Netz, das im Gegensatz zum A-Netz nicht mehr auf eine Handvermittlung der Gespräche angewiesen war. Dieses Netz war bis 1994 in Betrieb und hatte bis zu 27.000 Teilnehmer, dann folgte das C-Netz mit 85.000 Kunden. Das C-Netz war das erste Netz, das über eine eigene einheitliche Vorwahl verfügte. Alle drei Netze waren analog und nur für die Übermittlung von Sprache ausgelegt. Genutzt wurden die Geräte in der Regel im Auto, die Gerätepreise lagen bei rund 2.500 Euro, ein Preis, für den man ein mehr als 4 kg schweres Endgerät erwarb. Als das C-Netz 2000 abgeschaltet wurde, gab es mit dem GSM-Standard der Groupe Spéciale Mobile bereits seit acht Jahren eine technische Grundlage für digitalen Mobilfunk in Europa. In den → USA und in → Japan wurden konkurrierende Standards etabliert. Eine Weiterentwicklung des GSM-Standards ist der General Packet Radio Service (GPRS). Bei diesem Standard werden die digitalen Daten nicht mehr als kontinuierlicher Datenstrom, sondern in Datenpaketen übertragen,

*Übertragungsdauer bei verschiedenen Mobilfunk-Standards*

| | GSM | GPRS | UMTS | Zum Vergleich: ISDN |
|---|---|---|---|---|
| E-Mail (5 kbyte) | 8 s | 1,7 s | < 1 s | 1,6 s |
| SMS mit Fotobild (5 kByte) | 8 s | 1,7 s | < 1 s | 1,6 s |
| Internetseite (20 kbyte) | 20 s | 4,5 s | < 1 s | 4 s |
| Dokument (100 kbyte) | 2 min | 35 s | 4 s | 25 s |
| 3 min Audio-CD (2 MByte) | 40 min | 9 min | 1 min | 6,5 min |

so dass die zur Verfügung stehenden Übertragungskapazitäten besser genutzt werden können. Auf der Grundlage der Mobilfunkstandards entwickelten sich weitere Übertragungstechniken für Daten, seit 1997 gibt es Wireless Fidelity und Bluetooth. Beide Standards sind für die Übertragung von Daten über eine geringe Entfernung geeignet.

Die nächste Generation der Mobilfunkstandards ist der Universal Mobile Telecommunications Standard, der eine einheitliche globale Basis für den Mobilfunk darstellt. Ebenso wie bei GPRS werden die Daten bei diesem Standard in Paketen übertragen, die Leistungsfähigkeit des UMTS-Netzes liegt wesentlich höher als bei den vorangegangenen Standards. Die folgende Tabelle zeigt die unterschiedliche Leistungsfähigkeit der Übertragungsstandards (s. Tabelle).

Mit dem Mobiltelefon hat sich der Telefonanschluss vom gemeinsamen Netzzugang eines ganzen Haushaltes so gewandelt, dass mittlerweile nicht nur Anrufe ortsunabhängig an Einzelpersonen adressiert werden können. Als einer der wichtigsten Dienste hat sich der Short Messaging Service (SMS) als Versand schriftlicher Kurznachrichten etabliert. Im Jahre 2004 wurde in Deutschland rund 23 Mrd. SMS-Nachrichten verschickt. Die Zahl der Mobiltelefonanschlüsse übertraf im Jahr 2005 die Zahl der Festnetzanschlüsse, bei den Erhebungen der Media Analyse waren 2005 in Westdeutschland 2,8 % und in Ostdeutschland sogar 5,6 % der Befragten telefonisch ausschließlich per Mobiltelefon erreichbar.

Nachdem der Markt für Mobiltelefonie zunächst über ein sehr dynamisches Wachstum verfügte, ist mittlerweile der Versorgungsgrad der Bevölkerung mit Anschlüssen so hoch, dass nur noch wenige neue Kunden gewonnen werden können. Der Wettbewerb verlagert sich allmählich auf die Ebene des inhaltlichen Angebote. In diesem Zusammenhang spielen auch der Zugang zu mobilen Internetangeboten und Fernsehdienste per Handy ein Rolle. Für die Übertragung der Dienste sind Netze mit einer hohen Übertragungsleistung erforderlich. Dies sorgte dafür, dass der Wettbewerb zwischen den Mobilfunkanbietern im Jahr 2005 zu enormen Erlösen für die Nutzungsmöglichkeit von UMTS-Lizenzen führte. Insgesamt wurden in einem Auktionsverfahren des Bundes mehr als 50 Mrd. Euro erzielt. Mittlerweile sind die ersten UMTS-Telefonnetze aufgebaut und mehrere 100.000 Mobiltelefone können den neuen Standard für die Übertragung von Daten nutzen.

Im Jahr 2006 laufen Versuche zur Einführung von Fernsehdiensten für die Nutzung mit speziell ausgerüsteten Mobiltelefonen. Die hierfür gewählten Übertragungsstandards sind Abwandlungen der Standards zur Übertragung des digitalen Fernsehens. *H3r*

*Literatur*

C. Breunig: Mobile Medien im digitalen Zeitalter. Neue Entwicklungen, Angebote, Geschäftsmodelle und Nutzung. In: Media Perspektiven 1/2006, S. 2 15.
E. Gerum, I. Sjurts, N. Stieglitz: Der Mobilfunkmarkt im Umbruch. Eine innovationsökonomische und unternehmensstrategische Analyse. Wiesbaden 2003.

# Monopolkommission

Die Monopolkommission ist ein unabhängiges Beratungsgremium auf den Gebieten der Wettbewerbspolitik und der Regulierung. Ihre Stellung und Aufgaben sind im Gesetz gegen Wettbewerbsbeschränkungen (GWB) geregelt. Danach erstellt die Monopolkommission alle zwei Jahre ein Hauptgutachten, in dem sie den Stand und die absehbare Entwicklung der Unternehmenskonzentration in der Bundesrepublik Deutschland beurteilt, die Anwendung der Vorschriften über die Zusammenschlusskontrolle würdigt sowie zu sonstigen aktuellen wettbewerbspolitischen Fragen Stellung nimmt. Die Monopolkommission erstellt ferner Sondergutachten. Nach dem GWB ist dies vorgesehen im

Verfahren der Ministererlaubnis, auf besonderen Auftrag der Bundesregierung und nach eigenem Ermessen der Kommission.

Auch zum Medienbereich hat die Monopolkommission mehrere Sondergutachten vorgelegt, zuletzt zur geplanten Veränderung der Pressefusionskontrolle (2004) und zum geplanten Zusammenschluss der Georg von → Holtzbrinck GmbH & Co KG mit der Berliner Verlag GmbH & Co KG (2003). In beiden Fällen sind die Vorhaben, die Anlass für die Begutachtung waren, letztlich nicht umgesetzt worden. Die Sondergutachten der Monopolkommission seit 2000 sind über die homepage der Monopolkommission (www.monopolkommission.de) abrufbar, ihre jüngsten Hauptgutachten sind als Bundestagsdrucksachen beim Dokumentenserver des Bundestages zugänglich.

## Multimedia

Neben dem Begriff „Informationsgesellschaft" hatte in den 1990er Jahren das Wort „Multimedia" Konjunktur, im Jahr 1995 wurde der Begriff sogar zum Wort des Jahres gewählt. In den 1990er Jahren wurde der Begriff in unterschiedlichen Bedeutungen verwendet, um z. B. digitale Informationstechnik, die Vermischung von Medien oder insgesamt den Strukturwandel des Mediensystems zu benennen. Diese Unschärfe der Verwendung des Begriffes trug dazu bei, dass der Begriff eigentlich sinnentleert war und lediglich ein diffuser Zusammenhang von digitaler Technik und der Kombination von Medienangeboten als Grundlage übrig blieb.

In der aktuellen Diskussion geht das Verständnis des Begriffes über den eigentlichen Wortsinn hinaus, der lediglich eine Kombination mehrerer unterschiedlicher Medien benennt. Mittlerweile versteht man unter Multimedia Medienangebote auf der Grundlage computerbasierte Informations- und Kommunikationssysteme und Produkte. Die technische Grundlage für multimediale Angebote ist die Digitaltechnik, die eine Kombination von statischen Medien wie z. B. Text mit dynamischen Medien wie Ton oder Film ermöglicht.

# Multimedia

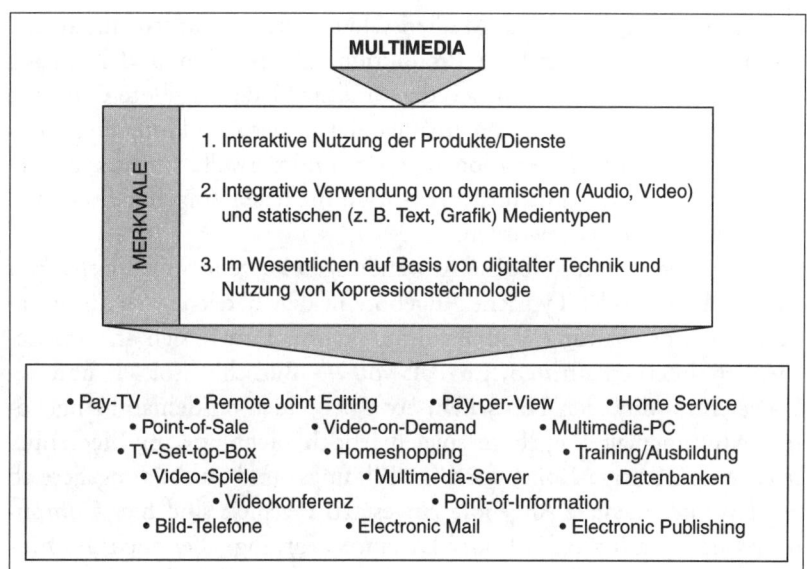

Quelle: Booz, Allen & Hamilton (1995), S. 28

Die Abbildung zeigt einen Versuch aus den 1990er Jahren, den Begriff Multimedia grafisch darzustellen.

In dieser Darstellung kann man erkennen, dass die meisten genannten Produkte und Dienste keine grundlegend neuen Anwendungen, sondern lediglich Erweiterungen bestehender Angebote sind. Dies führte zu der Erkenntnis, dass Multimedia vor allem eine weitere Dimension in den zusammenwachsenden Welten der Telekommunikation, Computer-, Unterhaltungs- und Medienindustrie ist, ein Prozess, der unter dem Begriff Konvergenz zusammengefasst wird.

Tatsächlich hat sich seit den 1990er Jahren gezeigt, dass die drei genannten zentralen Merkmale von Multimedia-Angeboten unverändert gültig sind. Die Kombination unterschiedlicher Medientypen, die auf der Grundlage von digitaler Technik interaktiv genutzt werden, ist fester Bestandteil bei der Verwendung des Multimedia-Begriffs. So bedient sich eine Multimedia-Strategie der abgestimmten Kommunikation über verschiedene Medien unter Einbeziehung des → Internets als digitalem Distributionsweg. Erhofft ist in vielen Fällen eine Interaktion mit dem Publikum, um → Aufmerksamkeit sicherzustellen.

Der Strukturwandel des Mediensystems, der wesentlich durch den Einsatz digitaler Technik in Produktion, Distribution und Nutzung beeinflusst wird, trägt dazu bei, dass multimediale Angebote erheblich an Bedeutung gewonnen haben. Viele der in der Abbildung angesprochenen technischen Innovationen gehören mittlerweile zur Ausstattung der Haushalte und sind mit ihrem multimedialen Angebot fester Bestandteil des Alltags geworden.

Dabei spielen multimediale Anwendungen heute in vielen Bereichen eine wichtige Rolle. Typische Angebote in den Bereichen → Information, → Unterhaltung und Kommunikation finden sich in entsprechenden Internetauftritten, im Fall von → Bildschirmspielen und bei Diensten im digitalen Fernsehen, etwa bei Video-on-demand-Angeboten. Multimediale Angebote spielen jedoch nicht nur im Medienbereich eine wichtige Rolle, auch im Bildungs- und Ausbildungsbereich werden multimediale Angebote eingesetzt. Beispiele sind hier Computer Based Training (CBT) oder Distance Learning, aber auch der Einsatz entsprechender Technik beim Einsatz von Gebrauchsanweisungen spielt als Anwendungsbereich eine wichtige Rolle.

Multimediale Systeme werden darüber hinaus z. B. im Bereich des Electronic Business, bei der Werbung, im Marketing und z. B. als Grundlage für die unterschiedlichsten Informationssysteme des Handels verwendet. Auch in Verbindung mit dem Computereinsatz an unterschiedlichen Arbeitsplätzen kommen Multimedia-Anwendungen zum Einsatz.

In der Zukunft wird die Beherrschung multimedialer Systeme und Anwendungen ein wesentlicher Bestandteil des (Medien-)Alltags sein. Mit der zunehmenden Verbreitung des Internets, dem Wechsel der Distributionstechnik für Rundfunk von der analogen zur digitalen Übertragung sowie der steigenden Leistungsfähigkeit der Mobilfunknetze werden wichtige Grundlagen für die Verbreitung multimedialer Angebote geschaffen. Hinzu kommt, dass die Zahl der digitalen Empfangsgeräte in den Haushalten kontinuierlich zunimmt. Neben dem PC sind dies in zunehmendem Maß Mobiltelefone, Spielkonsolen und digitale Decoder für Fernsehprogramme. *H3r*

*Literatur*

Booz, Allen & Hamilton: Zukunft Multimedia. Bonn 1995.
R. Kuhlen: Informationsmarkt. Chancen und Risiken der Kommerzialisierung von Wissen. Konstanz 1995.
R. Steinmetz: Multimedia Technologie – Grundlagen, Komponenten und Systeme. Berlin, Heidelberg 2005.

# Musik

Musik entsteht aus intentionalen Handlungen, die typischerweise auf die Hervorbringung von hörbaren Gebilden gerichtet sind. Solche Gebilde, zu denen insbesondere Kompositionen gehören, deren tonale und zeitliche Strukturen vor einer Aufführung bestimmt und in vielen Fällen schriftlich oder durch andere Hilfsmittel fixiert wurden, außerdem Improvisationen, bei denen die aktuelle Gestaltung im Zuge einer Aufführung erfolgt, wenden sich vor allem an Hörerinnen und Hörer, die auditiv Musik als klanglich und zeitlich gegliederten Strukturzusammenhang wahrnehmen und als musikalisch sinnvolles Ordnungsgefüge erfassen.

Die Hörwahrnehmung von Musik ist Konsequenz ihrer klanglichen Verfassung und Bedingung ihrer kommunikativen Funktionen sowie emotiven Wirkungen; sie kann durch visuelle Wahrnehmung sowie durch den Tastsinn (z. B. „körperliche" Wahrnehmung stark ausgeprägter Metren) ergänzt werden. Beim Musikhören spielt intermodale Wahrnehmung eine nicht zu verkennende Rolle; als Ursache werden u. a. neuroanatomische Kopplung der menschlichen Sinneskanäle für Hören und Sehen sowie gleichartige Prozesse der Verarbeitung neuronal kodierter Sinnesreize auf subkortikaler und kortikaler Ebene diskutiert. Es gibt zahlreiche Berichte über Synästhesien, nach denen vor allem musikalisch Aktive Aussagen etwa dahin gehend treffen, dass bei ihnen die Wahrnehmung bestimmter Klänge mit der Vorstellung bestimmter Farben, optischer Figuren oder optischer Eigenschaften einher gehe.

Das Material hörend erfahrbarer Musik ist Schall, der aus Klängen (mit periodischen Schwingungen) sowie auch Geräuschen (mit aperiodischen Schwingungen) besteht. Über das Prinzip der Periodizität, das in allen Bereichen der belebten und unbelebten Natur wirksam ist, wird nicht nur eine genaue Beschreibung von akustischen Signalen, die von Musikinstrumenten sowie der Singstimme erzeugt werden und als klangliche Bausteine musikalischer Gestaltung dienen, sondern auch von Sachverhalten der Wahrnehmung möglich. Musik basiert mithin akustisch und psychoakustisch auf naturgegebenen Sachverhalten, als Form menschlicher Kommunikation und Ergebnis künstlerischer Gestaltung jedoch auf Auswahl und kategorialer Bestimmung der Elemente, die in tonal und zeitlich gegliederten Strukturen wie z. B. Melodien von Liedern oder instrumentalen Spielstücken verwendet werden. Solche Strukturen folgen häufig den aus der Gestaltpsychologie bekannten Regeln der Prägnanz, der Nähe, der guten Fortsetzung usw. Musikalische Gebilde vereinigen in vielen Fällen eine Mehrzahl selbst schon gestalthafter Elemente und werden, indem diese Elemente nach Regeln einer Grammatik sowie ggf. einer Syntax verknüpft und nach formalen Ordnungsgesichtspunkten in ihrer Abfolge gegliedert werden, zu komplexen Gefügen, die kompositionstechnisch und ästhetisch als Musikwerke angesprochen werden. Der Begriff des Musikwerkes ist dabei keineswegs auf die „abendländische" bzw. „westliche" Musik beschränkt, sondern unter Beachtung kulturspezifischer Gestaltungsmerkmale, ästhetischer Kriterien und Rezeptionsweisen interkulturell anwendbar.

Durch die Erfindung und Verbreitung technischer Medien und die Prozesse der Globalisierung unterliegt die Produktion, Distribution und Rezeption von Musik vielfältigen Veränderungen. Die technische Reproduzierbarkeit von Musik hat schon zu Zeiten der Phonogramme (Walzen) und der Schallplatte dazu geführt, dass Ort und Zeit der Aufführung bzw. Einspielung von Ort und Zeit der Rezeption getrennt sein können und tatsächlich häufig getrennt sind. Hierdurch wurde einmal auf → Tonträger eingespielte Musik zahlreichen Hörern zugänglich, die auf solche „Konserven" beliebig oft und praktisch an jedem Ort zugreifen können. Durch den → Hörfunk gelang es, bestimmte Musikgebilde bzw. Aufführungen simultan einer Vielzahl von Hörern zugänglich zu machen. Durch Tonfilm und → Fernsehen schließlich wurden musikalische Handlungen synchron mit der klanglichen Dimension erlebbar. Dies erklärt die breite Rezeption z. B. von Musikfilmen früherer Jahrzehnte und der Videoclips mit Rock- und

Popmusik (verbreitet von Sendern wie MTV und VIVA) zumal seit den 1980er Jahren, aber auch das Interesse an Ausstrahlungen von Opern und Konzertmitschnitten „Ernster" Musik im Fernsehen. Dabei geht die Mediatisierung von Musik vielfach mit Änderungen der Aufführungspraxis einher; beispielsweise sind zahlreiche vermeintliche „Live"-Auftritte im Fernsehen genau besehen Teil- oder Vollplaybacks, d. h. Musiker und Sänger mimen musikalische Handlungen synchron zu zuvor eingespielten Tonaufnahmen. Zuschauer, denen diese Techniken nicht geläufig sind, glauben dann, einer „Live"-Darbietung beizuwohnen, die musikalisch und klanglich perfekt erscheint, in Wahrheit aber auf der Reproduktion eines zuvor im Studio eingespielten Tonträgers beruht.

Auch die Komposition und Produktion von Musik erfolgt heute vielfach unter Einsatz von Computern und spezieller Software für die Generierung, Überlagerung und zeitliche Gliederung von Klängen bzw. Klangfolgen, die Faktur musikalischer Gebilde mit Hilfe von Sequencer-Programmen, die klangliche Abstimmung einmal hergestellter Gebilde sowie das Mastering von Produktionen zum Zwecke der Veröffentlichung auf Tonträgern, Bildtonträgern oder durch Sendung im Hörfunk oder TV. Die funktionale Herrichtung und Verwendung von Musik z. B. in Werbespots erfolgt nach Maßgabe sowohl technischer Standards der Produktion wie auch nach rezeptionspsychologischen Kriterien, um die größtmögliche Wirkung zu erzielen.

Zwischen den zahlreichen Wellen des so genannten „Formatradios", die inhaltlich gleichförmig Top-Fourty-Material abspielen oder sonst ein gängiges Format bedienen, tobt längst ein auch messtechnisch objektivierbarer „Lautheitskrieg"; durch Einsatz von nach psychoakustischen Kriterien algorithmisch gesteuerten Multiband-Kompressoren und ähnlichen Geräten wird zu praktisch jedem Zeitpunkt Vollaussteuerung des Musiksignals erzielt. Für die Hörer ergibt sich so wahrnehmungsmäßig ein hoher Grad klanglicher Sättigung und subjektiver Lautheit. Inwieweit die ubiquitäre Verfügbarkeit von Musik und deren alltägliche Nutzung z. B. als häusliche „Klangtapete" oder als Hintergrundmusik in Gewerbebetrieben, Arzt- und Rechtsanwaltspraxen usw. zu Übersättigungs- und Abnutzungserscheinungen führt, ist ein aktuelles Thema musik- und medienwissenschaftlicher Forschung. *AS*

*Literatur*

W. Gushurst: Popmusik im Radio. Musik-Programmgestaltung und Analysen des Tagesprogramms der deutschen Servicewellen 1975-1995. Baden-Baden 2000.
G. P. Hull. The Recording Industry. 2nd ed., New York/London 2004.
A. Smudits: Mediamorphosen des Kulturschaffens. Kunst und Kommunikationstechnologien im Wandel. Wien 2002.

## Nachrichtenagentur

Nachrichtenagenturen sind „Nachrichtengroßhändler". Sie beliefern Medien mit aktuellen Nachrichten. Zu den Angeboten der Agenturen gehören neben einer allgemeinen Auswahl von aktuellen nationalen und internationalen Nachrichten teilweise Landesdienste, Auslandsdienste in verschiedenen Sprachen, Audio- und Bilderdienste, Grafiken und themenspezifische Dienste. Die Zeitungen und Zeitschriften, Hörfunk- und Fernsehanbieter abonnieren eine bestimmte Auswahl von Meldungen, Berichten, Kommentaren, Ankündigungen und Hintergrundinformationen als Dienste-Pakete und wählen aus diesen einige wenige Nachrichten zur Weiterverbreitung aus. Zunehmend nehmen auch Verbände oder politische Akteure und Unternehmen die Agenturen als „Informationsmakler" für Branchendaten und themenspezifischen Informationen in Anspruch.

Bei der → Auslandsberichterstattung und im überregionalen Bereich, den die kleineren Medienunternehmen nicht mit eigenen Korrespondenten abdecken können, spielen Agenturen als zentrale Informationsquellen eine wichtige Rolle. Da die Preise sich bei den Printkunden nach der verkauften Auflage und bei den elektronischen Medien nach den Reichweiten richten, können auch kleinere Medienunternehmen günstig an aktuelle Nachrichten gelangen. Agenturjournalismus gilt v. a. wegen der Vielfalt der Abonnenten als besonders unabhängig und wird damit von den Medienkunden als Anbieter besonders zuverlässiger Informationen betrachtet. Bei der Themensuche und bei der Überprüfung von Informationen aus anderen Quellen kommt den Agenturen daher große Bedeutung zu.

**Nachrichtenagentur**

*Kunden der Agenturen bei allen publizistischen Einheiten der Tagespresse*

|        | 1983        | 1993        | 2003        |
|--------|-------------|-------------|-------------|
| dpa    | 124 (98,4 %) | 139 (99,3 %) | 131 (97,8 %) |
| AP     | 73 (57,9 %) | 93 (66,4 %) | 79 (59,0 %) |
| Reuters | 28 (22,2 %) | 53 (37,9 %) | 55 (41,0 %) |
| AFP    | 8 (6,3 %)   | 27 (19,3 %) | 38 (28,4 %) |
| ddp    | 30 (23,8 %) | 14 (10,0 %) | 55 (41,0 %) |
| ADN    |             | 23 (16,4 %) |             |

*Quelle:* Medienspiegel August 2003 (nach BDZV-Umfragen)

In keinem anderen Land der Welt stehen so viele Nachrichtenagenturen im Wettbewerb zueinander wie in Deutschland. Die größten deutschsprachigen Nachrichtenagenturen sind die *Deutsche Presse-Agentur (dpa), Associated Press (AP),* die *Agence France-Presse (AFP), Reuters (rtr)* und der *Deutsche Depeschendienst (ddp).* Sie unterhalten Büros mit deutschsprachigen Informationsdiensten in Deutschland und zahlreichen anderen Ländern.

Die Bedeutung der einzelnen Agenturen auf dem Nachrichtenmarkt in Deutschland lässt sich zunächst daran ablesen, welchen Anteil der publizistischen Einheiten (Tageszeitungs-Vollredaktionen) sie mit ihren Diensten jeweils erreichen (vgl. Tabelle). Nach der dpa, die den größten Anteil des Tageszeitungsmarktes beliefert, folgen AP, Reuters, ddp und AFP. Etwa zwei Drittel der Tageszeitungen und Rundfunkanbieter abonnieren zwei oder drei Agenturen. Die dpa gilt dabei als so genannte „Primäragentur", weil sie fast alle deutschen Medienunternehmen beliefert. Eine oder mehrere der anderen Agenturen werden häufig als „Komplementäragenturen" gebucht. Dabei stellen die Dienste von dpa und AP die häufigste Kombination dar.

Die dpa ging 1949 aus dem Zusammenschluss der *Deutschen Nachrichtenagentur,* der *Südwestdeutschen Nachrichtenagentur* und dem *Deutschen Pressedienst* in den westlichen Besatzungszonen hervor. Die etwa 200 Kunden sind gleichzeitig die Gesellschafter. Die marktbeherrschende Stellung der dpa gilt bislang nicht als gefährdet, wenngleich 1999 sechs Privatfunkkunden kündigten und 2003 zwölf Tageszeitungen die Agentur kurzzeitig boykottierten. Die Kunden hatten v. a. die hohen Preise und die geringe Flexibilität der Buchungsmöglichkeiten moniert und aus Protest einen Tag lang (25.06.03) keine dpa-Meldung abgedruckt. Mittlerweile hat sich die Lage wieder etwas stabilisiert. Der Wettbewerb zwischen den Agenturen findet nach wie vor auf der Ebene der Komplementäragenturen statt.

Mit dem Insolvenzantrag von ddp im September 2004 forderte die Medienkrise ihr erstes Opfer unter den „Zweit- und Dritt-Agenturen". Damit wird das Ausmaß des wirtschaftlichen Drucks deutlich, unter dem die Agenturen seit 2001 stehen. Innerhalb der nächsten Jahre wird in Deutschland eine Marktbereinigung erwartet. Eine Reduktion der Zahl voneinander unabhängiger Agenturen bedeutet allerdings eine Abnahme der publizistischen Vielfalt an einer bedeutenden Schnittstelle des Informationsflusses. Trotz der vergleichsweise vielen Agenturen auf dem deutschen Nachrichtenmarkt ist die Nachrichtenversorgung durch Agenturen also problematisch. Wenige Unternehmen verfügen hier über erheblichen Einfluss auf die Nachrichtengebung in Deutschland. Die publizistische Vielfalt ist damit eingeschränkt. Ohne hinreichende Vielfalt der Informationsquellen kann auch die pluralistische Struktur des Zeitungs- und Rundfunksektors keinen bedeutenden Beitrag zur inhaltlichen Vielfalt leisten. *CE*

*Literatur*

U. Meinke: Die Nachricht nach Maß. Erfolg und Misserfolg von Agenturtexten. Wiesbaden 2002.
J. Wilke (Hrsg.): Nachrichtenagenturen im Wettbewerb. Konstanz 1997.
P. Zschunke: Agenturjournalismus: Nachrichtenschreiben im Sekundentakt. München 1994.

## Nachrichtenauswahl

Die Nachrichtenauswahl umfasst alle Vorgänge, bei denen Journalisten aus dem nicht abreißenden Strom der Ereignisse in der Welt diejenigen in den → Nachrichtenagenturen und Medien berichten, die ihnen besonders wichtig und interessant erscheinen. Zwangsläufig wird dabei nur ein winziger Bruchteil des Weltgeschehens zur Veröffentlichung ausgewählt. Zum einen reichen die beschränkten Veröffentlichungskapazitäten und der zur Verfügung stehende Raum nicht aus, um das gesamte Weltgeschehen wiederzugeben. Zum anderen kommt Medien die Aufgabe zu, eine Vorauswahl aus dem verfügbaren Stoff zu treffen und die bestehende Komplexität zu reduzieren, das Publikum also nur über die wichtigsten und interessantesten Ereignisse zu informieren. In einem mehrstufigen Prozess, der in der Regel von den Reportern vor Ort über die → Nachrichtenagenturen zu den Redaktionen verläuft, wird die Menge der Nachrichten immer stärker reduziert.

Für die journalistische Auswahltätigkeit hat sich das Bild des Schleusenwärters oder „Gatekeepers" eingebürgert, der nur einige wenige Nachrichten passieren lässt. Auf jeder Stufe, die die einzelnen Berichte überwinden müssen, um das Publikum zu erreichen, werden bestimmte Auswahlkriterien an die Nachrichten angelegt. Je mehr Stufen sie durchlaufen, desto stärker entsprechen sie daher diesen Auswahlkriterien. Die Auswahlkriterien können inhaltliche Merkmale von Ereignissen, aber auch politische Orientierungen von Journalisten oder Redaktionen betreffen, die ein bestimmtes Ereignis besonders mitteilenswert erscheinen lassen.

Die inhaltlichen Ereignismerkmale, die die journalistische Auswahl bestimmen, werden als Nachrichtenfaktoren bezeichnet. Je mehr Nachrichtenfaktoren ein Ereignis aufweist und je stärker es diesen Auswahlkriterien entspricht, desto höher ist sein Nachrichtenwert. Damit erhöht sich die Chance, dass das Ereignis zur Nachricht wird und in den Medien viel Beachtung erhält, indem es etwa gut platziert oder besonders umfangreich präsentiert wird.

Als Nachrichtenfaktoren gelten die Personalisierung, die Prominenz und der Einfluss einer Person, die geographische und kulturelle Nähe eines Ereignisses, die quantitative und qualitative Reichweite eines Ereignisses, ein hohes Maß an Überraschung, Kontroverse und Schaden und der Bezug zu bereits länger eingeführten Themen. Nachrichtenfaktoren können also beteiligte Personen, den Ereignisort, bestimmte Typen von Ereignissen und die Folgen eines Ereignisses betreffen. Dabei können sie sich auch gegenseitig ersetzen oder kompensieren. Je näher der Ereignisort am Ort der Berichterstattung liegt oder je ähnlicher die Kultur am Ereignisort den kulturellen Gegebenheiten am Berichtsort ist, desto weniger kontrovers oder folgenreich muss ein Ereignis sein, und umso weniger Menschen müssen davon betroffen sein, um zur Nachricht zu werden. Ein Ereignis in Asien besitzt zumeist erst, wenn es viele Tote und Verletzte gegeben hat, gute Veröffentlichungschancen in Deutschland. Wird ein Thema aber – wie im Falle der Tsunami-Katastrophe – schon länger in den Medien behandelt, so kann selbst ein leichter Erdstoß ohne größeren Schaden eine Nachricht werden. Ein anderes Beispiel ist der hohe Nachrichtenwert von einzelnen Chemieunfällen nach einer Pannenserie in einem Chemieunternehmen.

Die Realitätsdarstellung der Medien ist stark von Nachrichtenfaktoren geprägt. Nicht-prominente Personen, weit entfernte Gebiete, neue oder wenig kontroverse Themen kommen nur selten vor. Gerade für die → Auslandsberichterstattung, die durch viele Selektionsstufen geprägt ist, konnte ein stark entlang dieser Auswahlkriterien verzerrtes Bild der Ereignislage nachgewiesen werden. Kritiker schreiben etwa die katastrophen- und kriegsorientierte Berichterstattung über die Dritte Welt diesen Mechanismen zu. Allerdings haben Nachrichtenfaktoren nicht notwendig unerwünschte Auswirkungen. Sie reduzieren Komplexität zum Teil auch nach Kriterien, die ganz allgemein die menschliche Informationsverarbeitung bestimmen. So erscheint bspw. bei einem besonders folgenreichen Ereignis mit vielen Betroffenen eine große Beachtung durchaus angemessen. Ebenso sorgt der Nachrichtenfaktor Schaden nicht nur für eine skandal-gesättigte Prominentenberichterstattung, sondern kann in Bezug auf bestimmte Fehlentwicklungen in der Politik auch der Kritik- und Kontrollfunktion der Medien entsprechen.

Zusätzlich zu den Nachrichtenfaktoren lassen sich die Einstellungen von Journalisten und die redaktionellen Linien von Medienunternehmen als Einflussgrößen bei der Nachrichtenauswahl charakterisieren. Untersuchungen können zeigen, dass Nachrichten dann bevorzugt veröffentlicht werden, wenn sie die Relevanzwahrnehmungen und Meinungen der Journalisten eines Medienunternehmens stützen, während Nachrichten, die der politischen Orientierung widersprechen oder dem jeweiligen politischen Gegner nützen könnten, schlechtere Veröffentlichungschancen haben. Durch diese politisch-motivierte Auswahlpraxis wird bewusst oder unbewusst ein „News-Bias" in der Berichterstattung erzeugt, d. h. die Nachrichten zeichnen ein entsprechend verzerrtes Bild der Realität. Die medienvermittelte Realität ist jedoch die

Grundlage des Handelns der Bürger und Bürgerinnen. Um ein ausgewogenes und umfassendes Bild der Realität zu erhalten, ist das Publikum daher auf eine Vielfalt von Informationsangeboten aus unterschiedlichen politischen Perspektiven angewiesen. *CE*

*Literatur*

W. Schulz: Die Konstruktion von Realität in den Nachrichtenmedien. Analyse der aktuellen Berichterstattung. Freiburg/München 1976.

## News Corporation

Die News Corporation ist ein weltweit agierendes Medienunternehmen, das vor allem in den USA aktiv ist. Die zentrale Persönlichkeit, die mit der News Corporation verbunden ist und bis heute die geschäftlichen Aktivitäten des Unternehmens bestimmt, ist der in Australien geborene *Rupert Murdoch*. Murdoch erbte im Jahr 1952 im Alter von 21 Jahren von seinem Vater eine kleine australische Regionalzeitung, die in wirtschaftlichen Schwierigkeiten steckte. In den folgenden zehn Jahren gelang es ihm, in seinem Heimatland einen Medienkonzern aufzubauen, zu dem eine Hörfunkstation, ein Fernsehveranstalter und mehrere Tageszeitungen gehörten. 1964 startete er die erste landesweite Tageszeitung *The Australian*. In der Folgezeit erweiterte Murdoch sein Unternehmen, indem er Kredite aufnahm, um Wettbewerber zu übernehmen. Im Jahr 1969 kaufte Murdoch die britischen Titel *News of the World* und *Sun*, die er zu aggressiven Boulevardtiteln umgestaltete. Im Jahr 1973 erwarb Murdoch mit der Zeitung *San Antonio Express News* den ersten amerikanischen Titel, es folgte die *New York Post*. Auch diese beiden Titel wechselten das redaktionelle Konzept und zählen nun zur amerikanischen Sensationspresse. Diese Praxis und die Unterstützung konservativer Politiker im Ausgleich für die Gewährung von Vorteilen sorgen dafür, dass Murdoch einen problematischen Ruf hat.

Nach dem Ausbau seines Konzerns zu einem Unternehmen mit Beteiligungen in Australien, → Großbritannien und den → USA, schuf

Murdoch die Holding *News Corporation* Ltd., über die noch heute die Kontrolle des Medienkonzerns ausgeübt wird. Murdoch entscheidet persönlich über die Besetzung der Schlüsselpositionen im Unternehmen. Nachdem die Holding 1980 die Londoner *Times* und die *Sunday Times* erworben hatte, setzte Murdoch den Ausbau des Unternehmens zunächst mit dem Schwerpunkt im Verlagsgeschäft fort. 1985 änderte sich dies; sieben amerikanische Fernsehsender und die *Twentieth Century Fox*-Filmstudios in Hollywood wurden Bestandteil des Unternehmens. Um in den USA Mehrheitsgesellschafter von Fernsehstationen sein zu dürfen, erwarb Murdoch die amerikanische Staatsbürgerschaft. Nach Anfangsschwierigkeiten gelang es der News Corporation, das *Fox Televsion Network* aufzubauen und fest auf dem amerikanischen Fernsehmarkt zu etablieren. Im Jahr 2001 verkaufte Murdoch zusammen mit seinem Ko-Investor *Haim Saban* einen Teil des Networks, das *Fox Family Network*, das Kinder- und Familienprogramme ausstrahlt, für 5,3 Mrd. US$ an den → *Walt-Disney*-Konzern.

Schon vor dem erfolgreichen Engagement in den USA hatte Murdoch 1983 das britische Unternehmen *Satellite Television (SATV)* erworben, das nach der Fusion mit dem damals erfolglosen Unternehmen *British Satellite Broadcasting* unter dem Namen *BSkyB* auf dem Markt für Satellitenfernsehen mittlerweile sehr erfolgreich ist. Auch dieses erste Satellitenprogramm für den europäischen Markt war nach seinem Start im Jahr 1989 zunächst ein großer Verlustbringer; im Jahr 1990 soll Murdoch pro Woche Verluste in Höhe von 6 Mio. Pfund gemacht haben. Aufgrund dieser Situation und der Verbindlichkeiten aus dem Engagement in den USA geriet die News Corporation 1991 in eine finanzielle Krise; 7,6 Mrd. US$ Schulden hatten sich angehäuft. Murdoch setzte erfolgreich einen drastischen Verschlankungs- und Sparkurs im Unternehmen um und schaffte bis 1993 die Wende. In diesem Jahr setzte eine neue Phase der Unternehmensübernahmen ein. So erwarb Murdoch nach und nach den asiatischen Satellitensender *Star TV* und beteiligte sich an der US-Senderkette *New World Communications*, im Jahr 1996 übernahm er sie komplett. In der Folgezeit wurden Kooperationen mit dem US-Kabelanbieter *TCI*, dem brasilianischen Medienkonzern *Globo* und der mexikanischen *Grupo Televiso* geschlossen, um neue Märkte zu erschließen.

Auch in Deutschland trat Murdoch in der Vergangenheit schon mehrfach als Investor in Erscheinung. So gründete er gemeinsam mit dem → *Burda-Verlag* im Jahr 1991 das Boulevardblatt *Super*, das allerdings im Wettbewerb mit der *Bild-Zeitung* scheiterte. Danach erstreckt sich das Engagement ausschließlich auf den audiovisuellen Bereich. Im Jahr 2000 stieg Murdoch mit dem *Sky Radio Hessen* in den deutschen Hörfunkmarkt ein. Auf dem Fernsehmarkt hielt die News Corporation zwischen 1994 und 2001 eine 49,9-%-Beteiligung am Privatsender *Vox* und übernahm 1998 zwei Drittel des Senders *tm3*. Diese Engagements waren allesamt nicht lukrativ, auch das Engagement beim Pay-TV-Sender *Premiere*, an dem Murdoch über *BSkyB* mit 22 % beteiligt war, brachte erhebliche Verluste.

Heute ist die News Corporation ein fast reiner Medienkonzern, der vor allem in den folgenden Märkten aktiv ist:
- Film- und Fernsehproduktion: In den USA gehört die komplette *Fox*-Gruppe mit 9 Unternehmen zum Konzern. Aus diesen Unternehmen stammen so erfolgreiche Filme wie *Master and Commander*, *XMen* und *Die Liga der außergewöhnlichen Gentlemen*. Auch Fernsehprogramme wie *Die Simpsons*, *24* oder *Nip/Tuck* stammen aus den Fox-Studios. Im Jahr 2004 erwirtschaftete dieser Bereich 5,2 Mrd. US$ Umsatz und erwirtschaftete einen Gewinn von 886 Mio. US$. Neben den amerikanischen Beteiligungen gibt es Beteiligungen in Australien und Lateinamerika.
- Fernsehstationen: Mittlerweile verfügt der Konzern über 35 Fernsehstationen in unterschiedlichen Regionen der USA. Dazu zählen unter anderen Washington, New York, Chicago, Los Angeles und Orlando. Außerdem kontrolliert der Konzern 11 asiatische Sender und verfügt über Beteiligungen in Australien und Lateinamerika. Im Jahr 2004 betrug der Umsatz in diesem Segment 5,0 Mrd. US$, der Gewinn betrug 957 Mio. US$.
- Kabelnetze und Satellitenfernsehen: Neben der Fox-Gruppe, die eine Vielzahl unterschiedlicher Kabelprogramme in den USA und Australien betreibt, zählen zu den Aktivitäten im amerikanischen Kabelfernsehen vor allem die Beteiligungen an den Programmen von *National Geographic*. In Europa ist das Unternehmen in erster Linie durch das Satellitenfernsehen vertreten. In → Italien und → Großbritannien ist dies der Anbieter *SKY*. Aber auch in den → USA, La-

teinamerika, Australien und Asien ist der Konzern mittlerweile mit eigenen Unternehmen oder Beteiligungen auf dem Markt für Satellitenfernsehen aktiv. Die Umsätze erreichen hier 4,2 Mrd. US$ im Jahr 2004, dabei wurden Gewinne in Höhe von 350 Mio. US$ erwirtschaftet.

– Printmedien: Der als Verlag gestartete Medienkonzern verfügt heute über Beteiligungen an Zeitungen in den → USA, → Großbritannien, Fiji, Papua Neu Guinea und Australien. Dort kontrolliert das Unternehmen mehr als 100 Titel. Darüber hinaus zählen acht Zeitschriften in den USA, Kanada und Australien zum Angebot des Konzerns, prominentester Titel ist der *TV-Guide*, der in den USA eine Auflage von mehr als 10 Mio. Exemplaren erreicht. Daneben gehört mit *HarperCollins* ein international renommierter Buchverlag zum Konzern. Bei einem Umsatz von rund 4,8 Mrd. US$ erzielte der Konzern im Jahr 2004 mit diesem Bereich einen Gewinn von mehr als 1 Mrd. US$.

Die Geschäftszahlen verdeutlichen, dass die News Corporation heute ein Unternehmen ist, das den Strukturwandel der Medienbranche aktiv nutzt, um die eigene Position im globalen Wettbewerb auszubauen. Ein wichtiges Element der Strategie des Konzerns ist seine globale Präsenz und die Vielfalt der unter einem Dach vereinten Aktivitäten, die in unterschiedlicher Weise Synergien erzeugen. *H3r*

*Literatur*

S. Grimberg: The News Corporation Ltd. In: L. Hachmeister, G. Rager (Hrsg.): Wer beherrscht die Medien? Die 50 größten Medienkonzerne der Welt. Jahrbuch 2003. München 2002.
News Corporation: Annual Report 2005. Online verfügbar unter www.newscorp.com/investor/annual_reports.html.
B. Paige, E. Potter: The Murdoch Archipelago. London 2004.

# Öffentlichkeit

Öffentlichkeit entsteht immer dann, wenn ein Akteur vor einem offen zugänglichen Publikum kommuniziert. Besondere Aufmerksamkeit kommt in demokratischen Systemen der politischen Öffentlichkeit zu. Hierbei handelt es sich um das Kommunikationssystem, in dem Informationen zwischen Regierung und Bürgern ausgetauscht werden. In der Öffentlichkeit werden Informationen gesammelt, verarbeitet und weitervermittelt. Das Kommunikationssystem Öffentlichkeit erfüllt damit für Demokratien eine wichtige Aufgabe, weil es die Anliegen der Bevölkerung an das politische System und die Entscheidungen des politischen Systems an die Bevölkerung zurückvermittelt (→ politische Kommunikation, Politikberichterstattung). Die Bürger können sich eine informierte Meinung bilden und sind auf diese Weise in den politischen Entscheidungsprozess einbezogen.

So dient Öffentlichkeit etwa dazu, außenpolitische Entscheidungen der Regierung, wie z. B. die Entsendung von Bundeswehrsoldaten in ein Krisengebiet, den Bürgern bekannt zu machen. In der umgekehrten Vermittlungsrichtung dient Öffentlichkeit dazu, die Vorstellungen der Bürger über Auslandseinsätze der Bundeswehr den Politikern zur Kenntnis zu bringen und etwa deren unzureichende Begründung zu kritisieren. Damit wird die Frage der Auslandseinsätze zur Bearbeitung an das politische System übermittelt. Öffentlichkeit wird auf Grund der Position zwischen Regierung und Bürgern als intermediäres System bezeichnet.

In der Öffentlichkeit artikulieren sich eine Reihe verschiedener Akteurstypen. Vertreter bestimmter gesellschaftlicher Gruppen und Organisationen (etwa Parteien und Verbände), Vertreter bestimmter Interessen, die sich ohne politische Vertretungsmacht „advokatorisch" einsetzen (etwa Berufe, die sich mit Hilfsbedürftigen befassen), Experten (Personen mit wissenschaftlicher Expertise), Intellektuelle (etwa Schriftsteller oder Publizisten) und Journalisten, wenn sie als Kommentatoren die Position ihrer jeweiligen Zeitung oder ihres Senders vertreten.

Die Sammlung, Verarbeitung und Vermittlung der Beiträge dieser Öffentlichkeitssprecher im Kommunikationssystem Öffentlichkeit erzeugt als Resultat „öffentliche Meinungen". Öffentliche Meinungen sind damit die Summe aller öffentlich geäußerten Beiträge. Sie können mehr oder weniger übereinstimmend sein. Wirksam im Sinne einer normativen Kraft werden sie erst dann, wenn sie eine gewisse Übereinstimmung aufweisen. In diesem Fall ist in der Regel von *einer* öffentlichen Meinung die Rede.

In modernen Gesellschaften wird Öffentlichkeit v. a. von den Massenmedien getragen. Die Massenmedien haben Präsenzformen von Öffentlichkeiten wie etwa politische Versammlungen weitgehend abgelöst. Über die Medien können wesentlich größere Publika erreicht werden. Öffentliche Kommunikation ist in der Regel Massenkommunikation. Damit findet die Sammlung, Verarbeitung und Vermittlung der Themen und Meinungen ganz überwiegend in den Medien statt. Die Beiträge der verschiedenen Akteure, die sich öffentlich äußern, werden nicht direkt gehört, sondern gelangen vermittelt durch die Medien an ein Publikum (→ politische Berichterstattung). Öffentliche Meinungen sind dementsprechend in der Regel „veröffentlichte Meinungen". Bei der Sammlung, Verarbeitung und Vermittlung durch die Medien werden bestimmte medienspezifische Mechanismen wirksam, die das Resultat dieses Prozesses, die öffentlichen Meinungen, beeinflussen können. So werden bspw. professionelle Regeln der → Nachrichtenauswahl die Zusammensetzung der vermittelten Themen und Meinungen und die Repräsentanz von Akteuren bestimmen. Mediale Auswahlkriterien bestimmen in modernen Gesellschaften damit auch die Struktur der Öffentlichkeit.

Die Funktionen, die Öffentlichkeit in der Demokratie erfüllen soll, lassen sich besonders gut unter Rückgriff auf die öffentliche Kommunikation in der antiken Arena beschreiben. Hier treten Akteure als Öffentlichkeitssprecher auf, die vor einem offen zugänglichen Publikum bestimmte Positionen vertreten. Jeder kann aus seiner passiven Publikumsrolle in die aktive Rolle des Sprechers wechseln und sein spezifisches Anliegen dem Publikum zu Gehör bringen. Die Offenheit für alle gesellschaftlichen Gruppen erfüllt Transparenzfunktionen. Je besser die Abbildung aller Themen und Meinungen der Gesellschaft gelingt, desto umfassender kann die Meinungsbildung erfolgen. Durch die Beobachtung der Öffentlichkeitssprecher durch das Publikum werden Validierungsfunktionen erfüllt. Die Beiträge der verschiedenen Sprecher müssen sich vor Publikum beweisen, d. h. die vertretene Position soll den Argumenten der anderen standhalten können. Dem Publikum dienen die öffentlichen Meinungen, die bei der Verarbeitung der Beiträge der Sprecher entstehen, als Anhaltspunkte für überzeugende Positionen, die bereits validiert wurden. Sie erfüllen damit Orientierungsfunktionen.

Übertragen auf die Medien als Träger von Öffentlichkeit wird die Transparenzfunktion in der Regel als Informationsfunktion, die Validierungsfunktion als Kritik- und Kontrollfunktion bezeichnet. Beide spielen eine wichtige Rolle für die Demokratie, da die Bürger auf diese Weise das Handeln der gewählten Regierung überprüfen und ihr ggf. das Vertrauen entziehen können.

Auch das Bundesverfassungsgericht hebt die Bedeutung einer funktionierenden „Medien"-Öffentlichkeit hervor: „Soll der Bürger politische Entscheidungen treffen, muß er umfassend informiert sein, aber auch die Meinungen kennen und gegeneinander abwägen können, die andere sich gebildet haben. Die Presse hält diese ständige Diskussion in Gang, sie beschafft die Information, nimmt selbst Stellung dazu und wirkt damit als orientierende Kraft in der öffentlichen Auseinandersetzung. In ihr artikuliert sich die öffentliche Meinung; die Argumente klären sich in Rede und Gegenrede, gewinnen deutliche Konturen und erleichtern so dem Bürger Urteil und Entscheidung" (BverfGE 20, 162 – Spiegel, Urteil vom 5. August 1966). *CE*

*Literatur*

W. Schulz: Politische Kommunikation. Theoretische Ansätze und Ergebnisse empirischer Forschung. Opladen/Wiesbaden 1997.
Friedhelm Neidhardt (Hrsg.): Öffentlichkeit, öffentliche Meinung, soziale Bewegungen. Opladen 1994.

# Öffentlichkeitsarbeit

Öffentlichkeitsarbeit ist eine wichtige Kommunikationsfunktion von Unternehmen und Organisationen. In der Vergangenheit wurde Öffentlichkeitsarbeit fast ausschließlich mit Pressearbeit gleichgesetzt – also mit dem Versuch, die Medienberichterstattung zu beeinflussen. Öffentlichkeitsarbeit, im Englischen als Public Relations (PR) bezeichnet, ist jedoch entschieden mehr. Eine der einfachsten und am weitesten verbreiteten Definitionen ist die der beiden amerikanischen Autoren James E. Grunig und Todd Hunt. Demnach ist Öffentlichkeitsarbeit das Management von Kommunikation zwischen einer Organisation und ihren Öffentlichkeiten. Unter Öffentlichkeiten sind dabei immer nur Teile der gesamten → Öffentlichkeit gemeint, die so genannten Zielgruppen. Das sind die Personen, die für die Organisation von Bedeutung sind und die mit entsprechenden Botschaften erreicht werden sollen.

Diese Definition von Öffentlichkeitsarbeit umfasst weder die geplante Wirkung noch die einzusetzenden Mittel, da diese Faktoren je nach Organisation stark variieren können. Public Relations will aber immer die Wahrnehmung der eigenen Organisation im positiven Sinne beeinflussen und manchmal auch Menschen zu bestimmten Handlungen bewegen. Öffentlichkeitsarbeit ist damit ein wichtiger Faktor bei der → Konstruktion von Realität.

Öffentlichkeitsarbeit wird von unterschiedlichen Organisationen unterschiedlich gestaltet. Nicht alle Mittel sind dabei für alle Organisationen gleich geeignet, nicht alle Organisationen verfolgen dieselben Ziele. PR kann für kurzfristige Ziele betrieben werden, zum Beispiel von Parteien, um die nächste Wahl zu gewinnen oder von Unternehmen, um ein neues Produkt bekannt zu machen. Öffentlichkeitsarbeit kann aber auch langfristige Ziele verfolgen. Parteien wollen damit beispielsweise kontinuierlich Mitglieder gewinnen, Umweltorganisationen Menschen dauerhaft zu umweltfreundlichem Handeln bewegen. Je nach dem, welche Ziele eine Organisation mit Öffentlichkeitsarbeit erreichen möchte, werden ganz unterschiedliche Zielgruppen angesprochen. Beispielsweise kann Öffentlichkeitsarbeit von Unternehmen ganz unterschiedliche Personenkreise ansprechen. Informationen über Produkte richten sich an die Kunden, Informationen über die Geschäftspolitik an Aktionäre und Banken, Informationen zur Sicherheit einer Fabrik an die Nachbarschaft vor Ort.

Medienarbeit ist immer noch eines der wichtigsten Mittel der Öffentlichkeitsarbeit. Medien werden heute nicht mehr als Zielgruppe verstanden, sondern als Multiplikatoren, als Vermittler der gewünschten Bot-

## Öffentlichkeitsarbeit

schaft zwischen Organisation und Zielgruppe. Je nach den Zielen sucht der Öffentlichkeitsarbeiter sich heute die Medien heraus, mit denen die gewünschten Zielgruppen erreicht werden können. Diese Recherchearbeit ist eine wichtige Dienstleitung in der Öffentlichkeitsarbeit. Verwendet werden dafür zum Beispiel Daten der → Media-Analyse.

Innerhalb der Medienarbeit gibt es eine Vielzahl von Mitteln und Methoden – von der einfachen Pressemitteilung über die Pressekonferenz bis hin zu groß inszenierten Ereignissen. Alle Mittel dienen dazu, die → Aufmerksamkeit der Medien zu gewinnen, um so kostenlos in → Zeitung oder → Fernsehen erwähnt zu werden. Hierin liegt auch der ausschlaggebende Unterschied zur → Werbung: Während Werbung bezahlte Medienpräsenz ist, nutzt Öffentlichkeitsarbeit das Wissen um die → Nachrichtenauswahl, um in die Berichterstattung zu kommen. Das Verhältnis zwischen Journalismus und PR wird daher auch in der Kommunikationswissenschaft immer wieder debattiert.

Neben den Medien gibt es noch weitere Multiplikatoren. Politiker oder Wissenschaftler können für Unternehmen sowohl Zielgruppe als auch Multiplikatoren sein. Um diese zu erreichen, sind neben Medienarbeit andere Mittel notwendig, wie beispielsweise exklusive Veranstaltungen oder Tagungen. Öffentlichkeitsarbeiter erhoffen sich von solchen Maßnahmen, die Multiplikatoren positiv zu beeinflussen, um so wiederum die anvisierten Zielgruppen zu erreichen.

Ebenso wichtig wie die Ansprache der Zielgruppen über Multiplikatoren ist die direkte Ansprache zum Beispiel über Geschäftsberichte, Kundenzeitschriften, Broschüren, → Flugblätter oder über das → Internet. Auch Veranstaltungen wie ein Tag der offenen Tür oder themenspezifische Events sind typische Maßnahmen der Öffentlichkeitsarbeit. Die interne Kommunikation wird heute ebenfalls als Aufgabe der Öffentlichkeitsarbeit verstanden, weil auch die eigenen Mitarbeiter oder Mitglieder Zielgruppe eines Unternehmens oder einer Organisation sind. Dementsprechend sind Hauszeitschriften und Intranet Mittel der internen Öffentlichkeitsarbeit.

Einen besonderen Stellenwert innerhalb der Öffentlichkeitsarbeit haben Kampagnen. Dabei wird versucht, zeitlich begrenzt und unter Verwendung einer Kombination verschiedener Mittel ein konkretes Ziel zu erreichen. Klassische Kampagnen finden im Wahlkampf von Seiten der Parteien statt und sind wichtiger Bestandteil der → politischen Kommunikation. Kampagnen betreiben aber auch Nichtregierungsorganisationen, um zum Beispiel den Bau einer Industrieanlage zu verhindern, oder auch Unternehmen, um ein neues Produkt in den Markt einzuführen.

Die Vielfalt von Zielen, Mitteln und Methoden hat dazu geführt, dass sich in den vergangenen Jahren eine Reihe von Synonymen für den Begriff Öffentlichkeitsarbeit entwickelt hat. Während Öffentlichkeitsarbeit und Public Relations (PR) synonym verwendet werden, bezeichnen andere Begriffe nur Teilbereiche. Unternehmenskommunikation, die PR kommerzieller Unternehmen, bezieht sich auf den Betreiber von Öffentlichkeitsarbeit. Andere Begriffe stellen die anvisierte Zielgruppe in den Mittelpunkt, wie zum Beispiel Investor Relations (Aktionäre, Banken), Community Relations (das direkte Umfeld, Nachbarn), Media Relations (Medien) oder Governmental Relations (Politik, Verwaltung). *KV*

*Literatur*

J. E. Grunig, T. T. Hunt: Managing Public Relations. Fort Worth, Texas 1984.
M. Kunczik: Public Relations. Konzepte und Theorien. Köln 2002.

# Österreich

Der Medienmarkt Österreichs ist nicht nur durch die geringe Größe des Landes und die Anbindung an den größeren gleichsprachigen Nachbarn geprägt, sondern auch durch die vergleichsweise späte Einführung eines dualen Rundfunksystems und die hohe → Konzentration: Im Bereich der elektronischen Medien herrscht der *Österreichische Rundfunk* (ORF), im Bereich der Tageszeitungen ist es die *Kronen-Zeitung* und im Zeitschriftensektor die Verlagsgruppe *News*. Von den insgesamt 2,03 Mrd. Euro brutto, die 2004 in Werbung flossen, ging nur ein Viertel ans Fernsehen (24,5 %), 27,9 % an die Tagespresse, 16,1 % an Zeitschriften, 14,6 % an andere Printmedien, 8,4 % ans Radio, 6,9 % an Außenwerbung, 0,5 % an das Kino und 1,1 % ans Internet.

# Österreich

1621 erschienen in Wien die ersten wöchentlichen „Ordinari Zeitungen". Nach dem Zweiten Weltkrieg entstand ein vielfältiger Tageszeitungsmarkt, der später eine starke Konzentrationsphase erlebte. Heute dominiert das Boulevardblatt *Neue Kronen-Zeitung* nicht nur wirtschaftlich, sondern auch publizistisch den österreichischen Printmedien- bzw. Meinungsmarkt und gehört mit seiner überproportional hohen Reichweite von 43,7 % und 2,9 Mio. täglichen Lesern bezogen auf die Gesamtbevölkerung zu den größten Tageszeitungen der Welt. Die 17 lokalen/regionalen und nationalen Tageszeitungen kamen 2004 auf eine Gesamtauflage von 2,57 Mio. Exemplaren, allein die *Neue Kronen-Zeitung* (gehört zu je 50 % Mediaprint und der deutschen → WAZ-Gruppe) erzielte 1,0 Mio. Exemplare. Deutliche niedrigere Auflagen haben die *Kleine Zeitung* (292.000; gehört zur Styria Medien AG), *Kurier* (254.000; Mediaprint/WAZ), *O.Ö. Nachrichten* (129.000; Wimmer Medien), *Tiroler Tageszeitung* (121.000; Moser Holding AG), *Die Presse* (115.000; Die Presse/Styria), *Der Standard* (106.000; Standard VerlagsgmbH), *Salzburger Nachrichten* (96.000; Salzburger Nachr.-Vlg.), *Vorarlberger Nachrichten* (72.000; Voralb. Medienhaus) und das *Wirtschaftsblatt* (53.000; ET Multimedia AG/Bonnier).

Die Regulierungsbehörde KommAustria, die auch für den Rundfunk zuständig ist, vergab 2004 4,91 Mio. Euro für die „Vertriebsförderung" regionaler und nationaler Zeitungen, 7,21 Mio. Euro für eine „Besondere Förderung zur Erhaltung der regionalen Vielfalt der Tageszeitungen" sowie 1,81 Mio. Euro zur „Förderung für Qualitäts- und Zukunftssicherung" als Mittel für die → „Journalistenausbildung". Österreich liegt damit im Mittelfeld der Länder mit direkten Pressesubventionen.

Der Zeitschriftensektor wurde anfänglich mitversorgt von bundesdeutschen Titeln, in den 1970er Jahren entstanden österreichische Neugründungen, wie das Nachrichtenmagazin *profil* (Auflage 1. Halbj. 2004: 75.000 Ex.), das Wirtschaftsmagazin *trend* (62.000 Ex.) oder die Illustrierte *Die ganze Woche* (343.000 Ex.). Heute kommen sechs der 10 auflagenstärksten Titel von der Verlagsgruppe *News:* Neben *profil* sind dies die TV-Programmzeitschrift *tv-media* (253.000), die Nachrichtenillustrierte *News* (252.000), *Woman* (199.000), *E-Media* (130.000), und das Nachrichtenmagazin *Format* (61.000). Der Magazinmarkt ist eng mit dem Tageszeitungsmarkt verflochten, an beiden

Märkten halten ausländische Verlage größere Beteiligungen, vor allem die deutschen Verlage Gruner + Jahr (News), WAZ und Süddeutscher Verlag (Der Standard).

Rundfunk begann in Österreich 1924, als die RAVAG (Radio-Verkehrs-AG) den Sendebetrieb aufnahm. Nachdem nach Kriegsende zunächst die Besatzer in ihren jeweiligen Zonen ihre eigenen Rundfunkvorstellungen verwirklichten, wurde der Rundfunk 1954 zur Bundessache und ab 1958 sendete die *Österreichischen Rundfunk Gesellschaft mbH*, deren Anteile zu 99 % beim Bund lagen. Erst 1974 wurde die GmbH in eine öffentlich-rechtliche Anstalt (ORF) umgewandelt. Diese bietet heute zwei terrestrisch verbreitete TV-Programme (ORF1, ORF2) und drei bundesweite (Ö1, Ö3, FM4) sowie neun bundeslandweite Radioprogramme. Mit einem Jahresumsatz von 882,7 Mio. Euro (im Jahr 2005) ist der ORF das größte Medienunternehmen Österreichs. Die beiden größten Erlösquellen stellen die Teilnehmergebühren und Werbeeinnahmen dar, sie machen zusammen rund 85 % des Umsatzes aus.

Seit 1995 sind zahlreiche private Hörfunk- und Fernsehprogramme hinzugekommen, zunächst auf regionaler und lokaler Ebene, seit 2004 auch bundesweit (Radio *Kronehit* und *ATVplus*). Die Vormachtstellung des ORF ist jedoch ungebrochen und der eigentliche Wettbewerb um die Gunst der österreichischen Zuschauer verläuft zwischen dem ORF und einer Vielzahl von ausländischen privaten und öffentlich-rechtlichen Angeboten, die in den über Kabelnetze oder TV-Satelliten versorgten Haushalten zu empfangen sind. Die Zuschaueranteile (12+) lagen 2004 wie folgt: ORF1 26,5 %, ORF2 16,1 %, Pro7 8,3 %, RTL 6,8 %, Sat.1 6,3 %, RTL2 und Vox je 4,4 %, Kabel 1 3,0 %, ARD und ZDF je 2,2 %. 69,2 % der Bevölkerung über 12 Jahren haben täglich mindestens 1 Minute in Folge ferngesehen, bei den Kindern von 3-11 Jahren waren es täglich 60,2 %.

Auch beim Hörfunk ist die Dominanz des ORF unübersehbar. Mit seinen Programmen erreichte er 2005 einen Marktanteil von insgesamt 79 %, Spitzenreiter mit rund 2,8 Mio. täglichen Hörern (38,3 %) ist Hitradio Ö3. Die Privatradios kommen insgesamt nur auf 22,2 %.

Digitales Pay-TV über Kabel und Satellit wird von einer 100-%igen Tochter des deutschen Anbieters *Premiere* geboten (neben den auch in Deutschland üblichen Programmen gibt es *Premiere Austria*) sowie nur

# Österreich

| Rahmendaten zum Mediensystem in Österreich | |
|---|---|
| Einwohner 2004 (Bevölkerungsdichte) | 8,12 Mio. (97/km²) |
| Zahl der Haushalte (Haushaltsgröße) | 3,34 Mio. (2,4) |
| Bruttosozialprodukt pro Kopf in Euro | 27.930 |
| TV-Verbreitung (in % aller Haushalte) | 97,0 % |
| Zahl der TV-Sender, die von 70 % der Bevölkerung empfangen werden können | 24 |
| Werbeausgaben brutto gesamt in Euro (davon im TV) | 2.025,5 Mio. (497,2 Mio.) |
| Tägliche Zeitungsreichweite (in % der Erwachsenen) | 73,9 % |
| Tägliche Fernsehdauer 2004 (Alter 16+) | 164 Min. |
| Kabelfernsehen (in % aller TVHH) | 39,3 % |
| Satellitenschüssel (in % aller TVHH) | 49,1 % |
| Allein terrestrischer Empfang (in % aller TVHH) | 11,9 % |
| Digital-Pay-TV-Abonnenten (in % aller TVHH) | 8,3 % |
| Rundfunkgebühren pro Jahr in Euro | 237,60 |
| Handyausstattung (in % der Haushalte) | 86,2 % |
| PC-Verbreitung (in % der Haushalte) | 71,0 % |
| Internetnutzer (gelegentliche Nutzung, in % der Haushalte) | 64,0 % |

*Quelle:* Television 2005 International Key Facts, World Press Trends 2005

über Kabel auch von UPC Telekabel. Terrestrisches digitales Fernsehen soll im Herbst 2006 starten; ORS, eine Tochtergesellschaft von ORF und Medicur Holding, hat die Zulassung zum Aufbau und Betrieb einer terrestrischen Multiplex-Plattform erhalten.

Die Internetverbreitung ist vergleichsweise hoch: Im 4. Quartal 2005 waren 66 % der Österreicher (4 Mio. Menschen) online, 59 % waren aktive Internet-Nutzer, 37 % steigen fast täglich ins Internet ein. Die Hälfte der Verbindungen erfolgt über Breitbandanschlüsse (ADSL/ Kabel). 44 % der Internetnutzer sind weiblich. Das Versenden/Empfangen privater E-Mails ist das häufigste Nutzungsmotiv, es folgen der Zugriff auf aktuelle Nachrichten und Informationen, auf Nachschlagewerke/wissenschaftliche Studien und aktuelle Ausgaben einer Zeitung/ Zeitschrift sowie der Kontakt mit Ämtern und Behörden (E-Government): 38 % aller Internet-Nutzer besuchten im Januar 2006 Online-Angebote von Ämtern und Behörden. Immer beliebter wird auch das

Telefonieren via Internet, von dem 11 % der Internet-Nutzer Gebrauch machen. Etwa 2,4 Mio. Österreicher haben bereits Erfahrungen mit dem Online-Shopping. Zu den beliebtesten Seiten gehört ORF.at mit 3,3 Mio. Unique Clients und 25 Mio. Visits im Januar 2006.  *Ma*

*Literatur*

T. Steinmauer: Das Mediensystem Österreichs. In: Hans-Bredow-Institut (Hrsg.): Internationales Handbuch Medien 2004/2005, Baden-Baden 2004, S. 505-520.

## Parasoziale Interaktion

Der Begriff parasoziale Interaktion verweist darauf, dass sich die Mediennutzer mit den in den Medien dargestellten Personen in Interaktionen begeben, die den normalen sozialen Interaktionen ähnlich sind und aus denen sich auf die Dauer auch parasoziale Beziehungen entwickeln können. Im Rahmen der Mediennutzung (→ Mediennutzung im Alltag) geht es also um den Prozess der Rezeption selbst, um die Verarbeitung und Interpretation, um das Rezeptionserleben.

Dass Medienfiguren Gefühle auslösen können, ist bereits sehr früh im Zusammenhang mit der Literatur, später dann auch mit Bezug auf alle folgenden Medien beobachtet worden. Die Begriffe parasoziale Interaktion und parasoziale Beziehung sind bekannt geworden durch einen Artikel, der 1956 in einer psychiatrischen Fachzeitschrift erschien und insbesondere im Hinblick auf das damals neue Medium → Fernsehen beschrieb, dass durch die scheinbare Nähe der Medienfiguren bei den Nutzern der Eindruck entstehe, sie hätten es mit einer realen, dauerhaften Beziehung zu tun. Als Beispiele wurden insbesondere die regelmäßig auftretenden Nachrichtensprecher genannt. Dieser Entstehungszusammenhang des Begriffs hat ihm lange Zeit etwas Pathologisches anhaften lassen; immer dann, wenn sich Fans der Krankenhausserie *Schwarzwaldklinik* ins Glottertal begaben, um sich dort von Prof. Brinkmann operieren zu lassen, war dies Anlass für spöttische Kommentare über die Verwechslung von medialer Darstellung und Realität. Zumindest in der Forschung ist der Begriff heute weitgehend von die-

**Parasoziale Interaktion** 273

ser pathologischen Deutung befreit; vielmehr besteht Einigkeit, dass die Übertragung der Prozesse, die bei der Interaktion und Kommunikation in der Realität ablaufen, die Voraussetzung dafür ist, Medieninhalte überhaupt verstehen und genießen zu können. Die Beobachtung eines → Films erfordert es, die dargestellten Personen als Handelnde nachzuvollziehen, sich in einen inneren Austausch mit ihnen zu begeben und sich zu fragen, warum sie die Welt so wahrnehmen und nicht anders und wie man selbst in dieser Situation gehandelt hätte. Entsprechende Prozesse laufen auch bei der Rezeption von Nachrichtensendungen ab. Der Sinn solcher Sendungen besteht darin, Nachrichten nicht als schriftlichen Text abzubilden, sondern sie in Anlehnung an reale Situationen von konkreten Personen erzählen zu lassen; so wird den Zuschauern erleichtert, sich auf die Sendung einzulassen, zuzuhören und zu verstehen.

Insbesondere mit Bezug auf fiktionale Medienangebote sind die bei der Rezeption ablaufenden Erlebensprozesse sehr detailliert beschrieben worden. Eine wichtige Rolle spielt dabei der Begriff des Involvements, der inneren Beteiligung bei der Rezeption. Das Involvement variiert zwischen verschiedenen Medienangeboten, es variiert aber auch innerhalb eines Films – jeweils abhängig davon, inwieweit der Film den Nutzern Anlass gibt, sich innerlich einzulassen, sich in die Situation der handelnden Personen hineinzuversetzen oder empathisch an ihrem Schicksal Anteil zu nehmen und mitzuleiden oder sich mitzufreuen, sich gegen Widersprüche zu den eigenen Wertvorstellungen und Einstellungen zur Wehr zu setzen. Solche innere Beteiligung setzt Anknüpfungspunkte voraus; diese liegen nicht zuletzt in parasozialen Interaktionen mit den Protagonisten.

Die sich aus parasozialer Interaktionen ergebenden Bindungen bzw. parasozialen Beziehungen an bestimmte Medienpersonen können ganz unterschiedlich ausgeprägt sein. Manche Studien ordnen den wichtigsten Medienpersonen im Beziehungsgefüge einen Status von „guten Nachbarn" zu. Diese Zuordnung ist allerdings problematisch, da auch die parasozialen Beziehungen ganz unterschiedlich – sowohl positiv als auch negativ – ausgeprägt sein können. Der besondere Gewinn der parasozialen Interaktionen und Beziehungen mit Medienfiguren besteht darin, dass sie es den Mediennutzern ermöglichen, sich in der Vorstellung mit ihren Wünschen und Ängsten auseinanderzusetzen. *Ha*

*Literatur*

D. Horton, R. R. Wohl: Mass communication and para-social interaction: Observation on intimacy at a distance. In: Psychiatry 19 (1956), S. 185-206.
P. Vorderer (Hrsg.): Fernsehen als „Beziehungskiste". Parasoziale Beziehungen und Interaktionen mit TV-Personen. Opladen 1996.

# Persönlichkeitsschutz

Durch Text- und Bildberichterstattung über Personen oder konkrete Personengruppen können Informationen an die Öffentlichkeit gelangen, die die Betroffenen in ihrer Ehre, aber auch in ihrem Recht auf Privatsphäre verletzen können. In diesen Fällen stehen der breit verstandenen → Meinungsfreiheit und der → Medienfreiheit der berichterstattenden Unternehmen andere verfassungsrechtlich geschützte Grundrechte Dritter, insbesondere das allgemeine Persönlichkeitsrecht, entgegen.

Das Bundesverfassungsgericht hat das allgemeine Persönlichkeitsrecht aus einer Kombination der Grundrechte auf eine freie Persönlichkeitsentwicklung (Art. 2 Abs. 1 GG) und der Menschenwürde (Art. 1 Abs. 1 GG) entwickelt. Nach Ansicht des Gerichts umfasst es den Schutz der engeren persönlichen Lebenssphäre und die Erhaltung ihrer Grundbedingungen. Es gibt nach diesem Verständnis jedem zunächst das Recht, selbst zu bestimmen, wer er ist. Es verbürgt das Recht für den Einzelnen, sich in einen Bereich privater, autonomer Lebensgestaltung zurückzuziehen, in welchem er seine Individualität entwickeln und wahren kann. Daneben erwächst aus dem allgemeinen Persönlichkeitsrecht das Recht auf informationelle Selbstbestimmung, welches die Befugnis des Einzelnen schützt, grundsätzlich selbst zu entscheiden, wann und innerhalb welcher Grenzen persönliche Lebenssachverhalte und persönliche Daten offenbart werden (→ Datenschutz). Konkretisiert hat sich dieses Verständnis in gesetzlichen Bestimmungen wie etwa dem Namensrecht, dem Recht am eigenen Bild und dem strafrechtlichen Ehrschutz.

Träger des allgemeinen Persönlichkeitsrechts sind grundsätzlich alle natürlichen Personen, von der Geburt bis zum Tod. Ausnahmsweise kann auch ein postmortaler Achtungsanspruch zum Schutz vor schweren Persönlichkeitsverletzungen dazu treten. Daneben können auch klar umgrenzte Personengruppen und – in einzelnen Fällen – Unternehmen vom allgemeinen Persönlichkeitsrecht umfasst sein, soweit es seinem Wesen nach auf diese anwendbar ist.

Die Meinungs- und Medienfreiheit wird nicht schrankenlos gewährleistet: Neben den ausdrücklich möglichen Einschränkungen aufgrund gesetzlicher → Jugendschutz- und Ehrschutzvorgaben sowie der Beschränkung durch allgemeine Gesetze (→ Meinungsfreiheit) können auch entgegenstehende Grundrechte wie das allgemeine Persönlichkeitsrecht von Betroffenen die Grundrechtsausübung einschränken. In diesen Fällen müssen die widerstreitenden Grundrechte gegeneinander abgewogen und zu einem für beide Seiten möglichst schonenden Ausgleich gebracht werden. Der innerste Bereich der Persönlichkeit, die *Intimsphäre*, ist dem Zugriff von außen entzogen. Berichterstattungen etwa über Krankheiten oder sexuelle Praktiken einer bestimmten Person sind danach ohne Einverständnis des Betroffenen stets unzulässig (dies gilt umso mehr für frei erfundene Aussagen, da diese bereits nicht durch die → Meinungsfreiheit geschützt werden). Um diesen inneren Bereich legt sich der Bereich der *Privatsphäre* (Familie, Privatleben, Urlaub, Briefe etc.), die ebenfalls solange einer Berichterstattung entzogen ist, wie nicht ein überragendes öffentliches Berichterstattungsinteresse gegeben ist. Den äußersten Bereich markiert die *Sozial- und Öffentlichkeitssphäre*. Diese Bereiche sind für jedermann einsehbar und Berichterstattung über diese Sphäre einer Person ist grundsätzlich zulässig, solange der Betroffene bewusst in eben diesen Bereich getreten ist, etwa auf Empfängen, Konferenzen etc.

Konsequenzen aus einer Publikation, die Persönlichkeitsrechte verletzt, können sich sowohl auf strafrechtlicher wie auf zivilrechtlicher Ebene ergeben. Während das Strafrecht die Bestrafung des Täters zur Folge hat, geht es im Zivilrecht um die Richtigstellung einer falschen Aussage bzw. um die Kompensation des entstandenen (Ehr-)Schadens.

Aussagen, Bilder und Zeichnungen können die strafrechtlichen Tatbestände der Beleidigung (bei ehrverletzenden Tatsachenbehauptungen, also überprüfbaren Aussagen), der üblen Nachrede oder Verleumdung (bei ehrverletzenden Meinungsäußerungen) sowie des Geheimnisschutzes und des Verbots von Bildnisaufnahmen aus dem

Intimbereich verletzen. Auf Antrag des Betroffenen wird dann ggf. ein polizeiliches Ermittlungsverfahren aufgenommen.

Im Zivilrecht stehen einem durch Berichterstattung Betroffenen verschiedene Möglichkeiten offen, sich gegen die Publikation zur Wehr zu setzen. Ein medienspezifisches Rechtsmittel mit dem Ziel der Chancengleichheit des Betroffenen ist der Anspruch auf Gegendarstellung: Durch eine Gegendarstellung kann eine Person, die Gegenstand einer Berichterstattung geworden ist, zügig und im gleichen Medium auf Tatsachenbehauptungen reagieren und seine Sicht der Dinge verbreiten.

Daneben stehen ihm allgemeine zivilrechtliche Rechtsmittel zur Seite, so etwa (bei Wiederholungsgefahr) der Anspruch auf Unterlassung, die Verpflichtung zum Abdruck einer Berichtigung bzw. eines Widerrufs und – bei einem nachweisbaren finanziellen Schaden – auch das Recht auf Forderung von Schadensersatz. In der neueren Rechtsprechung wird Betroffenen immer öfter auch Schmerzensgeld zugesprochen, wenn eine schwere Verletzung des Persönlichkeitsrechts nicht auf anderem Wege kompensiert werden kann. *SD*

*Literatur*

D. Bölke: Presserecht für Journalisten. Freiheit und Grenzen der Wort- und Bildberichterstattung. München 2004.
S. Engels, W. Schulz: Ratgeber Presserecht. Baden-Baden 2005.
E. Wanckel: Persönlichkeitsschutz in der Informationsgesellschaft. Frankfurt a. M. 1999.

# Polen

Bis 1989 befand sich Polen unter Kontrolle der kommunistischen Partei, die die Medien streng überwachte und zensierte. Nach dem politischen Wechsel 1989 entstanden ein duales Rundfunksystem und eine vielfältige Presselandschaft, die allerdings hoch konzentriert und stark in ausländischer Hand ist.

Heute wird der Medienmarkt von sechs großen Unternehmen dominiert. An der Spitze steht der seit 1999 börsennotierte polnische Medienkonzern *Agora* mit der renommierten Tageszeitung *Gazeta Wy-*

*borcza* und dem Gratisblatt *Metro*, 14 Zeitschriften und Beteiligungen an 28 lokalen Rundfunkstationen. Große Player sind zudem der → Bauer Verlag mit 25 Zeitschriftentiteln, die norwegische *Orkla Media* mit 14 regionalen Tageszeitungen, die *Polskapresse* der deutschen Verlagsgruppe Passau, die schwedische Gruppe *Bonnier* mit der Boulevardzeitung *Super Express* sowie die → Axel Springer AG, deren im Oktober 2003 gestartete Boulevard-Tageszeitung *Fakt* schnell Marktführer wurde und die auch auf dem Zeitschriftenmarkt hohe Marktanteile erzielt.

Die Medien werden in Polen durch ein Pressegesetz und ein Rundfunkgesetz reguliert. Der Nationale Radio- und Fernsehrat (Krajowa Rada Radiofonii i Telewizji – KRRiT) sorgt für die Überwachung und Regulierung der Programme in Radio und Fernsehen, die Verteilung von Sendefrequenzen und -lizenzen (7 Jahre für das Radio, 10 Jahre beim TV) sowie die Zuteilung der Rundfunkgebühren an die öffentlichen Medien. Von den insgesamt 3.086,58 Mio. Euro brutto, die 2004 in Werbung flossen, gingen über die Hälfte ins Fernsehen (54,6 %), 15,5 % an die Tageszeitungen, 14,9 % an Zeitschriften, 8,6 % ans Radio, 5,4 % an Außenwerbung und 1 % an das Kino.

Es erscheinen insgesamt 60 Tageszeitungen mit einer Gesamtauflage von 4,3 Mio. Exemplaren, allen voran *Fakt* mit mehr als 3,5 Mio. Lesern und einer Auflage von ca. 500.000 Exemplaren. Bedeutend sind daneben die liberale, 1989 als erste unabhängige Tageszeitung der Solidarnosc gegründete *Gazeta Wyborcza* (2004: 171.000 Ex.), das Sensationsblatt *Super Express* (115.000 Ex.), die anspruchsvolle Tageszeitung *Rzeczpospolita* (75.000 Ex.), das Sportblatt *Dziennik Sportowy* (39.000 Ex.) sowie die katholisch-nationale *Nasz Dziennik* (28.000 Ex.). Der regionale Zeitungsmarkt ist fast vollständig in den Händen der norwegischen *Orkla Media* und der deutschen *Polskapresse*.

Auch auf dem Zeitschriftenmarkt sind deutsche Konzerne besonders aktiv, allen voran der → Bauer Verlag sowie der → Axel Springer Verlag, → Burda und Gruner + Jahr (→ Bertelsmann), die auch in Polen die größten Zeitschriftenverlage sind. Führende Verlagshäuser mit rein polnischem Kapital sind *Prószyński i Spółka* und *Agora*.

Öffentlicher Rundfunk wird von *Polskie Radio* (PR) und *Telewizja Polska* SA (TVP) veranstaltet. 1953 startete ein erstes Fernsehprogramm, ein zweites folgte 1974, Regionalprogramme wurden zwischen 1990 und 2005 in 16 Städten aufgebaut. Es gibt vier landesweite Radioprogramme: PR1 (Vollprogramm mit Schwerpunkt Information, Marktanteil 2003: 16,1 %), PR3 (Meinung, Unterhaltung, 5,3 %), PR2 (Kultur, 0,7 %), und *Radio Bis* (Erziehung, 0,2 %). *Radio Parlament* berichtet seit 2001 über Ereignisse im Sejm und im Senat. Zusätzlich gibt es 17 regionale Radioprogramme. Folgende privat-kommerzielle Radios haben eine nationale Verbreitung: RMF FM (23,6 % Höreranteil), Radio Zet (18,9 %), Radiostacja (0,5 %), Radio Plus (k.A.), Radio ESKA (k.A.), TOK FM (0,2 %) und Radio WAWA (1,1 %). Auch an ihnen sind ausländische Partner beteiligt. Auf lokaler Ebene senden über 830 Lokalradios für 21,9 % der Hörer. Große Bedeutung haben katholische Lokalradios mit zwei Gemeinde-, zwei Kloster- und 39 Diözesensendern. Das landesweite katholische *Radio Maryja* erreicht 2,7 % der Hörer.

Der erste Kanal des öffentlichen Fernsehens (TVP 1) war im März 2005 mit 24,8 % Marktführer, das zweite Programm TVP2 erreichte mit 22 % Platz 2. TVP finanziert sich zu etwa einem Drittel aus Rundfunkgebühren, der Rest stammt aus der Werbung. *Polsat*, 1994 der erste legale kommerzielle Sender mit nationaler Reichweite, ist unter den Privaten führend bei den Werbeeinnahmen und erzielte im März 2005 einen Marktanteil von 17,1 %, sein großer Konkurrent TVN kam auf 15,8 %. Terrestrisch sind außerdem die beiden privaten Sender *TV 4* und *TV Plus* zu empfangen, die aber nur geringere Zuschauerzahlen verzeichnen. Darüber hinaus gibt es via Satellit und Kabel Dutzende meist ausländische Satelliten- oder Kabelspartenkanäle (Film und Unterhaltung, Dokumentationen, Natur und Reisen, Sport, Kinder, Musik), die insgesamt einen Marktanteil von ca. 8 % erzielen, wobei *TVN 7*, *TVN 24* und *Eurosport* die meisten Zuschauer haben. Die übrigen Prozente des Gesamtmarkts entfallen überwiegend auf die beiden öffentlichen Programme *TVP 3 Regionalna* (Informationen, Kommentare, Regionalnachrichten, Parlamentsdebatten) und den Satellitenkanal *TV Polonia* (der sich hauptsächlich an im Ausland lebende Polen richtet, aber auch im polnischen Kabel zu empfangen ist). 2004 haben 75,2 % der Bevölkerung über 16 Jahren täglich mindestens 1 Minute lang in Folge ferngesehen, bei den Kindern von 4 bis 15 Jahren waren es täglich 70,4 %.

Der Kabelfernsehmarkt expandiert, mehr als ein Drittel der Haushalte sind angeschlossen, wobei vier große Unternehmen den Markt

| Rahmendaten zum Mediensystem in Polen | |
|---|---|
| Einwohner 2004 (Bevölkerungsdichte) | 38,19 Mio. (124/km²) |
| Zahl der Haushalte (Haushaltsgröße) | 13,532 Mio. (2,8) |
| Bruttosozialprodukt pro Kopf in Euro | 5.663,76 |
| TV-Verbreitung (in % aller Haushalte) | 95,9 % |
| Zahl der TV-Sender, die von 70 % der Bevölkerung empfangen werden können | 6 |
| Werbeausgaben **brutto** gesamt in Euro (davon im TV) | 3.086,58 Mio. (1685,74 Mio.) |
| Tägliche Reichweite der Tageszeitungen (in % der 18+) | 35,3 % |
| Tägliche Fernsehdauer 2004 (Alter 16+) | 332 Min. |
| Kabelfernsehen (in % aller TVHH) | 34,2 % |
| Satellitenschüssel (in % aller TVHH) | 21,4 % |
| Nur terrestrischer analoger Empfang (in % aller TVHH) | 46,5 % |
| Digital-Pay-TV-Abonnenten (in % aller TVHH) | 6,4 % |
| Fernsehgebühren pro Jahr | 42,60 Euro (173,90 PLN) |
| Handyausstattung (in % der Bevölkerung) | 57,7 % |
| PC-Verbreitung (in % der Haushalte) | 36 % |
| Internetzugang daheim (in % der Haushalte) | 26 % |

*Quelle:* Television 2005 International Key Facts, World Press Trends 2005, www.stat.gov.pl/english/dane_spol-gosp/spoleczenstwo_informa cyjne/ict_house holds/index.htm

beherrschen: UPC TK hat etwa 1 Mio. Abonnenten, die anderen drei (Multimedia Polska, Vectra und Aster City) zählen jeweils ca. 350.000-400.000 Kunden. Digitales Fernsehen wird von *Cyfra+* (gehört dem französischen Canal+ und UPC, ca. 700.000 Abonnenten) und *Polsat Cyfrowy* (ca. 300.000 Abos) angeboten. Beide Plattformen arbeiten allerdings noch mit Verlust.

Das → Internet existiert in Polen seit 1991. Mitte der 1990er Jahre nahmen die zwei beliebtesten polnischen Portale (*Wirtualna Polska* 1995, *Onet* 1996) ihre Aktivität auf, weitere (Ahoj, TP Internet, Yoyo, Arena) folgten im Jahr 2000. 2004 hatte jeder 4. Haushalt Zugang zum Internet, 29,7 % der Nutzer gehen regelmäßig bzw. jeden Tag ins Netz. Die Informationssuche und die Nutzung von Online-Diensten

(86 %) werden am häufigsten als Motiv genannt, ebenso wie die Kommunikation via E-Mails (83 %). 44 % geben an, das Internet auch für die Kommunikation mit Behörden zu verwenden, 23 % kaufen online ein oder betreiben Online-Banking, 15 % nutzen das Netz für Aus- und Weiterbildung. Umgekehrt aber haben 49 % der Polen zwischen 16 und 74 Jahren noch nie einen Computer benutzt und 63 % überhaupt keine Internet-Erfahrung. Die Verfügbarkeit über einen PC und Internetzugang ist stark vom Wohnort und dem monatlichen Einkommen abhängig: Die kaufkräftigeren Haushalte in Städten sind hier die Vorreiter. *Ma*

*Literatur*

R. Filas, P. Planeta: Das Mediensystem Polens. In: Hans-Bredow-Institut (Hrsg.): Internationales Handbuch Medien 2004/2005, Baden-Baden 2004, S. 520-541

*Links*

www.stat.gov.pl/english/index.htm (Englisch)

## Politikberichterstattung

Politikberichterstattung bezeichnet die journalistischen Produkte, die sich mit staatlichem Handeln befassen. Das betrifft schwerpunktmäßig Informationsangebote der Medien (→ Information) zur Arbeit von Regierung und Parlament sowie die Stellungnahmen und Reaktionen anderer politischer Akteure dazu. Wirtschaftsthemen fallen dann in den Bereich der Politik, wenn es um staatliche Eingriffe in die Wirtschaft geht.

Die Politikberichterstattung ist eine wichtige Voraussetzung demokratischer Herrschaft. An die Politikberichterstattung werden daher besonders hohe Anforderungen angelegt. Das journalistische Informationsangebot über das politische Tagesgeschäft gewährleistet Transparenz und ermöglicht damit den Bürgern und Bürgerinnen, das Handeln ihrer gewählten Repräsentanten zu überprüfen. Um außerdem eine umfassende Meinungsbildung für ihr Publikum zu ermöglichen, soll sie möglichst wahrheitsgetreu und neutral über alle relevanten Standpunkte informieren.

In inhaltlicher Hinsicht umfasst die Politikberichterstattung sowohl innenpolitische wie auch außenpolitische Sachthemen. Diese werden häufig nach den jeweiligen ministerialen Zuständigkeiten oder Ressorts geordnet. Neben den inhaltlichen Positionen der Parteien zu diesen Politikfeldern nehmen im Wahlkampf auch Koalitionsaussagen, Wahlkampfauftritte, Umfrageergebnisse oder Portraits der Kandidaten beträchtlichen Raum ein. Diese Themen betreffen die Strukturen und Prozesse von Politik.

Während das politikfeld-bezogene Handeln, also etwa die Gesundheitspolitik oder die Wirtschaftspolitik, mit der englischen Bezeichnung „policy" etikettiert wird, haben sich für die Struktur- und Prozessthemen von Politik die angelsächsischen Bezeichnungen „polity" und „politics" eingebürgert. Mit „polity" wird das Institutionen- und Normengefüge des Staates bezeichnet, während „politics" den Prozess der Politikherstellung meint und vor allem auf die Konfliktaustragung und den Wettbewerb zwischen einzelnen Akteuren wie Parteien oder Interessensgruppen abzielt.

Die Politikberichterstattung kann in Bezug auf die journalistische Verarbeitung und Aufbereitung unterschiedliche Formen annehmen. Zunächst findet Politikberichterstattung in verschiedenen Medientypen statt – also etwa in Printmedien, im Fernsehen, im Hörfunk oder im Internet. In der Politikberichterstattung lassen sich außerdem verschiedene journalistische Genres unterscheiden. So kann Politikberichterstattung im Fernsehen in Nachrichten, in politischen Magazinen oder auch in Talkshows und Diskussionsrunden stattfinden. In den Printmedien wird Politik in kurzen Meldungen und in längeren Berichten, in Hintergrundartikeln oder in meinungshaltigen Formen wie Features oder Reportagen thematisiert. Auch Kommentare gehören zur Politikberichterstattung, selbst wenn hier die Bewertung und nicht die Vermittlung von Fakten im Vordergrund steht.

Der Anteil an Politikberichterstattung in den Nachrichten markiert den auffälligsten Unterschied zwischen Nachrichten in öffentlich-rechtlichen und privaten Angeboten in Fernsehen und Hörfunk. Wie eine Untersuchung aus dem Jahr 2005 zeigt, liegt der Anteil der Politikbe-

*Themenstruktur in den wichtigsten Nachrichtensendungen von ARD, ZDF, RTL und SAT.1 (Januar bis Juni 2005; in Prozent)*

| | Tages-schau | heute | RTL aktuell | SAT.1 News | Tages-themen | heute-journal |
|---|---|---|---|---|---|---|
| Politik | 51 | 38 | 21 | 24 | 45 | 46 |
| Wirtschaft | 6 | 6 | 5 | 7 | 9 | 12 |
| Gesellschaft/Justiz | 6 | 5 | 6 | 6 | 6 | 5 |
| Wissenschaft/Kultur | 7 | 11 | 10 | 11 | 12 | 13 |
| Unfall/Katastrophe | 5 | 6 | 9 | 9 | 4 | 7 |
| Kriminalität | 2 | 3 | 8 | 8 | 2 | 2 |
| Human Interest / Buntes | 2 | 4 | 9 | 9 | 2 | 2 |
| Sport | 9 | 13 | 16 | 13 | 7 | 4 |
| Wetter | 8 | 6 | 8 | 8 | 8 | 5 |
| Sonstiges | 6 | 8 | 7 | 6 | 5 | 5 |
| Gesamt | 100 | 100 | 100 | 100 | 100 | 100 |

*Quelle:* IFEM Institut für empirische Medienforschung, Köln nach U. M. Krüger: Themenprofile deutscher Fernsehnachrichten. Halbjahresbilanz 2005 des InfoMonitors. In: Media Perspektiven 7/2005, S. 304

richterstattung in den Fernsehnachrichten bei den öffentlich-rechtlichen Nachrichtensendungen doppelt so hoch wie bei den privaten. Umgekehrt verhält es sich mit dem Anteil so genannter soft news, also Berichten über Kriminalität, Unfälle und Katastrophen sowie „human interest" und Buntes.

Entsprechend unterscheiden sich auch die Abonnementpresse und die Kauf- oder Boulevardpresse in Bezug auf ihren unterschiedlichen Anteil an Berichterstattung über Politik und über andere Sachthemen. Die überregionalen Qualitätszeitungen *(tageszeitung, Frankfurter Rundschau, Süddeutsche Zeitung, Frankfurter Allgemeine Zeitung und Welt)* legen einen besonderen Schwerpunkt auf die Politikberichterstattung und gelten entsprechend als Leitmedien im Print-Bereich.

Die Darstellung von Politik in den Medien variiert je nach Medientyp und Politikfeld. Es lassen sich jedoch einige übereinstimmende Merkmale identifizieren, die das Politikbild der Medien bestimmen. Diese Merkmale ergeben sich vor allem aus den professionellen Regeln der → Nachrichtenauswahl. So zeigt sich in Bezug auf die Akteurstypen eine Dominanz der Regierung und anderer Akteure aus dem politischen Machtzentrum, während der Zivilgesellschaft eine vergleichsweise unbedeutende Rolle zukommt. Auch Prominente spielen eine zunehmende Rolle in der Politikberichterstattung. Es dominieren Ereignisse, die ein hohes Maß an Negativismus, Konflikt, Personalisierung und Überraschung aufweisen.

Die Charakteristika des Politikbildes in den Medien beeinflussen auch die Politikwahrnehmung des Publikums. Am besten belegt ist dabei die Wirkung der Medien auf die Themenstruktur des Publikums (→ Agenda-Setting). *CE*

*Literatur*

O. Jarren, P. Donges: Politische Kommunikation in der Mediengesellschaft. Eine Einführung. Band 2: Akteure, Prozesse und Inhalte. Wiesbaden 2002.

## Politische Kommunikation

Politische Kommunikation bezeichnet alle Prozesse der Informationsvermittlung, die Politik zum Gegenstand haben. Da sich Politik auf die Herstellung kollektiv verbindlicher Entscheidungen bezieht, lässt sich politische Kommunikation begreifen als Informationsaustausch mit Bezug zu staatlichem Handeln. Häufig wird politische Kommunikation als Dreiecksbeziehung zwischen Bürgern, Medien und politischen Akteuren thematisiert. Allerdings umfasst der Begriff neben den Partei-Botschaften auch Informationen von Bürgerinitiativen, von Lobbyisten der Wirtschaft oder bestimmter Verbände, von PR-Agenten und von anderen Interessensvertretern. Der überwiegende Teil dieser politischen Information wird medial vermittelt (→ Politikberichterstattung). Auch Bürger können sich über Politik unterhalten. Solange dieser Austausch jedoch nicht öffentlich wird (→ Öffentlichkeit), bleibt seine Reichweite und damit seine gesellschaftliche Relevanz beschränkt. In der Regel ist daher mit politischer Kommunikation die massenmedial vermittelte politische Kommunikation gemeint.

Häufig wird politische Kommunikation mit politischer Information gleichgesetzt (→ Information). Politische Kommunikation umfasst jedoch nicht nur die Inhalte und Formen, die auf den Informationsbegriff bezogen werden können, sondern auch die Kommunikatoren und Adressaten, die Rahmenbedingungen und die Wirkungen des Vermittlungsprozesses auf die Bürger.

Als besonders problematisch wird im Bereich der politischen Kommunikation häufig das Verhältnis von Politik und Medien gesehen. Die zunehmende Mediatisierung der Politik, die die umfassende mediale Durchdringung der Politik bezeichnet, hat nach Auffassung vieler Beobachter zu einer Verschiebung des Kräfteverhältnisses von Politik und Medien geführt. So wird befürchtet, dass die Politik sich immer mehr der Medienlogik unterwirft. Die politischen Akteure richten ihre Botschaften an den Auswahlregeln und Verarbeitungsprozessen des Mediensystems aus, und letztlich bestimmen die Medien, anstelle der demokratisch legitimierten politischen Akteure, welche Themen und Akteure öffentliche → Aufmerksamkeit erhalten. Dieser „Dependenzthese", die die Politik in der Abhängigkeit der Medien sieht, steht die „Instrumentalierungsthese" gegenüber, die von einem Autonomieverlust der Medien ausgeht und dabei auf die Einflussversuche des politischen Systems vor allem auf die öffentlich-rechtlichen Rundfunkanstalten verweist. Beide Annahmen sind in der „Interdependenz-These" aufgehoben, die den Tauschcharakter des Verhältnisses von Politik und Medien hervorhebt. Demnach besteht ein wechselseitiges Abhängigkeitsverhältnis, in dem Information gegen Publizität getauscht wird.

Als Kernbereich der politischen Kommunikation gelten die Regierungskommunikation, die politische Parteien-PR und Wahlwerbung der Parteien sowie die mediale Vermittlung dieser Informationen. Die Regierungskommunikation betrifft alle Botschaften der Regierung zur Information der Bevölkerung, z. B. informiert die Bundesregierung über ihre außenpolitischen Vorhaben oder ihren Haushaltsentwurf. Dazu lädt sie in der Regel zu Pressekonferenzen ein oder verschickt Pressemitteilungen. Durch die Medien sollen die Informationen dann verbreitet werden. Die Regierung stellt aber auch direkt – ohne Umweg über die Medien – Informationen zur Verfügung. Dazu gehört etwa die Unterhaltung von Internet-Seiten.

Die Parteien wenden sich auf ähnliche Weise an die Bevölkerung. Im Wahlkampf kommt es zu einer Zunahme von politischen Botschaften und der Anteil einschlägiger politischer Informationen in der Me-

**Politische Kommunikation**

dienberichterstattung steigt erheblich an. Im Wahlkampf und im Rahmen der Wahlberichterstattung haben sich spezifische, mehr oder weniger ritualisierte Formen der medial vermittelten Kommunikation wie etwa TV-Duelle, Wahlspots der Parteien oder „Elefantenrunden" ausdifferenziert, die in Routinephasen der Politik nicht zu finden sind. Vielfach wird eine Amerikanisierung des Wahlkampfes beklagt. Die Darstellung des Parteienwettbewerbs als Spektakel, die Personalisierung der Mitteilungen, die Konzentration auf die Kandidaten statt auf die strittigen Themen und die Professionalisierung des Wahlkampfs durch Kommunikationsexperten, die typischerweise darunter subsumiert werden, lassen sich allerdings auch als Modernisierungsphänomene begreifen, die keineswegs ausschließlich auf die USA zurückgeführt werden können. Mit der Zunahme des Anteils der Wechselwähler nimmt die Bedeutung des Wahlkampfes und vor allem der medienvermittelten Botschaften zu, da den Medien ein beträchtlicher Einfluss auf die Gruppe der Unentschiedenen zugeschrieben wird.

Die Art der Politikvermittlung im Wahlkampf entspricht der bei weitem vorherrschenden „top-down"-Vermittlungsrichtung der politischen Kommunikation: Hier werden Informationen von „oben" aus dem politischen System nach „unten" an die Bevölkerung weitergegeben. Die umgekehrte Vermittlungsrichtung, die „bottom-up"-Vermittlung, ist deutlich seltener zu finden. Hierbei geht es darum, dass Anliegen der Bevölkerung, also „von unten", der politischen Entscheidungsebene „oben" zur Kenntnis gebracht werden. Das ist etwa dann der Fall, wenn Bürgerinitiativen sich öffentlich äußern, wenn Unterschriftenaktionen oder Demonstrationen in den Medien aufgegriffen und verbreitet werden. Es liegt auf der Hand, dass der Zugang zu den Medien dabei ungleich verteilt ist. Mit geringen Ressourcen und mit niedrigem Organisationsgrad ist die → Aufmerksamkeit der Medien nur schwer zu erlangen.

Neben dieser vertikalen Vermittlungsrichtung spielen die Medien auch bei der horizontalen Vermittlung eine bedeutende Rolle. Sie vermitteln bspw. auch Informationen zwischen den Vorstellungen einzelner Bürgerinitiativen, zwischen einzelnen Parteien oder Amtsträgern. Selbst zwischen Mitgliedern der Regierung und innerhalb von Parteien sind die Einzelnen häufig auf die Vermittlungsleistung der Medien angewiesen, weil keine persönliche Kommunikation mehr möglich ist.

*CE*

*Literatur*

O. Jarren, P. Donges: Politische Kommunikation in der Mediengesellschaft. Band 1: Verständnis, Rahmen und Strukturen. Wiesbaden 2002.
W. Schulz: Politische Kommunikation. Theoretische Ansätze und Ergebnisse empirischer Forschung. Opladen/Wiesbaden 1997.

## Pressevertrieb

Die Verbreitung von Presseerzeugnissen erfolgt in der Bundesrepublik unter besonderen Rahmenbedingungen, da Medien nach der Verfassung eine öffentliche Aufgabe erfüllen. Spezielle rechtliche Vorgaben für die Verbreitung von Presseerzeugnissen ergeben sich aus dem Kartellrecht, der Rechtsprechung der Gerichte und Selbstverpflichtungen der beteiligten Unternehmen, zu denen neben den Verlagen auch die Grossisten und Einzelhändler zählen.

Presseerzeugnisse erreichen ihre Leser über eine Vielzahl verschiedener Vertriebswege, die in der folgenden Übersicht zusammengefasst sind (vgl. Abbildung).

Das Vertriebssystem ist in unterschiedlichen Stufen organisiert. Der Großhandel mit Zeitungen und Zeitschriften wird in der Bundesrepublik von Pressegrossisten durchgeführt. Über diesen Vertriebsweg wird der größte Teil der in der Bundesrepublik veröffentlichten Zeitungen und Zeitschriften verbreitet. Es gibt in der Bundesrepublik rund 100 Grossunternehmen, von denen der überwiegende Teil vollständig unabhängig von Verlagen ist. In einigen Fällen existieren Beteiligungen der Verlage. Ein solche Beteiligung ist aufgrund der Eigeninteressen der Verlage nicht unproblematisch, da diese aufgrund ihrer eigenen wirtschaftlichen Interessen z. B. versuchen könnten, Produkte der Konkurrenz aus dem Vertrieb zu drängen indem sie diese nicht in der notwendigen Stückzahl ausliefern.

**Pressevertrieb**

*Pressevertrieb in Deutschland*

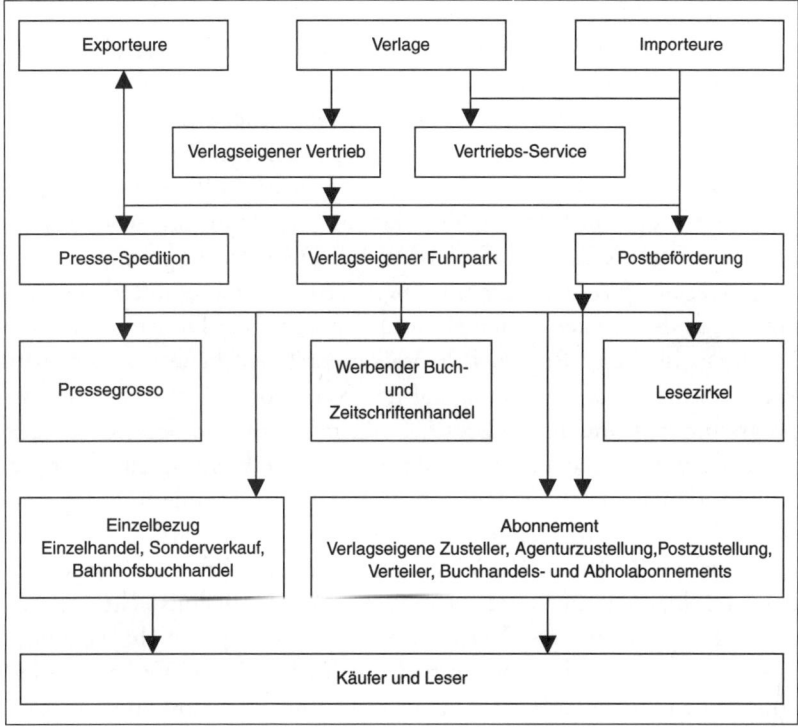

Die Produkte beziehen die Pressegrossisten entweder direkt von den Verlagen oder in einigen Fällen von nationalen oder internationalen Vertriebsunternehmen, etwa im Falle ausländischer Publikationen, die in Deutschland verbreitet werden. Die Besonderheiten der Vertriebsform Pressegrosso lassen sich in vier Punkten zusammenfassend beschreiben:

Es gilt eine Preisbindung von Verlagserzeugnissen: Aufgrund einer Ausnahme im Gesetz gegen Wettbewerbsbeschränkungen dürfen bei Verlagserzeugnissen Preise festgelegt werden, so dass ein freier Preiswettbewerb in diesem Bereich nicht möglich ist. Dadurch soll die wirtschaftliche Existenz kleinerer Verlage und Verkaufsstellen für Bücher und Presseerzeugnisse gesichert werden. Diese sind in ihrer Position gegenüber dem Handel gestärkt, da dieser keine Möglichkeit zur Preisgestaltung hat. Neben den periodischen Publikationen gilt die Preisbindung auch für Bücher.

Eine im Kartellrecht formulierte besondere Regelung für das Pressegrosso ist der Gebietsschutz des Pressegrossisten: Innerhalb eines Verbreitungsgebietes verfügt ein Grossist de facto über ein regionales Monopol für die Auslieferung von Verlagsprodukten. Dies wird in den Verträgen mit den Zulieferern geregelt. In mehr als 90 % des Bundesgebietes verfügt ein Grossist über das Auslieferungsrecht, in den übrigen Regionen bieten zwei Grossisten ihre Dienstleistung an.

Im Gegenzug zu der Garantie eines Vertriebsgebietes unterliegen die Grossisten dem so genannten Kontrahierungszwang: Dieser umfasst die Pflichten, in dieser Region jede Verkaufsstelle zu beliefern und jedes Presseerzeugnis, das ein Verlag auf den Markt bringt, in das Vertriebsprogramm aufzunehmen. Dieses Diskriminierungsverbot sichert den Verlagen die Möglichkeit einer allgemeinen Verbreitung zu günstigen Kosten, da auf diesem Wege eine Art Quersubventionierung des Vertriebs für Titel mit niedrigerer Auflage sichergestellt wird.

Die vierte Besonderheit des Grossosystems betrifft die Verlage und den Einzelhandel mit Presseerzeugnissen. Das Remissionsrecht des Einzelhandels bedeutet die Verpflichtung der Verlage, nicht verkaufte Exemplare der Publikationen zurückzunehmen, um die Verkaufsstellen von dem Risiko zu entbinden, nicht verkaufte Titel selbst zu entsorgen. Ohne das Remissionsrecht würden die Verkaufsstellen das Sortiment der Publikationen möglicherweise auf die sich gut verkaufenden Titel begrenzen, so dass die Vielfalt in den Verkaufsstellen zurückgehen würde.

Neben dem Vertrieb über das Grossosystem und den Einzelhandel gibt es eine Reihe weiterer Vertriebsformen. So werden viele Zeitschriften- und Zeitungsabonnements durch die Deutsche Bundespost als so genannte Pressepost verbreitet. Vor allem für regionale und lokale Tageszeitungen spielt die Verbreitung in eigenen Zustellnetzen eine wichtige Rolle, Tochterfirmen der jeweiligen Verlage beschäftigen Träger, die den abonnierten Titel pünktlich an die Haushalte liefern.

Ein weiterer Vertriebsweg ist der Bahnhofsbuchhandel, der über ein separates Vertriebsnetz verfügt und mit dem Standort und den Öffnungszeiten der Geschäfte einen Sonderfall für den Vertrieb darstellt. Auch der Werbende Buch- und Zeitschriftenhandel, bei dem Vertreter versuchen, Zeitschriftenabonnements an der Haustür zu verkaufen ist ein besonderer Vertriebsweg, über den vor allem Programmzeitschriften verbreitet werden. Jährlich werden nach Verbandsangaben so rund 1 Mio. neuer Kunden geworben.

Schließlich gibt es mit der Vertriebsform des Lesezirkels auch die Variante einer Vermietung von Zeitschriften auf Zeit. Lesezirkelunternehmen stellen Zeitschriftenmappen zusammen, die mehrfach vermietet werden. Der Preis einer solchen Mappe sinkt dabei mit der abnehmenden Aktualität der jeweiligen Zeitschriften.   *H3r*

*Literatur*

J. Heinrich: Medienökonomie. Band 1: Mediensystem, Zeitung, Zeitschrift, Anzeigenblatt. Opladen 1994.
M. Knoche, A. Zerdick u. a.: Die Wirtschaftlichkeit der Verlage und der Postzeitungsdienst. Bad Honnef 1991.

## ProSiebenSat.1 Media AG

Die ProSiebenSat.1 Media AG entstand im Jahr 2000 durch die Fusion der beiden Sender ProSieben und Sat.1. Nach einer Änderung der rechtlichen Regelungen zur Medienkonzentration entstand das Unternehmen zunächst innerhalb der Kirch-Gruppe. Als der Filmhändler Leo Kirch mit dem Versuch Pay-TV in Deutschland zu etablieren scheiterte, wurden neue Eigentümer für das Unternehmen gesucht, um die durch die Pleite des Konzerns entstandenen Schulden zum Teil zu decken. Nach einem langwierigen Verfahren wurde mit dem Amerikaner Haim Saban ein internationaler Investor gefunden, der zusammen mit Partnern die Mehrheit an der Aktiengesellschaft für 525 Millionen Euro erwarb.

Zum Konzern zählen neben Pro Sieben und Sat 1 auch die Sender N24, kabel eins und 9live. Darüber hinaus verfügt das Unternehmen mit SevenOneMedia über einen der größten Vermarkter von Werbezeiten und ist mit einer Reihe von Produktionsgesellschaften im Fernsehmarkt aktiv. Zu den erfolgreichen Eigenproduktionen des Unter-

*Daten zur ProSiebenSat.1 Media AG*

|  | 2005 | 2004 | 2003 | 2002 | 2001 | 2000 |
|---|---|---|---|---|---|---|
| **Umsatz (in Mio. Euro)** | 1.990 | 1.835 | 1.807 | 1.895 | 2.015 | 2.155 |
| **Konzernüberschuss (in Mio. Euro)** | 22,9 | 133,6 | 39,4 | 12,6 | 68 | 93 |
| **Beschäftigte** | 2.788 | 2.699 | 2.899 | 3.062 | 3.029 | 3.187 |

nehmens zählen unter anderem Programme wie *Schillerstraße* und *Verliebt in Berlin*. Die Programme der Gruppe sind Bestandteile des Pay-TV-Angebotes in den USA. Mittlerweile betreibt das Unternehmen auch mehrere eigene Pay-TV-Sender in Deutschland.

Im Jahr 2005 versuchte der Springer-Konzern, die Mehrheit von 62,5 % an der Sendergruppe für den Betrag von 2,47 Mrd. Euro zu übernehmen, die Kartellbehörden verhinderten diese Übernahme aufgrund der Erwartung, dass die dann gebündelte wirtschaftliche und publizistische Macht den Wettbewerb auf dem Medienmarkt negativ beeinflussen würde. Da offenbar derzeit kein Käufer bereit ist, eine vergleichbar hohe Summe für die Mehrheitsbeteiligung der Investorengruppe um Haim Saban zu zahlen, hat sich die Investorengruppe entschieden, einen Kredit in Höhe von mehr als 1 Mrd. Euro aufzunehmen, bei dem die Aktien des Unternehmens als Sicherheit dienen. Auf diese Weise sollen die Handlungsmöglichkeiten der Investoren für neue Akquisitionen vergrößert werden. Die Konsequenz ist, dass die Aktionäre in der Zukunft auf einer Auszahlung eines großen Teils der Gewinne bestehen werden, so dass der Konzern einen großen Teil der Erlöse zur Tilgung dieses Kredits aufwenden muss und in seinen Investitionsmöglichkeiten eingeschränkt ist. *H3r*

*Literatur*

H. Röper: Formationen deutscher Medienmultis. Teil 1: ProSiebenSat1 Media AG und Axel Springer AG. In: Media Perspektiven 1/2006, S. 114-124.
C. Zabel: ProSiebenSat1 Media AG. In: L. Hachmeister, G. Rager (Hrsg.): Wer beherrscht die Medien? Die 50 größten Medienkonzerne der Welt. München 2005.
Geschäftsbericht 2005 des Konzerns unter ProSiebenSat1.de.

## Reichweite

Die Reichweite eines bestimmten Medienangebots gibt an, wie viele Menschen in einem bestimmten Zeitintervall mit diesem Angebot erreicht worden sind. In der Regel wird die Reichweite in Prozent ausgedrückt. So bedeutet die Aussage, dass der Hörfunk in Deutschland im Jahr 2003 eine Tagesreichweite von 79 % erzielt hat, dass in diesem Jahr an einem durchschnittlichen Tag 79 von 100 Deutschen mindestens einmal Radio gehört haben.

Bei der Interpretation von Reichweiten ist zu beachten, a) auf welches Medium bzw. welches Teilangebot, b) auf welches Zeitintervall und c) auf welche Grundgesamtheit von potenziellen Nutzern sie sich beziehen. Bei allgemeinen Aussagen über die Reichweiten tagesaktueller Medien, also des Hörfunks, des Fernsehens oder von Tageszeitungen im Allgemeinen, werden meist Tagesreichweiten angegeben, d. h. es wird festgestellt, wie viele Menschen an einem durchschnittlichen Tag mindestens einmal ferngesehen, Radio gehört oder eine Zeitung gelesen haben. Bei seltener genutzten Medienangeboten können aber auch z. B. Wochen- oder Monatsreichweiten verwendet werden, die besagen, wie viele Menschen das Angebot im Laufe einer Woche bzw. eines Monats mindestens einmal erreicht hat. Weiter ist zu beachten, auf welchen Teil der Bevölkerung sich die Reichweiten beziehen. Im Zusammenhang mit dem Fernsehen findet man beispielsweise manchmal die Tagesreichweite für sämtliche von der Fernsehzuschauerforschung erfassten Personen (also ab 3 Jahren; siehe dazu auch → Telemetrie), manchmal die Reichweite auf der Basis der Erwachsenen (ab 14 Jahren).

Bei der Bestimmung der Reichweite ist unerheblich, wie lange oder wie oft das betreffende Angebot genutzt wurde; ausschlaggebend ist allein, dass eine Person das Angebot in dem angegebenen Zeitintervall mindestens einmal „genutzt" hat, also Kontakt mit dem Angebot hatte. Die Festlegung, ab wann man davon spricht, dass ein Medium genutzt wird, ist Gegenstand fester Konventionen, auf die man sich zwischen Medienanbietern und Werbetreibenden geeinigt hat. Als Fernsehnutzer etwa werden alle Personen gezählt, die in dem betreffenden Zeitintervall, also z. B. im Laufe eines Tages, mindestens einmal eine Minute lang ununterbrochen ferngesehen haben (→ Telemetrie). Als Hörfunk-

*Tagesreichweiten ausgewählter Medien 2005 (in % der Deutschen ab 14 Jahren)*

| | |
|---|---|
| Tageszeitung | 74,8 |
| BILD | 18,2 |
| Süddeutsche Zeitung | 1,8 |
| Frankfurter Allgemeine | 1,5 |
| Fernsehen | 75,0 |
| Hörfunk | 79,3 |

Quelle: Media Analyse Presse II 2005; AGF/GfK Fernsehforschung, pc#tv; Media Analyse Hörfunk 2005 II.

nutzer wird gezählt, wer mindestens einmal „ein paar Minuten" Radio gehört hat, als Zeitungsleser, wer mindestens eine Zeitung „durchgeblättert oder gelesen" hat (→ Media-Analyse).

Die Tabelle zeigt die Tagesreichweiten der drei tagesaktuellen Medien bei den ab 14-Jährigen in Deutschland im Jahr 2005. Danach werden täglich drei Viertel der Bevölkerung von Tageszeitung und Fernsehen erreicht, mehr als 80 % nutzen Hörfunkangebote. Während die Werte von Hörfunk und Fernsehen in den letzten Jahren stabil bzw. eher leicht steigend waren, zeigen die Zeitungsreichweiten sinkende Tendenz. Beispielhaft sind auch die Reichweiten dreier Tageszeitungen aufgeführt; die Boulevardzeitung *Bild* erzielt die mit großem Abstand höchste Reichweite aller Tageszeitungen.

Die Reichweite eines Mediums ist nicht mit der früher so genannten „Technischen Reichweite" zu verwechseln, die besser als technische Erreichbarkeit bezeichnet wird. Damit meint man alle Menschen, bei denen die technischen Voraussetzungen erfüllt sind, ein bestimmtes Medienangebot zu nutzen – etwa weil sie den dazu erforderlichen Kabelanschluss oder einen Zugang zum Internet haben; damit ist aber nicht gesagt, ob diese Menschen das Angebot auch tatsächlich genutzt haben. *Ha*

*Literatur*

Media Perspektiven: Media Perspektiven Basisdaten. Daten zur Medien- situation in der Bundesrepublik 2005. Online-Angebot, verfügbar unter www.ard-werbung.de/mp/publikationen/basisdaten/ (letzter Zugriff: 24.4.2006).

# Reichweitenforschung

Unter Reichweitenforschung versteht man diejenigen wissenschaftlichen Untersuchungen, mit denen die Medienanbieter und Werbetreibenden ermitteln, wie viele und welche Menschen ein bestimmtes Medienangebot tatsächlich genutzt haben. Anders als Kino- oder Theaterbetreiber, die die Zahl ihrer Kunden anhand der verkauften Eintrittskarten erkennen können, können Radio- oder Fernsehveranstalter nicht sicher sein, ob die von ihnen ausgestrahlten Programme tatsächlich gehört oder gesehen werden; und auch für Zeitungsverleger ist es nicht ausreichend zu wissen, wie viele Exemplare sie verkauft haben – denn ebenso wichtig ist die Information, wie viele Menschen die betreffende Zeitung gelesen haben.

Wichtigstes Ergebnis der Reichweitenforschung sind Informationen über die → Reichweiten bestimmter Medien und Einzelangebote, also darüber, wie viele Menschen das betreffende Medium oder Angebot genutzt haben. Diese Funktion ist in zweierlei Hinsicht von entscheidender Bedeutung:

- Die Medienanbieter benötigen für ihre eigene redaktionelle Arbeit eine Rückmeldung darüber, welche ihrer Angebote bei den potenziellen Mediennutzern auf mehr oder weniger große Resonanz stoßen; regelmäßige Informationen darüber, welche Inhalte zu höheren oder niedrigeren Reichweiten führen, stellen eine wesentliche Grundlage für die Weiterentwicklung des jeweiligen Angebots dar. Im Zusammenhang mit dieser Funktion ist von *redaktioneller Forschung* die Rede.
- Die Medienanbieter sind außerdem darauf angewiesen, ihren Werbekunden nachzuweisen, wie viele Mitglieder der jeweiligen Zielgruppe mit einem Fernsehwerbespot oder einer Anzeige in einer Zeitung erreicht werden können. Die Reichweitenforschung produziert also die Informationen, auf deren Grundlage die werbetreibende Industrie den Medien für die Verbreitung ihrer Werbung Geld zahlt (→ Werbung). Im Zusammenhang mit dieser Funktion ist von *Werbeträgerforschung* die Rede.

Die Funktion der Werbeträgerforschung ist für die Entwicklung der Reichweitenforschung insofern ausschlaggebend gewesen, als der Werbemarkt dringend einer einheitlichen Währung bedarf, anhand derer sich verschiedene Werbeträger hinsichtlich ihrer Leistung vergleichen lassen. Wenn etwa verschiedene Hörfunksender jeweils unterschiedliche Reichweitendefinitionen verwenden würden, hätte ein werbetreibendes Unternehmen kaum eine Chance zu beurteilen, mit welchem Werbeträger es seine Zielgruppe besser und preiswerter erreichen kann. Alle Beteiligten haben daher ein Interesse daran, die Standards für die Reichweitenforschung gemeinsam festzulegen. Für die verschiedenen Medien haben sich dabei unterschiedliche Forschungsansätze herausgebildet: Im Fernsehbereich ist dies die → Telemetrie, das heißt die elektronische Messung des Nutzungsverhaltens in einer Stichprobe von Fernsehhaushalten. Im Hörfunk- sowie im Zeitungs- und Zeitschriftenbereich ist die wichtigste Untersuchung die so genannte → Media-Analyse, eine telefonische → Befragung, in der die Befragten über ihre Radio- bzw. Printmediennutzung Auskunft geben. Neben diesen Basisstudien werden regelmäßig einige zusätzliche Untersuchungen durchgeführt, in denen Merkmale der Mediennutzung und des Konsumverhaltens erfasst werden, so z. B. die Allensbacher Werbeträger-Analyse (AWA), die Verbrauchs- und Medienanalyse (VuMa) oder die Typologie der Wünsche Intermedia (TdWI).

Kern aller Ansätze von Reichweitenforschung ist zunächst die möglichst objektive Erfassung von Kontakten zwischen Mediennutzern und bestimmten Angeboten. Über die Angabe der bloßen Zahl der von einem Angebot erreichten Personen hinaus hat sich die Forschung mittlerweile stark ausdifferenziert. Von Bedeutung ist zunächst die Unterscheidung zwischen verschiedenen Zielgruppen. Die Werbewirtschaft hat ein besonderes Interesse daran, mit ihren Botschaften nicht beliebige Menschen zu erreichen, sondern genau solche, von denen anzunehmen ist, dass sie den betreffenden Botschaften großes Interesse entgegen bringen. Die Medien haben entsprechend ein Interesse daran, ihre Angebote so zu gestalten, dass sie genau von den Menschen genutzt werden, die diesen *Zielgruppen* der Werbewirtschaft entsprechen. Mit Hilfe der Reichweitenforschung wird dann nachprüfbar, ob die Platzierung der Werbung in einem bestimmten Angebotsumfeld tatsächlich zu den erwünschten Zielgruppenkontakten geführt hat.

In den meisten Fällen werden Zielgruppen nach relativ einfachen sozidemographischen Merkmalen definiert. So hat die Werbewirtschaft bislang ein besonderes Interesse daran, die Gruppe der 14- bis 49-Jährigen zu erreichen, von denen angenommen wird, dass sie in ihren Konsumgewohnheiten noch relativ offen für neue Angebote sind. Die Unterteilung nach Altersgruppen spielt etwa im Bereich des Hörfunks eine hervorragende Rolle: Da der Musikgeschmack sehr eng an bestimmte Altersgruppen gebunden ist, erreichen die verschiedenen Hörfunksender ihrem Musikmix entsprechend Hörerschaften ganz unterschiedlichen Alters. Neben dem Alter spielen das Geschlecht, das Einkommen und die formale Bildung eine wichtige Rolle bei der Definition von Zielgruppen. In den letzten Jahren haben zunehmend auch konkrete Konsum- und Verhaltensmerkmale oder so genannte Lebensstile zur Differenzierung von Zielgruppen an Bedeutung gewonnen. So kann die Reichweitenforschung der werbetreibenden Wirtschaft etwa Auskunft darüber geben, welches Medium besonders viele Menschen erreicht, die derzeit planen, ein Auto zu kaufen oder eine Lebensversicherung abzuschließen, oder die sich in ihren Wertvorstellungen und Konsumgewohnheiten dem Lebensstilmuster der „Hedonisten" oder der „Konservativen" zurechnen lassen.

Kommt auch der Reichweitenforschung eine herausragende Bedeutung für die Medien als Werbeträger zu, so stützen sich doch nur die wenigsten Medien allein auf diese Art der Forschung. Denn die Vorteile, die die stark standardisierte Reichweitenforschung im Hinblick auf die Bereitstellung einer allgemein anerkannten Währung für Publikumskontakte bietet, sind zwangsläufig mit verschiedenen Nachteilen verbunden. So lässt sich aus dieser Art der Forschung nur wenig über die Qualität der Publikumskontakte oder über die Bewertung konkreter Angebote durch die Nutzer lernen. Außerdem ist es nahezu unmöglich, den Besonderheiten einzelner Angebote gerecht zu werden. Um diese Fragen zu klären, veranlassen zumindest die größeren und finanzkräftigeren Medienanbieter gezielte Zusatzuntersuchungen. *Ha*

*Literatur*

M. Meyen: Mediennutzung. Mediaforschung, Medienfunktionen, Nutzungsmuster. Konstanz 2004.

## Rundfunk, terrestrischer

Terrestrischer Rundfunk ist die drahtlose Übertragung von Hörfunk- oder Fernsehsignalen von erdgebundenen Sendern zu Empfängern mit Haus- oder Zimmerantenne oder auch zu mobilen Empfangsgeräten (→ Mobilkommunikation). Sie ist zu unterscheiden von der Verbreitung per → Breitbandkabel oder per → Satellit.

Die drahtlose Übertragung erfolgt mittels elektromagnetischer Schwingungen, deren Frequenz in Schwingungen pro Sekunde (Hertz, abgekürzt Hz) gemessen wird. Sie breiten sich mit Lichtgeschwindigkeit aus, also mit 300.000 Kilometer pro Sekunde. Daraus ergibt sich die Wellenlänge, also die Strecke, die das Signal während einer Schwingung zurücklegt. Danach werden die Frequenzbänder bezeichnet, die teilweise für → Hörfunk und → Fernsehen genutzt werden:

Langwelle: 1.000-10.000 Meter, 30-300 kHz,
Mittelwelle: 100-1.000 Meter, 300 kHz bis 3 MHz,
Kurzwelle: 10-100 Meter, 3-30 MHz,
Ultrakurzwelle: 1-10 Meter, 30-300 MHz,
Dezimeterwellen: 0,1-1 Meter, 300 MHz bis 30 GHz.

Die Frequenzbänder für das terrestrische Fernsehen liegen im Bereich 177,5 bis 858 MHz. Der VHF-Bereich (very high frequency) reicht bis 226,5 MHz, also bei der Ultrakurzwelle. Der UHF-Bereich (ultra high frequency) reicht von 306 bis 858 MHz. Einen ausführlichen Frequenznutzungsplan gemäß Telekommunikationsgesetz mit der Zuordnung der Frequenzbereiche von 9 kHz bis 275 GHz hat die Regulierungsbehörde für Post und Telekommunikation veröffentlicht, die jetzt den Namen → Bundesnetzagentur trägt.

Elektromagnetische Wellen haben je nach Frequenzband andere Ausbreitungseigenschaften. Dabei ist zu unterscheiden zwischen Bodenwellen, die sich entlang der Erdoberfläche ausbreiten, und Raumwellen, die frei in den Raum ausgestrahlt werden. Bei der Langwelle dominiert die Ausbreitung als Bodenwelle, bei der die Intensität mit der Entfernung allmählich abnimmt, aber je nach Sendeleistung Reichweiten von 1.000 km und mehr möglich sind. Bei der Mittelwelle klingt die Bodenwelle eher ab, vor allem nachts ergibt aber die Raumwelle durch Reflektion an der Ionosphäre z. T. eine Verbreitung über

**Rundfunk, terrestrischer**

hohe Entfernungen. Bei der Kurzwelle hat die Bodenwelle kaum noch Bedeutung, während die Raumwelle durch Reflektion an der Ionosphäre zur Empfangbarkeit in sehr großer Entfernung führt. Sie wird deshalb besonders für den Auslandsrundfunk eingesetzt. Bei der Ultrakurzwelle kommt die Reflexion an der Ionosphäre kaum noch vor, deshalb endet des Empfangsgebiet von der Sendeantenne aus schon kurz hinter dem Horizont. Schneller als in anderen Ländern hat sich der Hörfunk in Deutschland auf den UKW-Bereich konzentriert, nachdem auf der Kopenhagener Wellenkonferenz von 1948 die meisten deutschen Mittelwellenfrequenzen anderen Ländern zugewiesen wurden.

In den Frequenzbändern Langwelle bis Kurzwelle wird die eigentliche Information dadurch übermittelt, dass die Stärke des Trägersignals entsprechend dieser Information verändert (so genannte Amplitudenmodulation, auf Empfangsgeräten oft als AM gekennzeichnet). Im UKW-Bereich wird dagegen die Frequenzmodulation (FM) angewandt, d. h. die Trägerfrequenz wird geringfügig verändert und aus dieser Veränderung kann die übertragene Information wieder gewonnen werden. Im Zuge der → Digitalisierung wird seit 2003 in den Frequenzbändern Langwelle, Mittelwelle und Kurzwelle das Digital Radio Mondiale (DRM) erprobt, das bei geringerem Stromverbrauch der Sender bessere Tonqualität verspricht. An die Stelle des bisherigen UKW-Hörfunks soll das Digital Audio Broadcasting (DAB) treten, für das Frequenzen aus den Frequenzbändern für die Fernsehübertragung genutzt werden. Die Digitalisierung des terrestrischen Fernsehens hat am 1. November 2002 in Berlin begonnen und wird allmählich in vielen Regionen umgesetzt, dabei wird die analoge Übertragung nach kurzer Zeit beendet.

Beim Publikum ist die Bedeutung des terrestrischen Fernsehens inzwischen eher gering. Nur 3,3 % der 36 Mio. Fernsehhaushalte in Deutschland empfangen Fernsehprogramme ausschließlich terrestrisch, 57,2 % hingegen per Kabel und 37 % per Satellit.

Wegen der internationalen Reichweiten und der gegenseitigen Störbarkeit des terrestrischen Funkverkehrs, nicht nur des Rundfunks, gibt es die Internationale Fernmeldeunion (International Telecommunication Union, ITU) mit Sitz in Genf als Teilorganisation der Vereinten Nationen. Sie geht zurück auf die Internationale Telegraphenunion, die bereits 1865 in Paris gegründet wurde. Auf ihrer regelmäßig wiederkehrenden World Radiocommunication Conference wird über die Zuordnung von Frequenzbändern für die verschiedenen Funkdienste entschieden. *Schr*

*Literatur*

H. Rindfleisch: Technik im Rundfunk. Ein Stück deutscher Rundfunkgeschichte von den Anfängen bis zum Beginn der achtziger Jahre. Norderstedt 1985.
P. Senger: Distribution elektronischer Medien. In: Hans-Bredow-Institut (Hrsg.): Internationales Handbuch Medien 2004/2005, Baden-Baden 2004, S. 126-135.


# Rundfunkgebühr

Im dualen → Rundfunksystem dient die Rundfunkgebühr zur Finanzierung des öffentlich-rechtlichen Rundfunks, aber auch der Finanzierung offener Kanäle und der Aufsicht über den privaten Rundfunk.

Die Rundfunkgebühr wird größtenteils zur Finanzierung des öffentlich-rechtlichen Rundfunks eingesetzt. Sie ermöglicht es ihm, seine Angebote nicht nur an den Interessen der für Werbekunden besonders interessanten bzw. der besonders zahlungskräftigen Nutzergruppen auszurichten. Den Rundfunkanstalten ist zwar auch Werbung und Sponsoring erlaubt; jedoch bestehen bei der Werbung weit reichende zeitliche Beschränkungen (→ Werberecht) und die Erträge aus Werbung und Sponsoring machen nur einen kleinen Teil der finanziellen Grundlagen aus (im Zeitraum 2001-2004 war der Anteil der Werbeerträge an den Gesamterträgen bei der → ARD ca. 1,8 % und beim → ZDF ca. 6,9 %; der Anteil der Erträge aus Sponsoring betrug bei der ARD ca. 0,5 % und beim ZDF ca. 1,2 %).

Im Zeitraum von 2001 bis 2004 lagen die Erträge aus Rundfunkgebühren bei den in der ARD zusammengeschlossenen Landesrundfunkanstalten bei insgesamt über 19 Mrd. Euro (für Fernseh- und Radioangebote), beim ZDF bei insgesamt über 6 Mrd. Euro und beim Deutschlandradio über 700 Mio. Euro.

# Rundfunkgebühr

Rechtliche Grundlage der Gebührenpflicht ist der Rundfunkgebührenstaatsvertrag (RGebStV). Verpflichtet zur Zahlung der Rundfunkgebühr ist jeder, der ein Rundfunkempfangsgerät zum Empfang bereithält, unabhängig davon, inwieweit tatsächlich die Programme der öffentlich-rechtlichen Rundfunkanstalten in Anspruch genommen werden und sogar unabhängig davon, ob das Gerät überhaupt tatsächlich zum Rundfunkempfang genutzt wird. Das Bundesverfassungsgericht hat diese Regelung für verfassungsgemäß erklärt. Die Gebühr stelle keine Gegenleistung für eine Leistung dar, sondern ein Mittel zur Finanzierung der „Gesamtveranstaltung Rundfunk".

Nach dem Rundfunkgebührenstaatsvertrag wird ein Gerät zum Empfang bereitgehalten, „wenn damit ohne besonderen zusätzlichen technischen Aufwand Rundfunkdarbietungen [...] empfangen werden können" (§ 1 Absatz 2 Satz 2 RGebStV).

Als Empfangsgeräte gelten Hörfunkgeräte, Fernsehgeräte und – seit 2005 unabhängig davon, ob damit nur Rundfunkprogramme aus dem Internet wiedergegeben werden können – auch Computer. Sobald ein Empfangsgerät zum Empfang bereitgehalten wird, wird die Grundgebühr fällig. Wird ein Fernsehgerät zum Empfang bereitgehalten, ist zusätzlich die Fernsehgebühr zu entrichten. 2005 lag die Grundgebühr bei 5,52 Euro und die Fernsehgebühr bei 11,51 Euro pro Monat. Privatpersonen müssen grundsätzlich für privat genutzte Zweitgeräte keine zusätzlichen Gebühren zahlen (Ausnahme bei mehreren Wohnungen). Im nicht ausschließlich privaten Bereich besteht grundsätzlich für jedes Gerät eine Gebührenpflicht, der RGebStV enthält aber Ausnahmen bzw. Sonderregeln (etwa für Schulen, Betreuungseinrichtungen und Beherbergungsbetriebe). Für Computer muss auch im nicht ausschließlich privaten Bereich keine zusätzliche Gebühr gezahlt werden, sobald nur ein anderes gebührenpflichtiges Gerät vorhanden ist.

Unter im RGebStV genannten Umständen (etwa beim Empfang von Sozialhilfe oder Arbeitslosengeld II) wird auf Antrag eine Befreiung von der Gebührenpflicht gewährt.

Eingezogen werden die Gebühren durch die Gebühreneinzugszentrale der öffentlich-rechtlichen Rundfunkanstalten in der Bundesrepublik Deutschland (GEZ), einer Gemeinschaftseinrichtung der in der → ARD zusammengeschlossenen Rundfunkanstalten und des → ZDF.

Die Gebührenhöhe wird in einem durch den Rundfunkfinanzierungsstaatsvertrag (RFinStV) geregelten Verfahren ermittelt. Dieses Verfahren wurde gewählt, nachdem 1994 das Bundesverfassungsgericht die bis dahin geltenden Regeln u. a. wegen mangelnder Staatsferne für verfassungswidrig erklärt hatte.

Das jetzige Verfahren beginnt mit einer Bedarfsanmeldung der Rundfunkanstalten. Der Bedarf wird dann durch die Kommission zur Ermittlung des Finanzbedarfs der Rundfunkanstalten (→ KEF) überprüft, die aus 16 unabhängigen Sachverständigen besteht. Die KEF prüft, ob sich die Programmentscheidungen der Rundfunkanstalten im Rahmen des rechtlich umgrenzten Programmauftrags halten und ob der aus ihnen abgeleitete Finanzbedarf zutreffend und im Einklang mit den Grundsätzen von Wirtschaftlichkeit und Sparsamkeit ermittelt worden ist. Der Gebührenvorschlag der KEF ist Grundlage für eine Entscheidung der Landesregierungen und der Landesparlamente. Abweichungen vom Vorschlag der KEF müssen begründet werden. Nach der 8. Rundfunkentscheidung des Bundesverfassungsgerichts aus dem Jahre 1994 kommen für Abweichungen von der Bedarfsfeststellung nur Gründe in Betracht, „die vor der Rundfunkfreiheit Bestand haben. Programmliche und medienpolitische Zwecke scheiden [...] in diesem Zusammenhang aus. Im Wesentlichen werden sich die Abweichungsgründe in Gesichtspunkten des Informationszugangs und der angemessenen Belastung der Rundfunkteilnehmer erschöpfen".

2004 sind die Länder erstmals vom Vorschlag der KEF für eine Gebührenerhöhung abgewichen (0,88 Euro statt 1,09 Euro). Die Rundfunkanstalten haben hiergegen Verfassungsbeschwerde beim Bundesverfassungsgericht erhoben.

Da sich das Gebührenaufkommen der einzelnen Landesrundfunkanstalten (NDR, WDR etc.) nach der Anzahl der Rundfunkteilnehmer in den jeweiligen Sendegebieten richtet, enthält der Rundfunkfinanzierungsstaatsvertrag Regeln für einen Finanzausgleich zugunsten von Sendern in kleinen Bundesländern (Saarländischer Rundfunk, Radio Bremen).

Auch die für die Aufsicht der privaten Veranstalter zuständigen Landesmedienanstalten (→ Medienaufsicht) sind an der Rundfunkgebühr beteiligt. Die Höhe des Anteils der Landesmedienanstalten beträgt

2 %. In einigen Bundesländern werden aus diesem Anteil auch Offene
Kanäle finanziert. TH

*Literatur*

A. Hesse, Rundfunkrecht, 3. Auflage, München 2003.

## Rundfunksystem

Das Rundfunksystem in Deutschland zeichnet sich durch ein Nebeneinander von öffentlich-rechtlichen Rundfunkanstalten und privaten Rundfunkanbietern aus (dies wird zum Teil als duales Rundfunksystem bezeichnet). Die öffentlich-rechtlichen Rundfunkanstalten wurden nach dem Zweiten Weltkrieg nach dem Muster der → BBC gegründet. 1950 schlossen sich die Landesrundfunkanstalten zur → ARD zusammen, 1961 wurde das → ZDF gegründet. Privaten Rundfunk gibt es in Deutschland seit 1984 (vorher war eine private Veranstaltung von Rundfunk nicht erlaubt).

Grundgedanke dieses dualen Rundfunksystems ist es, dass die Konkurrenz öffentlich-rechtlicher und privater Anbieter, bei der die jeweiligen Stärken zur Geltung kommen, positive Auswirkungen auf die öffentliche und individuelle Meinungsbildung hat.

Mit der Aufgabenzuweisung an den öffentlich-rechtlichen Rundfunk und der Regulierung der verschiedenen Anbietertypen erfüllt der Gesetzgeber (besser: die Gesetzgeber, da Rundfunk in die Kompetenz der Bundesländer fällt) seinen aus Artikel 5 Absatz 1 Satz 2 GG folgenden Auftrag zur Ausgestaltung der Rundfunkordnung. Nach Auffassung des Bundesverfassungsgerichts schützt die Rundfunkfreiheit in Artikel 5 Absatz 1 Satz 2 GG nicht nur die Rundfunkveranstalter, sondern verpflichtet auch den Gesetzgeber, durch die Schaffung einer Rundfunkordnung die freie Meinungsbildung durch den Rundfunk zu gewährleisten (→ Medienfreiheit). Hierzu gehört u. a. die Sicherung von Vielfalt.

Das Bundesverfassungsgericht hat durch eine Reihe von Rundfunkentscheidungen das Verständnis von Artikel 5 Absatz 1 Satz 2 GG entscheidend geprägt und damit auch die Ausgestaltung des Rundfunksystems beeinflusst (seit der achten Rundfunkentscheidung aus dem Jahr 1994, der so genannten Gebührenentscheidung, erfolgt keine Zählung der Rundfunkentscheidungen mehr, es sind aber mehrere weitere seitdem ergangen). Vor allem die Entscheidungen, in denen das Verhältnis öffentlich-rechtlichen und privaten Rundfunks zueinander thematisiert wurde (BVerfGE 73, 118 (vierte Rundfunkentscheidung (Niedersachsen-Urteil)), BVerfGE 74, 297 (fünfte Rundfunkentscheidung (Baden-Württemberg-Beschluss)), BVerfGE 83, 238 (sechste Rundfunkentscheidung (Nordrhein-Westfalen-Urteil)), BVerfGE 87, 181 (siebte Rundfunkentscheidung (Rundfunkfinanzierung))), haben zur Systembildung beigetragen.

Nach Ansicht des Bundesverfassungsgerichts ist privater Rundfunk allein nicht in der Lage, ein der Sicherung freier Meinungsbildung entsprechendes Programm anzubieten. Die Notwendigkeit, sich über Werbung zu finanzieren, führe dazu, dass sich privater Rundfunk primär an den Interessen der für die Werbewirtschaft interessanten Gruppen orientiere. Gleichzeitig könnten aber an den privaten Rundfunk keine zu strengen Programmanforderungen gestellt werden, die sie zwingen würden, die Interessen ihrer Werbekunden zu vernachlässigen, da in diesem Fall ihre Finanzierungsgrundlage in Gefahr wäre. Eine härtere Regulierung sei aber auch nicht notwendig, solange der öffentlich-rechtliche Rundfunk zur freien Meinungsbildung beitrage (dieses Junktim findet sich etwa im Niedersachsen-Urteil des Bundesverfassungsgerichts (BVerfGE 73, 118 (158 f.))).

In den Entscheidungen des Bundesverfassungsgerichts spielte lange Zeit der Begriff der „Grundversorgung" eine Rolle (in späteren Entscheidungen wurde der Begriff weitgehend aufgegeben). Dieser Begriff beschreibt den Bereich, der von besonders hoher Bedeutung für die Meinungsbildung ist und in dem der Gesetzgeber daher in jedem Fall gewährleisten muss, dass die Vorgaben aus Artikel 5 Absatz 1 Satz 2 GG (Freiheit der Meinungsbildung, Vielfalt etc.) erfüllt werden. Die Grundversorgung erfasst nicht nur Informationsangebote, sondern auch Kultur und Unterhaltung. Weder ist öffentlich-rechtlicher Rundfunk auf die Grundversorgung beschränkt, noch sind die privaten Rundfunkanbieter von der Grundversorgung ausgeschlossen. Ein weiterer Terminus, der den Entscheidungen des Bundesverfassungsgerichts entnommen werden kann, ist der der Bestands- und Entwicklungsgarantie öffentlich-rechtlichen Rundfunks. Hiermit wird zum Ausdruck gebracht, dass solange der Gesetzgeber am dualen System festhält, er auch dafür Sorge tragen muss, dass die Rundfunkanstalten die ihnen übertragenen Aufgaben erfüllen können. Dies betrifft die Finanzierung und die Möglichkeit der Nutzung neuer Techniken und Übertragungswege, aber auch das Angebot neuer Dienste, soweit diese Funktionen klassischen Rundfunks übernehmen. Öffentlich-rechtlichem Rundfunk muss es nach der Konzeption des Bundesverfassungsgerichts möglich sein, die verschiedenen Nutzergruppen auch unter geänderten technischen und gesellschaftlichen Bedingungen zu erreichen.

Damit öffentlich-rechtlicher Rundfunk zur freien Meinungsbildung beitragen kann und nicht in gleicher Weise wie die privaten Anbieter auf Werbeeinnahmen oder Entgeltzahlungen angewiesen ist, wird er überwiegend aus Rundfunkgebühren finanziert (→ Rundfunkgebühren). In eingeschränktem Maße ist ihm aber auch Werbung erlaubt (→ Werberecht).

Die Aufgaben der Rundfunkanstalten ergeben sich aus ihren gesetzlichen Grundlagen, die bei Mehrländeranstalten (NDR, MDR, SWR, RBB) in Form von Staatsverträgen der beteiligten Bundesländer bestehen. Auch die Vorgaben für → ARD, ZDF und Deutschlandradio sind jeweils in Staatsverträgen enthalten. Diese gesetzlichen Grundlagen regeln u. a. den Programmauftrag der jeweiligen Rundfunkanstalt. Außerdem finden sich dort Vorgaben für die besonderen Aufsichtsgremien öffentlich-rechtlichen Rundfunks (Rundfunk- bzw. Fernsehrat, Verwaltungsrat (→ Medienaufsicht)).

Regelungen für den privaten Rundfunk enthalten die so genannten Landesmediengesetze (in einigen Bundesländern sind die Vorgaben für privaten und öffentlich-rechtlichen Rundfunk auch in einem gemeinsamen Gesetz enthalten). Die Aufsicht erfolgt durch die Landesmedienanstalten (→ Medienaufsicht). Sofern Landesmedienanstalten für mehrere Bundesländer zuständig sind, sind die Regeln für privaten Rundfunk wiederum in einem zwischen den beteiligten Ländern geschlossenen Staatsvertrag enthalten (wie in Berlin und Brandenburg). Private Rundfunkveranstalter bedürfen einer Zulassung durch die Landesmedienanstalten (→ Medienrecht).

Länderübergreifende Fragen des Rundfunkrechts (für öffentlich-rechtliche und private Anbieter) sind im Rundfunkstaatsvertrag geregelt, der von allen Bundesländern geschlossen wurde (→ Medienrecht).

§ 11 des Rundfunkstaatsvertrags enthält seit 2004 eine Generalklausel zum Auftrag öffentlich-rechtlichen Rundfunks, der die Vorgaben aus den einzelnen Gesetzen und Staatsverträgen der Rundfunkanstalten zusammenfasst. Darüber hinaus werden ARD, ZDF und Deutschlandradio verpflichtet, alle zwei Jahre einen Bericht über ihre Aufgabenerfüllung zu veröffentlichen. Dies ist durch die Veröffentlichung so genannter Selbstverpflichtungen geschehen, die u. a. auf den Internetseiten von ARD, ZDF und Deutschlandradio abgerufen werden können.

§ 11 weist auch eine Regelung zum Online-Angebot der Rundfunkanstalten auf. Öffentlich-rechtlicher Rundfunk kann hiernach „programmbegleitend [...] Telemedien mit programmbezogenem Inhalt anbieten". Vor allem die Frage des erforderlichen Programmbezugs wird kontrovers diskutiert. Die Betätigung der Rundfunkanstalten im → Internet war auch u. a. Gegenstand eines Verfahrens der Europäischen Kommission gegen die Bundesrepublik (→ Europäisches Medienrecht).

Die private „Säule" des dualen Rundfunksystems ist derzeit im Wesentlichen durch zwei Senderfamilien geprägt. Bis zur Insolvenz der KirchMedia GmbH & Co. KGaA standen sich die Kirch-Gruppe und der → Bertelsmann-Konzern gegenüber. Während der zum Bertelsmann-Konzern gehörenden RTL group die Sender RTL, RTL 2, Super RTL, Vox und n-tv zuzurechnen sind, haben die Saban Capital Group und ihre Partner die früher zur Kirch-Gruppe gehörende → ProSiebenSat.1 Media AG übernommen (Sat.1, ProSieben, kabel eins, N24, Neun Live). Anfang 2006 ist die Übernahme der Aktienmehrheit der ProSiebenSat.1 Media AG durch die Axel Springer AG durch das → Bundeskartellamt und die Kommission zur Ermittlung der Konzentration im Medienbereich (→ KEK) untersagt worden.

Die Sicherung der Meinungsvielfalt im Fernsehen ist in § 26 Rundfunkstaatsvertrag geregelt. Hiermit soll dem Entstehen vorherrschender Meinungsmacht entgegen gewirkt werden. Vorherrschende Meinungsmacht wird unter anderem vermutet, wenn die einem Unternehmen zurechenbaren Programme im Durchschnitt eines Jahres einen Zuschaueranteil von 30 % erreichen. Wird ein Anteil von 25 % erreicht, greift die Vermutung vorherrschender Meinungsmacht u. a. dann, wenn auf so genannten „medienrelevanten verwandten" Märkten eine marktbeherrschende Stellung besteht, wozu auch der Pressemarkt gehört.

Der Zuschaueranteil der RTL group lag 2005 über, der Anteil der ProSiebenSat.1 Media AG unter der 25 %-Grenze (aktuelle Zahlen sind auf der Internetseite der Kommission zur Ermittlung der Konzentration im Medienbereich (→ KEK) zu finden (www.kek-online.de)).

Neben öffentlich-rechtlichen Rundfunkanstalten und kommerziellen Anbietern gehören noch offene Kanäle (→ Offener Kanal) und nichtkommerzielle private Anbieter (→ Nichtkommerzielles Privatradio) zum Rundfunksystem. Regelungen hierzu finden sich in den Landesmediengesetzen. *TH*

*Literatur*

W. Hoffmann-Riem: Regulierung der dualen Rundfunkordnung, Baden-Baden 2000.
D. Schwarzkopf (Hrsg.): Rundfunkpolitik in Deutschland, 2. Bde., München 1999.
H. Dreier: Das Mediensystem der Bundesrepublik Deutschland, in: Hans-Bredow-Institut (Hrsg.): Internationales Handbuch Medien 2004/2005, Baden-Baden 2004, S. 245-268.

# Russland

In den Jahren der postkommunistischen Entwicklung seit 1990 hat das Mediensystem Russlands mehrere, schwierige Phasen durchlebt: Die staatlichen Medien wurden zunächst nach und nach privatisiert, ab 1996 übernahmen große Finanz- und Industriegruppen („Oligarchen") die Medien und bildeten rivalisierende Imperien, seit 1999/2001 ist erneut ein starker Staatseinfluss zu verzeichnen, vor allem im Bereich des Fernsehens. Offiziell gibt es zwar keine staatliche → Zensur, die meisten Medien sind jedoch mangels Werbeeinnahmen finanziell von Interessengruppen, Parteien oder Unternehmen (u. a. Energiekonzern *Gaz-*

*prom*) abhängig und praktizieren daher eine Art Selbstzensur. Die Eigentumsverhältnisse sind oftmals undurchsichtig.

Die Wachstumsrate der russischen Printmedien wird nur von denen Chinas und Indiens übertroffen; das Ausgangsniveau war nach dem Zusammenbruch des Printmarktes 1990 allerdings sehr niedrig. Die Auflage der größten Wochenzeitung *Argumenty i Fakty* sank von 33,4 Mio. im Jahr 1990 auf 2,3 Mio. im Jahr 2000, die Zentralzeitungen verloren 95,5 % ihrer Abonnenten. Faktoren wie die riesigen Entfernungen, veraltete Druck- und Transporteinrichtungen, die Abhängigkeit von importiertem Papier und Druckerfarbe, die geringe Bevölkerungsdichte und unzureichende Kaufkraft erschweren die Entwicklung. Größter landesweiter Pressevertrieb ist *Rosspetschat*, der etwa 20 % des russischen Territoriums beliefert.

Anfang 2005 waren über 46.000 Printmedien bei der Bundesagentur für Print und Massenkommunikation unter dem Ministerium für Kultur und Massenkommunikation registriert (21.300 mehr als 2000), darunter fast 26.000 Zeitungen (90 % regional und lokal, 8 % interregional, 2 % national) und über 16.500 Zeitschriften. Tatsächlich erscheint aber nur etwa die Hälfte der Titel. Die Zeitungen verlieren Leser, die Zeitschriften und wöchentlichen Unterhaltungsmagazine hingegen erzeichnen Zuwächse. Etwa 90 % der russischen Zeitungen, besonders auf lokaler und regionaler Ebene, werden von staatlichen oder auch privaten Investoren finanziert und als ihr Sprachrohr verstanden.

Die fünf größten Zeitungsherausgeber waren Anfang 2005 das Verlagshaus *Prof-media* mit 90 Titeln und einer Gesamtauflage von 6,1 Mio., *HFS-InterMediaGroup* (gehört zu 85 % Hachette Filipacchi; 62 Titel, Aufl. 6,1 Mio.), *Extra M Media* (12 Titel; Aufl. 5,7 Mio.), *Argumenty i Fakty* (staatl.; 74 Titel; 4,45 Mio.) und *Logos-Media* (gehört zum deutschen → Bauer-Verlag; 15 Titel; 4,0 Mio.). Auf dem Zeitschriftenmarkt dominieren westliche Verlage mit Ablegern ihrer westlichen Titel, u. a. die deutschen Verlage → Burda und Gruner + Jahr (→ Bertelsmann).

Offizielle Auflagenkontrollen existieren nicht, die Bundesagentur schätzt aber die Gesamtauflage der Zeitungen 2004 auf über 8,5 Mrd. Exemplare (die 400 Titel mit nationaler Verbreitung und regionalen Supplements machten 34,5 % der Gesamtauflage aus), die Zeitschriften kamen auf ca. 600 Mio. Exemplare. Zu den größten Zeitungen gehören die Tageszeitungen *Komsomolskaja Pravda* (Auflage 2004 ca. 817.000; 2 Mio. tägliche Leser), *Moskovskij Komsomolets* (Aufl. 750.000, 1,5 Mio. Leser), *Trud* (Aufl. 613.000; über 1 Mio. Leser), *Rossijskaja Gazeta* (Aufl. 310.000) und *Izvestjia* (Aufl. 335.000) sowie die Wochenzeitung *Argumenty i Fakty* (7,1 Mio. Leser).

Mit fast 4 Stunden Sehzeit ist das Fernsehen das wichtigste und beliebteste Medium Russlands. 2004 gab es mehr als 2.500 staatliche und private TV- und Radioanbieter in Russland. Die drei staatlichen Fernsehkanäle der Holding VGTRK, *Rossija* (Marktanteil 2006: 17,2 %), *Kultura* (2,5 %) und *Sport* (1,8 %), werden landesweit zeitversetzt terrestrisch und über Kabel verbreitet und finanzieren sich durch Staatssubventionen und Werbung. Rundfunkgebühren gibt es nicht. Die Marktführerschaft wechselt seit Jahren zwischen den dem ebenfalls mehrheitlich in Staatsbesitz befindlichen *Pervy* (20,5 %) und *Rossija*. Weitere Anbieter sind der früher unabhängige Sender NTV, der – heute ebenfalls unter Staatseinfluss – mit 14,3 % Marktanteil Dritter in der Gunst der Zuschauer ist, vor dem reinen Unterhaltungskanal STS/CTC (12,0 %), dem Reality-TV-Sender TNT/THT (6,4 %), Ren-TV (5,0 %) und TVC (2,3 %).

Von den insgesamt 10,76 Mrd. EUR brutto, die 2004 in Werbung flossen, gingen 85,7 % ans Fernsehen (davon 28,8 % an NTV, 25,1 % an Pervy, 21,4 % an Rossiya), nur 1,9 % an die Tageszeitungen, 5,0 % an Zeitschriften, 2,0 % an andere Printmedien, je 2,6 % ans Radio und an Außenwerbung und 0,2 % an das Kino. Der Fernsehwerbemarkt steigt jährlich um ca. 30 %; damit liegt Russland heute beim Umsatz der Werbeaufwendungen weltweit auf Platz 12 (Platz 6 in Europa). Fast 70 % der Gesamt-TV-Aufwendungen werden jedoch von einer einzigen Agentur vermarktet, von *Video International*. 2004 haben täglich 76,2 % der Bevölkerung über 18 Jahren ferngesehen, bei den Kindern von 4-12 Jahren waren es täglich 71,4 %.

Kabel- und Satellitenfernsehen sind in den letzten Jahren stetig gewachsen, die größten Anbieter sind *NTV+*, *Kosmos TV* und *Comcor TV* sowie *AFK Sistema*, das im April 2005 den ADSL-Dienst *Stream TV* auf den Markt brachte, der mehr als 80 russische und internationale Kanäle sowie Pay-per-View, VOD, Computerspiele sowie Highspeed-Internetzugang anbietet.

| Rahmendaten zum Mediensystem in Russland | |
|---|---|
| Einwohner (Bevölkerungsdichte) | 142,893 Mio. (8,5/km²) |
| Zahl der Haushalte (Haushaltsgröße) | 52,707 Mio. (2,8) |
| Bruttosozialprodukt pro Kopf in US $ (geschätzt) | 10.700 |
| TV-Verbreitung (in % aller Haushalte) | 99,5 % |
| Zahl der TV-Sender, die von 70 % der Bevölkerung empfangen werden können | 9 |
| Werbeausgaben brutto gesamt in Euro (davon im TV) | 10.758,95 Mio. (9.217,5 Mio.) |
| Tägliche Zeitungsreichweite (in % der Erwachsenen) | 13,4 % |
| Tägliche Fernsehdauer 2004 (Alter 18+) | 233 Min. |
| Kabelfernsehen (in % aller TVHH) | 19,2 % |
| Satellitenschüssel (in % aller TVHH) | 6,6 % |
| Nur terrestrischer Empfang (in % aller TVHH) | 77,6 % |
| Digital-Pay-TV-Abonnenten (in % aller TVHH) | k. A. |
| Rundfunkgebühren pro Jahr in Euro | keine |
| Handyausstattung (in % der Bevölkerung 16+ in Großstädten) | 38,8 % |
| PC-Verbreitung (in % der Bevölkerung 16+ in Großstädten) | 34,2 % |
| Internetnutzer (16+, min. einmal im Monat) (in % der Bevölkerung in Großstädten) | 16,2 % |

*Quelle:* Television 2005 International Key Facts, World Press Trends 2005, CIA The World Factbook www.cia.gov/cia/publications/factbook/geos/rs.html

Auch im Hörfunk entstand ab 1990 eine Vielzahl privater Anbieter auf UKW, teils mit ausländischer Beteiligung, darunter vor allem *Radio Ewropa plus* (seit 1990; 12,5 % gesamtrussische Hörerquote 2006), *Russkoje Radio* (seit 1995; 14,2 %), *Awto Radio* (7,2 %) sowie *Echo Moskwy* (via Satellit auch in anderen Städten; 2,3 %). Vor allem auf dem Land dominiert jedoch noch immer die Drahtfunkübertragung mit Geräten, in denen 1-3 (staatliche) Sender fest installiert sind. Hier erzielen die drei staatlichen *Radio Rossiji* (Vollprogramm, 12,9 % gesamtrussischer Marktanteil), *Majak* (Vollprogramm, 7,9 %) sowie die staatlichen regionalen Vollprogramme (um 13-14 %) hohe Quoten.

Die Entwicklung des → Internets hinkt denen anderer entwickelter Staaten immer noch hinterher; ein Grund ist die veraltete Telefoninfrastruktur und -dichte. Nur etwa 17,5 der 144 Mio. Russen gelten als regelmäßige Internet-Nutzer. Neben dem Fernsehen wird das Internet für sie als Informationsquelle immer wichtiger. Die russischen Medien sind im Internet präsent, sowohl die nationalen und etliche regionale Tageszeitungen als auch Fernseh- und Hörfunksender sowie Nachrichtenagenturen (z. B. die staatliche ITAR-Tass), insgesamt führt der russische Teil des WWW mehr als 1.700 entsprechende Sites. Führend sind seit mehr als fünf Jahren: RBC.ru, Lenta.ru, Gazeta.ru, Dni.ru, Strana.ru, Grani.ru, Utro.ru sowie die Seiten von Izvestia, Komsomolskaja Pravda und Nezavisimaya Gazeta. *Ma*

*Literatur*

N. Kharina-Welke: Das Mediensystems Russlands. In: Hans-Bredow-Institut (Hrsg.): Internationales Handbuch Medien 2004/2005. Baden-Baden2004, S. 566-582.
Russian Periodical Press Market,
www.gipp.ru/zip/6740_RussianPeriodicalPressMarket_eng.pdf.

## Satellit

Satelliten sind künstliche Flugkörper, die auf einer Umlaufbahn um die Erde kreisen. Es gibt zahlreiche unterschiedliche Typen von Satelliten, die zur Verteilung von Signalen über große Flächen eingesetzt werden. Dabei gilt, das die Sendeleistung der Satelliten mit zunehmender Entfernung von der Erdoberfläche steigen muss, allerdings wird auch gleichzeitig die von einem Satelliten abgedeckte Fläche größer.

Je nach Funktion der Satelliten wird eine bestimmte Umlaufbahn ausgewählt. So befinden sich Satelliten, die für Telekommunikationsverbindungen genutzt werden auf einer Umlaufbahn zwischen 600 und 1.500 km, die als Low Earth Orbit (LEO) bezeichnet wird. Rundfunksatelliten umkreisen die Erde auf einer stabilen Bahn, die exakt der Erddrehung angepasst ist. Daher ruhen diese Satelliten in einer festen Position zur Erde. Dies ist nur möglich in einer Position von 36.000

km über dem Äquator. Diese Umlaufbahn heißt Geostationary Earth Orbit (GEO). Die Umlaufbahn Medium Earth Orbit (MEO) wird von Navigationssatelliten der Systeme Global Positioning System (GPS) und Global Navigation Satellite System (GLONASS) genutzt und befindet sich in einer Höhe von ca. 6.000 km Höhe.

Rundfunksatelliten decken aufgrund der großen Höhe, in der sie die Erde umkreisen, große Gebiete, den so genannten Footprint, ab. Die Rundfunksatelliten der beiden wichtigsten europäischen Anbieter SES Astra und Eutelsat, die mit den Satellitengruppen Astra und Hotbird konkurrierende Systeme betreiben, erreichen die meisten europäischen Länder, lediglich im Süden Italiens und im nördlichen Skandinavien ist das Signal dieses Satelliten nicht überall zu empfangen. Die Regulierung des Satellitenrundfunks obliegt in Europa den Ländern, in denen die jeweiligen Anbieter ihren Sitz haben. Im Fall von SES Astra ist dies Luxemburg, Eutelsat hat seinen Sitz in Paris.

Die von SES Astra betriebenen 13 Satelliten übertragen mehr als 1.100 analoge und digitale Rundfunkprogramme in rund 92 Mio. Haushalte. Der Anbieter Eutelsat betreibt 18 eigene und 5 fremde Satelliten, die rund 1.800 Fernseh- und 900 Radioprogramme, die von 120 Mio. Haushalten genutzt werden können. Dazu verfügen Satelliten je nach Typ über zwanzig oder mehr Transpondern (ein Kunstwort, das aus den Begriffen Transmitter und Responder zusammengesetzt ist), mit deren Hilfe das von der Erde empfangene Signal weiterverteilt wird. Mit Hilfe dieser Technik werden Ton- und Bildinformationen getrennt übertragen, so dass der Ton zu einem Fernsehbild auf unterschiedlichen Frequenzen z. B. in verschiedenen Sprachen übertragen werden kann.

Nachdem die ersten analogen Satelliten, die Ende der 1980er Jahre starteten, aufgrund der fehlenden Zahl der Kanäle kein wirtschaftlicher Erfolg wurden, haben sich mittlerweile in Deutschland ca. 35 % der Haushalte für diese Übertragungstechnik entschieden. Auf diesem Wege sind eine Vielzahl von Hörfunk- und Fernsehprogrammen in analoger und digitaler Form zugänglich. Dazu zählen praktisch alle deutschen Fernsehprogramme und zusätzlich eine Vielzahl ausländischer Programme, die zum großen Teil nur auf diesem Weg in Deutschland zu empfangen sind.

Zur Nutzung der Hörfunk- und Fernsehprogramme wird auf der Erde ein System benötigt, das die Signale empfängt und verteilt, ein so genanntes Satelliten-Zwischenfrequenz-System. Ein solches System besteht aus einer Parabolantenne, die auf den jeweiligen Satelliten ausgerichtet ist und über einen Low Noise Block (LNB) verfügt, einer Verbindung, einem Satellitenempfänger und einem Endgerät. Der so genannte LNB setzt die Sendefrequenz des Satelliten in ein Signal um, das z. B. über ein Koaxialkabel übertragen werden kann. Die Leistungsfähigkeit der Empfangsgeräte hat sich in den letzten Jahren kontinuierlich verbessert, so dass der Durchmesser der Empfangsantennen mittlerweile stark zurückgegangen ist. Seit den 1970er Jahren ist die Größe der Antennen um die Hälfte zurück gegangen ohne dass sich die Empfangsqualität verschlechtert hat. Moderne Antennen haben einen Durchmesser zwischen 50 und 120 cm. Mittlerweile wechseln die Satellitenanbieter bei der Übertragung der Signale von analoger zu digitaler Technik. Dies hat eine Erweiterung der Übertragungskapazität zur Folge, so dass zusätzliche Programme und digitale Inhalte verbreitet werden können. *H3r*

*Literatur*

R. Kabel: Kommunikation per Satellit. Ein internationales Handbuch. Berlin 1985.
C. Limmer: Fernsehempfang und PC/Online-Ausstattung in Europa: Ergebnisse des SES ASTRA Satelliten Monitors 2004. In: Media Perspektiven 9/2005, S.478-485.

*Links*

www.ses-astra.com/consumer/sites/de/home/
www.eutelsat.org/home/index.html

## Schweigespirale

Die Theorie der Schweigespirale bezieht sich auf den Einfluss von Medien auf die öffentliche Meinung. Sie geht davon aus, dass Menschen sich in der Gesellschaft nicht isolieren wollen; daher beobachten sie sorgfältig ihre Umwelt, um zu erkennen, ob sie sich mit ihrer Meinung in der Minderheit oder der Mehrheit befinden. Fühlen sie sich in der Mehrheit, werden sie ihre Meinung um so stärker äußern. Sehen sie sich hingegen in der Minderheit, werden sie, so die Annahme, ihre eigene Meinung eher verschweigen, um sich nicht zu isolieren; dadurch kommt ein Spiralprozess in Gang, im Zuge dessen die Minderheitenmeinung noch weiter an Unterstützung verliert. Die Medien spielen dabei den Annahmen der Theorie zufolge deshalb eine zentrale Rolle, weil sie für die meisten Menschen die wichtigste Quelle für Informationen darüber sind, wie die Meinungen in der Gesellschaft verteilt sind.

Die von Elisabeth Noelle-Neumann entwickelte Theorie gehört zu den Ansätzen der Medienwirkungsforschung (→ Agenda-Setting, → Gewalt in den Medien, → Kultivierung, → Wissenskluft); sie ist insbesondere auf Anwendungsfälle aus dem Bereich der → Politischen Kommunikation bezogen worden. Die Theorie kombiniert sozialpsychologische, kommunikationstheoretische und gesellschaftswissenschaftliche Annahmen. Auf der *psychologischen* Ebene geht sie davon aus, dass sich Menschen in ihrer sozialen Umwelt nicht isolieren möchten und daher in ihrer Umwelt die Zunahme und Abnahme von Meinungsverteilungen zu verschiedenen Themen wahrnehmen; die Rede ist von einem „quasi-statistischen Wahrnehmungsorgan". Um sich nicht zu isolieren – so die Annahme –, verschweigen Menschen ihre Meinung, wenn sie die Mehrheitsmeinung gegen sich glauben; umgekehrt zeigen sie ihre Meinung auch öffentlich, wenn sie glauben, die Mehrheit auf ihrer Seite zu haben. Daraus ergibt sich eine dynamische Entwicklung, bei der die (tatsächlich oder vermeintlich) zunehmende Meinungsfraktion immer stärker, die andere immer schwächer wird. Nach diesem Spiralprozess ist die Theorie benannt.

Auf der *kommunikationstheoretischen* Ebene geht die Schweigespirale davon aus, dass es für die Umweltbeobachtung zwei Quellen gibt: die direkte Umweltbeobachtung im sozialen Kontext sowie die indirekte Beobachtung über die Medien. In diesem Prozess haben die Medien eine Artikulationsfunktion: Sie machen bestimmte Themen zum Gegenstand öffentlicher Diskussionen (→ Agenda-Setting) und liefern Darstellungen bestimmter Standpunkte, die als Artikulationshilfe dienen können. Die entsprechenden Wirkungsmöglichkeiten der Medien sind dann besonders hoch, wenn die Medieninhalte sehr konsonant sind, also die verschiedenen Medien in gleicher Weise berichten.

**Schweigespirale** 313

Auf der *gesellschaftstheoretischen* Ebene basieren die Überlegungen von Elisabeth Noelle-Neumann auf der Annahme, dass die angedrohte und/oder befürchtete soziale Isolation in der Gesellschaft die Funktion habe, das Gesamtsystem zu stärken. Weiter geht sie davon aus, dass selbst autoritäre politische Regierungen auf die Dauer nicht gegen die öffentliche Meinung regieren können.

Besondere Prominenz hat die Theorie der Schweigespirale dadurch gewonnen, dass sie im Zusammenhang mit einem konkreten Beispiel veröffentlicht wurde: Die Bundestagswahl 1976 sei durch einen Schweigespiralen-Effekt entschieden worden. Die damalige Ausgangssituation war geprägt durch eine in Meinungsumfragen festgestellte deutliche Führung von CDU/CSU vor der sozial-liberalen Regierungskoalition. In den letzten Wochen vor der Wahl, so die Argumentation von Noelle-Neumann, habe sich das Bild in den Medien, insbesondere im → Fernsehen gewandelt; es sei insgesamt der Eindruck erweckt worden, die Regierungskoalition stehe aussichtsreich da. Die so entstehende Situation wurde als „doppeltes Meinungsklima" bezeichnet, sie beinhaltete ein Auseinanderklaffen der Mehrheiten in der Bevölkerung und der in den Medien dargestellten Mehrheiten. Dadurch, dass sich die Anhänger von CDU/CSU angesichts der Medienberichterstattung in der Minderheit gesehen hätten, hätten sie ihre Meinung weniger explizit vertreten, wodurch der Eindruck eines zu erwartenden Sieges der Koalition verstärkt worden sei.

Dieses Beispiel und die These insgesamt sind in der Folge vielfältig kritisch diskutiert worden. Empirische Untersuchungen, auch in anderen Ländern, die die gesamte Theorie überprüfen, liegen nicht vor. Am besten belegt ist die Annahme, dass die Redebereitschaft tendenziell abnimmt, wenn die eigene Meinung als Minderheitenmeinung wahrgenommen wird. Deutlich wurde allerdings auch, dass diese These keineswegs auf alle Bevölkerungsgruppen verallgemeinert werden kann. In den meisten strittigen Meinungsfragen ist ein so genannter „harter Kern" zu beobachten, der sich unabhängig von der Meinungsverteilung klar zu seiner Meinung bekennt. Unklar ist auch der Status der Annahme von der Konsonanz der Medienberichterstattung; in den meisten pluralistischen Demokratien hat sich ein ausdifferenziertes Medienangebot entwickelt, welches auch ein gewisses Meinungsspektrum umfasst und es Menschen zumindest zum Teil ermöglicht, Angebote auszuwählen, die mit ihrer eigenen Meinung übereinstimmen.   *Ha*

*Literatur*

E. Noelle-Neumann: Die Schweigespirale. Öffentliche Meinung – unsere soziale Haut. Frankfurt/M. u. a. O. 1980.
H. Scherer: Massenmedien, Meinungsklima und Einstellung. Eine Untersuchung zur Theorie der Schweigespirale. Opladen 1990.

## Schweiz

Der Schweizer Medienmarkt ist, wie das Land, dreigeteilt in einen großen deutschsprachigen sowie zwei kleinere französische und italienische Teile; Rätoromanisch ist die vierte Landessprache.

Tageszeitungen entstanden zunächst in kulturell, geografisch und politisch eng begrenzten Räumen. Erst 1959 wurde mit der Boulevardzeitung *Blick* erstmals ein Titel für die gesamte Deutschschweiz herausgebracht. Heute ist die Gesamtauflage rückläufig, schwindende Werbeeinnahmen, stagnierende Leserschaften und Gratisblätter gefährden die traditionell starke Stellung der Tageszeitungen. Da das Wachstum innerhalb der Schweiz begrenzt ist, versuchen die führenden Verlagshäuser Ringier AG (Umsatz 2004: 1.113,5 Mio. CHF), Edipresse Publications SA (861,8 Mio.), Tamedia AG (566,6 Mio.) und die NZZ-Gruppe (481,5 Mio.), ihre Umsätze mittels Auslandsaktivitäten zu steigern.

2004 erschienen in der Schweiz 117 Tageszeitungen (aufgrund der unterschiedlichen Sprachen aber keine landesweite) mit einer Gesamtauflage von 2,49 Mio. Exemplaren. Marktführer bei Auflage (329.000) und Leserschaft (732.000) ist seit September 2004 die kostenlose Pendlerzeitung *20 Minuten* (Tamedia), die vor allem bei jüngeren Lesern beliebt ist. Es folgen *Blick* (Ringier, Auflage 275.000), *Tages-Anzeiger* (Tamedia, 236.000), *Mittelland Zeitung* (AZ Medien, 190.000), *Berner Zeitung* (Espace Media/Tamedia, 166.000), *Neue Zürcher Zeitung* (NZZ-Gruppe, 155.000) u. a. Große Verbreitung finden auch die

## Schweiz

Sonntagszeitungen (etwa der *Sonntagsblick*, Ringier, 300.000 Ex., oder die *SonntagsZeitung*, Tamedia, 203.000 Ex.)

Bei den auflagenstärksten Zeitschriften steht der *Beobachter* (Jean Frey AG, Auflage 2004: 326.000) an der Spitze, gefolgt von der *Schweizer Illustrierten* (Ringier, 240.000), der *Schweizer Familie* (Tamedia, 171.000), der *Glückspost* (Ringier, 146.000) und *L'Illustré* (Ringier, 90.000). Zu den etablierten Nachrichtenmagazinen zählen die *Weltwoche* (Jean Frey, 80.000) und *Facts* (Tamedia, 73.000), zu den wöchentlichen Wirtschaftszeitungen *Cash* (Ringier, 59.000) und *Finanz und Wirtschaft* (Finanz und Wirtschaft AG, 35.000).

Von den insgesamt 2.025,45 Mio. Euro brutto, die 2004 in Werbung flossen, ging ein Viertel an das Fernsehen (24,5 %), 27,9 % an die Tagespresse, 16,1 % an Zeitschriften, 14,6 % an andere Printmedien, 8,4 % ans Radio, 6,9 % an Außenwerbung, 0,5 % an das Kino und 1,1 % an das Internet.

Hörfunk gibt es in der Schweiz seit 1922, 1931 wurde die Schweizerische Rundspruchgesellschaft (SRG) gegründet, die modifiziert noch heute besteht. Seit damals gilt ein Werbeverbot für den SRG-Hörfunk. 1958 wurde der Fernsehbetrieb aufgenommen.

Die öffentlich-rechtliche *Schweizerische Radio- und Fernsehgesellschaft SRG SSR idée suisse* (Umsatz 2004: 1,5 Mrd. CHF) dominiert den audiovisuellen Bereich. Ihre nach den vier Landessprachen differenzierten Unternehmensbereiche bieten insgesamt 16 Radio- und 7 Fernsehprogramme. 1984 wurde das duale Rundfunksystem festgeschrieben. Konzessionen für den Rundfunkbetrieb vergibt der Bundesrat, der dabei durch das Bundesamt für Kommunikation (Bakom) administrativ unterstützt wird. Die Finanzierung erfolgt durch Gebühren und Werbung. Damit die französisch- und italienischsprachigen Landesteile ähnlich viele Sender empfangen können wie die Deutschschweiz, fließen jährlich 14 Mio. CHF (gut 1 % der Gebühren) an 25 private regionale Radio- und 16 private TV-Stationen („Gebührensplitting").

Beim Hörfunk stehen den sprachregionalen SRG-Sendern 50 kommerzielle, meist Schweizer Anbieter gegenüber, die sich überwiegend im Besitz der Zeitungsverlage befinden. Auch an einzelnen der 72 regionalen und lokalen TV-Sender halten Schweizer Medienunternehmen namhafte Anteile (etwa Tamedia bei *TeleZüri*, die Berner Tagblatt Medien AG bei *TeleBärn* oder die NZZ-Gruppe beim Regionalsender

*TeleOstschweiz*). Darüber hinaus gibt es auf den sprachregionalen Ebenen Dutzende in- und ausländische Spartenprogramme via Satellit oder Kabel (darunter digitales Pay-TV von *Teleclub*, der mit seinen 17 Programmen ca. 100.000 Abonnenten erreicht, und vom Kabelnetzunternehmen *Cablecom*), Fensterprogramme auf SF DRS 2 (u. a. *Presse-TV* bzw. *Cash-TV* der Ringier AG, *NZZ Format* der NZZ-Gruppe) und Fensterprogramme in ausländischen Programmen (SAT.1). Digitales Fernsehen ist in einzelnen Regionen bereits terrestrisch empfangbar, bis Ende 2008 soll es in der ganzen Schweiz verbreitet sein.

2004 haben gut 70 % der Bevölkerung über 12 Jahren täglich mindestens 1 Minute in Folge ferngesehen, bei den Kindern von 3-11 Jahren waren es in den verschiedenen Sprachregionen 55-59 %. Die Marktanteile aller SRG SSR-Radiosender betragen in der Deutschschweiz ca. 62 %, die der inländischen Privatradios 28 % und die der Auslandsradios 10 %. In der „Suisse romande" und in der „Svizzera italiana" sind die Auslandsradios stärker. Die tägliche Hördauer liegt bei knapp 2 Stunden. Beim Fernsehen liegt der Marktanteil der SRG-/SSR-Programme in allen Sprachregionen bei je 32-33 %, das 1. Programm ist überall deutlicher Spitzenreiter (SF 1: 23,7 %; TSR 1 24,6 %; TSI 1: 26,3 %). Insgesamt dominieren aber die ausländischen Sender: in der Deutschschweiz die deutschen Privaten (RTL 8,4 %, ProSieben 5,5 %, RTL II 3,9 %, Vox 3,4 %, Kabel 1 2,7 %); in der Suisse romande die französischen Privatsender TF 1 (16,9 %) und M6 (9,6 %) sowie die öffentlichen France 2 (10,0 %) und France 3 (6,2 %); in der Svizzera italiana die italienischen Privaten Canale 5 (13,7 %) und Italia 1 (8,0 %) und die öffentlichen Sender RAI 1, 2 und 3 mit 9,9 %, 6,9 % und 4,3 %.

67 % der Bevölkerung ab 14 Jahren nutzen „ab und zu" das → Internet. Allerdings bestehen nach wie vor deutliche Unterschiede nach Bildung, Alter, Geschlecht und Sprachregion (in der Deutschschweiz wird öfter gesurft als in der Svizzera italiana). Die meisten nutzen die Möglichkeit, via Internet Post zu verschicken (E-Mail), und bei rund 40 % der Nutzer steht der Wunsch nach tagesaktuellen Informationen im Vordergrund. 3.700 von 5.000 Schulen verfügen über einen Breitbandinternetanschluss, die Zahl der eGovernment-Angebote liegt aber unter dem europäischen Durchschnitt. Zu den beliebtesten Portalen

# Schweiz

| Rahmendaten zum Mediensystem in der Schweiz | |
|---|---|
| Einwohner 2004 (Bevölkerungsdichte) | 7,36 Mio. (175/km²) |
| Zahl der Haushalte (Haushaltsgröße) | 3,18 Mio. (2,3) |
| Bruttosozialprodukt pro Kopf in CHF | 60.327 |
| TV-Verbreitung (in % aller Haushalte) | 92,0 % |
| Zahl der TV-Sender, die von 70 % der Bevölkerung empfangen werden können | 41 |
| Werbeausgaben brutto gesamt in Euro (davon im TV) | 12.558 Mio. (5.617,28 Mio.) |
| Tägliche Zeitungsreichweite (in % der Erwachsenen) | 75,7 % |
| Tägliche Fernsehdauer 2004 (Alter 16+) | 237 Min. (Deutschschweiz) 249 Min. (Suisse romande) 253 Min. (Svizzera italiana) |
| Kabelfernsehen (in % aller TVHH) | 82,0 % |
| Satellitenschüssel (in % aller TVHH) | 10,0 % |
| Allein terrestrischer analoger Empfang (in % aller TVHH) | 5,0 % |
| Digital-Pay-TV-Abonnenten | k. A. |
| Rundfunkgebühren pro Jahr in Euro | 182,38 (281,40 CHF) |
| Handyausstattung (in % der Bevölkerung) | 86 % |
| PC-Verbreitung (in % der Haushalte) | 70,0 % |
| Internetnutzer (in % der Haushalte) | 59,0 % |

*Quelle:* Television 2005 International Key Facts, World Press Trends 2005

zählen die Websites führender Medienunternehmen, wie *www.blick.ch*, *www.nzz.ch*, *www.tagesanzeiger.ch* und *www.swissinfo.org*. *Ma*

## Literatur

W. A. Meier: Das Mediensystem der Schweiz. In: Hans-Bredow-Institut (Hrsg.), Internationales Handbuch Medien 2004/2005. Baden-Baden 2004, S. 594-605.
Bundesamt für Kommunikation: www.bakom.ch.

# Sony

Die Geschichte des japanischen Sony-Konzerns beginnt im Jahr 1946. In diesem Jahr gründeten Morita und Ibuka in der japanischen Hauptstadt das Unternehmen Tokyo Tsushin Kogyo, das zunächst Geräte der Unterhaltungselektronik entwickelte und verkaufte. Bis die Firma im Jahr 1958 den Namen Sony bekam, entwickelte das Unternehmen 1950 den ersten japanischen Kassettenrekorder und das erste Transistorradio, das 1955 auf den Markt kam. Da in den 1950er Jahren das Ansehen japanischer Produkte im Ausland nicht besonders gut war, da es sich in vielen Fällen um Nachbauten ausländischer Produkte handelte, entschieden sich die Firmeninhaber dazu, dem Unternehmen den Namen Sony zu geben, damit die Produkte nicht sofort mit Japan in Verbindung gebracht wurden. Die Umbenennung des Unternehmens erfolgte im Zuge der Umwandlung in eine Aktiengesellschaft. Mittlerweile befindet sich Sony zu mehr als einem Drittel im Besitz ausländischer Investoren, die übrigen Anteile befinden sich in den Händen japanischer Unternehmen und Institutionen. Auch wenn die Wurzeln des Konzerns in Japan liegen, tritt das Unternehmen als globaler Konzern auf, der Heimatmarkt spielt im Fall von Sony eine weniger bedeutende Rolle als dies z. B. bei vielen europäischen oder amerikanischen Konzernen der Fall ist.

Bis in die 1980er Jahre entwickelte sich der Sony-Konzern zu einem der größten Anbieter von Unterhaltungselektronik. Der Konzern entwickelte unter anderem den Walkman und gemeinsam mit Philips die CD-Technologie. Im Fall des Videostandards Betamax erlebte Sony eine herbe Niederlage, denn der qualitativ schlechtere aber preisgünstigere VHS-Standard der Konkurrenz setzte sich durch. Ende der 1980er Jahre begann der Konzern, sich im Medienbereich zu engagieren. Er kaufte 1988 CBS Records für den Betrag von 2 Mrd. US$. Damit gehörte der wichtigste Schallplattenproduzent zum Konzern. Auf der Suche nach weiteren möglichen Übernahmezielen im Medienbereich übernahm Sony 1989 schließlich die Columbia Studios, die sich zu diesem Zeitpunkt im Besitz von Coca Cola befanden.

Die Übernahme von Columbia brachte für den Konzern in den folgenden Jahren in erster Linie Verluste und Fehlschläge. Nachdem Mitte der 1990er Jahre das Management ausgetauscht wurde, gelang es schließlich, die Studios in die Gewinnzone zu bringen und damit den Medienbereich zu einem wichtigen Teil des Gesamtkonzerns zu machen. Bis heute erwirtschaftet der Konzern rund zwei Drittel seines Umsatzes mit Unterhaltungselektronik, ein Viertel kommt aus dem Medienbereich, der Rest aus Versicherungen, Finanzdienstleistungen und anderen Aktivitäten des Konzerns.

Der Medienbereich des Konzerns gliedert sich in die drei Bereiche Game, Music und Pictures. Der Bereich Music wurde im Jahr 2005 mit der Bertelsmann Music Group zu einem Gemeinschaftsunternehmen zusammengelegt. Wie die meisten Musikkonzerne musste auch Sony in diesem Bereich erhebliche Umsatzrückgänge verkraften und versuchte dies durch einen strikten Sparkurs und eine Verbesserung der Strukturen auszugleichen. Durch die Zusammenlegung erhoffen sich die beiden beteiligten Unternehmen unter anderem Kostenersparnisse, da ein Teil der Arbeitsplätze abgebaut werden kann. Wichtiger als der Musikbereich sind für den Sony-Konzern die Bereiche Pictures und Games. Auf der Grundlage des Umsatzes tragen diese Bereiche etwa gleichviel zum Ergebnis des Konzerns bei, der Bereich Games ist allerdings in den letzten Jahren wesentlich profitabler gewesen als dies beim Film der Fall war. Im Jahr 2005 liegen die Gewinne im Gamesbereich hinter denen der Filmsparte, was darauf zurückzuführen ist, dass die neue Playstation als Kernprodukt des Spielesegments erst im November 2006 auf den Markt kommt und bis dato vor allem Marketing und Entwicklungskosten für das neue Produkt anfallen, ohne dass schon Erlöse zu verzeichnen wären.

Die beidem Sparten Film und Games setzen in den letzten Jahren zunehmend auf Synergien bei der Entwicklung und Veröffentlichung von Inhalten. So hatte das Videospiel zum Film *Spiderman* am gleichen Tag seinen Verkaufsstart, an dem der Film in die Kinos kam. Doch nicht nur bei der Veröffentlichung von Inhalten für verschiedene technische Plattformen versucht der Konzern seine Stellung zu nutzen, er versucht auch durch die Kombination des Know-how in der Unterhaltungselektronik und in der Medienproduktion erfolgreich zu sein. Sony ist intensiv an der Entwicklung der Technik für das digitale Kino der Zukunft beteiligt und entwickelt Equipment für die digitale Herstellung von Filmen, die nicht zuletzt von den eigenen Produktionsbetrieben eingesetzt werden können. In einigen Fällen wie im Fall der Play-

StationPortable (PSP) schafft Sony eigene Endgeräte für die Nutzung von Medieninhalten, auf der PSP kann man sich z. B. Filme in einem speziellen Format unterwegs ansehen.

Der Bereich Pictures des Sony-Konzerns umfasst zahlreiche Unternehmen der Film- und Fernsehproduktion. Hinzu kommen Unternehmen, die für die Verbreitung und Auswertung der Inhalte zuständig sind. Seit 2005 verfügt der Konzern über eine Beteiligung an den MGM Studios. Die Filmbibliothek des Konzerns umfasst ohne den Bestand von MGM rund 3.500 Spielfilme, MGM verfügt über die Rechte an 4.000 Filmen und mehr als 10.000 Episoden von Fernsehserien. Der Konzern hat derzeit mehr als 60 Fernsehserien im Angebot, die international verbreitet werden. Dazu zählen Programme wie *Wheel of Fortune (Glücksrad), Jeopardy* oder *Seinfeld*. Im Fall der Gameshows werden häufig Lizenzen an Fernsehsender oder Produktionsunternehmen verkauft, die dann spezielle nationale Ausgaben des Formats produzieren.

Das Gamessegment war für den Konzern lange Zeit die lukrativste Aktivität im Medienbereich. Dies änderte sich in den letzten Jahren, als mit → Microsoft ein ernst zu nehmender Konkurrent antrat, um die überragende Marktstellung Sonys im Bereich der Spielkonsolen anzugreifen. Die unterschiedlichen Versionen der Playstation, deren erste Version 1994 in den Handel kam, sind mittlerweile mehr als 100 Mio. Mal verkauft worden und bilden damit die technische Basis für den Verkauf von Software. Allein im Jahr 2005 verkaufte der Konzern 252 Mio. Spiele für die Playstation 2, kein Wettbewerber erreicht bislang vergleichbare Größenordnungen. Dieses Bild könnte sich allerdings in der Zukunft ändern, da Microsoft allmählich Marktanteile gewinnt. Der Erfolg der nächsten Version der Playstation, die in der dritten Generation voraussichtlich im November 2006 in die Läden kommt, wird zeigen, ob es Sony gelingt, seine Marktstellung zu behaupten.

Der nicht nur im Gamesbereich zunehmende Wettbewerb führt dazu, dass der Konzern darum bemüht ist, sich neu aufzustellen und die Geschäftsfelder neu zu ordnen. Zu diesem Prozess passt das Joint Vernture mit → Bertelsmann im Musikbereich und die Ankündigung des Managements, sich stärker auf Segmente zu konzentrieren, in denen Sony über besondere Stärken verfügt. *H3r*

*Daten zu Sony*

|  | 2004/2005 | 2003/2004 | 2002/2003 | 2001/2002 |
|---|---|---|---|---|
| Konzernumsatz (In Mrd. Yen) | 7.159 | 7.496 | 7.474 | 7.578 |
| Medienumsatz (in Mrd. Yen) | 1.713* | 1.977 | 2.355 | 2.240 |
| Gewinn (in Mrd. Yen) | 163,8 | 88,5 | 115,5 | 15 |
| Beschäftigte | 151.400 | 162.000 | 161.000 | 168.000 |

* Ohne die anteiligen Umsätze von Sony-BMG

*Literatur*

C. Zabel: Sony Corporation. In: L. Hachmeister, G. Rager (Hrsg.): Wer beherrscht die Medien? Die 50 größten Medienkonzerne der Welt. Jahrbuch 2005. München 2005, S. 88-94.
Asakura, Reiji: Revolutionaries at Sony. New York et al. 2000.
Geschäftsbericht des Unternehmens unter www.sony.com.

# Spanien

Bis Ende der 1970er Jahre entwickelten sich die Medien Spaniens unter der strengen Kontrolle der Franco-Diktatur. Nach dem Tod Francos 1975 begann der Übergangsprozess zur Demokratie, 1978 wurde Spanien zur konstitutionellen parlamentarischen Monarchie mit 17 autonomen Regionen, die eigenständige Kulturen haben und über eigene Parlamente und Regierungen verfügen.

Die Tageszeitungen (insgesamt 136 Titel mit einer Gesamtauflage von 4,24 Mio. Exemplaren) erreichen in Spanien nur gut 40 % der erwachsenen Bevölkerung und haben damit im Vergleich zu anderen Ländern eine geringe gesellschaftliche Durchdringung, gelten aber dennoch als wichtig für die öffentliche Meinung. Fast 90 % der Gesamtauflage im Bereich der Tagespresse stammen von acht Verlagsgruppen: *Vocento* (zum Verlag gehören die landesweite Zeitung *ABC*, Auflage 2004: 277.000 Ex., 17 Regional- und Lokalzeitungen); *Prisa* (3 landesweite Tageszeitungen: *El País*, meistverkaufte Zeitung mit 435.298 Ex. und ca. 1,6 Mio. Lesern; Sportzeitung *As* (194.000) und Wirtschaftszeitung *Cinco Días* (25.000)); *Recoletos* (2 landesweite Zeitungen: meistverkaufte Sportzeitung *Marca* (386.000) und Wirtschaftszeitung *Expansión* (47.000)); *Godó* (1 allgemeine Tageszeitung, *La Vanguardia* (210.000), und 1 Sportzeitung); *Unidad Editorial* (3 Tageszeitungen, u. a. die landesweite *El Mundo*, 300.000 Ex.); *Prensa Ibérica* (12 Regionalzeitungen); *Voz* (4 Regionalzeitungen) und *Tesa/Colpisa* (7 Regionalzeitungen). Mehrheitsbeteiligungen ausländischen Kapitals gibt es bei *Recoletos* durch die britische *Pearson*-Gruppe und bei der Gruppe *Unidad Editorial* durch die italienische Gruppe *Rizzoli*. Abonnements sind nur bei einigen Regional- und Lokalzeitungen mit starkem Ortsbezug von Bedeutung.

Im Zeitschriftenbereich gibt es ca. 7.000 Titel von etwa 1.000 Verlagen. Bei den wöchentlichen Zeitschriften lassen sich die so genannte „Herz-Presse" für eine überwiegend weibliche Leserschaft (mehr als 70 % Marktanteil: *Pronto*, 950.000 Auflage im Jahre 2004; *Hola* 543.000, *Glamour* 271.000, *Lecturas* 269.000), die Fernsehzeitschriften (Marktanteil 12 %) sowie allgemeine Wochenmagazine (6 %) unterscheiden. Nur sehr wenige Verlagsgruppen sind spanischen Ursprungs, wie die *Hola*-Gruppe, die selbst international tätig ist. Die nach Auflage stärkste Gruppe ist *Hachette-Filipachi* (mehrere Zeitschriften mit einer Gesamtauflage von fast 2 Mio.), es folgen die Schweizer *Edipress* (1,8 Mio.), die Gruppe *Heres* und der deutsche Verlag *Gruner + Jahr* (je mehr als 1 Mio.) sowie die Gruppen *Zeta*, *Hola* und der deutsche → *Axel Springer Verlag* (je ca. 650.000).

Das Rundfunksystem besteht zum einen aus der öffentlichen Einrichtung *RadioTelevisión Española* mit dem landesweit sendenden *Radio Nacional de España* (RNE) und den beiden Fernsehkanälen TV1 (Marktanteil 2004: 21,9 %) und *La2* (6,7 %), regionalen öffentlichen Radio- und TV-Sendern der autonomen Regionen (Marktanteil gesamt 17,5 %) sowie über 600 *radios municipales*, lokalen Radiosendern der Kommunen. Zum anderen gibt es eine Vielzahl von privaten Rundfunkanbietern, allerdings nur zwei landesweit frei zu empfangene TV-Sender, *Antena 3 TV* (Marktanteil 2004: 20,4 %) und *Tele 5* (22,6 %).

Die wichtigsten privaten Radios gehören in der Mehrzahl zu Unternehmensgruppen aus dem Pressebereich: *SER Antena 3 Radio* gehört zur *Prisa*-Gruppe, *Onda Cero* zur *Telefónica*-Gruppe, COPE gehört zu 74,02 % der katholischen Kirche und zu 10 % der Gruppe *Vocento*. 2005 verteilten sich 80 % der gesamten Hörerschaft der Radiovollprogramme auf vier Radios: *Ser* (39,2 %), COPE (17,1 %), *Onda Cero* (13,4 %) und den öffentlichen landesweiten RNE R1 (10,0 %). Das Radio hatte 2005 eine mittlere Reichweite von 55 % der Bevölkerung, die durchschnittliche tägliche Hördauer betrug 109 Minuten.

Während die Radiosender bislang überwiegend spanischen Unternehmensgruppen gehören, sind an den beiden landesweiten privaten Fernsehkanälen auch ausländische Firmen beteiligt, bei *Antena 3 TV* gehört dazu u. a. RTL, bei *Tele 5* ist die italienische *Mediaset* (Berlusconi) mit 52 % beteiligt. Pay-TV wird analog (über *Canal+*, Ende 2003 ca. 0,5 Mio. Abonnenten) und digital (über *Digital* +, 1,8 Mio. Abos) von der Gesellschaft *Sogecable* angeboten, an der u. a. die Unternehmensgruppen *Prisa* und *Telefónica* sowie *Canal+ France* beteiligt sind. Kabelfernsehen bieten in den einzelnen Regionen vor allem *Telefónica* sowie *Retevisión* und *Cable Europa* an.

2004 haben 79,1 % der Bevölkerung über 16 Jahren täglich mindestens 1 Minute lang in Folge ferngesehen, bei den Kindern von 4-12 Jahren waren es täglich 75,8 %.

Haupteinnahmequelle für die Radio- und Fernsehsender ist die Werbung, die öffentlichen Sender verfügen zusätzlich über öffentliche Zuwendungen. Von den insgesamt 5,96 Mrd. Euro, die 2004 in Werbung flossen, gingen 43,9 % ans Fernsehen, 26,6 % an die Tageszeitungen, 11,2 % an Zeitschriften, 8,5 % ans Radio, 6,3 % an Außenwerbung, 1,8 % an andere Printmedien, 1,1 % an das Internet und 0,7 % an das Kino.

Das → Internet entwickelte sich erst ab der 2. Hälfte der 1990er Jahre spürbar, als Presseunternehmen elektronische Versionen ihrer Zeitungen im Netz anboten. 1999 entstanden die ersten Gratis-Internetzugänge, wodurch die Zahl der Nutzer stark anstieg. Heute sind fast alle Medien im Internet präsent, begleitend zu den Ausstrahlungen über Radio und Fernsehen bzw. den Presseinhalten werden über das Internet Zusatzangebote bereitgestellt, wie Chats, Foren oder aktualisierte Informationen. Einige Medien sind nur im Internet präsent, z. B. die Online-Zeitungen *IBL News, Libertad Digital.com, Estrella Digital, Diario Directo.com* mit Informationen aus Madrid, *Vilaweb* aus Barce-

| Rahmendaten zum Mediensystem in Spanien | |
|---|---|
| Einwohner 2004 (Bevölkerungsdichte) | 43,197 Mio. (82/km²) |
| Zahl der Haushalte (Haushaltsgröße) | 15,292 Mio. (2,8) |
| Bruttosozialprodukt pro Kopf in Euro | 18.489 |
| TV-Verbreitung (in % aller Haushalte) | 100 % |
| Zahl der TV-Sender, die von 70 % der Bevölkerung empfangen werden können | 5 |
| Werbeausgaben netto gesamt in Euro (davon im TV) | 5.955 Mio. (2.608 Mio.) |
| Tägliche Reichweite der Tageszeitungen (in % der Erwachsenen) | 41,1 % |
| Tägliche Fernsehdauer 2003 (Alter 16+) | 288 Min. |
| Kabelfernsehen (in % aller TVHH) | 25,1 % |
| Satellitenschüssel (in % aller TVHH) | 13,6 % |
| Nur terrestrischer Empfang (in % aller TVHH) | 75,0 % |
| Digital-Pay-TV-Abonnenten (in % aller TVHH) | 19,0 % |
| Rundfunkgebühren pro Jahr | keine |
| Handyausstattung (in % der Bevölkerung) | 84,0 % |
| PC-Verbreitung (in % der Bevölkerung) | 47,0 % |
| Internetzugang (im letzten Monat) (in % der Bevölkerung) | 27,0 % |

*Quelle:* Television 2005 International Key Facts, World Press Trends 2005

lona oder ausschließlich über das Internet sendende Radios wie das *World Wide Radio*.

2005 haben 18,8 % der Spanier das Internet „gestern" genutzt. Die meisten Nutzer sind männlich (59,5 %) und wohnen in den Metropolen Madrid (11 %) und Barcelona (8 %) oder in Städten mit 10.000-500.000 Einwohnern (58 %). Das Durchschnittsalter liegt bei 30 Jahren und die Nutzer kommen vorwiegend aus der Mittel- und Oberschicht. Sie nutzen das Medium vor allem zur Informationssuche (95 % der Nutzer) und für E-Mails (88 %), fragen aber auch Nachrichten sowie lokale, Sport- und Wirtschaftsinformationen ab. Nur 4 % der Haushalte verfügen über einen Breitband-Internetzugang. *Ma*

*Literatur*

R. de Mateo: Medien in Spanien. In: Hans-Bredow-Institut (Hrsg.): Internationales Handbuch Medien 2004/2005, Baden-Baden 2004, S. 649-661.
Fokus Westeuropa, Eviva el Radio. In: W&V-Compact Nr. 2/2005, S. 22.

## SPIO – Spitzenorganisation der Filmwirtschaft e. V.

Die 1950 gegründete Spitzenorganisation der Filmwirtschaft e. V. (SPIO) ist der Dachverband von derzeit 16 Bundesverbänden der deutschen Film-, Fernseh- und Videowirtschaft, die insgesamt über 1.100 Mitgliedsfirmen repräsentieren. Sie vertritt die Interessen der deutschen Film-, Fernseh- und Videowirtschaft und äußert sich zu wichtigen, die gesamte Branche betreffenden ökonomischen, rechtlichen und politischen Fragen. Zu den Aufgaben der SPIO gehören neben film- und medienpolitischer Interessenwahrnehmung auch Servicefunktionen für ihre Mitglieder wie das Titelregister, statistische Auswertungen und das filmstatistische Jahrbuch. Auch die Freiwillige Selbstkontrolle der Filmwirtschaft (→ FSK) ist eine Einrichtung der SPIO.

## Sportberichterstattung

Zwischen Sport und Medien existiert eine enge, nahezu symbiotische Verbindung. Für alle massenattraktiven Medien ist Sport ein nahezu unverzichtbarer Bestandteil der Berichterstattung. Im → Fernsehen garantiert Sport hohe Einschaltquoten (→ Reichweite) und ist daher für die Sender ein wirtschaftlich wichtiges Werbeumfeld. Die enge Verbundenheit der Interessengemeinschaft „Sport – Medien – Wirtschaft" bestimmt im Wesentlichen die Rahmenbedingungen des Sportjournalismus und der von ihm produzierten Sportberichterstattung. Vor dem Hintergrund der Abhängigkeitsverhältnisse in diesem „magischen Dreieck" entsteht über die vermittelten Sportinhalte eine eigene Medienrealität des Sports (→ Konstruktion von Realität).

Sportereignisse folgen festen zeitlichen Abläufen und kalendarischen Regelmäßigkeiten. Zudem setzt sich die Sportberichterstattung zu einem großen Teil aus Ereignisstereotypen (→ Stereotype) zusammen. Denn im Sport fällt routinemäßig Neues an, das sich aber so gut wie immer in bereits vorhandene Strukturen integrieren lässt. Schon allein in dieser Hinsicht kommen sich die Produktionslogik der Medien, insbesondere die des Fernsehens, und die Zyklen des Wettkampfsports in nahezu idealer Weise entgegen. Aber auch wenn der Sport vor allem im Fernsehen einen hohen Stellenwert hat, liegt sein Anteil am Gesamtprogramm im Allgemeinen unter 10 %.

Der Stellenwert, den die Medien dem Sport einräumen, korrespondiert mit einer hohen Nachfrage seitens des Publikums. So werden die allgemeinen Ranglisten der meistgesehenen Sendungen im Fernsehen regelmäßig von Sportsendungen angeführt. In den letzten zehn Jahren waren dies ausschließlich Übertragungen von Fußball-Welt- oder Europameisterschaftsspielen – meist mit deutscher Beteiligung und mit Marktanteilen von nahezu 90 %. Beim alltäglichen Fernsehkonsum entfallen allerdings im Schnitt nicht mehr als 10 % auf die Programmsparte Sport.

Eine Erklärung für den besonderen Stellenwert des Sports in den Medien wird häufig darin gesehen, dass er auf Seiten der Journalisten wie der Rezipienten als Mischform aus → Information und → Unterhaltung verarbeitet wird. Nicht zuletzt deswegen lässt sich Sport medial so vielfältig verwerten, z. B. in Form von Live-Übertragungen, im Rahmen von Dokumentationen und Reportagen sowie in Nachrichtensendungen.

Dabei folgt die Sportberichterstattung im Prinzip in allen Medientypen ähnlichen inhaltlichen Strukturen und Schwerpunkten. Sie konzentriert sich auf den Hochleistungssport, auf wenige Sportarten – absolute Dominanz hat dabei der Fußball – und überwiegend auf die eigene Sportnation. Ein weniger einseitiges Bild zeigt sich nur bei Medien mit geringerer Reichweite wie beispielsweise einzelnen Sportzeitschriften, regionalen Tageszeitungen (→ Lokalberichterstattung) oder Hörfunksendern (→ Hörfunk). Bei der Berichterstattung der einzelnen TV-Sender lassen sich aber auch Themenunterschiede beobachten, die sich mit den jeweiligen Übertragungsrechten erklären lassen. Das zeigt sich z. B. an der stark durch Autorennen (Formel 1) dominierten Berichterstattung bei RTL oder an den Fußballbundesligaspielen, für deren Übertragung seit der Saison 2003/2004 u. a. die → ARD die Rechte hat. Zudem zeigen die öffentlich-rechtlichen Programme ein breiteres Spektrum an Sportarten als die Privaten.

Der Sport in den Medien ist in erster Linie Fernsehsport. Vor allem für die tagesaktuellen Printmedien ist Sport, der hier zu den klassischen Ressorts zählt, vor allem wegen seiner Fernsehpräsenz ein Thema; hier werden die entscheidenden Aktualitäts- und Relevanzmaßstäbe für die → Nachrichtenauswahl vorgegeben. Im Segment der Sportpresse erreicht die wöchentlich erscheinende *Sport Bild* mit über 2,5 Mio. Lesern pro Ausgabe und einer verkauften Auflage von über 500.000 (3. Quartal 2005) das größte Publikum. Das zweimal pro Woche erscheinende *Kicker Sportmagazin* erreicht ähnlich viele Leser, hat für die Montag-Ausgabe aber nur eine verkaufte Auflage von knapp 260.000 (3. Quartal 2005). Im europäischen Ausland, etwa in → Spanien, → Frankreich und → Italien, erreichen die täglich erscheinenden Sport-Publikationen im Allgemeinen mehr Leser.

Der Sportjournalismus und seine Berichterstattung wird höchst kontrovers diskutiert. Zu den häufigsten Kritikpunkten (→ Medienkritik) gehört der Vorwurf, dass die Medien der Vielfalt des Sports nicht ausreichend Rechnung tragen, indem sie sich auf nur wenige publikumswirksame Sportarten und überwiegend auf den Spitzensport konzentrierten. Immer wieder moniert wird auch eine mangelhafte Auseinandersetzung mit negativen Entwicklungen im Sport wie z. B. dem Doping oder Gewaltphänomenen. Dazu gehört auch eine, vor allem in den Boulevardmedien (→ Boulevardberichterstattung) zu beobachtende klischeehafte, überwiegend an → Stereotypen orientierte Sprache. Besonders für das Fernsehen wird überdies eine zunehmende Fixierung auf die Live-Berichterstattung beanstandet, die zu Lasten der Hintergrundberichterstattung gehe und zu einer immer umfassenderen Inszenierung des TV-Sports hin zum „Medienspektakel" führe. Aber auch der Presse wird immer wieder bescheinigt, dass sie ihre Komplementärfunktion gegenüber dem Fernsehen nicht erfülle und Hintergrundberichterstattung vernachlässige.

Trotz dieser Kritikpunkte war und ist die Sportberichterstattung wesentliches Zugpferd der Medien-Verkaufsförderung. Das zeigt sich z. B. daran, dass der Sport als gefragter journalistischer Inhalt und damit institutionalisiertes Thema von einer Medieninnovation zur nächsten gereicht wurde, immer als Mittel zur Popularisierung eines neuen Mediums, einer neuen Technik und neuer Märkte. Das gilt neben der Presse und dem Hörfunk vor allem für das Fernsehen, das seit der ersten Live-Übertragung der Olympischen Sommerspiele in Berlin 1936 über einen (zunächst) preiswerten Programminhalt verfügt, der bewegte Bilder liefert, sich in hervorragender Weise für die Visualisierung eignet und sich als Versuchsfeld für technische Weiterentwicklungen erweist. Ende der 1980er Jahre werden vor allem exklusive Sportereignisse zur Reichweitensteigerung privater Fernsehsender eingesetzt – ebenso wie später für das Pay-TV. Sport wird zur Programmware, um die mit der Einführung des privaten Rundfunks ein Wettbewerb einsetzt, der zu immer teureren Übertragungsrechten führt. Ende der 1980er bzw. Anfang der 1990er Jahre gehen die Sport-Spartensender *Eurosport* und das *Deutsche Sport Fernsehen* auf Sendung und sorgen für eine weitere Zunahme des Sportangebots. 1998 findet schließlich auch die erste Fußball-WM im → Internet statt, die vielen Online-Angeboten unvergleichliche Steigerungen der Zugriffszahlen beschert. **WL**

*Literatur*

H. Schramm (Hrsg.): Die Rezeption des Sports in den Medien. Köln 2004.
J. Schwier (Hrsg.): Mediensport. Ein einführendes Handbuch. Hohengehren 2002.

## Stereotype

In der alltäglichen Kommunikation spielen Stereotype eine wichtige Rolle und dies trifft in besonderem Maße für die mediale Kommunikation zu: So kann man z. B. in der Werbung typisierte Frauen- und Männerbilder oder in der Berichterstattung ethnische bzw. Nationalstereotype beobachten. Der Begriff des „Stereotyp" wird im Alltagsgebrauch häufig nicht genau von anderen Begriffen wie Vorurteil oder Klischee unterschieden und auch in der wissenschaftlichen Literatur z. T. sehr unterschiedlich verwendet.

# Stereotype

Ursprünglich stammt der Begriff „Stereotyp" (ebenso wie „Klischee") aus dem Druckwesen und bezeichnete ein von dem französischen Drucker Didot 1796 erfundenes Verfahren, bei dem fest zusammengefügte Druckplatten bestimmte Textteile immer wieder reproduzieren konnten. In die wissenschaftliche Diskussion fand der Begriff 1922 durch den Journalisten Walter Lippmann Eingang. In seinem Werk „Die öffentliche Meinung" verstand Lippmann Stereotype als verfestigte, schematische, objektiv weitgehend unrichtige Formeln, die entscheidungserleichternde Funktion in Prozessen der Um- und Mitweltbewältigung haben.

Für die Begriffsbestimmung besonders wichtig sind dabei zwei Punkte: 1) Es handelt sich bei der Anwendung von Stereotypen um die Zuschreibung von Eigenschaften und Verhaltensweisen auf Gruppen von Menschen. Sie tragen im Wahrnehmungsprozess zur Reduktion der Komplexität der Wirklichkeit bei. Diese Schemata können sowohl positive als auch negative oder neutrale Nebenbedeutungen haben. 2) Stereotype haben immer einen kollektiven Charakter. Sie werden über Generationen weitergegeben und im Sozialisationsprozess erworben.

Zur Abgrenzung von Vorurteilen und Klischees können folgende Unterscheidungen festgehalten werden: Vorurteile sind im Gegensatz zu Stereotypen immer negativ geprägt und können sich auch auf einzelne Personen, nicht nur auf Gruppen beziehen. Das Klischee wird ebenfalls durchweg negativ verstanden und wird als eingefahrene, überkommene Vorstellung nicht nur von Gruppen, sondern z. B. auch von Situationen begriffen.

Stereotype bilden sich bei individuellen Personen durch die Übernahme bestimmter Vorstellungen der Bezugsgruppe, d. h. unabhängig von persönlichen Erfahrungen. Es lassen sich unterschiedliche Arten von Stereotypen unterscheiden: Zunächst wird differenziert zwischen Auto- und Heterostereotypen, d. h. zwischen Eigenschaftszuordnungen zu einer Eigen- oder einer Fremdgruppe. Unterscheidungen werden im Wesentlichen entlang dreier primärer Kategorien getroffen: Alter, Ethnie bzw. Nationalität und Geschlecht. Des Weiteren gibt es bspw. auch charakterologische („Intellektuelle") und ideologische („die Katholiken", „die Protestanten") Stereotype.

Als einerseits unumgängliches Hilfsmittel bei der Orientierung in der Welt können Stereotype andererseits problematische Auswirkungen haben, nämlich dann, wenn sich Menschen der Vereinfachung ihrer Sichtweise nicht bewusst sind und sie mit der Wirklichkeit gleichsetzen und entsprechend handeln. Konflikte in interkulturellen Begegnungen haben u. U. ihre Basis in stereotypen Einstellungen gegenüber dem Anderen.

Die Medien verbreiten die in der jeweiligen Kultur durchgesetzten Vorstellungen, Bilder und auch Stereotype. Letztere finden sich in allen Medientypen und -genres, sowohl in Informations- als auch in Unterhaltungsangeboten und in besonderem Maße in der → Werbung und in der → Sportberichterstattung. Eine unvoreingenommene Wahrnehmung von einem fremden Land ist somit angesichts der Präsenz der Medien im Alltag kaum mehr möglich. Insgesamt bilden sie eine unter mehreren Sozialisationsinstanzen und können in Abhängigkeit von verschiedenen Faktoren die Vorstellungen und Stereotype beeinflussen oder sogar prägen (→ Kultivierung).

Ein großer und bedeutsamer Teil von Stereotypen in den Medien betrifft Geschlechterunterschiede. Frauen werden beispielsweise insbesondere in fiktionalen Angeboten wie z. B. Daily Soaps häufig als emotional, für zwischenmenschliche Belange und Familie zuständig, in untergeordneten beruflichen Positionen arbeitend, wenig aggressiv etc. dargestellt. Wohingegen Männer unabhängig, beruflich erfolgreich, witzig und schlagfertig, ruhig und rational erscheinen. Mit der Veränderung gesellschaftlicher Gegebenheiten veränderten sich über einen längeren Zeitraum hinweg diese Darstellungen und die Geschlechter näherten sich in bestimmten Punkten an (z. B. werden Frauen heute auch in leitenden Funktionen und selbstsicherer, Männer emotionaler dargestellt als früher). Im Großen und Ganzen dominieren aber weiterhin die bekannten Stereotype die mediale Darstellung.

Nationale, regionale und ethnische Stereotype finden sich in den Medien sowohl in Informations- als auch in Unterhaltungsangeboten. In verschiedenen Studien wurde nachgewiesen, dass Vertreter ethnischer Minderheiten bzw. Migranten in Informationsangeboten überwiegend mit negativen Stereotypen belegt werden, so werden z. B. osteuropäische Zuwanderer meist in Zusammenhang mit kriminellen und mafiösen Straftaten gebracht. Insgesamt wird in der deutschen Berichterstattung über Kriminalfälle, bei denen Ausländer beteiligt waren, regelhaft auf die Nationalität bzw. ethnische Herkunft hingewiesen, was eine negative Stereotypisierung bewirken kann, während bei deutschen Straftätern ihre Nationalität keine Erwähnung findet und zudem eher Erklärungsgründe für die Tat angeführt werden.

Eine herausgehobene Stellung nimmt beim Thema Stereotypen in den Medien die → Sportberichterstattung ein, die ein beliebtes und viel genutztes Medienangebot darstellt. Für die Fernseh- und die Printberichterstattung lässt sich klar eine sprachliche Orientierung an bildhaften Redewendungen und Begriffen feststellen, die auch stereotype Darstellungen umfassen. Besonders häufig sind nationale Stereotype in der Live-Berichterstattung des → Fernsehens zu internationalen Sportereignissen anzutreffen. Hier wird auf deutsche Tugenden rekurriert wie die Charakterstärke oder die gründliche Organisation wie auch auf französische Finesse, italienisches Temperament und Schweizer Ruhe, während für Afrikaner das Stereotyp der naturgegebenen Leichtfüßigkeit und für US-Amerikaner das der Lockerheit und Unbekümmertheit vorherrscht. Vor dem Hintergrund einer insgesamt die leistungspointierten, Kriegsmetaphorik nutzenden Live-Berichterstattung lässt sich als Grund für die Stereotypisierung in erster Linie der Faktor „Identifikation" festhalten, d. h. in der Berichterstattung wird die Grundposition einer affirmativen Selbstsicht und distanziert-ablehnenden Fremdwahrnehmung eingenommen. Für die Sportberichterstattung wurde eine hohe Übereinstimmung der Medien- und der Publikumsbilder nachgewiesen, d. h. man kann von einem gewissen Einfluss der Medien auf die sportbezogenen nationalen Stereotype des Publikums ausgehen.

Auch die → Werbung bedient sich gerne der Stereotype und perpetuiert bzw. stabilisiert sie damit. Nationale bzw. regionale Stereotypen – man denke an die käsepreisende Frau Antje oder den krachledernen Bayern – bilden hier ein willkommenes Mittel durch Aufrufen kollektiven Grundwissens positive Assoziationen zu vermitteln.

Für die praktische Umgangsweise mit Stereotypen in den Medien lassen sich Schlüsse in zweierlei Richtung ziehen: Zum einen bedarf es eines bewussteren Umgangs mit Stereotypen auf Seiten der Redaktionen, hierzu gibt es interessante Beispiele in den USA, wo beispielsweise unter dem Schlagwort „managing diversity" Redaktionen Maßnahmen ergriffen haben, um den Umgang mit ethnischen Stereotypen intern stärker zu reflektieren. Zum anderen ist ein kritischer Medienkonsum notwendig, der eine bewusste Reflexion der Programminhalte in Bezug auf Stereotypisierungen umfassen sollte und zu dem v. a. auch Kinder und Jugendliche angehalten werden sollten. *AH*

*Literatur*

W. Lippmann: Die öffentliche Meinung. Reprint. Bochum 1990.
M. Machenbach: Daily Soaps – ein Genre für Mädchen? Rollenbilder im Medium Fernsehen und ihre möglichen Auswirkungen auf die geschlechtsspezifische Rezeption und Sozialisation. In: Medien Praktisch 3/2000, S. 45-53.
R. Vowe: Von heißblütigen Spaniern und brutalen Russen. Eurostereotypen in den deutschen Medien. In: Medien Concret 1/1998, S. 4-7.
J. Wernecken: Wir und die anderen. Nationale Stereotypen im Kontext des Mediensports. Münster 2000.

## Telekommunikation/Telekommunikationsdienste

Als Telekommunikation wird die elektronische Übertragung und der Austausch aller Arten von Informationen über größere Entfernungen bezeichnet. Es wird zwischen Sprach-, Text-, Bild-, Daten- sowie kombinierter Kommunikation unterschieden. Technisch lassen sich verschiedene Telekommunikationsdienste identifizieren, die Übertragungs- und ggf. auch Vermittlungsleistungen umfassen, die auf definierten technischen Eigenschaften und öffentlichen – und meist auch internationalen – Standards fußen. Besonders relevante *Dienste* sind u. a. Datenfernübertragung, Sprachtelefonie, Kabelfernsehen, Satellitenkommunikation, Telefax, Mobilfunk oder terrestrische Rundfunkübertragung. Als Übertragungsmedien und Bestandteile des Telefonnetzes kommen u. a. Kupfer- oder Glasfaserkabel, Richt-, Mobil- oder Satellitenfunk sowie Kabelfernsehen oder jüngst auch das → Internet (Voice-over-IP) in Betracht.

*Datenfernübertragung* (Abk. DFÜ) ist der Transport von Daten zwischen zwei räumlich getrennten Computern, der über eine Kommunikationsverbindung ermöglicht wird. Als *Sprachtelefonie* werden alle Telekommunikationsdienste zusammengefasst, die mittels des Einsatzes von Fernsprechtechnik Sprache durch Umwandlung in elektrische Signale (Modulation) von einem Ort zu einem anderen Ort mittels des

**Telekommunikation** 333

Telefonnetzes übertragen und dort die Signale wieder in Schall zurückwandeln. Als *Fax* (auch Fernkopie) wird die Möglichkeit bezeichnet, Kopien eines Dokuments per Telefonleitung zu übertragen. Zur Übermittlung wird eine Papiervorlage vom sendenden Faxgerät eingelesen, ähnlich wie beim Computerscanner mit Fotosensoren abgetastet, in akustische oder elektrische Signale umgewandelt und komprimiert zum empfangenden Gerät übertragen, das aus den Signalen wiederum das Dokument aufbaut und ausdruckt. *Kabelfernsehen* ist die Übertragung von Fernseh- und Rundfunksignalen mittels abgeschirmten Kupferkoaxial- oder Glasfaserkabeln. Nach entsprechender Umrüstung des Netzes können darüber auch Breitbandinternetdienste oder Video-on-Demand-Angebote angeboten werden. Zur *Satellitenkommunikation* wird sich der Verwendung von künstlichen Raumkörpern zur Datenübertragung bedient. Nachrichtensatelliten arbeiten entweder mit Punkt-zu-Punkt-Verbindungen oder in Verteilfunktion einer Fläche. Neben Daten oder Sprache werden über Satelliten auch Fernseh- und Radioprogramme verbreitet. Zur *terrestrischen Rundfunkübertragung* werden Sendernetze genutzt. Über Sendemasten werden auf festgelegten Funkfrequenzen Radio- und Fernsehprogramme übertragen, die mittels einer Antenne empfangen und von einem Rundfunkempfangsgerät dargestellt werden können.

Dem Bedürfnis, Informationen über weite Distanzen zu übermitteln, konnte viele Jahrhunderte lang nur mittels optischer – begrenzt auch akustischer – Übertragung oder unter dem Einsatz von Boten nachgekommen werden. Schon bei Homer wird in der Ilias besungen, dass bei der Schlacht um Troja Leuchtfeuer eingesetzt wurden. Schriften griechischer Historiker aus dem 1. Jh. v. Chr. berichten von einem Botensystem, dem sich bereits die persischen Großkönige bedienten. Im 17 Jh. gab es basierend auf der Entwicklung des Fernrohres erstmals mit dem Flügeltelegrafen die Möglichkeit, längere Textnachrichten zu übermitteln, allerdings nur mit mäßiger Geschwindigkeit und nur maximal drei Wörter pro Minute.

Im 18 Jh. wurden erste Versuche unternommen, das Alphabet mittels elektrischen Stroms zu übertragen. Als Erfinder des Telegrafen gilt der Deutsche Thomas Sömmering, der 1809 ein Gerät vorstellt, über das sich mit 35 Drähten 25 Buchstaben und zehn Zahlen dargestellt werden konnten. Als Urheber der modernen Telegrafie gilt Carl Friedrich Gauß, der einen elektromagnetischen Telegrafen mit einer Länge von mehr als drei Kilometern erfolgreich baute. Das Potenzial dieser Technik wurde jedoch nicht in Deutschland sondern in den → USA und → Großbritannien erkannt. Aus Gauß' Erfindung gingen Nadeltelegrafen, Zeigertelegrafen und Schreibtelegrafen, bei dem das von Morse entwickelte seriell codierte Alphabet (Morsealphabet) zu Hilfe genommen wurde. Bis zum Aufbau eines weltweiten Kommunikationsnetzes waren beträchtliche technische Probleme wie mangelnde Isolation der Leitungen zu überwinden. Werner von Siemens entwickelte durch Verwendung von Kautschuk Kabel, die die Leitungen vom Meerwasser isolieren konnten. Erste Seekabel wurden verlegt, auf dessen Netz bis zum Beginn des 20 Jh. die Briten ein Quasi-Monopol hatten.

Als äußerst bedeutende Erfindung für die Weiterentwicklung der Telekommunikation gilt die des Telefons vom Deutschen Johann Reis, die vom Amerikaner Alexander Graham Bell verfeinert wurde. Mittels des Induktionsprinzips, der Schwankung der Stromstärke, war es möglich akustische Signale in elektrische zu wandeln und beim Empfänger entgegengesetzt diese Signale wieder als Töne auszugeben. Bis in die 1950er wurden die meisten Gespräche über Vermittlungsstellen vermittelt, danach setzte sich nach und nach weltweit der Selbstwählverkehr durch. Vom Aufbau eines weltumspannenden Telefonnetzes kann erst nach Ende des zweiten Weltkrieges gesprochen. Neben dem Kupferdraht als Übertragungsmedium werden seit den 1970er Jahren Glasfaserkabel genutzt und verlegt. Glasfasern bieten Kostenvorteile; sie ermöglichen u. a. hohe Übertragungsraten und die Überbrückung großer Reichweiten ohne Übertragungsverluste. Neben der kabelgestützten Kommunikation werden seit den 1930er Jahren auch Funkwellen zur Übertragung von öffentlicher Telekommunikation genutzt. Nachrichtensatelliten übernehmen heute in weiten Teilen die Übertragungs- und Vermittlungsleistungen für Telekommunikationsdienste.

Der Aufbau und Betrieb von Telekommunikationsnetzen wurde in den europäischen Staaten nicht nur aufgrund der hohen erforderlichen Investitionskosten als Staatsaufgabe verstanden. Im Gegensatz zu den USA, in denen die Telefonnetze von Privatunternehmen – jahrzehntelanger Monopolanbieter war AT&T – aufgebaut wurden, war in Deutschland bis 1990 die Deutsche Bundespost für den Betrieb von

Telekommunikationsdienstleistungen verantwortlich. Aufgrund europarechtlicher Vorgaben begann die Bundesrepublik in den 1990er Jahren mit drei Postreformen die Deregulierung des deutschen Telekommunikationsmarktes. 1996 trat das erste Telekommunikationsgesetz (→ Telekommunikationsrecht) in Kraft, das unter der Obhut der Regulierungsbehörde für Telekommunikation und Post (RegTP, seit Mitte 2005 firmiert diese als Bundesnetzagentur) als Hauptzweck den freien Wettbewerb im nun weitgehend liberalisierten Telekommunikationsmarkt hat. Im Bereich der Funkfrequenzen obliegt die Regulierung ebenfalls den einzelnen Staaten. Allerdings breiten sich Funkwellen über Grenzen hinweg aus, so dass es internationaler Koordinierung bedarf, welches durch die Internationale Fernmeldeunion (ITU) wahrgenommen wird. Die ITU erlässt auf einer Konferenz alle zwei Jahre aktualisierte für die gesamte Welt geltende Frequenzbereichzuweisungspläne, die im Fall von Deutschland zunächst von der Europäischen Konferenz der Verwaltungen für Post und Telekommunikation (CEPT) näher ausgestaltet und schließlich von der → Bundesnetzagentur umgesetzt werden.  *AL*

*Literatur*

F. Bergmann, H.-J. Gerhardt (Hrsg.): Handbuch der Telekommunikation, München u. a. O., 2000.
R. Stöber: Mediengeschichte, Bd. 1 Presse – Telekommunikation, Wiesbaden 2003.
P. Flichy: Tele – Geschichte der modernen Kommunikation, Frankfurt a. M. 1994.

# Telekommunikationsrecht

Das Telekommunikationsrecht enthält rechtliche Vorgaben für das Angebot von Telekommunikationsdiensten, die die Übertragung von Signalen über Telekommunikationsnetze einschließlich der Übertragungen von Rundfunksignalen umfassen (→ Telekommunikation). Die Regelungen des Telekommunikationsrechts betreffen den Transport von Informationsdaten und knüpfen in der Abgrenzung zum → Medienrecht nicht an die mit den Signalen transportierten Inhalte an. Die gesetzliche Grundlage für das nationale Telekommunikationsrecht bildet das Telekommunikationsgesetz (TKG) und die dazugehörigen Verordnungen, die aufgrund verfassungsrechtlicher Vorgaben (Art. 87f GG) in die Gesetzgebungskompetenz des Bundes fallen.

Die Erbringung von Telekommunikationsdienstleistungen wurde jahrzehntelang als Auftrag der staatlichen Daseinsvorsorge verstanden. Vor dem Hintergrund zunehmender Internationalisierung wurde auf Betreiben der USA und der EU-Kommission die Öffnung der Monopolmärkte in Europa vorangetrieben. Durch mehrere Richtlinien waren die nationalen Gesetzgeber gehalten, zunächst den Markt für Endkundengeräte (z. B. Telefone) und im weiteren Verlauf sämtliche Telekommunikationsmärkte nach und nach dem Wettbewerb zu öffnen. Deutschland kam diesen Vorgaben durch die Postreform nach, die 1998 in der Freigabe des Marktes für Sprachtelefonie mündete. Teil der Postreform war der Erlass des TKG von 1996, das u. a. aufgrund der monopolartigen Vormachtstellung des Bundespost-Nachfolgers Deutsche Telekom die Schaffung einer Aufsichtsbehörde, der Regulierungsbehörde für Telekommunikation und Post (RegTP), vorsah. 2004 wurde ein grundlegend novelliertes TKG erlassen, da auf Betreiben der EU-Kommission weitere Schritte als erforderlich betrachtet wurden, um einen einheitlichen Binnenmarkt im Bereich der Telekommunikation zu schaffen. Kennzeichnete das erste TKG von 1996 noch das Bestreben, die Märkte überhaupt für Wettbewerb zu öffnen, so steht das TKG von 2004 für eine fortgeschrittene Liberalisierung und Übergabe des Marktes an den freien Wettbewerb. Der RegTP wurden 2005 weitere Aufsichtskompetenzen im Bereich der Deregulierung der Märkte für Elektrizität, Gas und Eisenbahn übertragen, so dass sie nunmehr als Bundesoberbehörde unter dem Kurztitel „Bundesnetzagentur" firmiert.

Vorrangiges Ziel des Telekommunikationsrechts ist es, durch technikneutrale Regulierungsmaßnahmen den Wettbewerb im Bereich der Telekommunikation zu überwachen und zugleich flächendeckend angemessene und ausreichende Telekommunikationsdienstleistungen zu gewährleisten. Das TKG stellt damit in seiner Ausgestaltung ein klassisches Beispiel für ein Gesetz zur Marktregulierung dar, das geschaffen wurde, um in den Wettbewerb einzugreifen und ein Marktversagen zu

## Telekommunikationsrecht

korrigieren und um gleichzeitig staatliche Ziele gegen den Wettbewerb durchzusetzen.

Für den Bereich der Förderung von freiem Wettbewerb räumt das TKG der Bundesnetzagentur verschiedene Ermächtigungen ein. Sollten sich verschiedene Telekommunikationsanbieter etwa nicht einigen können, ihre Netze zusammenzuschließen, können unter bestimmten Voraussetzungen Zusammenschaltungsanordnungen ergehen. Ein weiterer wichtiger Aspekt sind in diesem Zusammenhang auch die Zusammenschaltungsentgelte, die die Netzbetreiber für die Durchleitung oder Vermittlung etwa von Telefongesprächen von den anderen Anbietern verlangen können. Da die Deutsche Telekom AG mit einem flächendeckenden Telefonnetz und mehr als 40 Mio. Telefonanschlüssen über eine bedeutende Vormachtstellung verfügt, hat die frühere RegTP Anordnungen erlassen, damit alternative Netzanbieter zu wirtschaftlich vertretbaren Bedingungen Zugang zu den Telefonanschlüssen erhalten. So muss die Deutsche Telekom etwa den Zugang zur „letzten Meile" (die Telefonleitung von der Vermittlungsstelle bis zum Hausanschluss) anderen Wettbewerbern überlassen. Die von der Deutschen Telekom geforderten Bedingungen z. B. für Zusammenschaltung, Netznutzung oder Miete der letzten Meile kontrolliert ebenfalls die Bundesnetzagentur. Nicht marktbeherrschende Anbieter unterliegen nur im Ausnahmefall der Preiskontrolle, Zusammenschaltungsanordnungen können aber im Interesse eines flächendeckend für die Allgemeinheit nutzbaren Telefonnetzes auch gegen kleinere Anbieter ergehen.

Neben der Kontrolle und Ordnung der Wettbewerbsbedingungen auf dem Telefonmarkt ist die Bundesnetzagentur auch für das Vorhandensein flächendeckender und ausreichender Telekommunikationsdienstleistungen verantwortlich. Die Agentur hat dafür u. a. festgelegt, dass deutschlandweit jeder potenzielle Kunde mit einem ISDN-Anschluss versorgt werden können muss. Zudem gehört die flächendeckende Verfügbarkeit öffentlicher Fernsprecher oder das Funktionieren der Notrufnummern 110 und 112 zu diesen so genannten Universaldiensten, die die Bundesnetzagentur von den Telekommunikationsanbietern einfordern kann. Zudem ist die Bundesnetzagentur u. a. für die Vergabe von Rufnummern oder Funkfrequenzen (z. B. die Versteigerung der UMTS-Mobilfunklizenzen) sowie die Festlegung technischer Spezifikationen von Endgeräten zuständig.

Ein weiterer Aspekt des Telekommunikationsrechts sind die Vorschriften zum Kundenschutz. Die Kundenschutzvorschriften sind vom angebotenem Telekommunikationsdienst abhängig; generell wird verlangt, dass die Anbieter neben den Allgemeinen Geschäftsbedingungen (AGB) u. a. auch eine Dienstbeschreibung (technische Spezifikationen), die Preise und Tarife, die Vertragslaufzeiten und mögliche Erstattungsregelungen veröffentlichen. Zudem sind Telekommunikationsanbieter zur transparenten Rechnungserstellung verpflichtet. Anbieter von Mehrwertdiensten (Angebot von Sonderdiensten über die 0900er-Vorwahl) müssen den Tarif vor Beginn der Berechnung nennen, eine Preisobergrenze einhalten und die Verbindung nach maximal einer Stunde automatisch trennen. Die Einwahl über DFÜ-Verbindungen (→ Telekommunikation) zu Mehrwertdiensten am Computer darf nur noch mit von der Bundesnetzagentur lizenzierten Einwahlprogrammen geschehen, die den Transparenzvorschriften entsprechen; ansonsten besteht keine Pflicht zur Bezahlung.

Die Inhalte jeglicher Kommunikation und auch die Details, ob, wann und mit wem Kommunikation stattfand, unterliegen dem nach Art. 10 GG geschützten Fernmeldegeheimnis bzw. dem ebenfalls verfassungsrechtlich verbürgten → Datenschutz. Einschränkungen dieser Grundfreiheiten sind nur aufgrund eines Gesetzes möglich. Entsprechende Vorschriften enthält das TKG, indem Telekommunikationsanbieter gesetzlich verpflichtet werden, das Kommunikationsgeheimnis zu schützen, und ein Abhörverbot ausgesprochen sowie der Missbrauch von Sendeanlagen untersagt wird. Die Telekommunikationsanbieter sind allerdings auch gesetzlich verpflichtet, den Sicherheitsbehörden das Abhören von Gesprächen und den Zugriff auf die Nutzungsdaten zu ermöglichen. Entsprechende Ermächtigungsnormen finden sich u. a. in den Verfassungsschutzgesetzen und der Strafprozessordnung. *AL*

*Literatur*

M. Geppert, E.-O. Ruhle, F. Schuster: Handbuch Recht und Praxis der Telekommunikation, 2. Aufl., Baden-Baden 2002.
J. Scherer: Das neue Telekommunikationsgesetz. In: Neue Juristische Wochenschrift 2004, S. 3001-3010.
R. Schütz: Kommunikationsrecht. München 2005.

# Telemetrie

Unter Telemetrie versteht man im Zusammenhang mit der → Reichweitenforschung die elektronischen Messsysteme, mit deren Hilfe in den meisten Ländern der Welt die Fernsehnutzung gemessen wird. Gemeinsam ist den telemetrischen Verfahren, dass die Fernsehnutzung eines Haushalts von einem dort installierten Gerät aufgezeichnet und über Nacht an einen zentralen Rechner übermittelt wird, der dann bis zum Morgen die Reichweiten und Marktanteile der einzelnen Angebote vom Vortag berechnet.

Diese Form der elektronischen Zuschauerforschung, im Volksmund oft mit dem Begriff der „Einschaltquoten" verbunden, wird in Deutschland seit 1963 (Start des → ZDF) durchgeführt. Sie leistet heute eine personenbezogene und sekundengenaue Aufzeichnung der Fernsehnutzung aller Haushaltsmitglieder. Auftraggeber dieser Untersuchungen ist die Arbeitsgemeinschaft Fernsehforschung (→ AGF), in der sich die wichtigsten Fernsehveranstalter zusammengeschlossen haben, um so eine gemeinsame Währung für die Messung des Zuschauerverhaltens bereit stellen zu können (→ Reichweitenforschung). Auftragnehmer ist seit 1985 die Gesellschaft für Konsum-, Markt- und Absatzforschung (GfK) in Nürnberg. Die GfK unterhält ein Zuschauerpanel, in dem kontinuierlich die Fernsehnutzung gemessen wird. Dieses Panel umfasst derzeit 5.640 Haushalte mit ca. 13.000 Personen ab 3 Jahren und ist repräsentativ für die Haushalte in Deutschland, deren Haushaltsvorstand die deutsche oder eine andere EU-Staatsbürgerschaft besitzt. Haushalte von Ausländern aus Ländern außerhalb der EU werden also bei dieser Forschung nicht berücksichtigt. Die einzelnen Haushalte gehören dem Panel im Durchschnitt ca. 2 Jahre lang an.

Technisch besteht das Messgerät der GfK aus einer Speichereinheit, einem Kontroll-Display und einer Fernbedienung mit Personentasten, mit Hilfe derer sich jedes Haushaltsmitglied an- bzw. abmeldet, wenn es beginnt fernzusehen bzw. wenn es die Fernsehnutzung beendet. Das Messgerät registriert automatisch, welcher Kanal eingeschaltet ist bzw. ob Teletext, Video oder Videospiele genutzt werden. Über Nacht werden die gespeicherten Daten automatisch vom zentralen Rechner der GfK in Nürnberg abgerufen, so dass den Fernsehveranstaltern bereits am Morgen die Ergebnisse vom Vorabend zur Verfügung stehen.

Für die Auswertung der so erfassten Fernsehnutzung wurden verschiedene Konventionen festgelegt. Entscheidend ist zunächst die Definition von *Seher:* Als Seher eines Programms oder einer Sendung werden alle Personen gezählt, die das Programm oder die Sendung mindestens eine Minute ununterbrochen genutzt haben – technisch gesprochen sind das diejenigen, die sich eine Minute lang bei aktivierter Personentaste in einem Raum mit laufendem Fernseher, auf dem das betreffende Programm bzw. die Sendung lief, aufgehalten haben. Über die Aufmerksamkeit der Nutzung oder die Bewertung der Sendung durch die Zuschauer kann auf dieser Grundlage nichts ausgesagt werden.

Auf der Basis dieser Messungen werden unter anderem die Sehdauern für die Gesamtbevölkerung und verschiedene Teilgruppen berechnet; damit erhält man einen Anhaltspunkt dafür, welcher Stellenwert dem Medium im Leben der Menschen zukommt (→ Mediennutzung im Alltag). Die *Sehdauer* pro Tag gibt an, wie lange die Menschen durchschnittlich ferngesehen haben. Im Jahr 2005 lag dieser Wert für die Zuschauer ab 3 Jahren bei 211 Minuten. In diesem Mittelwert von immerhin dreieinhalb Stunden pro Tag sind auch die Personen enthalten, die an dem betreffenden Tag gar nicht ferngesehen haben; es gibt also viele Menschen, die täglich deutlich länger als dreieinhalb Stunden fernsehen. Die Dauer der Fernsehnutzung weist überdies deutliche Unterschiede zwischen den Altersgruppen auf: Mit steigendem Alter steigt auch die Dauer der Fernsehnutzung; während die 14- bis 19-Jährigen im Jahr 2005 109 Minuten lang fernsahen, kamen die über 69-Jährigen auf 289 Minuten.

Der wichtigste Kennwert im Hinblick auf den Erfolg oder Misserfolg einzelner Sendungen ist die *Sehbeteiligung.* Sie gibt an, wie viele Menschen die Sendung im Durchschnitt verfolgt haben; dabei wird die Zahl der Zuschauer dieser Sendung mit der Dauer der Nutzung verrechnet. Wenn für eine Sendung eine Sehbeteiligung von 1 Mio. Zuschauern mitgeteilt wird, dann kann das bedeuten, dass 1 Mio. Zuschauer die ganze Sendung oder dass 2 Mio. Zuschauer im Durchschnitt die halbe Sendung oder dass 10 Mio. Zuschauer durchschnittlich ein Zehntel der Sendung gesehen haben. Die meistgesehene Nachrichtensendung im deutschen Fernsehen, die *Tagesschau* der → ARD, erreichte etwa im Jahr 2005 eine durchschnittliche Sehbeteiligung von 9,76 Mio. Zuschauern. Seit Jahren zu den zuschauerreichsten Sendungen gehört die Show *Wetten, dass ...?*, im Jahr 2005 erzielte sie eine durchschnittliche Sehbeteiligung von 13,2 Mio. Weitere Beispiele für prominente Sendungen bzw. Sendereihen: *Wer wird Millionär?* erreichte 7,4 Mio., *Verliebt in Berlin* 3,8 Mio. und die Wissenssendung *Wunderwelt Wissen* 1,9 Mio. Zuschauer.

Die Sehbeteiligung drückt die Zahl der erreichten Zuschauer in absoluten Zahlen aus. Dabei wird nicht berücksichtigt, dass die Reichweite des Fernsehens im Tagesverlauf höchst unterschiedlich ist: Im Vergleich zur Prime Time zwischen 19 und 22 Uhr wird an den anderen Tageszeiten deutlich weniger ferngesehen; Sendungen zu diesen Zeiten erzielen also von vornherein eine geringere Sehbeteiligung. Um dies bei der Beurteilung des Erfolgs einer Sendung zu berücksichtigen, wird meist auch der *Marktanteil* der Sendung bestimmt. Damit ist der Nutzungsanteil gemeint, den eine Sendung oder ein Programm an der im jeweiligen Zeitraum gemessenen Gesamtfernsehnutzung erzielt. Dieses Maß ist also vom Zeitpunkt abhängig: Eine Sendung mit einer geringen Zahl an Zuschauern kann durchaus einen hohen Marktanteil haben, wenn sie zu einem Zeitpunkt ausgestrahlt wird, zu dem nur wenige Menschen fernsehen. Der Marktanteil wird in Prozent ausgedrückt; er kann auf einzelne Sendungen bezogen werden – Spitzenwerte erzielen etwa *Wetten, dass ...?* mit 45 % sowie insbesondere Spiele der deutschen Fußballnationalmannschaft (Confederations-Cup Deutschland – Brasilien: 60 %) – oder auch auf ganze Programme. Die tabellarische Übersicht zeigt die Marktanteile der wichtigsten Programme an der Fernsehnutzung im Jahr 2005. Diese auf der Basis der telemetrischen Messungen berechneten Marktanteile haben in den letzten Jahren auch medienpolitische Bedeutung gewonnen: Die Regelungen zur Konzentrationskontrolle im Fernsehbereich, die darauf abzielen, vorherrschende Meinungsmacht einzelner Unternehmen zu verhindern, legen für einzelne Unternehmen einen maximalen Zuschaueranteil von 30 % fest (→ Konzentration). *Ha*

*Marktanteile deutscher Fernsehprogramme im Jahr 2005 (Zuschauer ab 3 Jahre)*

| Programm | Marktanteil in % |
|---|---|
| ARD, „Das Erste" | 13,5 |
| ARD, Dritte Programme | 13,6 |
| ZDF | 13,5 |
| RTL | 13,2 |
| RTL II | 4,2 |
| VOX | 4,2 |
| Super RTL | 2,8 |
| SAT.1 | 10,9 |
| ProSieben | 6,7 |
| Kabel 1 | 3,8 |
| Sonstige | 13,6 |

*Literatur*

C. Zubayr, H. Gerhard: Tendenzen im Zuschauerverhalten. Fernsehgewohnheiten und Fernsehreichweiten im Jahr 2005. In: Media Perspektiven Heft 3/2006, S. 125-137.
GfK (o. J.): Informationen zur Fernsehzuschauerforschung. Online-Angebot, verfügbar unter gfk.de (letzter Zugriff: 20.12.2005).

## Teleshopping

Teleshopping bezeichnet die Sendung direkter Angebote an die Öffentlichkeit für den Absatz von Waren oder die Erbringung von Dienstleistungen gegen Entgelt.

Teleshopping hat seinen Ursprung in den → USA. Nachdem eine 1977 entwickelte Radio-Verkaufsshow sich als erfolgreich erwiesen hatte, wurde 1981 das Fernsehprogramm Home Shopping Channel entwickelt, das zunächst nur im Kabelnetz in der Region Tampa in Florida zu empfangen war. Nach dem Wegfall von Werbezeitbeschränkungen wurde das Programm 1985 zum national verbreiteten Home Shopping Network (HSN); 1986 folgte der Anbieter QVC, der seit 1993 in den USA Teleshopping Marktführer ist. In → Großbritannien wurde QVC im Jahre 1993 in einem Joint Venture mit BskyB der erste Anbieter;

## Teleshopping

*Umsätze der größten Teleshopping-Anbieter in Deutschland*

| Sender (Sendestart) | Hauptgesellschafter | Programmfenster | Technische Reichweite (Mio. HH) | Umsatz 2003 (Mio. Euro) | Umsatz 2004 (Mio. Euro) |
|---|---|---|---|---|---|
| HSE24 (1995) | InterActive Corp | SAT.1, Kabel 1 | 34,2 | 308 | 275 |
| QVC (1996) | Liberty Media | Hamburg 1 | 37,5 | 378 | 516 |
| RTL Shop (2001) | RTL Group | RTL, VOX, n-tv, NBC, div. Regionalfenster | 17 | 91 | 80 |
| TV Travel Shop (2001) | TUI AG / Touropa | – | 29 | k. A. | k. A. |
| Sonnenklar TV (2003) | BigXtra Touristik GmbH | Neun Live, Saar TV | 16 | 141 | k. A. |
| 1-2-3.TV (2004) | Management, Fondsgesellschaften | ProSieben | 24 | – | k. A. |

*Quelle:* Goldhammer/Lessig: Teleshopping in Deutschland; Kommission zur Ermittlung der Konzentration im Medienbereich; eigene Angaben der Unternehmen

2002 gab es hier bereits 39 Anbieter. In → Frankreich gab es die ersten Verkaufssendungen 1987 in dem privatisierten Programm TF1; der erste Kanal, der nur Teleshopping bringt, startete erst 1996.

In Deutschland gab es erste Teleshopping-Versuche ab 1987 in 20 Minuten langen Verkaufssendungen, die das Quelle-Versandhaus und ein Jahr später der Otto-Versand initiiert hatten. Mit Hinweis auf restriktive rundfunkrechtliche Rahmenbedingungen wurden diese Projekte bis 1994 wieder eingestellt. 1995 nahm HSE24 (damals noch unter dem Namen Home Order Television) als erster reiner Teleshopping-Kanal auf unsicherer rundfunkrechtlicher Grundlage als Pilotprojekt zunächst in Bayern, später bundesweit seinen Betrieb auf, ein Jahr später folgte der Start von QVC. Mit dem Mediendienste-Staatsvertrag von 1997 wurde die rechtliche Grundlage geklärt: Programme, die ausschließlich Teleshopping enthalten, gelten nicht als Rundfunk, sondern als Mediendienste. Damit unterliegen sie nicht den rundfunkrechtlichen Regelungen. Zusätzlich werden in manchen Fernsehprogrammen Programmfenster für die Verbreitung des Teleshopping-Angebots genutzt.

Die größten Teleshopping-Anbieter in Deutschland sind QVC, HSE24, die beide den break even erreicht haben, und RTL-Shop. Zusammen haben sie 2004 bereits 871 Mio. Euro umgesetzt und damit einen Anteil von 4,6 % am Versandhandel erreicht. Die Rücksendungen, zu denen die Kunden 14 Tage lang ohne Angabe von Gründen berechtigt sind, werden auf 20 % der Bestellungen geschätzt. Auf die Vermittlung von Reisen haben sich TV Travel Shop und Sonnenklar TV spezialisiert. 1-2-3.TV bietet den Zuschauern und Kunden mit Auktionen ein spannendes Ereignis, das das Interesse binden soll. Ergänzend gibt es im → Internet Produktinformationen und für registrierte Bieter die Möglichkeit, bereits vorab Gebote zu platzieren. *Schr*

*Literatur*

K. Goldhammer, M. Lessig: Teleshopping in Deutschland. Wie es funktioniert, wer es nutzt und warum es so erfolgreich ist. Berlin 2005.
C. Gruninger-Hermann: Teleshopping: Absatz- und Programmplanung eines TV-Shoppingsenders. Stuttgart 1999.

# Time Warner

Der heutige Medienkonzern Time Warner entstand durch die Fusion mehrerer großer Medienunternehmen seit den 1980er Jahren. Das älteste Unternehmen ist das Verlagshaus Time Inc., das im Jahr 1922 gegründet wurde. Im Jahr 1923 wurde das Unternehmen Warner Bros. gegründet, das zu diesem Zeitpunkt ein Filmstudio war. Diese beiden Firmen fusionierten im Jahr 1989 zu Time Warner Inc. Im Jahr 1996 schloss sich Time Warner mit dem 1970 von Ted Turner gegründeten Rundfunkunternehmen Turner Broadcasting zusammen. Die letzte große Veränderung war im Jahr 2001 die Fusion mit dem 1991 entstandenen Online-Unternehmen America Online (AOL), für zwei Jahre hieß das neue Unternehmen AOL Time Warner. Aufgrund der Dominanz der traditionellen Geschäfte des Unternehmens verschwand die Abkürzung AOL allerdings im Jahr 2003 wieder aus dem Konzernnamen. Das Unternehmen befindet sich heute überwiegend im Streube-

**Time Warner**

sitz, wichtige Einzelaktionäre sind Ted Turner, John Malone und Mitglieder des Unternehmens-Managements.

Die unterschiedlichen Unternehmensteile und ihre spezifischen Traditionen spiegeln sich in der aktuellen Struktur des Unternehmens wider. So gliedert sich das Unternehmen nach fünf Geschäftsfeldern, in denen die traditionellen Unternehmensstrukturen ihre Bedeutung erhalten haben. Im Geschäftsbereich Verlage spielen vor allem die Publikationen aus dem ehemaligen Time Inc. eine zentrale Rolle. Hier sind vor allem das Nachrichtenmagazin Time und das Wirtschaftsmagazin Fortune zu nennen, die in der ersten Hälfte des letzten Jahrhunderts entstanden. Darüber hinaus erscheinen auch die Zeitschriften People und Life im Konzern, die ebenfalls auf eine mehr als fünfzigjährige Geschichte zurückblicken können. Mittlerweile veröffentlicht der Konzern weltweit mehr als 150 Zeitschriften, etwa ein Drittel der Titel erscheint in den USA. Bei der Erweiterung des Angebotes in diesem Bereich nutzt der Konzern die Möglichkeiten der Akquisition ausländischer Verlage wie IPC in → Großbritannien oder Grupo Editorial Expansión in Mexiko oder erweitert. Die meisten der Zeitschriften haben eigene Online-Auftritte, mit denen neue Leser erreicht werden sollen. Neben den Aktivitäten auf dem Zeitschriftenmarkt war der Konzern in der Vergangenheit mit der Time Warner Book Group Inc. auch auf dem Buchmarkt aktiv, dieser Teil des Unternehmens wurde jedoch im Februar 2006 an das französische Unternehmen Hachette für den Betrag von 538 Mio. US$ veräußert. Damit ist der Konzern in erster Linie durch den gemeinsam mit → Bertelsmann unter dem Dach des Joint Ventures Bookspan betriebenen Buchclub Book-of-the-Month Club Inc. (BOMC) aktiv. Mittlerweile hat der Konzern auch die Aktivitäten im Musikbereich aufgegeben. Warner Music, bei dem Künstler wie Madonna oder Ray Charles unter Vertrag waren, wurde im Jahr 2004 für 2,6 Mrd. US$ an eine Investorengruppe verkauft und zählt zu den vier größten Musikunternehmen der Welt.

Das zweite Geschäftsfeld, das auf eine lange Tradition zurückblicken kann, ist der Filmbereich, der seine Anfänge im Filmstudio Warner Brothers hat. Dieses Studio wurde von vier Brüdern gegründet und war das erste, das seinen Sitz in Hollywood hatte. Der erste große Erfolg des Studios war der Film *The Jazz Singer*, der gleichzeitig der Beginn der Ära des Tonfilms ist. Zu den Erfolgen des Studios zählen

Filme wie *Casablanca*. Nach den ersten Erfolgen errichteten die Warners ein Studiogebäude in Burbank, dort ist auch heute noch der Hauptsitz der Sparte Film und Fernsehprogramme. Zu den erfolgreichsten Produkten des Unternehmensbereichs zählen Serien wie *Emergency Room*, *The Gilmore Girls* und *Friends* und Kinoerfolge wie die *Harry-Potter-* und *Herr-der-Ringe*-Filme und die *Batman*-Reihe. Die Produktion und Veröffentlichung der Filme für das Kino und den Verleih und Verkauf auf DVD oder Video wird dabei von zahlreichen Tochterunternehmen wie z. B. Warner Bros. Pictures, Caste Rock, New Line und Home Box Office durchgeführt. Im Jahr 2005 veröffentlichte der Konzern knapp 40 Filme. Bei der Produktion und Verbreitung von Fernsehprogrammen zählt das Unternehmen zu den wichtigsten Anbietern, 2005 wurden Programme in 40 Sprachen in 175 verschiedene Länder verkauft.

Dabei ist der Konzern selbst im Fall von Fernsehprogrammen ein wichtiger Abnehmer, die Kabelnetze des Konzerns versorgen mehr als 20 Mio. Haushalte in den USA mit Fernsehangeboten, zusätzlich werden Telefon und Internetdienste angeboten. Dabei werden in vielen Fällen Programme aus dem Konzern übertragen, so z. B. das von Turner gegründete CNN oder das Pay-TV-Paket HBO. Das Unternehmen HBO ist im Pay-TV-Bereich unangefochener Marktführer in den USA, im Jahr 2005 hatten fast 40 Mio. Amerikaner Programme des Anbieters abonniert. Im Fernsehbereich bemüht sich der Konzern mittlerweile, auch außerhalb des Heimmarktes eine Rolle zu spielen, so werden mittlerweile in Südamerika, Asien und Europa rund 45 Programme gesendet, die für das jeweilige Verbreitungsgebiet angepasst sind.

Der jüngste Geschäftsbereich ist der Online-Bereich, der vor allem mit dem Namen America Online (AOL) verbunden ist. Im Jahr 2000 kam es zu einer der spektakulärsten Fusionen im Medienbereich, als Time Warner, das damals größte Medienunternehmen der Welt, mit dem Internetanbieter AOL verschmolzen wurde. Aufgrund der übertriebenen Hoffnungen, die sich mit der Bedeutung des Online-Geschäfts verbanden kam es dazu, dass die Aktionäre von AOL bei der Fusion in den Besitz von 55 % der Aktien des neuen Unternehmens kamen, obwohl Time Warner auf der Grundlage des Umsatzes und des Gewinns um ein Vielfaches bedeutender war. Die Fusion brachte letztlich keinen besonderen wirtschaftlichen Nutzen für das Unternehmen mit sich, die

*Daten zu Time Warner*

|  | 2005 | 2004 | 2003 | 2002 |
|---|---|---|---|---|
| Umsatz (Mrd. US$) | 43,65 | 42,09 | 39,56 | 37,06 |
| Gewinn (Mrd. US$) | 2,91 | 3,36 | 2,64 | – |
| Beschäftigte | 87.850 | 85.000 | 80.000 | 91.250 |

Erwartung, dass durch die Bündelung der Ressourcen der Unternehmen erhebliche Synergieeffekte entstehen würden, erwies sich bislang als falsch. Mittlerweile kämpft der Online-Anbieter AOL, der über viele regionale und nationale Tochtergesellschaften weltweit tätig ist, mit erheblichen Einnahmerückgängen, die sowohl auf sinkende Abonnentenzahlen als auch auf fehlende Werbeerlöse zurückzuführen sind. Im Jahr 2005 verzeichnete AOL noch knapp 20 Mio. Abonnenten. Um die negative Entwicklung in diesem Geschäftsbereich zu beenden kooperiert der Konzern mit den Anbietern der Suchmaschine Google, die mittlerweile über einen Anteil von 5 % an AOL verfügen und Kooperationen zwischen Google und AOL im Bereich der Werbung und bei der Entwicklung von Technik vorsehen. In Deutschland tritt der Konzern abgesehen von den Aktivitäten von AOL Deutschland kaum in Erscheinung.

Nach der Fusion mit AOL erlebte der Konzern eine wirtschaftliche Krise. Nach einer Neubesetzung des Managements und einer Umstrukturierung hat das Unternehmen jedoch mittlerweile wieder die Gewinnzone erreicht und baut seine Geschäftstätigkeit vor allem im Bereich der Kommunikationsnetzwerke aus. In der Zukunft sollen 27 Mio. Haushalte Kunden von Time Warner sein. Darüber hinaus haben die einzelnen Geschäftsbereiche im Vergleich zur Vergangenheit wieder mehr eigene Freiheiten bei der Gestaltung ihrer Geschäftstätigkeit. *H3r*

*Literatur*

T. Clark: Time Warner Inc.. In: L. Hachmeister, G. Rager (Hrsg.): Wer beherrscht die Medien? Die 50 größten Medienkonzerne der Welt. München 2005.
Geschäftsbericht 2005 des Konzerns unter www.timewarner.com.

## Tonträger

Ein Tonträger ist ein Datenträger, auf den analoge oder digitale Audiosignale aufgezeichnet werden können. Ein Tonträger wird zur Aufzeichnung und Wiedergabe von Tönen verwendet, also in erster Linie von Musik und Sprache. Im Fall der → Musik ist der Tonträger die Grundlage der Tätigkeit der Unternehmen der Phonowirtschaft, also der Plattenfirmen. Im Fall der Aufzeichnung von Sprache und Tönen kann ein Tonträger z. B. ein Hörbuch sein, dies ist eine neue sehr erfolgreiche Variante des Hörspiels, die mittlerweile in großer Zahl im Buchhandel verbreitet wird (→ Buch).

Tonträger unterscheiden sich in ihrer Kapazität, der technischen Form der Speicherung, der Tonqualität und der Form erheblich. Schon bevor im Jahr 1953 mit dem Stereo-Tonband der erste Stereo-Tonträger für den Endverbraucher auf den Markt kam, gab es eine Vielzahl von Möglichkeiten zur Aufzeichnung und zum Abspielen von Tönen. Dazu zählen die im 19. Jahrhundert entwickelten Wachszylinder und Schellackplatten und die in der ersten Hälfte des 20. Jahrhunderts verwendeten Tonbänder und Schallplatten. Diese Tonträger wurden auch zur Aufzeichnung wichtiger Tondokumente verwendet, so sind z. B. zahlreiche kulturelle und politisch bedeutende Reden und Vorträge auf diese Weise festgehalten worden.

In der zweiten Hälfte des 20. Jahrhunderts wurde eine Vielzahl unterschiedlicher Tonträger entwickelt, die in der Regel die Wiedergabe von Stereoton ermöglichten. Neben dem bereits genannten Stereo-Tonband zählen hierzu die in den 1950er Jahren entwickelten PVC-Kunststoff-Schallplatten. Mit der schnellen Verbreitung der Schallplatte endete die Ära der Schellackplatte. Mitte der 1950er Jahre gab es die ersten Singles, Ende der 1950er Jahre die ersten Langspielplatten auf PVC. Eine Weiterentwicklung des Tonbands ist die Compact Cassette, die Mitte der 1960er Jahre eingeführt wurde. Danach fand ein schneller Wechsel der Tonträgertechnik statt, der von der wirtschaftlichen Entwicklung gefördert wurde. Viele Haushalte erwarben in dieser Zeit einen Plattenspieler oder eine Stereoanlage mit Plattenspieler und Cassettenrekorder und kauften nun natürlich die entsprechenden Tonträger.

**Tonträger** 349

Die 1979 erstmals vorgestellte und 1982 eingeführte Compact Disc (CD) sorgte für einen erneuten Wechsel bei Tonträgern und Endgeräten in den Haushalten. Die CD ist eine gemeinsame Entwicklung der Firmen → Sony und Philips. Die Abstimmung zwischen den beiden Konzernen führte unter anderem dazu, dass sich Sony in Bezug auf die Kapazität des neuen Tonträgers durchsetzte: Der damalige Vizepräsident des Sony-Konzerns Norio Ohga war ausgebildeter Opernsänger und wünschte sich, dass der neue Tonträger Beethovens Neunte Symphonie komplett erfasst. Die längste verfügbare Aufnahme dieses Werkes dauert 74 Minuten – damit war eine wichtige technische Vorgabe gefunden. Auf diesem Weg war auch der Durchmesser des Datenträgers mit 12 cm Durchmesser festgelegt, In einem anderen Punkt der Gestaltung setzte sich der Philips-Konzern durch, so ist die Vorgabe für den Durchmesser des Innenloches der CD das niederländische 10-Cent-Stück, das damals kleinste Geldstück der Welt. Dieser Standard wurde 1980 als so genannter „Red-Book"-Standard fixiert.

In den Folgejahren wurden zahlreiche Varianten der CD entwickelt, die sich in Größe und Kapazität unterschieden. Weiterentwicklungen der CD sind die verschiedenen DVD-Formate, die auch Bilder speichern können. Mit der CD wurde der Wechsel von der analogen zur digitalen Speicherung von Tönen eingeleitet. Aufgrund der leichten und verlustfreien Kopiermöglichkeit für digitale Daten ist es möglich, exakte Kopien des Ausgangsmaterials herzustellen. Die dazu erforderlichen technischen Voraussetzungen bieten mittlerweile praktisch alle handelsüblichen Heimcomputersysteme. Auf diesem Wege können beliebig viele Kopien von einem Original hergestellt werden, so dass aus Sicht der Musikindustrie ein großes Interesse besteht, die Kopiermöglichkeiten z. B. durch Kopierschutzsysteme einzuschränken, da ihr Geschäftsmodell, dass sich auf den Verkauf der Tonträger stützt, durch diese Form der Piraterie gefährdet ist. Aus diesem Grund unternehmen eine Vielzahl von Organisationen Versuche, diese Entwicklung zu beenden, neben dem Verband der Phonografischen Wirtschaft zählen hierzu auch Organisationen wie die Gesellschaft für musikalische Aufführungs- und mechanische Vervielfältigungsrechte (→ GEMA), die die Interessen der Künstler vertreten.

Mit dem Wechsel zur Digitaltechnik wurde es auch möglich, die Musikstücke zu bearbeiten und in neuen Formaten zu speichern. So lassen sich die Audiodaten einer CD mit Hilfe von gängigen Softwareprogrammen in das Format MP3 umwandeln und zwischen verschiedenen Datenträgern frei kopieren. Dies führte dazu, dass der Musikindustrie Umsätze und Gewinne verloren gingen, da eine kostenlose Verbreitung der Musik über das → Internet möglich wurde und sich Interessierte durch das Tauschen von Musikstücken Musik beschafften, die sie sonst hätten kaufen müssen. Die Höhe der entgangenen Einnahmen ist dabei immer wieder Gegenstand der Diskussion, das frühere Argument der Musikindustrie, dass praktisch jedes kostenlos bezogene Musikstück auch gekauft worden wäre, wenn es nicht über das Internet verfügbar gewesen wäre wird heute nicht mehr ernsthaft vertreten.

Mittlerweile ist diese illegale Form der Verbreitung von Musik jedoch rückläufig, und die Musikindustrie nutzt das Internet mittlerweile selbst intensiv als Vertriebskanal für ihre Angebote. Heute trägt der Wechsel zu digitalen zum Teil drahtlosen Distributionsnetzen für digitale Inhalte dazu bei, dass der Zahl der CD-Verkäufe zurückgeht und die unterschiedlichsten digitalen Datenspeicher genutzt werden, um Musik abzulegen. Dabei spielen neben wieder beschreibbaren CDs und DVDs Speicherkarten und Festplatten eine wichtige Rolle. *H3r*

*Literatur*

J. Kulle: Ökonomie der Musikindustrie. Frankfurt a. M. 1998.
R. Moser, A. Scheuermann (Hrsg.): Handbuch der Musikwirtschaft. Starnberg, München 2003.

## Türkei

Der Verhandlungsprozess der Türkei um einen Beitritt in die EU hat in den letzten 10-15 Jahren auch zu grundlegenden Veränderungen im Mediensystem geführt. Es wird heute von mehreren türkischen Konzernen dominiert, die Anteile in den unterschiedlichsten Branchen halten. Diese Großkonzerne entstanden in den späten 1980er Jahren im Zuge der Einführung einer „neuen, liberalen Marktwirtschaft" und übernahmen den Mediensektor bis zur 2. Hälfte der 1990er Jahre von kleinen Unternehmen, meist in Familienbesitz. Dies hat zu einer starken → Konzentration geführt. Heute teilen sich fünf große Mediengruppen fast 80 % des türkischen Medienmarktes: Dogan, Sabah, Uzan, Ihlas und Aksoy. Diese Mediengruppen besitzen zahlreiche Zeitschriften, Tageszeitungen, Radio- und Fernsehsender.

Von den insgesamt 704 Mio. Euro, die 2004 in Werbung flossen, gingen über die Hälfte an das Fernsehen (52,2 %), 31,8 % an die Tageszeitungen, 4,5 % an das Radio, 4,0 % an Zeitschriften, 5,8 % an Außenwerbung und 1,4 % an das Kino.

Die erste Zeitung, *Takvim-i Vakayi*, wurde 1831 von der osmanischen Regierung in Istanbul herausgegeben, 1840 folgte die erste private Zeitung namens *Ceride-i Havadis*. Die Anatolische Nachrichtenagentur (Anadolu Ajansy) wurde 1920 gegründet. In den 1990er Jahren kauften dann große Konzerne, vor allem *Dogan* und *Sabah*, viele der alten Presseunternehmen auf oder gründeten neue. Laut Zahlen vom Februar 2005 liegt die durchschnittliche Verkaufszahl aller Tageszeitungen bei 4,7 Mio. Exemplaren pro Tag, wobei die nationalen Zeitungen mit Sitz in Istanbul etwa 90 % dieser Gesamtauflage ausmachen (von den etwa 40 großen national verbreiteten Zeitungen stammt lediglich *Zaman* aus Ankara). Die größten Tageszeitungen nach Auflage sind *Posta* (tägliche Auflage 542.000 Ex.), *Hürriyet* (494.000) und *Zaman* (437.000). Zeitschriften und Magazine spielten lange keine große Rolle, mittlerweile aber ist eine Fülle an unterschiedlichsten Titeln entstanden. Insgesamt werden in der Türkei über 5.000 Periodika herausgegeben, die Hälfte davon wöchentlich.

Außer *Cumhuriyet* erscheinen alle Tageszeitungen in Farbe. Die Distributionsfirma von Dogan, Yay-Sat, ist Marktführer. Ein Zeitungsexemplar wird in der Regel von mehreren Menschen in Büros oder Clubs gelesen, der politische, sozialen und kulturelle Einfluss der Presse ist daher groß.

Die erste Radiosendung in der Türkei wurde 1922 von der *British Broadcasting Corporation* (→ BBC) ausgestrahlt, 1936 folgte, ebenfalls von der BBC, die erste Fernsehsendung. Ein türkisches Radio ging erstmals am 6. Mai 1927 in Istanbul auf Sendung.

Die heutige öffentliche Rundfunkorganisation der Türkei, die *Türkiye Radyo Televizyon kurumu* (TRT), wurde 1963 als unabhängige Einrichtung gegründet und hatte bis 1994 in der Türkei das Rundfunkmonopol. Am 31. Januar 1968 ging das erste TV-Programm auf Sendung. Heute betreibt die TRT vier landesweit zu empfangende Hörfunkprogramme: Radio 1 (Vollprogramm), Radio 2 (nur Nachrichten), Radio 3 (Musik) und TRT FM (Türkische Volksmusik). Zusätzlich gibt es zehn regionale Radioprogramme, das *Tourism Radio* für ausländische Touristen und den Kurzwellen-Auslandssender *Voice of Turkey*. Außerdem betreibt TRT vier nationale Fernsehprogramme: TRT 1 (Vollprogramm), TRT 2 (Information), TRT 3 (bestehend aus Sport, TBMM-TV – Parlamentsfernsehen, TRT-GAP – ein Regionalprogramm für die südöstliche Türkei) und TRT 4 (Bildung). Darüber hinaus gibt es die beiden Auslandsfernsehprogramme TRT-INT, das sich an die in Europa lebende türkische Bevölkerung richtet, und TRT TÜRK für Zuschauer in Mittelasien. Finanziert wird die TRT zu einem geringen Teil aus Werbung, überwiegend aber aus einem Anteil an den Stromeinnahmen des Landes sowie aus Programmverkäufen und Einkünften aus den Steuern, die auf Rundfunkgeräte und Videorekorder zu zahlen sind.

Privater Rundfunk hielt im September 1990 Einzug, als Hunderte von lokalen kommerziellen Radio- und Fernsehpiratensender entstanden und ein immer größeres Publikum fanden, so dass sich der Staat zu einer Legalisierung genötigt sah. Am 13. April 1994 trat ein Rundfunkgesetz in Kraft, das den privaten und öffentlichen Rundfunk regelte. Als Aufsichtsbehörde für den privaten Rundfunk wurde der Hohe Rundfunkrat RTÜK gegründet. Inzwischen haben 16 nationale, 15 regionale und 229 lokale private Fernsehveranstalter sowie 36 nationale, 108 regionale und 1.052 lokale private Radioveranstalter Lizenzen beim RTÜK beantragt, aber noch nicht erhalten. Zusätzlich gibt es 98 Antragsteller für Kabelfernseh- und 27 für Kabelradiolizenzen.

Die wichtigsten privaten Fernsehsender sind *Kanal D* (Spitzenreiter mit einer Zuschauerreichweite von 15 %, gehört zur Dogan-Gruppe), ATV und *Show TV* (gehören zur Cukurova-Gruppe) und TGRT (im Besitz der Ihlas-Gruppe). Die Spartenkanäle wie Nachrichten- und Musiksender einmal ausgenommen, unterscheiden sich die Programme der einzelnen Kanäle kaum voneinander, amerikanische Spielfilme, türkische Soap Operas und Quizshows beherrschen den Bildschirm.

Der digitale Rundfunkmarkt in der Türkei wird beherrscht von der Satellitenplattform *DigiTurk* (Start 2000), die sich gegen die Konkur-

# Türkei

| Rahmendaten zum Mediensystem in der Türkei | |
|---|---|
| Einwohner 2003 (Bevölkerungsdichte) | 72,3 Mio. (85/km²) |
| Zahl der Haushalte (Haushaltsgröße) | 16,460 Mio. (4,3) |
| Bruttosozialprodukt pro Kopf in US$ | 4.000 |
| TV-Verbreitung (in % aller Haushalte) | 98,0 % |
| Zahl der TV-Sender, die von 70 % der Bevölkerung empfangen werden können | 15 |
| Werbeausgaben netto gesamt in Euro (davon im TV) | 704 Mio. (369,6 Mio.) |
| Tägliche Zeitungsreichweite 2004 (in % aller Erwachsenen) | 64,9 % |
| Tägliche Fernsehdauer 2004 (Alter 20+) | 313 Min. |
| Kabelfernsehen (in % aller TVHH) | 10,0 % |
| Satellitenschüssel (in % aller TVHH) | 11,7 % |
| Allein terrestrischer Empfang analog (in % aller TVHH) | 83,5 % |
| Digital-Pay-TV-Abonnenten (in % aller TVHH) | 3,9 % |
| Rundfunkgebühren pro Jahr | keine |
| Telefonverfügbarkeit (in % der Bevölkerung) | 86,4 % |
| Handyausstattung (in % der Bevölkerung) | 74,5 % |
| PC-Verbreitung (in % der Bevölkerung) | 16,5 % |
| Internetnutzer (min. einmal im Monat) (in % der Bevölkerung) | 11,7 % |

Quelle: Television 2005 International KeyFacts, World Press Trends 2005

renten *Star Digital* und *Cine Digital* durchsetzen konnte. Insgesamt ist die Zukunft des digitalen Fernsehens in der Türkei aber noch unklar, digitale Angebote terrestrisch oder im Kabel gibt es noch nicht. 2004 haben 73,5 % der Bevölkerung täglich mindestens 1 Minute lang ferngesehen, bei den Kindern von 5-11 Jahren waren es täglich 76,6 %.

Die Beliebtheit des → Internets in der Türkei wächst, doch obwohl mittlerweile immer mehr Menschen einen PC besitzen, liegt die Verbreitung des Internets (4 % der Bevölkerung) noch immer etwa 4-5 Jahre hinter der Entwicklung des restlichen Europas zurück. Derzeit gibt es über 80 Internet Service Provider (ISPs) in der Türkei, doch die Zuverlässigkeit der Infrastruktur ist nicht immer gewährleistet. Die wichtigsten Firmen auf diesem Markt sind Teil der Großkonzerne und arbeiten mit anderen Firmen derselben Gruppe zusammen. Die wichtigsten Akteure sind hier: Superonline der Cukurova-Gruppe, Vestelnet der Vestel Electronic, Turk.Net der Sabanci Holding und Koc.Net der Koc Holding sowie e-kolay von der Dogan-Gruppe. Der Umsatz auf dem Internetmarkt wird hauptsächlich durch die Einwahl-Gebühren generiert. Während die Aktivitäten der Internet-User anfänglich größtenteils im Mailen, Downloaden und Surfen bestanden, bieten verschiedene Portale ihren Usern nun auch alternative Inhalte. *Ma*

*Literatur*

B. Sümer, B. Capli: Das Mediensystem der Türkei. In: Hans-Bredow-Institut (Hrsg.): Internationales Handbuch Medien 2004/2005, Baden-Baden 2004, S. 671-678.
www.byegm.gov.tr/REFERENCES/REFERENCES.HTM (Englisch).

## Unterhaltung

Unterhaltung ist ein Kernbereich kultureller und medialer Angebote. Sie findet sich in kulturellen Veranstaltungsformen etwa des Theaters (Boulevardkomödie, Varieté) ebenso wie in den Programmmedien → Hörfunk (Comedysendungen) und → Fernsehen (Gameshows). Verschiedene medien- und kommunikationswissenschaftliche Teildisziplinen beschreiben den Programmschwerpunkt Unterhaltung aus unterschiedlichen Perspektiven. Aus der Perspektive der kommunikationswissenschaftlichen Nutzungsforschung ist Unterhaltung das, was die Rezipienten unterhält. Diese Definition erfasst alle Programmbereiche, die sich zu Unterhaltungszwecken rezipieren lassen. Aus der Perspektive der medienwissenschaftlichen Programmforschung werden dem Unterhaltungsschwerpunkt spielorientierte Angebotsformen wie etwa Showformate, aber auch erlebnisorientierte fiktionale Angebotsformen wie Spielfilme oder Hörspiele zugeordnet. Die medienhistorische Forschung untersucht, auf welche Weise Formen des Programmbereichs Unterhaltung aus Unterhaltungsformen unterschiedlicher Kulturberei-

**Unterhaltung** 355

che hervorgingen. So werden etwa die Panoramen des 19. Jahrhunderts als Vorform des Kinos angesehen.

Unterhaltungsformate weisen vergleichbare Angebotsstrukturen auf. Spielorientierte Unterhaltungsformen wie etwa Gameshows kennzeichnet das Prinzip der additiven Reihung von Präsentationssequenzen (etwa die Auftritte von Sängern) oder Handlungssequenzen (die Spiele der Kandidaten), die in ihrer thematischen und emotionalen Struktur wechseln. Für die Erlebnisdimension spielorientierter Unterhaltungsformen ist das Prinzip des offenen Ausgangs kennzeichnend: Kandidaten müssen sich in unterschiedlichen Anforderungseinheiten bewähren. Der Zuschauer kann scheinbar unmittelbar ihren Gewinn oder ihre Niederlage verfolgen.

Spielleiter vermitteln zwischen Ereignisraum und Rezeptionsraum des Zuschauers. In Gameshows und Quizsendungen leiten Showmaster die Spieleinheiten. Mit ihren Anweisungen legen sie die Regeln des Wettkampfes und damit die Rahmenbedingungen der individuellen Bewährung fest. Das jeweilige Image des Moderators, der als Spielleiter und Kommentator, also Begleiter und Bewerter der Kandidatenleistung, fungiert, ist entscheidend für die Wirkung der Sendung. Moderatoren bilden die verbindende Instanz zwischen der Spielwelt des Mediums und der Lebenswelt des Zuschauers.

Spielfilme und serielle Erzählweisen bilden den Kernbereich fiktionaler Unterhaltung. Im Bereich dieser populären Erzählformen haben sich standardisierte Handlungsstrukturen herausgebildet. Es lassen sich medienübergreifende gleichbleibende Organisationsformen des Erzählens unterscheiden:
– die Zusammenfassung bestimmter Erzählkonventionen in Gattungen (Spielfilm) oder Genres (Western),
– die zeitliche und räumliche Organisation von Haupt- und Nebenhandlung in bestimmte szenische Abfolgestrukturen,
– menschliche oder nichtmenschliche Figuren als Handlungsträger,
– Formen visueller und akustischer Darstellung und sprachlicher Äußerung (Dialog, Monolog).

Das Ursache- und Wirkungsprinzip der Abfolge von Ereignissen ist an das Handeln, Erleben und Empfinden von Figuren geknüpft. Durch verschiedene Formen der Einfühlung in das Schicksal der gezeigten Figuren erhalten fiktionale Unterhaltungsformen ihre besondere Wirkung.

Das Spektrum an Unterhaltungsformaten ist kontinuierlichen Veränderungen unterworfen. Mit dem Ausstrahlungsbeginn von *Big Brother* (RTL II) begannen sich seit 2000 eine Reihe von Mischformen aus Realitätsdarstellung, serieller Erzählweise und Showunterhaltung zu etablieren. Damit wurden die Kernbereiche der Unterhaltungsformen wie etwa Spielshows oder Serien miteinander kombiniert. *JoB*

*Literatur*

L. Bosshart, W. Hoffmann-Riem (Hrsg.): Medienlust und Mediennutz: Unterhaltung als öffentliche Kommunikation. München 1994.
M. Friedrichsen, U. Göttlich (Hrsg.): Produktion von Unterhaltung. Köln 2003.
W. Früh, H.-J. Stiehler (Hrsg.): Theorie der Unterhaltung. Köln 2003.

# Urheberrecht

Das Urheberrecht schützt das geistige Eigentum der kreativ Schaffenden. Es basiert auf der Annahme, dass eine florierende Produktion hochwertiger Werke, ob Texte, Filme, Fotos oder Computerprogramme, nur entsteht, wenn diese durch starke Schutzrechte gesichert werden.

Das Urheberrecht wird durch die Eigentumsgarantie in Art. 14 Grundgesetz garantiert, so hat es das Bundesverfassungsgericht 1971 in seiner Entscheidung zum Kirchen- und Schulgebrauch festgestellt. Es verleiht dem Urheber das ausschließliche Recht, sein Werk auf jede Art und Weise zu nutzen und an jeder wirtschaftlich relevanten Nutzung finanziell beteiligt zu werden. Neben dieser wirtschaftlichen Komponente sichert das Urheberrecht auch ideelle Interessen. Durch das Urheberpersönlichkeitsrecht wird der Urheber vor Nutzungen des Werkes geschützt, die ihn in seinen persönlichen und geistigen Beziehungen zu seinem Werk verletzen (etwa ungenehmigte Veröffentlichungen oder entstellende Veränderungen).

**Urheberrecht**

Im deutschen Recht wird das Urheberrecht durch das Urheberrechtsgesetz (UrhG) geregelt. Hiernach sind nur solche Werke geschützt, die eine „persönliche geistige Schöpfung" darstellen. Nur individuellen Werken kommt ein Urheberrecht zu, nicht aber reinen Alltagsschöpfungen, also dem „was jeder so gemacht hätte". Trotz dieses Erfordernisses sind die Anforderungen an den Urheberrechtsschutz im Allgemeinen sehr gering. Auch wenig originelle Zweckgestaltungen, die so genannte „kleine Münze", sind regelmäßig urheberrechtsfähig. Dies gilt zum Beispiel für einfache Popmusik, simple Computerprogramme oder Sachtexte. Das Urheberrecht ist kein (reines) Kulturschutzrecht. Dies zeigt sich allein daran, dass das Urheberrechtsgesetz neben den Werken auch andere Leistungen schützt. Die so genannten verwandten Schutzrechte oder Leistungsschutzrechte sichern – neben den urheberrechtsähnlichen Rechten der ausübenden Künstler, wie Schauspielern oder Musikinterpreten – vor allem die Investitionen der Tonträger-, Datenbank- und Filmhersteller sowie der Sendeunternehmen.

Das Urheberrecht entsteht durch den tatsächlichen Akt der Schöpfung. Ist eine kreative Leistung erbracht, besteht hieran ein Urheberrecht, ohne dass dies beantragt oder registriert werden müsste. Das Recht entsteht nach dem so genannten Schöpferprinzip beim Urheber, also demjenigen, der die geistige Schöpfung erbracht hat. Das Urheberrecht selbst ist auch nicht übertrag- oder verzichtbar. Der Urheber kann durch die (meist vertragliche) Vergabe von Nutzungsrechten anderen lediglich die Verwertung des Werkes gestatten. In der Praxis lassen sich Werkverwerter wie Plattenfirmen, Verlage oder Filmhersteller meist weit gehende, ausschließliche Nutzungsrechte übertragen. Solche Rechtsübertragungen können so weit gehen, dass der Urheber danach selbst gehindert ist, das Werk zu nutzen. Der Werkverwerter tritt dann in die Rechtsstellung des Urhebers nahezu vollständig ein und genießt damit annähernd den gleichen Schutz wie zuvor der Schöpfer. Diese Praxis relativiert den ersten Eindruck, das Urheberrecht diene vordringlich den Kreativen. Faktisch entwickelt es sich zunehmend zu einem Schutzrecht der Entertainment- und Verlagswirtschaft.

Die dem Urheber vorbehaltenen Nutzungsformen werden als Verwertungsrechte bezeichnet. Wie die Werkarten werden auch die Verwertungsrechte im Gesetz nur beispielhaft aufgezählt, um dem Urheber jede – auch neu entstehende – wirtschaftlich relevante Nutzung des Werkes vorzubehalten. Internet-Nutzungen beispielsweise wurden erst im Rahmen einer Gesetzesreform im Jahr 2003 ausdrücklich in das Urheberrechtsgesetz aufgenommen. Schon zuvor war jedoch unstreitig, dass dem Urheber die alleinige Entscheidungsbefugnis darüber zusteht, ob sein Werk im → Internet zugänglich gemacht wird.

Für die Vermittlung mancher Nutzungsrechte sind die Verwertungsgesellschaften, wie zum Beispiel die → GEMA oder die → VG WORT zuständig. Diese dienen den Urhebern und Rechteinhabern als Inkassostelle für Vergütungen, die auf anderem Wege nicht realisiert werden könnten. Ein Beispiel ist die Kopierabgabe, die auf jede Fotokopie erhoben wird. Die Kopierladenbetreiber zahlen diese an die jeweilige Verwertungsgesellschaft, die sie wiederum an ihre Mitglieder (Urheber, Verlage) ausschüttet. Für den Erwerber von Rechten erfüllen die Verwertungsgesellschaften in ihrem Aufgabenbereich die wichtige Funktion eines zentralen Lizenzgebers. Wer etwa Musik auf seine Webseite stellen will, kann die hierfür notwendige Befugnis von der GEMA erhalten. Wäre dies nicht möglich, müsste man von einer Vielzahl von Rechteinhabern (Komponisten, Textdichter, Interpreten, Tonträgerhersteller) die Rechte einzeln erwerben.

Das Urheberrecht wird – wie auch das Sacheigentum – nicht grenzenlos gewährt. Vielmehr sieht das Urheberrechtsgesetz so genannte Schrankenbestimmungen vor, nach denen bestimmte Nutzungshandlungen auch ohne Zustimmung des Rechteinhabers gestattet sind. Eine für den persönlichen Alltag besonders wichtige Regelung ist die Privatkopie. Diese ermöglicht es, urheberrechtlich geschützte Werke zu privaten Zwecken zu vervielfältigen, also etwa Fernsehsendungen aufzunehmen oder CDs zu brennen. Andere Schrankenbestimmungen erlauben z. B. Zitate oder die Nutzung im Rahmen der Berichterstattung über aktuelle Ereignisse.

Anders als das Eigentum an Sachen währt das Urheberrecht nicht ewig. Unter der Erkenntnis, dass der Zugang zu und die Nutzung von geistigen Errungenschaften von besonderer Bedeutung für die Allgemeinheit sind, werden diese mit Ablauf von 70 Jahren nach dem Tod des Urhebers gemeinfrei (Schutzfrist). Danach ist es jedermann gestattet, das Werk auf jede Art und Weise frei zu verwenden.

Das Urheberrecht ist eine traditionell internationale Rechtsmaterie. Seit jeher wurden Filme in den USA gedreht und in Europa im Kino gezeigt, Bücher in England geschrieben und in Australien verkauft. Durch die Entwicklung digitaler Technologien und vor allem des Internets hat die internationale Bedeutung des Urheberrechts jedoch eine neue Dimension angenommen. Immaterielle Güter (Werke) können nunmehr von jedermann ohne großen Aufwand über das Netz der ganzen Welt zugänglich gemacht werden. Vor diesem Hintergrund wird zunehmend versucht, das Urheberrecht international zu etablieren und zu vereinheitlichen. Insbesondere die Europäische Union ist in diesem Zusammenhang seit Anfang der 1990er Jahre sehr aktiv. Bislang wurden insgesamt acht EU-Richtlinien (→ Europäisches Medienrecht) verabschiedet, um eine möglichst weit gehende Einheitlichkeit der Urheberrechtsregelungen in den europäischen Mitgliedsstaaten zu erreichen. In diesem Sinne harmonisiert wurden unter anderem die Vorschriften über Computerprogramme, Datenbanken, die Schutzfrist, Kabel- und Satellitensendungen und Internet-Rechte.  *TK*

*Literatur*
T. Dreier, G. Schulze: Urheberrechtsgesetz. 2. Aufl., München 2006.
M. Rehbinder: Urheberrecht. 13. Aufl., München 2004.
G. Schricker (Hrsg.): Urheberrecht. 3. Aufl., München 2006.

# USA

Die Medien der USA haben eine weltweit führende Stellung; sie sind technisch wie inhaltlich immer wieder Vorreiter gewesen. Die USA sind auch Heimat der größten Medienkonzerne der Welt, allen voran
→ *Time Warner*.

Die Pressefreiheit ist im First Amendment (erster Verfassungszusatz) gesichert. Erste Zeitungen gab es bereits in der Kolonialepoche, ab 1830 entstand dann die moderne Massenpresse. Die heutige Zeitungslandschaft ist dezentral organisiert und durch lokale Zeitungen geprägt, selbst die großen, international bekannten Zeitungen wie die *New York*

*Times* (Auflage 2004: 1.121.000), die *Washington Post* (708.000) oder das *Wall Street Journal* (2.107.000) sind außerhalb der Zentren kaum präsent. Erst 1981 wurde mit *USA Today* (2.310.000) die erste nationale Zeitung konzipiert, die sofort ein Erfolg wurde. Die Gesamtauflage aller Tageszeitungen (1.457 Titel) lag 2004 bei 54,6 Mio., mit seit Jahren leicht sinkender Tendenz. Die auflagenstärksten Zeitungen neben den Genannten waren 2004: *Los Angeles Times* (902.000), *New York Daily News* (715.000), *New York Post* (686.000), *Chicago Tribune* (601.000), *Houston Chronicle* (555.000) und *San Francisco Chronicle* (476.000). Klassische Boulevardzeitungen gibt es kaum, am ehesten sind die Zeitungen der → *News Corporation* (z. B. *New York Post*) hier einzuordnen. Trotz der großen Zahl unabhängiger Zeitungen ist der Markt hoch konzentriert, fast alle Zeitungen gehören zu nationalen oder regionalen Ketten wie *Gannett, Knight-Ridder, Tribune Publishing* oder *Scripps-Howard*. Etwa 85 % der US-Bürger greifen ein Mal wöchentlich zur Zeitung, doch nur ca. 53 % der Amerikaner werden täglich von einer Zeitung erreicht.

Die Zeitschriftenlandschaft ist hoch diversifiziert, wobei die auflagenstärksten Titel vor allem unterhaltungs- und serviceorientiert sind, aber auch politische Magazine haben ihren festen Platz, etwa das 1923 gegründete *Time Magazine* (Auflage 2004: 4.034.000) oder dessen Konkurrent *Newsweek* (3.135.000). Seit vielen Jahren ist *Reader's Digest* die meistverkaufte Publikation (10.155.000), hohe Auflagen erreichen zudem familienorientierte Blätter, Sport- und Lifestyleorgane (*TV Guide* 9.016.000, *Better Homes and Gardens* 7.627.000, *National Geographic* 5.472.000, *Good Housekeeping* 4.632.000, *Family Circle* 4.253.000, *Womans' Day* 4.131.000, *Ladies' Home Journal* 4.114.000, *People* 3.690.000, *Playboy* 3.114.000, *U.S. News & World Report* 2.018.000).

Das Rundfunksystem ist geprägt durch eine Vielzahl kommerzieller Unternehmen, die Radio- und Fernsehprogramme produzieren und sich über Werbeeinnahmen finanzieren. Regelmäßige Radiosendungen begannen in den USA bereits 1919, regelmäßige Fernsehtestsendungen wurden ab 1939 ausgestrahlt. Seit 1934 wird die Aufsicht von der Regulierungsbehörde *Federal Communications Commission* FCC ausgeübt, die Lizenzen für den Betrieb erteilt.

## USA

Es gibt zwei Organisationsebenen, formal unabhängig, aber funktional und teilweise durch Eigentumsverhältnisse miteinander verbunden: einerseits die Networks, andererseits die lokalen Stationen. Die vier kommerziellen Fernsehnetworks *Columbia Broadcasting System* CBS (Zuschaueranteil 2004/2005: 11 %), *National Broadcasting Company* NBC (10 %), *American Broadcasting Company* ABC (9 %) und *Fox* (9 %) produzieren den größten Teil aller Programme und Werbeflächen zentral und leiten sie an die lokalen Stationen weiter, die einzelne Stunden mit Lokalnachrichten, lokalen Beiträgen und Lokalwerbung füllen. Daneben gibt es unabhängige Stationen, etwa für Minoritäten, und seit 1967 das öffentliche Fernsehen *Public Broadcasting Service PBS* (Zuschaueranteil 1 %), das ebenfalls aus unabhängigen lokalen Stationen besteht, die einen erheblichen Teil des Programms dezentral einspeisen (PBS selbst produziert keine Programme). Finanziert wird PBS von Universitäten, Stiftungen und Gemeinden sowie einer Corporation for Public Broadcasting (CPB) des Bundes. 2004/5 haben 98,8 % der Bevölkerung über 18 Jahren täglich mindestens 1 Sekunde lang ferngesehen, bei den Kindern von 2-11 Jahren waren es täglich 98,7 %.

2004 gab es in den USA 13.822 Radiostationen, von denen 4.854 als kommerzielle Mittelwellensender, 8.950 als UKW-Sender und 18 über Kurzwelle arbeiteten. Die 1.740 tätigen Fernsehstationen umfassten etwa 1.300 kommerzielle Sender, der Rest ist nicht-kommerziell. Insgesamt 598 der genannten Sender arbeiteten „unabhängig", alle anderen hatten sich einem Network (einschließlich PBS) angeschlossen. Die großen Fernsehnetworks wiederum sind Bestandteil riesiger Konzerne: *NBC Universal* gehört zu *General Electric*, ABC zu → *Walt Disney*, *Fox* gehört zu Rupert Murdochs → *News Corporation*, *CBS* gehörte bis 2005 zur → *Viacom Inc.* und wurde jetzt eigenständig.

Nach TNS Media Intelligence/CMR wurden 2004 rund 101 Mrd. Euro in die Werbung investiert, davon gingen 43,8 % ans Fernsehen, 20,1 % an die Tageszeitungen, 15,4 % an Zeitschriften, 5,1 % an andere Printmedien, 7,9 % ans Radio, 5,4 % ans Internet und 2,3 % an Außenwerbung.

Satelliten werden zur Übertragung von TV-Programmen seit 1962 eingesetzt, Marktführer im Satelliten-TV ist *DirecTV*. Kabelfernsehen wurde vor allem in den 1970er Jahren etabliert. Die Kabelnetze sind fast ausschließlich in privater Hand, Marktführer ist *Comcast* mit 22

| Rahmendaten zum Mediensystem in den USA | |
|---|---|
| Einwohner 2005 (Bevölkerungsdichte) | 295,73 Mio. (28/km²) |
| Zahl der Haushalte (Haushaltsgröße) | 111,63 Mio. (2,6) |
| Bruttosozialprodukt pro Kopf in US$ | 39.731 |
| TV-Verbreitung (in % aller Haushalte) | 98,2 % |
| Zahl der TV-Sender, die von 70 % der Bevölkerung empfangen werden können | 100,4 |
| Werbeausgaben nach TNS Intelligence/CMR gesamt in Euro (davon im TV) | 101,581 Mrd. (44,539 Mrd.) |
| Tägliche Zeitungsreichweite (Alter 18+) | 53 % |
| Tägliche Radioreichweite (Alter 12+) | 94,4 % |
| Tägliche Fernsehdauer 2004/05 (Alter 18+) | 301 Min. |
| Kabelfernsehen (in % aller TVHH) | 65,8 % |
| Satellitenschüssel (in % aller TVHH) | 20,3 % |
| Allein terrestrischer Empfang (in % aller TVHH) | k. A. |
| Digital-Pay-TV-Abonnenten (in % aller TVHH) | 41,3 % |
| Rundfunkgebühren pro Jahr | keine |
| Handyausstattung (in % der Haushalte) | 72,6 % |
| PC-Verbreitung (in % der Haushalte) | 71,1 % |
| Internetnutzer (in % der Haushalte) | 67,4 % |

*Quelle:* Television 2005 International Key Facts, hrsg. von IP, World Press Trends 2005

Mio. Haushalten, Zweiter *Time Warner* mit ca. 12 Mio. Anschlüssen. Die Kunden haben die Auswahl zwischen 100 oder mehr Programmen, darunter alle erdenklichen Spartensender, Programme in verschiedenen Sprachen und eine Reihe von Pay-Angeboten, etwa das *Home Box Office* HBO von → *Time Warner*. Die werbefinanzierten Kabelprogramme haben insgesamt einen Zuschaueranteil von 44 %, Pay-TV kommt auf 6 %. Programmproduzenten sind traditionell die großen Hollywood-Studios, die sieben *Majors*, daneben gibt es unabhängige Produzenten, die *Independents*.

Das → Internet ist in den USA entstanden. 1969 gab das Pentagon das ARPANET in Auftrag, Anfang der 1990er Jahre war das Internet zu einem echten Massenphänomen geworden, und *America Online* (AOL) wurde zum größten Anbieter in den USA und weltweit (31

Mio.). Alle Medien von Bedeutung verfügen über eigene Internet-Portale, als Top-Adressen gelten Portale überregional tätiger Medien, wie CNN mit 121,8 Mio. Nutzern im Juli 2002, AOL mit 78,4 Mio. oder New York Times mit 15,3 Mio. Nutzern) oder das gemeinsame Angebot von → Microsoft und NBC (MSNBC.com, 16,1 Mio.). 2005 waren knapp 204 Mio. US-Bürger gelegentliche Internetnutzer. *Ma*

*Literatur*

H. J. Kleinsteuber: Das Mediensystem der USA. In: Hans-Bredow-Institut (Hrsg.): Internationales Handbuch Medien 2004/2005, Baden-Baden 2004, S. 1081-1094.

## USK – Unterhaltungssoftware-Selbstkontrolle

Im Bereich der Unterhaltungssoftware haben 1994 der Verband der Unterhaltungssoftware Deutschlands und der Förderverein für Jugend- und Sozialarbeit e. V. mit fachlicher Unterstützung der Berliner Senatsverwaltung die Unterhaltungssoftware-Selbstkontrolle (USK) für Video- und Computerspiele (→ Bildschirmspiele) eingerichtet. Ziel ist die Imageverbesserung und der Indizierungsschutz für Video- und Computerspiele. Die USK führt gemeinsam mit den Obersten Landesjugendbehörden das Verfahren zur Alterskennzeichnung von Computerspielen durch.

## VDZ – Verband Deutscher Zeitschriftenverleger e. V.

Der VDZ ist der Dachverband der Deutschen Zeitschriftenverleger. Er wurde erstmals 1929 gegründet und wird von 7 Landesverbänden getragen. Im VDZ sind rund 400 Verlage organisiert, die zusammen mehr als 3000 Zeitschriften verlegen. Der VDZ ist die Interessenvertretung der Zeitschriftenverleger. Als Arbeitgeberverband führt er Tarifverhandlungen für Redakteure, als Kommunikationsverband verfolgt er die Entwicklungen des Medienmarktes, formuliert Ziele, Positionen und Forderungen der Zeitschriften und vertritt die Verleger gegenüber der Politik, der Öffentlichkeit und anderen Verbänden. Als Wirtschaftsverband beteiligt er sich auf deutscher und europäischer Ebene an der Gestaltung der wirtschaftlichen Rahmenbedingungen der Zeitschriftenverleger. Der VDZ setzt sich dafür ein, dass die Belange der Zeitschriftenverleger in Gesetzen und Verordnungen berücksichtigt werden und in der Zusammenarbeit mit den Marktpartnern Brancheninstrumente, betriebswirtschaftliche Standards und Verfahren zur Leistungsmessung entwickelt werden. Außerdem verhandelt der Verband mit der Deutschen Post über Produkte und Preise beim Postvertrieb der Presse.

## Ver.di – Vereinte Dienstleistungsgewerkschaft

Im April 1989 haben sich zahlreiche Gewerkschaften im Medienbereich, darunter die IG Druck und Papier, die Deutsche Journalistinnen- und Journalisten-Union (dju), die Rundfunk-Fernseh-Film-Union (RFFU) und der Verband deutscher Schriftsteller (VS), zur „Industriegewerkschaft Medien – Druck und Papier, Publizistik und Kunst" zusammengeschlossen. Am Jahresende 1999 hatte die IG Medien 179.000 Mitglieder, davon 95.000 in Druckindustrie und Zeitungsverlagen, 26.000 in der Papier- und Kunststoffverarbeitung, 22.000 im Bereich Rundfunk, Film, AV-Medien, und fast 20.000 im Bereich Journalismus, viele von ihnen nicht fest angestellt, sondern als freie Mitarbeiter tätig.

Im März 2001 folgte die noch größere Fusion der IG Medien mit der Gewerkschaft Öffentliche Dienste, Transport und Verkehr, der Gewerkschaft Handel, Banken und Versicherungen, der Deutschen Postgewerkschaft sowie der Deutschen Angestellten-Gewerkschaft (die nicht dem Deutschen Gewerkschaftsbund angehörte) zur Vereinten Dienstleistungsgewerkschaft ver.di. Sie hat rund 2,4 Mio. Mitglieder und ist damit eine der größten freien Einzelgewerkschaften der Welt. Sie ist in 13 Fachbereiche gegliedert, von denen die IG Medien im Fachbereich 8 (Medien, Kunst und Kultur, Druck und Papier, industrielle Dienste und Produktion) aufgegangen ist. Verwandt ist der Fachbereich 9 mit den Bereichen Telekommunikation, Informationstechnologie und Datenverarbeitung.

## Verwertungskette

Der Begriff der Verwertungskette bezieht sich auf die Ebene der Inhalte, die in unterschiedlichen Varianten ausgewertet werden. Das Bild der Kette lehnt sich dabei an den Begriff der Wertschöpfungskette aus der Volkswirtschaftslehre an: Dort steht der Zusammenhang von vor- und nachgelagerten Branchen aus volkswirtschaftlicher Perspektive im Mittelpunkt. Der Begriff der Wertschöpfung kommt aus der Volkswirtschaftlichen Gesamtrechnung und bezeichnet die Leistung eines Wirtschaftsbereiches als Differenz aus dem erzeugten Produktionswert und den Kosten für die hierfür eingesetzten Ressourcen. Diese Betrachtungsweise nutzte Porter, um unternehmensinterne Teilprozesses zu analysieren. Als Bezeichnung wählte er hierfür den Begriff Wertkette (Value Chain). Bei den Aktivitäten des Unternehmens wird nach primären und sekundären unterschieden. Zu den primären Aktivitäten zählen die Materialbeschaffung, die Produktion, Marketing und Vertrieb und der Kundendienst. Sekundäre Aktivitäten sind alle Bereiche, die unterstützenden Charakter für die primären Aktivitäten haben, also etwa Personalwirtschaft, Forschung und Entwicklung und der Aufbau und die Pflege der Unternehmensinfrastruktur. Übertragen auf die Medienbranche kommt man bei den primären Aktivitäten zu den drei Stufen Produktion, Aufbereitung und Verbreitung oder Auswertung von Inhalten.

Der Begriff der Verwertungskette bezieht sich auf die letzte Stufe der Wertkette von Medienunternehmen, die bei der Auswertung von Medienangeboten traditionell die Möglichkeit nutzen, diese in verschiedenen Varianten und Versionen anzubieten. Auf diesem Weg wird unter anderem versucht, die Kosten für die Produktion des ersten Exemplars auf eine möglichst große Zahl von Einzelprodukten zu verteilen und so attraktive Angebote zu einem akzeptablen Preis zu liefern. Dies kann sich z. B. auf sinkende Kosten bei der Produktion von Datenträgern, sinkende Vertriebskosten oder aber einen effizienteren Einsatz von Marketingausgaben beziehen.

Im Fall des Kinofilms bedeutet dies z. B., dass die traditionelle Verwertungskette zunächst die Auswertung im Kino vorsieht. Im Anschluss daran erfolgte das Angebot des Films als Pay-per-View, als Kauf- und Mietvideo, im Pay-TV und schließlich im frei zugänglichen gebühren- oder werbefinanziertem Fernsehen. Diese traditionelle Form der Mehrfachverwertung von Inhalten ist durch die zunehmende → Digitalisierung von Produktion und Verbreitung von Medieninhalten in den letzten Jahren im Wandel begriffen. Die Struktur der Verwertungsketten hat sich mittlerweile in mehrfacher Hinsicht verändert. Bei einigen Angeboten sinkt die Bedeutung der regionalen Auswertung, da z. B. über das → Internet Informationen schnell weitergegeben werden können. So kommt es immer wieder dazu, dass Inhalte schon vor ihrer offiziellen Veröffentlichung bereits über dieses Kommunikationsnetz verbreitet werden und so der Neuigkeitswert des Angebotes bei der Premiere eingeschränkt ist. Darüber hinaus trägt auch die weltweite Verbreitung und Zugänglichkeit von Informationen dazu bei, dass regionale Abgrenzungen an Bedeutung verlieren. Die Zahl der Hollywoodfilme, die zuerst ausschließlich in den USA veröffentlicht werden, ist in den letzten Jahren zurückgegangen, die Zahl der Filme, die in mehreren Ländern parallel startet hat im Gegensatz zugenommen. Innerhalb der Verwertungsketten zeichnen sich dabei mittlerweile Verschiebungen beim Erlös ab. So werden mit Filmen mittlerweile durch den Verkauf von DVDs höhere Umsätze erzielt, als dies an den Kinokassen der Fall ist und in einigen Fällen ist die Auswertung von Musik in Form von Klingeltönen wirtschaftlich erfolgreicher als auf einem traditionellen Tonträger.

Darüber hinaus werden in zunehmendem Maße nicht nur komplette Inhalte, sondern auch einzelne Bestandteile wie Bilder, Töne und → Musik einzeln ausgewertet. Die Medienunternehmen gehen dabei dazu über, die Verwertungsketten für unterschiedliche Medien miteinander zu kombinieren, wenn sich dies durch inhaltliche Gemeinsamkeiten realisieren lässt. So werden mittlerweile zu vielen Kinofilmen parallel Computer- und Videospiele auf den Markt gebracht, um die durch → Werbung erzielte → Aufmerksamkeit für einen bestimmten Inhalt für mehrere unterschiedliche Medienangebote nutzen zu können. In vielen Fällen führt dieses Vorgehen tatsächlich zum Erfolg, entweder kaufen Fans einen großen Ausschnitt aus dem differenzierten Angebot oder es werden über bestimmte Formen der Präsentation neue Kunden für ein Angebot interessiert, die sich sonst nicht dafür interessiert hätten. *H3r*

*Literatur*

M. E. Porter: Competitive Strategy: Techniques for Analyzing Industries and Competitors. New York 1980.
A. Zerdick et al.: Die Internet-Ökonomie. Strategien für die digitale Wirtschaft. 3. Aufl., Berlin 2001.

## Viacom

Der Medienkonzern Viacom entstand als Ergebnis einer Vielzahl von Fusionen und Übernahmen. Die ältesten Bestandteile des Konzerns sind das Filmstudio Paramount Pictures, das 1912 gegründet wurde und das Columbia Broadcasting System (CBS), das 1928 unter dem Namen Columbia Phonograph Broadcasting System gegründet wurde. CBS war zunächst ein Radiounternehmen, in den 1940er Jahren engagierte es sich aber sehr erfolgreich im Fernsehen und wurde eins der erfolgreichsten amerikanischen Fernsehunternehmen. Das Sendernetz des Unternehmens war lange Zeit Marktführer in den USA, erst in den 1970er Jahren gelang es der Konkurrenz, erfolgreicher zu sein. Entscheidenden Einfluss auf die Entwicklung des Unternehmens hatten die amerikanischen Kartellgesetze. Als 1970 ein Gesetz in Kraft trat, das den Betreibern nationaler Fernsehnetze wie CBS die Kontrolle von Sendestationen und Kabelnetzen im gleichen Markt verbot, gründete CBS Viacom. Die künftige Aufgabe von Viacom sollte die Programm-Distribution für CBS werden. Viacom erwarb seinerseits nun eine Reihe von Fernseh-Stationen und Pay-TV-Kanälen, darunter waren Programme wie The Movie Channel und MTV. Ende der 1980er Jahre erwarb der Kinounternehmer Redstone 83 % der Viacom-Anteile. In den folgenden Jahren baute Redstone den Konzern immer weiter aus. Zu den Akquisitionen dieser Phase zählen die Videothekenkette Blockbuster, Themenparks und die Fernsehproduktionsfirma Spelling Entertainment, die Serien wie *Beverly Hills 90210*, *Magnum* oder *Melrose Place* produzierte. Die größte Akquisition war die Übernahme der Paramount-Studios im Jahr 1995 für rund 10 Mrd. US$. Damit war es Redstone gelungen, eine Vielzahl von Programmen und Programmproduzenten unter dem Dach von Viacom zu vereinen, der letzte Schritt zum integrierten Fernsehkonzern durch den Erwerb einer Vertriebsmöglichkeit für die verfügbaren Inhalte war aber zunächst aus kartellrechtlichen Gründen nicht möglich. In der Folgezeit zeigte sich, dass nicht alle Akquisitionen zu einer positiven Entwicklung des Unternehmens beitrugen, außerdem hatte der Konzern durch die zahlreichen Firmenübernahmen einen enormen Schuldenberg aufgetürmt. In der zweiten Hälfte der 1990er Jahre erlebte das Unternehmen eine Krise, die zum Teil nur durch den Verkauf von Unternehmensteilen gemeistert werden konnte. Doch der Konzern erholte sich bis zum Jahr 2000 wieder und konnte neue Akquisitionen in Angriff nehmen. Aufgrund einer Änderung der rechtlichen Vorgaben war es nun wieder möglich, auch ein Sendernetz zu erwerben. Im Jahr 2000 übernahm Viacom schließlich die CBS Corp. und erwarb 2001 mit der Black Entertainment Holdings eine weitere Senderkette.

CBS hatte zu diesem Zeitpunkt viel vom Glanz alter Tage verloren. Die härteste Konkurrenz war ab 1994 Rupert Murdoch mit seinem neu gegründeten Fox-Network, der zum einen eine Reihe von Sendern abwarb und zum anderen CBS die Rechte für die Übertragung der National Football League abnahm, indem er der Liga ein höheres Angebot machte. Schließlich büßte CBS seine Unabhängigkeit ein und wurde 1995 vom Elektronikkonzern Westinghouse übernommen. Nach diesem Schritt wurde das Unternehmen Westinghouse vom Management zum Medienkonzern umgebaut. Hatte Westinghouse in der Vergangenheit Generatoren, Kühlsysteme und Atomkraftwerke gebaut, so engagierte sich der Konzern nun fast ausschließlich im Medienmarkt. 1997 schließlich wechselte das Unternehmen seinen Namen in CBS Corp., die 2000 von Viacom übernommen wurde.

Zeitweise gehören zu Viacom Fernsehsender wie Nickelodeon, MTV, VH1, Comedy Central und eine Vielzahl von Pay-TV-Programmen. Das CBS-Network ist nach wie vor eins der erfolgreichsten in den

USA. Zu den Produktionsfirmen des Konzerns zählen neben Spelling Television auch Paramount Television und King World Productions, das die sehr erfolgreiche *Oprah Winfrey Show* produziert. Hinzu kommen die Paramount-Filmstudios, mehr als 180 Radiostationen, Vergnügungsparks, Buchverlage, Unternehmen für Plakatwerbung und ein Musikverlag. Ein großer Teil der Aktivitäten des Unternehmens ist auf die USA konzentriert, allerdings werden einige der Angebote des Konzerns weltweit vermarktet wie z. B. der Musiksender MTV. In Deutschland erwarb Viacom inzwischen die zweiten Musiksenderkette VIVA und kontrolliert nun diesen Bereich des Fernsehmarktes.

Im Jahr 2005 kündigt der Hauptgesellschafter Redstone an, das Unternehmen wieder aufspalten zu wollen, in der Zukunft sollte es wieder ein Unternehmen namens CBS Corp. und ein Unternehmen namens Viacom Inc. geben. Tatsächlich ist diese Aufspaltung im ersten Quartal 2006 vollzogen worden, unter dem Dach von Viacom Inc. befinden sich heute die Fernsehsender der Gruppe, das Filmstudio Paramount, der Musikverlag und Kinobeteiligungen. Mitten im Aufspaltungsprozess erwarb Viacom die Produktionsfirma Dreamworks LLC, an der zuvor unter anderem Steven Spielberg beteiligt war. Die neue CBS Corp. betreibt vor allem das TV-Network und die Radiosender. Der Grund für die Aufspaltung des Konzerns liegt in dem unterschiedlichen Entwicklungspotenzial der beiden Konzernteile: Während CBS vor allem darauf bedacht sein muss, seine Marktstellung zu verteidigen, da die Märkte, auf denen dieses Unternehmen operiert, kein besonders hohes Wachstum erwarten lassen, kann sich Viacom auf neue Akquisitionen und eine dynamische Entwicklung des Wettbewerbs einstellen. Die Verkleinerung stärkt die Flexibilität des Unternehmens, dies kann ein wichtiger Wettbewerbsvorteil werden.

In naher Zukunft steht dem Konzern ein Führungswechsel bevor. Der über 80 Jahre alte Firmenlenker Redstone hat mittlerweile alle Schlüsselpositionen im Unternehmen mit loyalen Mitarbeitern oder Familienmitgliedern besetzt. Deshalb wird erwartet, dass er sich in absehbarer Zeit aus dem operativen Geschäft zurückzieht. In der Zeit seiner Führung ist der Viacom zu einem der zehn größten Medienkonzerne geworden, mit der Entscheidung zur Teilung in Viacom und CBS hat Redstone nun dafür gesorgt, dass beide Unternehmen in Bezug auf den Umsatz keinen Spitzenplatz mehr unter den Medienkonzernen

*Daten zu Viacom*

|  | 2005 | 2004 | 2003 |
|---|---|---|---|
| Umsatz (Mio. US$) | 9.609,6 | 8.132,2 | 7.304,4 |
| Gewinn (Mio. US$) | 1.256,9 | 293,7 | 338,5 |

einnehmen. Das neue strategische Ziel scheint es zu sein, mit Blick auf den Gewinn zur Spitzengruppe der Medienkonzerne zu gehören. Die vorliegenden Daten zur Entwicklung der wirtschaftlichen Situation des neuen Viacom-Konzerns deuten darauf hin, dass die Entflechtung des Konzerns auf diesem Weg ein wichtiger Schritt war. *H3r*

*Literatur*

S. Redstone, P. Knober: A Passion to Win. 2001 New York.
J. Lingemann: Viacom Inc. In: L. Hachmeister, G. Rager (Hrsg.): Wer beherrscht die Medien? Die 50 größten Medienkonzerne der Welt. Jahrbuch 2005. München 2005, S. 53-61.

## VG Wort

Neue technische und wirtschaftliche Nutzungsmöglichkeiten von geistigen Werken, die unter dem Schutz des Urheberrechtsgesetzes stehen, haben zur Gründung von acht Verwertungsgesellschaften außerhalb des musikalischen Bereichs geführt: Die Rechte der Wortautoren und ihrer Verleger nimmt die 1958 gegründete VG Wort wahr. 1978 vereinigte sie sich mit der VG Wissenschaft, die die Rechte von Autoren und Verlegern an wissenschaftlichen Sprachwerken wahrnahm. Die VG Wissenschaft war ihrerseits hervorgegangen aus der früheren Inkassostelle für urheberrechtliche Vervielfältigungsgebühren GmbH, einer Einrichtung des Börsenvereins des Deutschen Buchhandels.

Einnahmen erzielt die VG Wort u. a. aus Bibliothekstantiemen, Vergütungen für Pressespiegel und Abgaben für Kopiergeräte. Sie werden pauschal nach Art und Anzahl der Publikationen an Verlage und Verfasser ausgeschüttet, die im zurückliegenden Jahr neue Publikationen gemeldet haben.

## Vivendi

Der Vivendi-Konzern blickt auf eine wechselvolle Geschichte zurück. Die Ursprünge des Unternehmens liegen im französischen Versorgungsunternehmen Compagnie Générale de Eaux (CGE), das im Jahr 1853 gegründet wurde und bis ins 20: Jahrhundert das Trinkwasser für Lyon und Paris lieferte. Die Ausweitung der Geschäftstätigkeit begann in den 1970er Jahren und führte dazu, dass das Unternehmen unter anderem begann, mit Immobilien zu handeln, als Energieversorger aufzutreten und Transportdienstleistungen anzubieten. Im Jahr 1983 war CGE auch an der Schaffung von Canal+ beteiligt. Weitere Aktivitäten im Medien- und Telekommunikationsbereich waren die Gründung des Mobilfunkanbieters SFR und das Engagement beim Filmproduktionsunternehmen Générale de'Images. Danach spielte der Medien- und Telekommunikationsbereich für die Entwicklung des Unternehmens fast zehn Jahre nur eine geringe Rolle, bis im Jahr 1996 zusammen mit dem deutschen Unternehmen Mannesmann und der British Telecom der Telefonanbieter Cegetel gegründet wurde. Cegetel war wirtschaftlich sehr erfolgreich und wurde zum zweitwichtigsten Telefonanbieter in → Frankreich. Bis 1998 gelang es dem Unternehmen, den Medienkonzern Havas zu übernehmen, der unter anderem den erfolgreichen französischen Pay-TV-Anbieter Canal+ betreibt. In diesem Jahr wechselte die CGE ihren Namen in Vivendi. Dem Konzern gelang es in den folgenden Jahren mit weiteren Akquisitionen, zum wichtigen Akteur im Medien- und Telekommunikationsmarkt zu werden, das Engagement umfasste nun Telekommunikationsnetze in Ungarn, → Polen und Monaco, Bestandteile des Konzerns waren auch Verlage und Filmfirmen. In der Phase des Ausbaus des Mediengeschäfts wurde zu diesem Zeitpunkt auch das traditionelle Stammgeschäft des Konzerns weiterentwickelt. Im Jahr 1999 kam es zur Fusion mit der französischen Mediengruppe Pathé, die unter anderem als Produktionsunternehmen für Fernsehen und Kino arbeitete und Beteiligungen an BskyB und Canal-Satellite hielt. Im Zuge einer Neuausrichtung des Konzerns wurden Teile des Unternehmens verkauft und die Versorgungssparten Wasser, Entsorgung, Energie und Transport im Jahr 2000 unter dem Namen Vivendi Environment als selbstständiges Unternehmen an die Börse gebracht. Dieser Schritt verschaffte dem Unternehmen erhebliches Kapital zum Ausbau seines Engagements im Medienbereich.

Der Aufstieg des Unternehmens zu einem der größten Medienkonzerne der Welt wurde durch die Fusion mit Canal+ und dem kanadischen Seagram-Konzern Vivendi Universal (VU). Der zweite Bestandteil des Namens geht dabei auf die Medienunternehmen des Seagram-Konzerns zurück, die unter dem Namen Universal in den Besitz des kanadischen Spirituosenherstellers gekommen waren. Nun war mit Universal Music das größte Musikunternehmen und mit den Universal Studios eins der sechs wichtigsten Hollywoodstudios Bestandteil des Konzerns. Die Neugliederung des Konzerns erfolgte in fünf Bereichen: Vivendi Universal Publishing, Universal Music Group, Fernsehen und Film, Telekommunikation und Internet. In den folgenden Jahren setzte VU seinen aggressiven Expansionskurs durch den Kauf weiterer Unternehmen und Unternehmensbeteiligungen fort. Letztlich erwiesen sich diese Investitionen überwiegend als Verlustbringer, der Gesamtkonzern geriet im Jahr 2001 in eine tiefe Krise, als ein Verlust von mehr als 13,6 Mrd. Euro ausgewiesen werden musste. Nach einem Wechsel im Management wurde ab dem Jahr 2002 ein harter Sanierungskurs eingeschlagen, der unter anderem dazu führte, dass Unternehmensteile im Wert von mehr als 7 Mrd. Euro verkauft wurden. Dabei ist der Erwerb großer Teile von Vivendi Universal Entertainment durch NBC im Jahr 2004 der größte Schritt gewesen. Mittlerweile gehört das Unternehmen NBC Universal zu 20 % Vivendi und zu 80 % dem Mutterkonzern von NBC, General Electric Company (GE). Nachdem wesentliche Sanierungsschritte vollzogen waren, änderte das Unternehmen seinen Namen im Jahr 2006 wieder in Vivendi. Die Aktien des Unternehmens sind zu mehr als 90 % in Streubesitz, der Rest wird von Banken gehalten.

Heute gliedert sich der Konzern in fünf Bereiche. Wirtschaftlich am wichtigsten ist hierbei für den Konzern die SFR Cegetel. Mit 18 Mio. Telefonkunden zählt das Unternehmen zur Spitzengruppe der Telekommunikationsanbieter in Frankreich. Im Jahr 2005 wurden hier mehr als 8,7 Mrd. Euro Umsatz erwirtschaftet. Zweitgrößter Bestandteil des Unternehmens auf der Basis des Umsatzes ist die Universal Music Group mit rund 4,9 Mrd. Euro Jahresumsatz, gefolgt von der Canal+-Gruppe mit 3,4 Mrd. Euro. Canal+ hat rund 5 Mio. Pay-TV-

*Daten zu Vivendi*

| | Universal Music Group | Vivendi Universal Games | Canal+ Group | SFR | Maroc Telecom | Gesamt* |
|---|---|---|---|---|---|---|
| **Umsatz 2005 (Mio. Euro)** | 4.893 | 641 | 3.452 | 8.687 | 1.860 | 19.475 |
| **Gewinn 2005 (Mio. Euro)** | 480 | 41 | 203 | 2.422 | 762 | 3.977 |
| **Beschäftigte 2005** | 7.915 | 2.657 | 3.880 | 8.033 | 11.251 | 34.031 |

* Darin enthalten ein Umsatz von 1800 Mio. Euro, ein Gewinn von 69 Mio. Euro sowie 295 Beschäftigte, die keinem der Bereiche zugeordnet sind.

Kunden, hinzu kommen rund 3 Mio. Abonnenten des digitalen Satellitenbouquets Canalsatellite, das ebenfalls als Pay-TV ausgestrahlt wird. Zum Konzernumsatz tragen mit Maroc Telecom und Vivendi Universal Games zwei weitere Unternehmensteile bei. Maroc Telecom, die das Telefonnetz in Marokko betreiben erzielte einen Umsatz von ca. 1,9 Mrd. Euro, Vivendi Universal Games, das unter anderem das erfolgreiche Online-Spiel Warcraft betreibt, erzielte einen Umsatz von 641 Mio. Euro.

*H3r*

*Literatur*

C. Zabel: Vivendi Universal S.A.. In: L. Hachmeister, G. Rager (Hrsg.): Wer beherrscht die Medien? Die 50 größten Medienkonzerne der Welt. München 2005.
Geschäftsbericht 2005 des Konzerns unter vivendi.com.

## VPRT –
## Verband Privater Rundfunk und Telemedien e. V.

Der Verband Privater Rundfunk und Telemedien e. V. (VPRT) ist die Interessenvertretung der privaten Hörfunk- und Fernsehveranstalter sowie von Unternehmen der Multimedia- und Telekommunikationsindustrie in Deutschland. Es sind im VPRT 160 Unternehmen dieser Branchen organisiert. Mit der 2006 beschlossenen Namensänderung (zuvor „Verband Privater Rundfunk und Telekommunikation") soll verdeutlicht werden, dass der Verband vornehmlich die Anbieter von Inhalten vertritt. Unternehmen aus den Bereichen Infrastruktur, Zugangsdienste und E-Commerce können lediglich eine außerordentliche Mitgliedschaft ohne Stimmrecht erwerben.

## Walt Disney Company

Der Disney-Konzern zählt zu den 5 größten Medienkonzernen der Welt. Die Geschichte dieses Unternehmens beginnt im Jahr 1923, als der 21-jährige Walter (Walt) Disney in einem Hinterzimmer in Hollywood zusammen mit seinem Bruder Roy das Disney Brothers Cartoon Studio gründet. 1926 wechselte das Unternehmen den Namen in Walt Disney Studio. 1928 kam mit *Steamboat Willie* der erste Mickey-Mouse-Cartoon in die Kinos. Mickey ist seitdem untrennbar mit den Geschicken des an Figuren reichen Konzerns verbunden, sie ist ein Meilenstein in der Entwicklung des Merchandising-Geschäfts mit Medienangeboten. In den ersten Jahrzehnten waren es insbesondere animierte Spielfilme wie *Schneewittchen und die sieben Zwerge*, *Pinocchio* und *Bambi* die zum wirtschaftlichen Erfolg des Konzerns beitrugen. Als im Jahr 1955 mit Disneyland der erste Vergnügungspark in Kalifornien eröffnete, waren die zahlreichen berühmten Filmhelden die Hauptattraktion des Parks. Seit den 1950er Jahren gibt es in den USA die wöchentliche Show *Disneyland* beim landesweiten Network ABC, auch der *Mickey Mouse Club* ist Bestandteil des Programms.

Der Konzern wuchs in den 1960er und 1970er Jahren kontinuierlich, das Unternehmen war fast ausschließlich in den USA aktiv. In den 1980er Jahren entwickelte sich das Geschäft des Disney-Konzerns negativ, es fehlten neue Kinoerfolge und der Aktienkurs sank stark. Mit neuen Investoren und einem neuen Management wurde daraufhin ein Sanierungs- und Umstrukturierungskurs eingeleitet, der das Unternehmen zu seiner heutigen Größe brachte. Die spektakulärste Übernahme in diesem Expansionsprozess war die Akquisition der Capital Cities/ABC-Gruppe im Jahr 1997. Dieser Schritt kostete 19 Mrd. US$ und

## Walt Disney Company

sicherte dem Konzern die Kontrolle über eine Vielzahl von Fernsehsendern. Im Jahr 2001 erwarb der Konzern für 5,3 Mrd. US$ das Fox Family Network, eine Reihe von Familien- und Kinderprogrammen, die davor im Besitz von Rupert Murdoch und Chaim Saban war. Damit gelang es dem Unternehmen, seine ohnehin komfortable Marktposition im Bereich des Kinder- und Familienfernsehens weiter auszubauen. Heute wird diese Beteiligung unter dem Namen Jetix fortgeführt. Im Jahr 2006 folgt möglicherweise mit der Übernahme des ehemaligen Kooperationspartners Pixar, einem erfolgreichen Produzenten von Animationsfilmen, eine erneute Vergrößerung des Konzerns.

Weniger erfolgreich war der Konzern in der Vergangenheit mit seinem Engagement im Online-Bereich. Die im Unternehmen Go.com gebündelten Online-Aktivitäten des Konzerns wurden nach dem Jahr 2000 wieder auf die einzelnen Bereiche verteilt. Mittlerweile ist das Unternehmen allerdings z. B. mit dem Online-Spieleangebot Toontown.com in den → USA, → Japan und → Großbritannien erfolgreich gestartet und engagiert sich verstärkt im Markt für Computer- und Videospiele. Inzwischen hat es im Management des Konzerns einen Wechsel gegeben, Bob Iger löste Michal Eisner an der Spitze des Unternehmens ab. Die Gründe für diesen Wechsel waren Streitigkeiten mit den Eigentümern, zu denen auch Nachkommen Walt Disneys zählen, über den künftigen Kurs des Unternehmens.

In Deutschland tritt das Unternehmen in erster Linie mit Beteiligungen und Programmen im Fernsehen und Kino und als Lizenzgeber für Verlage in Erscheinung. Für die Nutzung der Rechte an den Figuren aus dem Haus Disney (z. B. Mickey Mouse, Lion King, Winnie the Pooh) unter anderem durch deutsche Comic-Verlage werden Lizenzgebühren in erheblicher Höhe fällig, die an den Disney-Konzern zu zahlen sind. Darüber hinaus ist Disney auch mit der Musicalproduktion des *Königs der Löwen* in Hamburg in Deutschland aktiv. Bei der Produktion von Kinofilmen kooperierte Disney in den vergangenen Jahren sehr erfolgreich mit den Produktionsunternehmen Pixar und Miramax, erfolgreiche Titel aus dieser Zusammenarbeit sind z. B. *Die Unglaublichen* und *Der englische Patient*. Daneben produziert Disney auch in den eigenen Studios Kinofilme wie z. B. *Pocahontas*, die allerdings in den letzten Jahren weniger erfolgreich waren als die Kooperationsprojekte.

Auf dem deutschen Fernsehmarkt tritt der Konzern selbst als Besitzer oder Mitgesellschafter von Kanälen auf oder er liefert Programme an die einzelnen Veranstalter. So sind die Programme The History Channel, Jetix, Disney Channel, Playhouse Disney und Toon Disney Bestandteil des Pay-TV-Angebots von Premiere, darüber hinaus ist der Konzern mit 50 % an SuperRTL beteiligt und verfügt über die Beteiligung an der Tele München Fernsehen GmbH & Co KG über eine Beteiligung von 31,5 % bei RTL II. Programme, die in den Fernsehproduktionsstudios des Disney-Konzerns entstanden, sind z. B. *Toggolino, Kim Possible, Lost* und *Desperate Housewives*.

Heute ist das Unternehmen in vier Bereiche aufgeteilt: Parks and Resorts, Studio Entertainment, Consumer Products und Media Networks.

Parks und Resorts wurde als eigener Bereich im Jahr 1952 mit dem Start von Disneyland gegründet. Mittlerweile gibt es 11 Themenparks auf drei Kontinenten, der jüngste Park startet 2005 in Hongkong. Neben den Vergnügungsparks zählen auch eine Kreuzfahrtlinie, diverse Restaurants und Sportstätten und ein Eishockeyteam zu diesem Bereich.

Unter der Bezeichnung Studio Entertainment sind alle Aktivitäten zusammengefasst, die sich auf die Produktion, den Vertrieb und die Auswertung von Kinofilmen beziehen. Studios sind Walt Disney Features Animation, DisneyToon Studios, Touchstone Pictures, Hollywood Pictures und Dimension Film. In der Vergangenheit gab es die Kooperation mit Pixar und Miramax. Der Vertrieb der Filme wird durch die Buena Vista-Gruppe durchgeführt, hier gibt es Unternehmen für den Vertrieb der Filme an die Kinos und die spätere Verbreitung als Video oder DVD an Videotheken und Geschäfte. Auch die vier Musiklabel des Konzerns zählen zum Studio Entertainment. Daneben zählt mit der Buena Vista Theatrical Productions eins der größten Produktionsunternehmen von Broadway-Musicals zu diesem Bereich.

Der Bereich Consumer Products ist im Disney-Konzern für Produkte verantwortlich, die auf Disney-Charakteren oder Marken beruhen. Dazu zählen Produkte, die in Verbindung mit der Prinzessinnen-Serie oder Winnie The Pooh stehen. Mit eigenen Produkten und der lizenzierten Nutzung der Figuren für Kleidung, Spiele und andere Produkte und Dienstleistungen werden Umsätze im Milliardenbereich erzielt.

## Walt Disney Company

Im Bereich Media Networks sind alle Aktivitäten zusammengefasst, die sich mit der Verbreitung von Rundfunk beschäftigen. Dazu zählt das ABC-Network mit seinen Unterhaltungs-, Nachrichten- und Kinderprogrammen, die Sportsender ESPN und ABC Sports und Produktionsunternehmen, die speziell für den Fernsehbereich Inhalte herstellen wie z. B. Touchstone Television und Buena Vista Television. Die weltweiten Aktivitäten im Kabelfernsehen umfassen Programme in den USA, Europa, Asien und Lateinamerika und erreichen 120 Mio. Zuschauer. Neben den Fernsehstationen zählen zum Bereich Media Networks auch eine Reihe von Hörfunkstationen, die praktisch in den gesamten USA gehört werden können. Schließlich zählen auch die Online-Aktivitäten des Konzerns zu diesem Bereich. Die Walt Disney Internet Group bereitet Inhalte für das Internet und die Nutzung mit Mobiltelefonen auf und versucht so, neue Vertriebswege zu erschließen.

Der Disney-Konzern ist dank der langjährigen Pflege und Positionierung seiner Angebote für Familien und Kinder die wahrscheinlich wichtigste global anerkannte Marke. Produkte aus dem Hause Disney werden in praktisch allen Industrieländern als qualitativ hochwertige Inhalte für Familien eingeordnet. Mit diesem Kapital kann der Disney-Konzern seine Marktposition im Strukturwandel des Mediensystems nicht nur verteidigen, sondern aufgrund der neuen ökonomischen Möglichkeiten auch ausbauen. Auch wenn der Konzern auf dem Markt für digitale Spiele und im Internet in der Vergangenheit keine großen Erfolge hatte, so verfügt er über die finanziellen Mittel und Inhalte, um auch in diesem Bereich eine zentrale Rolle spielen zu können. *H3r*

*Literatur*

R. Grover: Die Disney-Story. Berlin 1994.
The Walt Disney Company: 2005 Annual Report. Online verfügbar unter http://corporate.disney.go.com/investors/annual_reports.html.
J. B. Stewart: Disneywar: The Battle for the Magic Kingdom. New York 2006.

## WAZ-Mediengruppe

Das zweitgrößte deutsche Zeitungsunternehmen ist die WAZ-Mediengruppe mit Sitz in Essen. Sie ist 1948 entstanden mit der Gründung der *Westdeutschen Allgemeinen Zeitung* (WAZ) durch den Sozialdemokraten Erich Brost und den konservativen Alt-Verleger Jakob Funke, deren Familien bis heute je zur Hälfte die Eigentümer sind.

Im Zuge der Pressekonzentration übernahm die wirtschaftlich erfolgreiche WAZ-Gruppe in den 1970er Jahren die Zeitungen *Neue Ruhr Zeitung/Neue Rhein Zeitung* (NRZ), *Westfälische Rundschau* (WR) und *Westfalenpost* (WP). Dabei wurden Verwaltung, Druck und Anzeigengeschäft zentralisiert, während die verschiedenen Zentralredaktionen bis heute fortbestehen und die Zeitungen am Lesermarkt miteinander konkurrieren. Auf diese Weise soll Meinungsvielfalt in der Regionalpresse erhalten bleiben und das Unternehmen eine möglichst hohe Reichweite erzielen, während es auf dem regionalen Werbemarkt kaum noch Wettbewerb gibt. Dieses so genannte WAZ-Modell, das von Auflagen des Kartellamtes herrührt, hat seither in zahlreichen anderen Regionen bei der Übernahme einer konkurrierenden Tageszeitung Nachahmung gefunden.

Nach der deutschen Einheit engagierte sich die WAZ-Gruppe auch in Thüringen. Sieben deutsche Tageszeitungen sind vollständig im Eigentum der WAZ-Gruppe, bei vier weiteren gibt es Beteiligungen zwischen 24,8 und 60 %. Berücksichtigt man deren Auflagen entsprechend den Kapitalbeteiligungen, so kommt die WAZ-Gruppe bei der verkauften Auflage der deutschen Tageszeitungen auf einen Anteil von 5,6 %.

Neben den Tageszeitungen ist die WAZ-Gruppe auch mit zahlreichen Anzeigenblättern und mit Zeitschriften am Markt, darunter sind durch die Übernahme des Gong-Verlages mehrere Programmzeitschriften.

Im Rahmen des nordrhein-westfälischen Zwei-Säulen-Modells, das die Lokalpresse beim Betrieb von lokalem Hörfunk privilegiert, um sie vor zu starkem Wettbewerb auf dem Werbemarkt zu schützen, ist die WAZ-Mediengruppe in 15 Städten oder Kreisen am lokalen Rundfunk beteiligt. Ihre Minderheitsbeteiligung an der RTL Group hat das Unternehmen im Jahre 2005 an → Bertelsmann verkauft, den Erlös zum größten Teil an die Eigentümer ausgekehrt. Damit ist die WAZ-Mediengruppe gegenwärtig im Fernsehbereich nicht mehr tätig.

Die WAZ-Mediengruppe engagiert sich in Südost-Europa so stark wie kein anderer westeuropäischer Verlag. In → Österreich, Ungarn, Bulgarien, Kroatien, Rumänien, Serbien, Montenegro und Mazedonien betreibt sie Druckereien und gibt, oft in Joint Ventures, Zeitungen, Zeitschriften und Anzeigenblätter heraus.

Die Zahl der Beschäftigten europaweit wird mit 16.000 angegeben, der Umsatz betrug im Jahr 2005 (ohne die RTL-Beteiligung) 1,68 Mrd. Euro. Über den Gewinn macht das Unternehmen keine Angaben.
*Schr*

*Literatur*

G. Rager: Zeitungsgruppe WAZ. In: L. Hachmeister, G. Rager (Hrsg.) (2005): Wer beherrscht die Medien? Die 50 größten Medienkonzerne der Welt. Jahrbuch 2005. München 2005, S. 323-328.

H. Röper: Formationen deutscher Medienmultis. Teil 2: Bertelsmannn, RTL Group, Gruner + Jahr, Burda, WAZ, Holtzbrinck und Bauer. In: Media Perspektiven 4/2006, S. 182-200.

Selbstdarstellung des Unternehmens unter www.waz-mediengruppe.de.

## Weltkommunikationsordnung

War in früheren Epochen der Nationalstaat der Ort, an dem abschließend medienrelevante Entscheidungen gefällt werden konnten, so sind seine Möglichkeiten im Zeitalter der Globalisierung massiv reduziert worden. Weltweit wirkende Medienstrukturen wie → Satelliten oder das → Internet erfordern, dass mit großflächigen Entscheidungsverfahren reagiert wird, wenn überhaupt Ansätze von Regulierung wirksam werden sollen.

Die beiden Leitbegriffe dieses Beitrags stehen in einem gewissen Zusammenhang zueinander. Internationale Medienpolitik hat der gegenwärtigen Weltkommunikationsordnung die Konturen gegeben. Für die internationale Medienpolitik gilt begrifflich dabei dasselbe wie für nationale → Medienpolitik, sie ist vor allem durch allgemeine Rahmenbedingungen und Institutionen (polity), durch Akteure (politics) und Output (policy) geprägt. Dabei meint international die Politikebenen oberhalb des Nationalstaats, also die europäische und die globale Ebene. Die Weltkommunikationsordnung wird vor allem durch zwei Faktoren geprägt:, zum einen durch die vielen nationalen Mediensysteme (→ Mediensysteme im Vergleich) in ihrem weltweiten Zusammenwirken, zum anderen durch die medienrelevanten Aktivitäten von weltweit tätigen Organisationen. Dabei geht es nicht nur um klassische Weltorganisationen wie die United Nations (UN), sondern auch um Medienkonzerne von globaler Größe und zunehmend Zusammenschlüsse aus der Zivilgesellschaft (Non-Governmental Organizations, NGOs), die sich aktiv einmischen.

Die nachfolgende Darstellung unterscheidet die globale und die europäische Ebene der Medienpolitik. Dabei muss beachtet werden, dass sich die verschiedenen Ebenen massiv gegenseitig beeinflussen, z. B. die EU eine einheitliche Handelspolitik betreibt, die ebenso auf die globale Ebene wirkt, wie umgekehrt deren Vorgaben Europa verändern. Diese überregionalen Faktoren wirken ganz unmittelbar auch auf die Nationalstaaten und in Deutschland auf die Medienpolitik der Bundesländer ein.

Zur globalen Ebene: Die Welt wird inzwischen durch ein ganzes Bündel von globalen Organisationen zusammengehalten. Für den Medienbereich ist traditionell bedeutsam eine der Unterorganisationen der UN, die UN Educational, Scientific and Cultural Organization (UNESCO) mit ihren derzeit gut 180 Mitgliedsstaaten. In den 1970er Jahren war sie zur Plattform scharfer Auseinandersetzungen geworden, zwischen der westlichen Staatenwelt, die einen ungehinderten Free Flow of Communication verteidigte, und einer Allianz aus dem sowjetisch-sozialistischen Lager und Staaten der Dritten Welt, die eine New International Information Order forderte, in der staatliche Intervention die sehr ungleichen Kommunikationsströme korrigieren sollte (UNESCO-Mediendeklaration 1978). Der Streit eskalierte, führte zum Austritt der → USA und → Großbritanniens und lähmte die Weltorganisation schließlich.

In den darauffolgenden Jahren war es vor allem der Aufbau eines Welthandelsregimes, dass sich auf den Mediensektor auswirkte. Mit dem General Agreement on Trade in Services (GATS) wurden normative Strukturen auf Mediendienstleistungen ausgeweitet, die für den Weltwarenhandel mit der Welthandelsorganisation (WTO) an der Spitze entwickelt worden waren. Die damit vorgezeichnete Verpflichtung zur schrittweisen Liberalisierung kollidiert mit nationalen medienpolitischen Maßnahmen, wie z. B. Eigenproduktionsquoten im TV, wie sie die EU oder Kanada praktizieren.

In Abwehr dieser Ökonomisierung der Weltkommunikationsordnung war die UNESCO als Statthalter kultureller Interessen in die Weltpolitik zurückgekehrt und hatte 2005 eine Konvention zur kulturellen Vielfalt beschlossen. In ihr werden der Eigenwert und die Schutzbedürftigkeit regionaler Kulturen betont. In vieler Hinsicht ist damit der Konflikt zwischen den ökonomischen und kulturellen Qualitäten von Medien, wie er seit Jahren auf der nationalen Ebene ausgetragen wird, auch auf der globalen Ebene angekommen.

Befürworter der eher wirtschaftsliberalen Sicht von Mediendienstleistungen sind vor allem die Global Player unter den Medienkonzernen. Zu denen werden meist vier amerikanische (→ Time Warner, → Walt Disney, → Viacom, → News Corporation) und ein deutsches Unternehmen (→ Bertelsmann) gezählt, die alle in unterschiedlicher Form global tätig sind, etwa Time Warner mit dem Nachrichtenkanal CNN, Viacom mit den Musikkanälen von MTV oder Bertelsmann als größter Buchverleger der Welt. Gegen die publizistische Macht dieser Konzerne treten einerseits öffentliche Anbieter mit Weltprogrammen an (z. B. BBC World, Deutsche Welle), zum anderen auch zivilgesellschaftliche Akteure (so schlossen sich die Betreiber lokaler Community Radios in der Weltorganisation AMARC zusammen). Konflikte zwischen diesen verschiedenen Akteuren wurden in Arenen wie dem Weltinformationsgipfel (WSIS, abgeschlossen 2005 in Tunis) ausgetragen und mündeten in Vorschläge für die Zukunft der Weltkommunikation, insbesondere auch in Bezug auf das nur global zu beaufsichtigende → Internet (ICANN etc.). Medienpolitisch sind zunehmend Tendenzen einer „Glokalisierung" erkennbar, also die Stärkung lokaler und großregionaler Medien gegen weltweite Einflüsse (z. B. CNN), wie wir es im arabischen Kommunikationsraum finden (z. B. al-Dschasira).

Zur europäischen Ebene: Die Europäische Union (EU) wurde ab ca. 1980 medienpolitisch aktiv. Mit der Begründung, dass ein einheitlicher europäischer audiovisueller Raum den Integrationsprozess befördere, wurde 1989 erstmals die Richtlinie „Fernsehen ohne Grenzen" erlassen, die seitdem mehrfach modifiziert wurde. Ihre Vorschriften, z. B. über Werbeeinblendungen, wurden später in nationales Recht (in Deutschland im Rahmen des Rundfunkstaatsvertrags) überführt. Diese Richtlinie schrieb vor, dass jeder, der sich an ihre Vorgaben hält, sein Programm in der gesamten Union ausstrahlen darf. Tatsächlich erwies sich Europa mit seinen zahlreichen Sprachräumen und kulturellen Unterschieden als zu sperrig, so dass bis heute kaum paneuropäische Programme (wie Euronews, Eurosport) angeboten werden. Die Richtlinie wird 2006 überarbeitet.

In einem anderen Bereich greifen die EU (MEDIA) und der Europarat (Eurimage) mit unterschiedlichen Fördermaßnahmen Filmproduzenten unter die Arme, um ihnen eine Chance gegen die Übermacht von Hollywood zu geben. Bisher ist die europäische Medienpolitik über punktuelle Maßnahmen nicht hinausgekommen, z. B. sind nur wenige Bemühungen erkennbar, die Entstehung einer europäischen Öffentlichkeit zu unterstützen. *HJK*

*Literatur*

K. Hafez: Mythos Globalisierung. Warum die Medien nicht grenzenlos sind. Wiesbaden 2005.
A. Hepp, F. Krotz, C. Winter (Hrsg.): Globalisierung der Medien. Eine Einführung. Wiesbaden 2005.
H. J. Kleinsteuber, B. Thomaß: Kommunikationspolitik international – ein Vergleich der Entwicklungen. In: Hans-Bredow-Institut (Hrsg.): Internationales Handbuch Medien 2004/2005. Baden-Baden 2004, S. 78-99.

## Werberecht

Neben Entgeltzahlungen der Nutzer stellt → Werbung die Haupteinnahmequelle für kommerzielle Medienanbieter (Presse, Rundfunk, Online-Dienste) dar. Dementsprechend hat das Werberecht weit reichende Konsequenzen für die Anbieter.

Werberegeln finden sich im Wettbewerbsrecht, im Medienrecht und in Spezialgesetzen.

**Werberecht**

Im Wettbewerbsrecht nimmt das Gesetz gegen unlauteren Wettbewerb (UWG) eine zentrale Stellung ein. Das Gesetz dient dem Schutz der Mitbewerber, der Verbraucherinnen und der Verbraucher sowie der sonstigen Marktteilnehmer vor unlauterem Wettbewerb. Es schützt zugleich das Interesse der Allgemeinheit an einem unverfälschten Wettbewerb. § 3 UWG enthält das Verbot unlauterer Wettbewerbshandlungen, „die geeignet sind, den Wettbewerb zum Nachteil der Mitbewerber, der Verbraucher oder der sonstigen Marktteilnehmer nicht nur unerheblich zu beeinträchtigen". Als ein Beispiel für eine unlautere Wettbewerbshandlung nennt das Gesetz die Verschleierung des Werbecharakters. Auch irreführende Werbung ist untersagt. Vergleichende Werbung ist nur unter bestimmten Voraussetzungen erlaubt. Das UWG enthält außerdem ein Verbot der unzumutbaren Belästigung durch Werbung. Die Regeln des UWG werden durch die Gerichte durchgesetzt. Klagen können unter anderem Wettbewerber und Verbände, die einzelnen Verbraucher jedoch nicht.

Mit den Werberegeln im UWG werden europäische Richtlinien umgesetzt (Richtlinie über irreführende und vergleichende Werbung, 84/450/EWG, geändert durch 97/55/EG; Richtlinie über die Verarbeitung personenbezogener Daten und den Schutz der Privatsphäre in der elektronischen Kommunikation, 2002/58/EG).

Auch bei den speziellen medienrechtlichen Werberegeln hat das Europarecht einen wesentlichen Einfluss. Werberegeln bzw. Regeln für so genannte kommerzielle Kommunikation finden sich in der Fernsehrichtlinie (89/552/EWG, geändert durch 97/36/EG; zukünftig: Richtlinie für audiovisuelle Mediendienste) und in der Richtlinie über den elektronischen Geschäftsverkehr (2000/31/EG; → Europäisches Medienrecht). Weitgehende Einschränkungen sieht die Richtlinie zur Angleichung der Rechts- und Verwaltungsvorschriften der Mitgliedstaaten über Werbung und Sponsoring zugunsten von Tabakerzeugnissen vor (2003/33/EG). Bei einer Umsetzung ist auch im Presse- und Online-Bereich (im Hörfunk und Fernsehen ist Werbung für Tabakerzeugnisse in Deutschland ohnehin schon untersagt) Werbung für Tabakerzeugnisse – bis auf wenige Ausnahmen – verboten.

Auf nationaler Ebene enthalten die rechtlichen Vorgaben für die Presse, den Rundfunk und Online-Dienste (so genannte Telemedien) Vorschriften für Werbung.

Ein zentrales Ziel ist die Erkennbarkeit von Werbung. Dem Nutzer soll es möglich sein, zwischen Werbung und sonstigen Kommunikationsinhalten zu unterscheiden.

Die Pressegesetze enthalten die Verpflichtung, entgeltliche Veröffentlichungen zu kennzeichnen (durch Anordnung und Gestaltung oder mit dem Wort „Anzeige"). Nach dem Rundfunkstaatsvertrag müssen → Werbung und → Teleshopping als solche klar erkennbar sein. Schleichwerbung ist ausdrücklich verboten. Auch in so genannten Telemedien ist kommerzielle Kommunikation klar als solche kenntlich zu machen.

Für Rundfunk und Telemedien gilt außerdem das Trennungsgebot: Werbung muss von den übrigen Inhalten eindeutig getrennt sein. Dies schließt auch im Rundfunk eine Teilbelegung des Bildschirms mit Werbung (sog. Split Screen) nicht aus, erforderlich ist aber eine eindeutige optische Trennung.

Der Rundfunkstaatsvertrag unterscheidet zwischen verschiedenen Formen kommerzieller Kommunikation: Werbung, Teleshopping und Sponsoring. Bei der Werbung sind neben Werbespots auch Dauerwerbesendungen vorgesehen. Im Unterschied zur Werbung wird beim Teleshopping die Verkaufsaktion unmittelbar eingeleitet. Beim Sponsoring wird ein Beitrag zur Finanzierung einer Rundfunksendung geleistet. Auf den Sponsor muss zu Beginn oder am Ende hingewiesen werden; einen Einfluss auf die Sendung darf der Sponsor nicht nehmen.

Für den Rundfunk gelten zeitliche Werbebeschränkungen: Der Anteil an Sendezeit für Spotwerbung innerhalb einer Stunde darf 20 % nicht überschreiten. Für den öffentlich-rechtlichen Rundfunk existieren weitergehende Restriktionen: Fernsehwerbung darf nur im Ersten Fernsehprogramm der → ARD und im → ZDF und auch dort nur an Werktagen ausgestrahlt werden. Die Werbezeit ist auf 20 Minuten pro Tag im Jahresdurchschnitt beschränkt. Nach 20.00 Uhr darf im öffentlich-rechtlichen Fernsehen nicht mehr geworben werden; dieses Verbot gilt aber nicht für Sponsorhinweise. Für die einzelnen öffentlich-rechtlichen Hörfunkprogramme gelten unterschiedliche Vorgaben, hier bestehen aber ebenfalls Werbezeitbeschränkungen.

Auch für die Einfügung der Werbung beim öffentlich-rechtlichen und privaten Rundfunk enthält der Rundfunkstaatsvertrag Vorgaben.

**Werbung**

Bestimmte Sendungen dürfen nicht beliebig oft und einige gar nicht unterbrochen werden.

Inhaltliche Beschränkungen für Werbung finden sich etwa im Rundfunkstaatsvertrag (z. B. das Verbot der Irreführung und das Verbot der inhaltlichen und redaktionellen Beeinflussung des übrigen Programms durch Werbung oder Werbetreibende), im Jugendmedienschutzstaatsvertrag und Jugendschutzgesetz (Regeln zum Schutz von Kindern und Jugendlichen), im Lebensmittel- und Bedarfsgegenständegesetz (z. B. das Verbot, für Tabakerzeugnisse im Hörfunk oder im Fernsehen zu werben) und im Heilmittelwerbegesetz.

Die rundfunkrechtlichen Werberegeln werden bei den privaten Rundfunkanbietern durch die Landesmedienanstalten durchgesetzt (→ Medienaufsicht). Diese haben zur Konkretisierung der gesetzlichen Vorgaben Richtlinien zur Werbung erlassen.

Daneben spielt Selbstregulierung eine wichtige Rolle. Der → Deutsche Werberat, der vom Zentralverband der deutschen Werbewirtschaft (→ ZAW) gegründet wurde, hat Verhaltensregeln erlassen, unter anderem für die kommerzielle Kommunikation für alkoholhaltige Getränke. Jedermann ist berechtigt, dem Deutschen Werberat Beschwerden über Werbemaßnahmen vorzulegen. *TH*

*Literatur*

K.-H. Ladeur: Das Werberecht der elektronischen Medien: Internet, Telefon, Rundfunk, Heidelberg 2004.
Zentralverband der deutschen Werbewirtschaft (ZAW): Werbung in Deutschland 2006. Berlin 2006.

## Werbung

„Die Zeitung hat den Charakter einer Unternehmung, welche Anzeigenraum als Ware produziert, die nur durch einen redaktionellen Teil absetzbar wird" – so hat es 1926 der Nationalökonom Karl Bücher formuliert. Heute gilt diese Beobachtung nicht nur für die Zeitungen, sondern auch für Hörfunk und Fernsehen und besonders für das world wide web. Werbung hat den Zweck, das Erleben und Handeln des

*Netto-Werbeeinnahmen erfassbarer Werbeträger in Deutschland in Mio. Euro*

| Werbeträger | 1990* | % | 2000 | % | 2005 | % |
|---|---|---|---|---|---|---|
| 1. Tageszeitungen | 4.122 | 32,9 | 6.557 | 28,1 | 4.418 | 22,3 |
| 2. Fernsehen | 1.413 | 11,3 | 4.705 | 20,1 | 3.930 | 19,9 |
| 3. Werbung per Post (nur Verbreitungskosten) | 1.531 | 12,2 | 3.383 | 14,5 | 3.398 | 17,2 |
| 4. Anzeigenblätter | 1.005 | 8,0 | 1.792 | 7,7 | 1.898 | 9,6 |
| 5. Publikumszeitschriften | 1.565 | 12,5 | 2.247 | 9,6 | 1.791 | 9,1 |
| 6. Verzeichnis-Medien | 702 | 5,6 | 1.243 | 5,3 | 1.197 | 6,1 |
| 7. Fachzeitschriften | 993 | 7,6 | 1.267 | 5,4 | 902 | 4,6 |
| 8. Außenwerbung | 348 | 2,8 | 746 | 3,2 | 769 | 3,9 |
| 9. Hörfunk | 454 | 3,6 | 733 | 3,1 | 664 | 3,4 |
| 10. Online-Angebote | – | 0,0 | 153 | 0,7 | 332 | 1,7 |
| 11. Wochen- und Sonntagszeitungen | 181 | 1,4 | 278 | 1,2 | 253 | 1,3 |
| 12. Filmtheater | 110 | 0,9 | 175 | 0,7 | 132 | 0,7 |
| 13. Zeitungssupplements | 111 | 0,9 | 68 | 0,3 | 91 | 0,5 |
| **Werbeeinnahmen insgesamt** | **12.535** | **100,0** | **23.372** | **100,0** | **19.775** | **100,0** |
| Anteil der Werbeeinnahmen am Bruttoinlandsprodukt in % | | 0,98 | | 1,13 | | 0,88 |

* 1990 nur alte Bundesländer
*Quelle:* Zentralverband der deutschen Werbewirtschaft (ZAW)

Publikums zu beeinflussen. Dazu braucht es zunächst eine hinreichende → Aufmerksamkeit, damit die Werbung überhaupt wahrgenommen wird, und diese Aufmerksamkeit ist die Leistung, die die Medienunternehmen den Werbetreibenden anbieten.

Knapp 1 % des Bruttoinlandsprodukts fließt in Deutschland für Werbung an die Medien und an Postdienste. 2005 waren es rund 19,8 Mrd. Euro (0,88 % des BIP), Davon gingen 4,4 Mrd. Euro an die Tageszeitungen, 3,9 Mrd. Euro an das Fernsehen und 3,4 Mrd. Euro an Postdienste für die Verbreitung von Prospekten und Werbebriefen. Die Entwicklung seit 1990 zeigt erhebliche Verschiebungen: Der Anteil der Zeitungen ist von 32,9 % auf 22,3 % zurückgegangen, auch

Publikumszeitschriften und Fachzeitschriften haben Marktanteile verloren. Demgegenüber hat das Fernsehen seinen Anteil von 11,3 % auf 19,9 % steigern können, und auch Werbung per Post, Anzeigenblätter und Online-Angebote gewinnen Marktanteile.

Für die Werbetreibenden kommt es darauf an, mit ihrer Werbung auch die Zielgruppen zu erreichen, die an ihren Produkten und Dienstleistungen Interesse haben und auf den Erwerb Einfluss nehmen können. Wenn etwa Werbung für Hundefutter Personen ohne Hunde erreicht oder Werbung für Kapitalanlagen Menschen ohne liquide Mittel, so bringt das für die Werbetreibenden so genannte Streuverluste. Von den Medienunternehmen werden häufig ihre → Reichweiten in der Altersgruppe der 14- bis 49-Jährigen besonders hervorgehoben, weil die älteren Menschen in ihrem Konsumverhalten schon stärker festgelegt und schwerer umzustimmen sind (soweit es nicht um neue Produkte wie z. B. Zubehör für Zahnprothesen geht). Umgekehrt kann es manchmal wichtig sein, die Zielgruppe möglichst vollständig zu erreichen, auch wenn dabei Streuverluste entstehen.

Annahmen über die Wirkungen der Werbung sind einerseits die Voraussetzung für entsprechende Aufwendungen, andererseits geben sie Anlass für rechtliche Einschränkungen (→ Werberecht) und für eine Selbstkontrolle der Werbewirtschaft (→ Deutscher Werberat).

*Schr*

*Literatur*

H. Willems (Hrsg.): Die Gesellschaft der Werbung. Wiesbaden 2002.
Zentralverband der deutschen Werbewirtschaft: Deutscher Werberat – Jahrbuch 2006. Berlin 2006.
Zentralverband der deutschen Werbewirtschaft: Werbung in Deutschland 2006. Berlin 2006.

## Wirtschaftsberichterstattung

Wirtschaftsberichterstattung hat die Funktion, Marktteilnehmern Informationsgrundlagen für ihre Entscheidungen zu bieten. Der Informationsbedarf der Nutzer variiert einerseits nach den Märkten, an denen sie als Anbieter oder Nachfrager teilnehmen, andererseits nach dem benötigten Auflösungsgrad und der verarbeitbaren Informationsmenge. Zu den Adressaten der Wirtschaftsberichterstattung gehören die Investoren, die Unternehmen und die Verbraucher. Sie sind zugleich Zielgruppen von Public Relations und Werbung.

Als Vorläufer der Wirtschaftsberichterstattung in Massenmedien gab es im Mittelalter den brieflichen Informationsaustausch mit Handelspartnern in fernen Regionen. Eine Weiterentwicklung waren die Fuggerzeitungen des Augsburger Handelshauses Fugger, das ein eigenes Korrespondentennetz unterhielt und seine Berichte handschriftlich vervielfältigte und an Abonnenten verbreitete. In den gedruckten Zeitungen des 17. und 18. Jahrhunderts dominierte hingegen die Politik; Wirtschaftsnachrichten waren ein Randthema. Die Furcht vor auswärtiger Konkurrenz und zuviel Markttransparenz nährte die Vorbehalte gegenüber der Veröffentlichung von Wirtschaftsinformationen. Noch 1827 forderten Hamburger Kaufleute aufgrund irreführender Berichte, alle Handelsnachrichten zu verbieten. Im zweiten Drittel des 19. Jahrhunderts stieg mit der industriellen Revolution und der Gründung des deutschen Zollvereins und der Börsen der Bedarf an öffentlich zugänglichen Wirtschaftsinformationen, und es entwickelten sich neue Handels- und Börsenblätter sowie Wirtschaftsteile und Wirtschaftsressorts bei den allgemeinen Zeitungen.

Im 20. Jahrhundert kam es zu einer Differenzierung wirtschaftsjournalistischer Angebote durch spezialisierte Zeitschriften und Informationsdienste, Rundfunksendungen, Fernsehspartenkanäle und Internet-Angebote. Es gibt drei deutsche Tageszeitungen, die auf Wirtschaftsinformationen spezialisiert sind: die ausschließlich auf den Finanzsektor spezialisierte *Börsenzeitung*, gegründet 1952, das *Handelsblatt*, das 1946 gegründet wurde und zur Verlagsgruppe → Holtzbrinck gehört, und die *Financial Times Deutschland*, die seit dem Jahr 2000 als Joint Venture von Gruner + Jahr und der britischen Pearson Publishing Group erscheint.

Für große Kapitalgesellschaften besteht nach dem Handelsgesetzbuch die Pflicht, den Jahresabschluss im Bundesanzeiger zu veröffentlichen. Weiterreichende Publizitätsverpflichtungen gibt es für börsennotierte Unternehmen. Sie sind nach dem Wertpapierhandelsgesetz verpflichtet, Unternehmensnachrichten, die den Aktienkurs erheblich beeinflussen können, zu veröffentlichen, damit sie alle Anteilseigner in gleicher Weise erreichen können. Die Börsen bestimmen jeweils Zeitungen zu Börsenpflichtblättern, in denen solche Bekanntmachungen zu erfolgen haben, so dass die Aktionäre bei regelmäßiger Lektüre eines Pflichtblattes davon ausgehen können, diese Informationen zu erhalten.

Zur Berichterstattung von zehn deutschen Wirtschaftsmagazinen hat eine Inhaltsanalyse im ersten Halbjahr 2005 ergeben, dass 42 % der Beiträge Finanzprodukte behandeln. Weitere häufige Themen sind Branchen bzw. einzelne Unternehmen, das allgemeine Wirtschaftsgeschehen sowie Konsum- und Freizeitangebote. Fünf der untersuchten Magazine sind stark auf Finanzprodukte spezialisiert, die anderen fünf zeigen ein deutlich breiteres Spektrum. Als wichtigste Funktionen der Wirtschaftsmagazine wurden die Dokumentation von Daten, die Problematisierung des Wirtschaftsgeschehens, Servicehinweise und Empfehlungen ermittelt. Die starke Gewichtung der Finanzprodukte in der Wirtschaftsberichterstattung korrespondiert mit der zunehmenden Teilnahme am Aktienmarkt. Gab es 1997 in Deutschland nur 5,6 Mio. Besitzer von Aktien oder Aktienfonds, so waren es 2005 nach Angaben des Deutschen Aktien-Instituts 10,8 Mio.

Eine Studie zur Wirkung der Wirtschaftsberichterstattung weist darauf hin, dass die Medien die Urteile prägen, die in der Bevölkerung über die Wirtschaftslage herrschen, und Auswirkungen auf die Prognose der eigenen finanziellen Situation haben. Dies scheint für das Konsumklima deshalb problematisch, weil die Wirtschaftsberichterstattung, wie die → Nachrichtenauswahl insgesamt, negative Meldungen bevorzugt. Deswegen wird in der Bevölkerung die allgemeine wirtschaftliche Lage, die nicht unmittelbar erfahren wird, meist negativer bewertet als die eigene Situation.  *Schr*

*Literatur*

L. M. Hagen: Konjunkturnachrichten, Konjunkturklima und Konjunktur. Köln 2005.
H. M. Kepplinger, S. C. Ehmig: Content Guide Wirtschaftsmagazine. Hamburg 2005 (zugänglich im Internet unter
www.bauermedia.com/fileadmin/user_upload/pdf/studien/zielgruppe/contentguide/
Content_Guide_Wirtschaftsmagazine_0105.pdf.
C. Mast: Wirtschaftsjournalismus. Grundlagen und neue Konzepte für die Presse. 2. Aufl., Wiesbaden 2003.
K. Spachmann: Wirtschaftsjournalismus in der Presse. Konstanz 2005.

## Wissenskluft

Der Begriff Wissenskluft verweist darauf, dass das Wissen in der Gesellschaft ungleich verteilt ist, dass Bevölkerungsgruppen mit hohem Wissensstand anderen Gruppen mit einem deutlich niedrigeren Wissensstand gegenüberstehen. Im Hinblick auf Medien ist dieser Begriff bedeutsam geworden durch die These, dass neue Medien- und Kommunikationssysteme eher dazu beitragen, diese Unterschiede zu verstärken; man spricht von der „Hypothese der wachsenden Wissenskluft". Danach sind die Bevölkerungsgruppen mit höherem sozioökonomischem Status und/oder höherer formaler Bildung rascher und besser in der Lage, sich neue Medien zu Nutze zu machen und sich neue Informationen anzueignen, als dies bei status- und bildungsniedrigeren Gruppen der Fall ist. Diese These ist offensichtlich brisant: Sie widerspricht der eigentlich plausiblen Annahme, dass neue Informationssysteme dazu beitragen können, eine demokratietheoretisch wünschbare Gleichverteilung von Wissen zu fördern. Damit stellt sie zugleich viele Ansätze in Frage, durch gezielte kompensatorische Informationskampagnen speziell die weniger Gebildeten Bevölkerungsgruppen zu erreichen. Ein Beispiel ist die Kindersendung *Sesamstraße*, die in den 1970er Jahren mit der Zielsetzung gestartet wurde, speziell bei Kindern aus problembelasteten Familien Lernprozesse anzuregen. Die Begleitforschung zu der Serie zeigte hingegen eher, dass gerade Kinder aus Familien mit höherem Bildungshintergrund in der Lage waren, aus den angebotenen Inhalten zu lernen.

In den letzten Jahren hat diese These unter dem Stichwort „Digital Divide" bzw. „Digitale Spaltung" neue Aktualität gewonnen. Mit „Digital Divide" fasst man die vielfältigen Beobachtungen zusammen, die darauf verweisen, dass sich die jüngeren, gebildeteren Bevölkerungsgruppen die neuen digitalen Medien, insbesondere das –> Internet, besonders rasch aneignen und dadurch zusätzliche Informationsvorsprünge vor den älteren und weniger gebildeten Gruppen erreichen, eine Entwicklung, die zur Spaltung der Gesellschaft in Informationsreiche und Informationsarme führen könnte.

Die Ergebnisse der Forschung zu dieser These sind widersprüchlich. Auf der einen Seite zeigen sich bei Querschnittbefragungen immer wieder deutliche Wissensunterschiede zwischen mehr und weniger gebilde-

# Wissenskluft

ten Bevölkerungsgruppen, die auch mit Unterschieden in der Häufigkeit der Nutzung von Informationsangeboten einhergehen. Außerdem ist zu beobachten, dass sich neue Informationsangebote in bestimmten Gruppen deutlich schneller verbreiten: In der frühen Phase des Internets zeigten sich etwa eklatante Unterschiede zwischen Gruppen mit höherer und niedrigerer formaler Bildung im Hinblick auf die Nutzung dieses neuen Mediums.

Zweifel werden aber daran geäußert, dass diese Befunde als Wirkung von Medien im Sinne anderer Ansätze der Medienwirkungsforschung (→ Agenda-Setting, → Gewalt in den Medien, → Kultivierung, → Schweigespirale) zu verstehen sind, dass also die bestehenden Wissensunterschiede auf die Medien zurückgeführt werden können. So liegen verschiedene der Hypothese widersprechende Befunde vor. In Längsschnittanalysen, in denen Personen mehrfach befragt werden, um so die Entwicklung des Wissens über die Zeit hinweg beobachten zu können, zeigt sich eher, dass sich Wissensklüfte im Hinblick auf bestimmte Themen im Laufe der Zeit schließen können. Und auch in Querschnittanalysen bleibt eine Wissenskluft meist dann aus, wenn das Wissensgebiet, um das es geht, für die niedriger gebildeten Gruppen besonders relevant sind, diese also motiviert sind, sich den Inhalt anzueignen. Dagegen fallen die Wissensklüfte größer aus, wenn es um Sachverhalte geht, die weniger direkt mit konkreten Alltagskontexten verbunden sind.

In den letzten Jahren hat sich die Forschung zu diesem Bereich deutlich ausgeweitet und differenziert. Eine einfache Kausalannahme, der zufolge neue Medien eine Zunahme von gesellschaftlichen Klüften bewirken, wird kaum noch vertreten. Statt von Wissensklüften wird allgemeiner von kommunikationsbedingten Ungleichheiten gesprochen, die auf verschiedenen Ebenen auftreten können und jeweils auf konkrete Barrieren verweisen, die die Zielsetzung einer gleichberechtigten Teilnahme Aller an der gesellschaftlichen Kommunikation behindern können und daher möglichst abgebaut werden sollten:
- Informationszugang: Wie unterscheiden sich die Bevölkerungsgruppen in ihrem Zugang zu bestimmten Informationsangeboten? Auf dieser Ebene ist die Diskussion um die Folgen des ungleichen Zugangs zum Internet angesiedelt. Insoweit der Zugang zu bestimmten Informationsdiensten an technische Infrastrukturen oder an die fi-

nanzielle Leistungsfähigkeit gebunden ist, können sich erhebliche Klüfte ergeben – etwa die eklatanten Unterschiede in der Kommunikationsversorgung zwischen Industriestaaten und der so genannten Dritten Welt.
- Informationsaufnahme: Wie unterscheiden sich die Bevölkerungsgruppen in der Motivation und Fähigkeit, bestimmte Informationen aufzunehmen und für sich zu interpretieren? Mögliche Barrieren, die solche Unterschiede begünstigen, können etwa in unnötig komplizierten Darstellungsformen, etwa durch die Verwendung zahlreicher Fremdwörter, bestehen, die bei Nutzern mit geringerer formaler Bildung zu geringerer Motivation führen und es ihnen schwerer machen, die betreffenden Informationen aufzunehmen.
- Wissensstand: Wie unterscheiden sich die Bevölkerungsgruppen in dem Wissen über verschiedene Themengebiete? Unterschiedliche gesellschaftliche Gruppen haben jeweils spezifische Wissensbestände, Gebiete, in denen sie sich besser oder schlechter auskennen. Ansatzpunkte für zunehmende Ungleichheiten können sich systematisch daraus ergeben, dass es Menschen, die über ein Thema mehr wissen, leichter fällt, zu diesem Thema neue Informationen zu verarbeiten.
- Wissensanwendung: Wie unterscheiden sich die Bevölkerungsgruppen in der Fähigkeit, Wissen zur Verwirklichung ihrer Interessen und Bedürfnisse anzuwenden? Dieser Aspekt wurde bisher selten untersucht, obwohl er von besonderer Bedeutung ist. Da die Forschung gezeigt hat, dass Bildungsunterschiede bei den Themen, die die Menschen wirklich angehen, niedriger ausgeprägt sind, ist auch davon auszugehen, dass bei diesen Themen nur geringe Unterschiede in der Fähigkeit bestehen, das betreffende Wissen anzuwenden. Barrieren können sich allerdings daraus ergeben, dass Bevölkerungsgruppen in anregungsärmere sozialen Situationen überhaupt nur wenige Möglichkeiten haben, ihr Wissen anzuwenden und produktiv werden zu lassen; damit würde die Fähigkeit zur Wissensanwendung erwartbar sinken.

Das mit der Hypothese der wachsenden Wissenskluft entfachte Interesse an kommunikationsbezogenen Ungleichheiten regt weiter zu intensiver Forschung an, da die Problematik eng mit zahlreichen sozial-, bildungs- und entwicklungspolitischen Fragestellungen verbunden ist. Als Gesamtergebnis der Forschung kann festgehalten werden, dass es für die in der These mitschwingende sehr pessimistische Prognose einer sich unausweichlich immer weiter öffnenden Kluft zwischen Informationsreichen und Informationsarmen kaum Belege gibt. Im konstruktiven Sinne hat die Forschung aber zahlreiche Hinweise darauf erbracht, wo kommunikationsbezogene Ungleichheiten bestehen und welche Ansatzpunkte sich bieten, diesen entgegenzuwirken, indem die ihnen zugrunde liegenden Barrieren abgebaut werden. Festzuhalten bleibt insbesondere, dass aus der Wissenskluft-Forschung nicht abgeleitet werden kann, dass neue Informationsangebote von vornherein vermieden werden sollten, um so die Homogenität der Gesellschaft zu fördern. *Ha*

*Literatur*

H. Bonfadelli: Die Wissenskluft-Perspektive. Massenmedien und gesellschaftliche Information. Konstanz 1994.
W. Wirth: Von der Information zum Wissen. Die Rolle der Rezeption für die Entstehung von Wissensunterschieden. Opladen 1997.

## ZAW –
## Zentralverband der deutschen Werbewirtschaft e. V.

Anders als in allen anderen Industriestaaten haben sich in Deutschland sämtliche zur Werbewirtschaft zählenden Gruppen im 1949 gegründeten Zentralverband der deutschen Werbewirtschaft ZAW e. V. zusammengeschlossen. Er ist das Sprachrohr seiner 41 Mitgliedsverbände der werbungtreibenden Wirtschaft, der Werbeagenturen, der Werbungdurchführenden und Werbemittelhersteller sowie der Werbeberufe und der Marktforschung.

Der ZAW vertritt die Werbewirtschaft in allen grundsätzlichen Positionen nach außen und bildet das Forum für die Formulierung der gemeinsamen Politik und den Interessenausgleich aller am Werbegeschäft Beteiligten. Die Interessenvertretung des ZAW nach außen erfolgt in erster Linie in Form von Meinungsäußerungen und Stellungnahmen gegenüber Legislative und Exekutive. Hier sieht der ZAW seine zentrale Aufgabe darin, ungerechtfertigten und unzulässigen Beschränkungen der Wirtschaft entgegenzuwirken – insbesondere mit dem Argument, dass die Werbung unter den Aspekten der Freiheit der Berufsausübung und der Freiheit der Meinungsäußerung grundgesetzlichen Schutz genießt. Der ZAW gibt auch ein Jahrbuch heraus, in dem umfangreiche statistische Daten zur Werbewirtschaft zusammengestellt werden.

## ZDF

Mit Staatsvertrag vom 6. Juni 1961 gründeten die Bundesländer das Zweite Deutsche Fernsehen mit dem Auftrag, neben dem Programm der → ARD ein bundesweites zweites Fernsehprogramm zu veranstalten. Die Gründung war eine Reaktion auf die Pläne der Bundesregierung zum Betrieb eines zweiten Fernsehprogramms durch die im Bundesbesitz befindliche Deutschland-Fernsehen GmbH. Sie wurden durch mehrere Bundesländer vor dem Bundesverfassungsgericht angefochten und führten am 28. Februar 1961 zum ersten Fernsehurteil, das nicht nur die Länderzuständigkeit für den Rundfunk bestätigte, sondern auch weitere grundsätzliche Aussagen zur Staatsfreiheit des Rundfunks traf.

Zur Finanzierung wurden dem ZDF 30 % der Fernsehgebühren zugesprochen, außerdem das Recht, an Werktagen bis 20 Uhr Werbesendungen auszustrahlen. Es wurde ausdrücklich festgelegt, dass das ZDF neben der Eigenproduktion auch Sendungen in Auftrag geben oder fertig erwerben kann. Damit war das ZDF nicht darauf angewiesen, alle Produktionskapazitäten selbst vorzuhalten, sondern es durfte auch auf Personal und Studiokapazitäten der schrumpfenden Filmwirtschaft in München, Hamburg und Berlin zurückgreifen. Das ZDF erhielt seinen Sitz in Mainz, das neben Wiesbaden, Kiel und Hannover eine der Landeshauptstädte war, in der keine Rundfunkanstalt ihren Sitz hatte. Am 1. April 1963 hat das ZDF den Sendebetrieb aufgenommen.

Bei der Gestaltung des Programmschemas ist das ZDF gehalten, sich mit der ARD abzustimmen. Im Übrigen verlangt der ZDF-Staatsvertrag insbesondere, dass den Zuschauern ein objektiver Überblick über das Weltgeschehen, insbesondere ein umfassendes Bild der deutschen Wirklichkeit vermittelt wird. Ein Rechtsgutachten, dass 1999 zur Vergewisserung des ZDF über seine Legitimationsgrundlagen vorgelegt wurde, fächert den Funktionsauftrag weiter auf in einen Informationsauftrag, eine Orientierungsfunktion, eine Forumsfunktion, eine Integrationsfunktion, eine Leitbildfunktion, einen Kulturauftrag, einen Produktionsauftrag und eine Innovationsfunktion.

Das ZDF bietet neben seinem Hauptprogramm drei weitere, nur digital verbreitete Fernsehprogramme an: *ZDF-Infokanal*, *ZDF-Dokukanal* und *ZDF-Theaterkanal*. Es ist am Dokumentationsprogramm *Phoenix* und dem *Kinderkanal KI.KA* sowie den internationalen Programmen *3sat* und *arte* beteiligt. Außerdem ist das ZDF gemeinsam mit der ARD Träger von *Deutschlandradio*.

Zur Finanzierung seiner Aufgaben erhält das ZDF nach dem Rundfunkfinanzierungsstaatsvertrag knapp 40 % der Fernsehgebühren, also monatlich 4,49 Euro je gebührenpflichtigem Haushalt. Für 2006 werden daraus Einnahmen von 1,66 Mrd. Euro erwartet. Demgegenüber werden die Erträge aus Fernsehwerbung nur mit 120 Mio. Euro veranschlagt. Das ZDF hatte 2004 gut 3.600 besetzte Planstellen. Noch stärker als bei der → ARD hat sich der Marktanteil des ZDF durch den zunehmenden Wettbewerb seit Einführung des privaten Rundfunks deutlich verringert: 1980 waren es noch 43,7 %, 2004 nur noch 15,6 % (s. Tabelle S. 34). *Schr*

*Literatur*

B. Holznagel: Der spezifische Funktionsauftrag des Zweiten Deutschen Fernsehens (ZDF). Mainz 1999.
ZDF: ZDF-Jahrbuch 2005. Mainz 2006 (auch im Internet zugänglich unter www.zdf-jahrbuch.de).

# Zeitschrift

Zeitschriften sind regelmäßig erscheinende, meist geheftete oder gebundene Druckschriften sowie neuerdings auch elektronische Publikationen. Im Vergleich zu Zeitungen sind Zeitschriften weniger auf aktuelle Nachrichten, sondern mehr auf Hintergrundinformation ausgerichtet, außerdem sind sie in aller Regel nicht geographisch, sondern thematisch spezialisiert. Mit dieser Spezialisierung nach den Interessen der Leserinnen und Leser geht für die Werbetreibenden die Chance einher, ein spezielle Zielgruppe ohne große Streuverluste zu erreichen. Als bisher älteste deutsche Zeitschrift gilt der *Götter-Both Mercurius*, der 1674/75 als Ergänzung zur Zeitung *Teutscher Kriegs-Curier* in Nürnberg erschien. Der Begriff Zeitschrift, der das französische und englische „journal" übersetzt, wurde erst um 1750 geprägt und bezeichnete zunächst politische Zeitschriften, moralische Wochenschriften und Gelehrtenzeitschriften. Im frühen 18. Jahrhundert entstanden Fachzeitschriften sowie Jugend- und Frauenpresse, im 19. Jahrhundert auch Illustrierte, im 20. Jahrhundert eine bunte Vielfalt bis hin zu Special-Interest-Magazinen.

In der inzwischen eingestellten Pressestatistik wurden praktisch alle periodischen Publikationsformen als Zeitschriften zusammengefasst, die nicht der Definition der Tageszeitung entsprachen und häufiger als jährlich erschienen. Dies sind Publikumszeitschriften, Fachzeitschriften, die konfessionelle Presse, die Anzeigenblätter, die amtlichen Blätter sowie die kommunalen Amtsblätter. Die größte Titelzahl findet man unter den Fachzeitschriften, die höchsten Auflagen werden von Publikumszeitschriften erzielt. 2004 erschienen in Deutschland 2.340 Publikumszeitschriften und .3637 Fachzeitschriften. Bei Zeitschriften, zu deren Finanzierung die Werbung erheblich beiträgt, werden die verbreiteten Auflagen von der → IVW glaubhaft gemacht. 2005 galt dies für 873 Publikumszeitschriften mit einer Gesamtauflage (bei der für jede Zeitschrift die durchschnittliche Auflage je Nummer gezählt wird) von 123,1 Mio. Exemplaren; bei den Fachzeitschriften gilt entsprechendes für 3.637 Titel mit einer Gesamtauflage von 15,1 Mio. Exemplaren. Die Publikumszeitschriften werden zu 45 % im Abonnement vertrieben, die Fachzeitschriften zu 90 %.

In den 1980er Jahren schien der Markt der Publikumszeitschriften weitgehend gesättigt. Neue Marktnischen wurden mit Niedrigpreis-Programmzeitschriften ohne großen redaktionellen Aufwand gesucht. Anfang der 1990er Jahre kamen vierzehntägige Programmzeitschriften auf den Markt, die besonders auf Spielfilme bezogen waren, und → Burda startete sein Nachrichtenmagazin *Focus*. Die weitere Entwicklung ist gekennzeichnet durch stärkere Segmentierung. Die Zahl der Titel nimmt zu, aber die durchschnittliche Auflage je Titel nimmt ab.

Dies ist deutlich abzulesen an den Daten der Titel, von denen die IVW für die Werbetreibenden die Verbreitung registriert. 1995 wurden von den mindestens 14-täglichen Zeitschriften 95 Titel mit einer durchschnittlichen Auflage von 609.000 Exemplaren erfasst. 2004 waren es 114 Titel, die durchschnittliche Auflage betrug nur noch 437.000 Exemplare. Wirtschaftlich tragbar ist diese Entwicklung dann, wenn die Kosten für Redaktion und Satz für neue Varianten gering gehalten werden kann. Dies geschieht zum Beispiel bei den Programmzeitschriften des → Bauer-Verlages durch eine Zentralredaktion, die die Programmteile für alle Programmzeitschriften erstellt.

Der Markt der Publikumszeitschriften in Deutschland wird geprägt von vier Großverlagen, denen 60,4 % der Auflage zuzurechnen sind. Der größte ist der Bauer-Verlag (21,1 %), der Marktführer bei Programmzeitschriften ist und mit niedrigpreisigen Blättern auf den Massenmarkt zielt. Es folgt die → Axel Springer AG (16,3 %), die ebenfalls mit Programmzeitschriften und mit einer ganzen Reihe von Zeitschriften auftritt, die im Titel an die Bild-Zeitung angelehnt sind (*Bild der Frau, Auto Bild, Computer Bild, Sport Bild*). Auch der → Burda-Verlag (13,5 %) bringt u. a. mehrere Programmzeitschriften, mehrere Frauenzeitschriften, das Nachrichtenmagazin *Focus* und die traditionsreiche Illustrierte *Bunte*. Der Verlag Gruner + Jahr (9,5 %), der mehrheitlich zu → Bertelsmann gehört, zeigt sich besonders durch den *Stern*, mehrere Frauenzeitschriften und durch hochpreisige Special-Interest-Titel präsent. Wie stark die Marktstellung der vier Großverlage tatsächlich ist, zeigt sich bei der Betrachtung der Zeitschriften, die mindestens 14-täglich erscheinen: hier haben sie zusammen einen Marktanteil von 76,3 %.

Wichtig für den Zeitschriftenmarkt sind die Bedingungen für den Einzelhandel. Einerseits gibt für Zeitungen und Zeitschriften eine Preisbindung, so dass die Einzelhändler keinen Preiswettbewerb treiben müssen. Zudem haben Grossisten und Einzelhändler das Recht, unverkaufte Exemplare von Presseerzeugnissen an den Verlag zurückzugeben (Remissionsrecht). Sie erhalten für nicht verkaufte Ware die volle Gutschrift. Hätte der Handel das Absatzrisiko für die „leicht verderbliche" Ware Presse zu tragen, würde er immer nur so viele Presseerzeugnisse einkaufen, wie er glaubt, mit Sicherheit verkaufen zu können. Neue oder kleinauflagige Titel hätten von vornherein keine Chance. Nur die

Rücknahme aller unverkauften Exemplare und damit die Übernahme des gesamten Absatzrisikos durch den Verlag garantiert die Versorgung des Handels mit einer ausreichenden Menge, um alle Verkaufschancen zu nutzen.

Wissenschaftliche Zeitschriften als ein besonderer Teil des Fachzeitschriftenmarktes zeichnen sich dadurch aus, das die Manuskripte und auch die redaktionelle Leistung in der Regel nicht von den Verlagen, sondern meist nebenamtlich in der scientific community erbracht werden. Die Leistung der Verlage, zu der insbesondere Satz, Druck und Vertrieb gehören, wird zu einem erheblichen Teil durch die Bibliotheken der Hochschulen finanziert, die die Zeitschriften abonnieren. Insbesondere durch die Möglichkeit zur raschen und unentgeltlichen elektronischen Verbreitung der Zeitschriften im → Internet wird dieses Geschäftsmodell in Frage gestellt. Diskutiert werden insbesondere zwei Modelle, die beide auf die Abschaffung der Abonnementsgebühren hinauslaufen. Beim autorenfinanzierten Modell behalten die Verlage ihre Funktion, die Publikationskosten werden jedoch von den Autoren bzw. ihren Instituten getragen, dafür ist die Nutzung der elektronischen Publikation kostenfrei. Das andere Modell ist die Selbstarchivierung, bei der die Institute bzw. die Autoren ihre Publikationen selbst im Netz zugänglich machen. So verlangt etwa in den USA das National Institute of Health, dass bei Arbeiten, die vom NIH finanziert werden, die daraus entstandenen Artikel im Internet zugänglich gemacht werden.

*Schr*

*Literatur*

M. Dewatripont u. a.: Study on the economic and technical evolution of the scientific publication markets in Europe. Commissioned by DG-Research, European Commission 2006. Online zugänglich unter ec.europa.eu/research/science-society/pdf/scientific-publication-study_en.pdf.
I. Sjurts: Strategische Optionen in der Medienkrise: Print, Fernsehen, neue Medien. München 2004.
A. Vogel: Konsolidierte Großkonzerne bereit zu erneutem Wachstum. Daten zum Markt und zur Konzentration der Publikumspresse in Deutschland im I. Quartal 2004. In: Media Perspektiven 7/2004, S. 322-338.

# Zeitung

Die Zeitung ist ein lose zusammengelegtes Druckerzeugnis, das sich auszeichnet durch öffentliche Zugänglichkeit (Publizität), Zeitnähe (Aktualität), regelmäßiges Erscheinen (Periodizität) und inhaltliche Vielfalt (potenzielle Universalität). Das Statistische Bundesamt zählte in der (im Jahr 1996 abgeschafften) Pressestatistik dazu alle periodischen Veröffentlichungen, die in ihrem redaktionellen Teil der kontinuierlichen, aktuellen und thematisch nicht auf bestimmte Stoff- oder Lebensgebiete begrenzten Nachrichtenübermittlung dienen, also in der Regel mindestens die Sparten Politik, Wirtschaft, Zeitgeschehen, Kultur, Unterhaltung sowie Sport umfassen und im Allgemeinen mindestens zweimal wöchentlich erscheinen.

Der Begriff Zeitung tauchte zuerst im 13. Jahrhundert als „zidinge" oder „zidunge" am Niederrhein auf und bedeutet Neuigkeit. Im frühen 16. Jahrhundert war „Neue Zeitung" ein Sammelbegriff für gedruckte oder geschriebene Neuigkeiten. Seit dem 17. Jahrhundert wurde Zeitung die Bezeichnung für periodisch erscheinende Wochenzeitungen, aus denen sich auch die Tageszeitungen entwickelten.

Als erste periodische Zeitung gilt die 1605 in Straßburg wöchentlich erscheinende *Relation* von Johann Carolus, bald folgten weitere. Die Auflagen waren zunächst gering: Ende des 17. Jahrhunderts gab es etwa 60-80 deutschsprachige Zeitungen mit einer durchschnittlichen Auflage von 350-400 Exemplaren, in der zweiten Hälfte des 18. Jahrhunderts waren es bereits 200 bis 250 mit einer durchschnittlichen Auflage von 600-700 Exemplaren. Auch die Erscheinungshäufigkeit stieg rasch an. Die Leipziger *Einkommende Zeitungen* erschien bereits 1660 mit sieben Ausgaben pro Woche. Im 18. Jahrhundert wurden die „Intelligenzblätter" (von engl. intelligence für Nachrichten) zum Organ für amtliche Bekanntmachungen. In Preußen waren bis zum Anfang des 19. Jahrhunderts Pfarrer, Amtmänner und Lehrer verpflichtet, sie zu halten und zu bezahlen. Im 19. Jahrhundert wurde die → Drucktechnik weiterentwickelt, so dass in kurzer Zeit auch hohe Auflagen gedruckt werden konnten; zugleich sanken die Papierpreise. Mit steigendem Alphabetisierungsgrad, der vor 1750 auf 10 % geschätzt wird und 1871 schon 88 % betrug, erweitert sich das potenzielle Publikum der Zeitungen um ein Vielfaches, und die Auflagen werden für 1906 auf

25,5 Mio. geschätzt. 1914 gab es etwa 4.000 deutsche Zeitungen; später sind die Auflagen und die Zahl der Titel deutlich zurückgegangen. Nach dem Zweiten Weltkrieg erhielten zunächst nur Parteien und zuverlässige Personen eine Zulassung. Mit der Aufhebung der Lizenzpflicht können auch die Altverleger wieder tätig werden. Es kam bei den Lokal- und Regionalzeitungen zu einem Konzentrationsprozess, der dazu führt, dass heute in den meisten Städten und Kreisen nur eine Zeitung erscheint.

In der DDR gab es bis 1989 39 Zeitungen, darunter 30 Regionalblätter mit einer Gesamtauflage von 9,7 Mio. Die 15 Bezirkszeitungen der SED wurden von der Treuhand an westdeutsche Großverlage verkauft. Sie sind heute die stärksten Zeitungen in den neuen Bundesländern, obwohl sie seit 1989 fast die Hälfte ihrer Auflage eingebüßt haben.

Aus wirtschaftlichen Gründen haben kleine Tageszeitungen oftmals keinen eigenen Mantel, sondern nur den eigenen Lokalteil. Die Zahl der Zeitungen mit eigenem Mantel, auch publizistische Einheiten genannt, hat sich in der Bundesrepublik Deutschland zwischen 1954 und 2004 von 225 auf 138 verringert. Die → Konzentration am Tageszeitungsmarkt zeigt sich auch daran, dass die fünf größten Verlagsgruppen zusammen 41,3 % der Auflage auf sich vereinigen, allen voran die → Axel Springer AG (22,5 %, darunter 16,7 % Bild-Zeitung), es folgen die → WAZ Mediengruppe (5,6 %), die Verlagsgruppe Stuttgarter Zeitung/Rheinpfalz/Südwest Presse (5,2 %), die Ippen-Gruppe (4,1 %) und die Verlagsgruppe DuMont Schauberg (3,9 %).

Die wirtschaftliche Entwicklung der deutschen Tageszeitungen ist seit langem rückläufig. Die verkaufte Auflage ist in den letzten zehn Jahren um fast 20 % von 30,4 Mio. auf 24,5 Mio. Exemplare zurückgegangen. Seit 2000 sind auch die Werbeeinnahmen der Verlage gesunken, die bei den Abonnementszeitungen wie der Vertrieb etwa 45 % der Erträge ausmachen (weitere 10 % werden aus dem Verbreiten von Beilagen erzielt). Für diese Entwicklung gibt es mehrere Erklärungen. Bei der → Mediennutzung steigt die Konkurrenz um die → Aufmerksamkeit des Publikums durch Zeitschriften, Fernsehprogramme und Internet-Angebote. Und durch die sinkende Haushaltsgröße steigen die Kosten je Leser.

Im Jahre 2000 hat der norwegische Verlag Schibsted in Köln eine täglich erscheinende Gratiszeitung auf den Markt gebracht, dieses Projekt jedoch wieder beendet, nachdem auch → Axel Springer und DuMont Schauberg als Abwehrmaßnahme konkurrierende Objekte aufgelegt haben. Eine Klage von DuMont Schauberg, Gratiszeitungen seien unlauterer Wettbewerb, wurde vom Bundesgerichtshof abgewiesen, es ist allerdings noch eine Verfassungsbeschwerde anhängig. In anderen Ländern sind Gratiszeitungen inzwischen weit verbreitet.

Zu den aktuellen Entwicklungen auf dem Zeitungsmarkt gehört die Kompakt-Ausgabe der *Welt* im handlichen Tabloid-Format (235 × 315 mm). Diese Ausgabe wird vornehmlich als Kaufzeitung vertrieben, soll aber von der journalistischen Machart her nicht als Boulevardblatt erscheinen. In → Großbritannien scheint dieses Format vor allem junge, gut ausgebildete und daher für die Werbewirtschaft interessante Leser anzusprechen. Die Zeitung *Independent* hat deshalb bereits vollständig auf dieses Format umgestellt, das auch in Skandinavien und in der Schweiz eingesetzt wird. *Schr*

*Literatur*

H. Röper: Probleme und Perspektiven des Zeitungsmarktes. In: Media Perspektiven 5/ 2006, S. 283-297.
R. Stöber: Deutsche Pressegeschichte von den Anfängen bis zur Gegenwart. 2., überarb. Aufl., Konstanz 2005.
W. J. Schütz: Zeitungen in Deutschland. Verlage und ihr publizistisches Angebot 1949-2004. Berlin 2005.

## Zensur

Als Zensur wird allgemein ein nicht unbedingt staatliches Verfahren bezeichnet, das bezweckt, Informationen oder andere Medieninhalte zu kontrollieren oder zu unterdrücken.

Der Wunsch, manche unliebsamen oder als moralisch gefährlich eingestuften Gedankenströmungen durch gezielte Maßnahmen zu verhindern, lässt sich schon früh in der Geschichte ablesen. Bereits aus der

Antike ist übermittelt, dass etwa Plato vor dem Sittenverfall durch schlechte Vorbilder wie Homers Götter- und Helden-Epen warnte, denen gerade junge Menschen nicht ausgesetzt werden dürften („Politeia" 377 b-c). Diese Verhaltensmuster finden sich auch in anderen schriftsprachlich geprägten Kulturen. Im Alten China ließ 250 v. Chr. Kaiser Chi Huang Ti die Analekten des Konfuzius zerstören, Hunderte von Schülern lebendig begraben und alle greifbaren Bücher verbrennen.

Der deutsche Begriff „Zensur" geht auf die römischen „censores" zurück, die 366 v. Chr. als unabhängige Institution eingeführt wurden und, ursprünglich nur zur Vermögensschätzung gedacht, nach und nach die Funktion einer Sittengerichtsbarkeit („censura morum") übernahmen, der als Maßstab die Sitten der Vorväter zugrunde lagen.

Zensorische Maßnahmen lassen sich als Mittel des Machterhalts der weltlichen und kirchlichen Herrscher bis zur Neuzeit identifizieren. Ein großer Teil der vor-christlichen Literatur fiel dem Diokletian-Edikt von 303 n. Chr. zum Opfer, der die systematische Verfolgung der Gläubigen und die Unterdrückung der christlichen Literatur durch Bücherverbrennungen anordnete. Das erste nachweisliche Bücherverbot der Kirchengeschichte erging auf dem Konzil von Nizäa und traf die *Thalia* des Arius. Ein erster katholischer Katalog verbotener Schriften wurde 496 auf einer römischen Synode aufgestellt. Erst 1897 verzichtete Papst Leo XIII. auf eine verpflichtende Vorabkontrolle aller Bücher und beschränkte sie auf kirchlich relevante Themen, wie sie etwa im Jesuitenorden noch heute praktiziert wird. Zum damals als gefährlich eingestuften Gedankengut zählten u. a. Bücher von Kant, Descartes, Voltaires oder Kopernikus.

Auch weltliche Herrscher bedienten sich der Zensur: Zwischen 1220 und 1235 erließ etwa Kaiser Friedrich II. für seine Gebiete in Italien und Deutschland strenge Gesetze, wonach Ketzer samt Schriften verbrannt werden sollten. Karl IX. von Frankreich verfügte 1563, dass nichts ohne seine Genehmigung gedruckt werden durfte. Ludwig XIII. erließ ein Gesetz, nachdem nicht nur Verfasser und Drucker, sondern auch Buchhändler oder Verkäufer von Schriften, die ohne besondere Erlaubnis des Königs herausgebracht wurden, mit Strafen bedroht waren. Friedrich II. ordnete 1749 die Zensur aller Schriften und Bücher an, die in Preußen gedruckt wurden, um die „üblen Folgen der Freiheit" zu unterbinden.

Die allgemeine Präventivzensur fiel in England 1695, unter Eindruck der französischen Revolution in Frankreich 1789 und 1871 in Deutschland. Es wurden Repressivsysteme etabliert, die Verstöße erst nach Veröffentlichung ahndeten. Schon die Frankfurter Paulskirchen-Verfassung von 1848 sah Kommunikationsfreiheiten vor, wobei die Vorzensur abgeschafft werden sollte.

Der Faschismus entwickelte im Dritten Reich ein ausgeklügeltes System von Vor- und Nachzensur, das mit Berufs- und Schreibverboten einherging und bis zur Liquidierung von Regimegegnern reichte. Das „Schriftleitergesetz" von 1933 kodifizierte das Verbot unkontrollierter Veröffentlichungen und definierte die Funktion des Journalisten im NS-Staat als „Diener der Nation".

Ausgehend vom Kampf um die freie Presse im 19. Jahrhundert und der Aufnahme eines Zensurverbots in die Frankfurter Reichsverfassung, die Preußische Verfassung und die Weimarer Reichsverfassung wurde in das Grundgesetz ein Zensurverbot übernommen, um künftig zu verhindern, dass Bürger in ihrem Kommunikationsspektrum eingeschränkt werden oder eine Gefahr der Meinungslenkung entsteht. Das Zensurverbot wurde im Grundgesetz in Art. 5 Abs. 1 Satz 3 verankert. Es lautet „Eine Zensur findet nicht statt."

Begrifflich wird heute zwischen der so genannten Vor- und Nachzensur unterschieden, wobei auf den Eingriffszeitpunkt der (staatlichen) Maßnahme abgestellt wird. Unter Vorzensur werden Maßnahmen gefasst, die präventiv wirken, wenn vor Veröffentlichung eine Kontrolle stattfindet und entschieden wird, ob der Inhalt veröffentlicht werden kann. Unter Nachzensur fallen hingegen Maßnahmen, die nach dem Veröffentlichungszeitpunkt greifen, ein Inhalt also nach der Veröffentlichung der Öffentlichkeit entzogen wird.

Das Bundesverfassungsgericht beschränkt den Umfang des in der Verfassung enthaltenen Zensurverbots ausschließlich auf den Bereich der Vorzensur und nennt in Entscheidungen ausdrücklich einschränkende Maßnahmen bei der „Herstellung oder Verbreitung eines Geisteswerkes, insbesondere das Abhängigmachen von einer behördlichen Erlaubnis" (BVerfGE 33, 52 (72)). Dieses Verbot der Vorzensur gilt ausnahmslos und kann auch durch andere Rechtsgüter von Verfassungsrang, bspw. den → Jugendschutz, nicht gerechtfertigt werden. Nachträglich kann die Äußerung einer Meinung oder die Verbreitung einer Publikation auch von staatlicher Seite eingeschränkt oder untersagt werden, ohne dass dieses Vorgehen als Zensur im verfassungsrechtlichen Sinne eingeordnet werden kann. Die Rechtfertigung solcher Eingriffe in die Meinungs- oder Medienfreiheiten unterliegt dann den entsprechenden Schranken dieser Grundrechte (s. dazu → Meinungsfreiheit bzw. → Medienfreiheiten).

Als ausdrücklich zulässig gelten demnach Maßnahmen, die zum Zwecke des Jugendschutzes getroffen werden, wie etwa die gutachterliche Alterseinstufung bestimmter Medien (→ Jugendschutz). Auch die „Indizierung" (die Aufnahme in die Liste jugendgefährdender Medien, welche die Einschränkung der Abgabe und Verbreitung zur Folge hat) durch die „Bundesprüfstelle für jugendgefährdende Medien (BPjM)" gilt nicht als Zensur, da hier nachträglich die Unvereinbarkeit der Publikation mit geltenden Gesetzen festgestellt wird.

In der rechtswissenschaftlichen Literatur wird die Beschränkung des Zensurbegriffs des Grundgesetzes auf die Vorzensur vielfach als zu eng empfunden, da dieser insbesondere den Entwicklungen im audiovisuellen Medienbereich nicht mehr gerecht werde. Anlass für aktuelle Überlegungen zu einer Anpassung der verfassungsrechtlichen Auslegung bietet etwa die Diskussion um Sperrverfügungen der Bezirksregierung Düsseldorf gegen Internet-Zugangsprovider in 2002, die verpflichtet wurden, den Zugang zu bestimmten Nazi-verherrlichenden Seiten im Ausland nicht mehr herzustellen, so dass diese Seiten von Kunden auf einfachem Wege nicht mehr aufgerufen werden können. *AL*

*Literatur*

R. Seim: Zwischen Medienfreiheit und Zensureingriffen. Münster 1997.
Chr. Degenhart: Art. 5 GG. In: R. Dolzer u. a. (Hrsg.): Bonner Kommentar zum Grundgesetz. Loseblattsammlung, Heidelberg.

# Themenfelder

## Medientypen
| | |
|---|---:|
| Bildschirmspiele | 56 |
| Buch | 69 |
| Fernsehen | 107 |
| Film | 116 |
| Flugblatt | 120 |
| Hörfunk | 140 |
| Internet | 159 |
| Multimedia | 248 |
| Telekommunikation/Telekommunikationsdienste | 332 |
| Tonträger | 348 |
| Zeitschrift | 395 |
| Zeitung | 399 |

## Medientechnik
| | |
|---|---:|
| Breitbandkabelnetz | 66 |
| Digitalisierung | 95 |
| Drucktechnik | 98 |
| DSL | 100 |
| Mobilkommunikation | 244 |
| Rundfunk, terrestrischer | 296 |
| Satellit | 309 |

## Medienpolitik und Medienrecht
| | |
|---|---:|
| Datenschutz | 84 |
| Europäisches Medienrecht | 103 |
| Informationsfreiheit | 151 |
| Jugendschutz | 176 |
| Medienaufsicht | 202 |
| Medienfreiheit | 214 |
| Medienpolitik | 223 |
| Medienprivilegien | 226 |
| Medienrecht | 230 |
| Mediensysteme im internationalen Vergleich | 236 |
| Meinungsfreiheit | 240 |
| Persönlichkeitsschutz | 274 |
| Rundfunkgebühr | 298 |
| Rundfunksystem | 301 |
| Telekommunikationsrecht | 335 |
| Urheberrecht | 356 |

Weltkommunikationsordnung ........................ 379
Werberecht ..................................... 382
Zensur ......................................... 401

## Mediensysteme international
Brasilien ....................................... 62
China .......................................... 78
Deutschland .................................... 90
Frankreich ..................................... 123
Großbritannien ................................. 133
Italien ......................................... 164
Japan .......................................... 169
Mediensysteme im internationalen Vergleich ............... 236
Österreich ...................................... 268
Polen .......................................... 276
Russland ....................................... 305
Schweiz ........................................ 314
Spanien ........................................ 321
Türkei ......................................... 350
USA ........................................... 359

## Medienwirtschaft und Medienunternehmen
Anzeigen-Auflagen-Spirale ........................... 25
Arbeitsmarkt .................................... 28
ARD ........................................... 32
Aufmerksamkeit ................................. 36
Axel Springer AG ................................ 41
Bauer Verlag .................................... 44
BBC British Broadcasting Corporation ................. 47
Bertelsmann AG ................................. 52
Burda Verlag ................................... 73
Cross Promotion ................................ 82
Electronic Commerce (E-Commerce) ................. 102
Holtzbrinck-Konzern ............................. 137
Konzentration .................................. 185
Marktzutrittsschranken ........................... 195
Mediaset ....................................... 198
Microsoft ...................................... 242
News Corporation ............................... 259
Pressevertrieb ................................... 286
ProSiebenSat.1 .................................. 289
Rundfunkgebühr ................................ 298

**Themenfelder** 407

Sony .................................................. 318
Teleshopping ........................................ 342
Time Warner ........................................ 344
Verwertungskette ................................... 365
Viacom ............................................... 367
Vivendi ............................................... 371
Walt Disney Company ............................. 374
WAZ Mediengruppe ................................ 378
Werbung .............................................. 385
ZDF ................................................... 394

**Journalismus**
Auslandsberichterstattung ........................... 37
Boulevardberichterstattung ......................... 59
Feuilleton ............................................ 113
Journalistenausbildung .............................. 173
Lokalberichterstattung .............................. 191
Medienkritik ......................................... 219
Nachrichtenagentur .................................. 254
Nachrichtenauswahl ................................. 256
Öffentlichkeitsarbeit ................................ 265
Politikberichterstattung ............................. 280
Sportberichterstattung .............................. 325
Wirtschaftsberichterstattung ....................... 387

**Medieninhalte**
Fernsehen, Programmformate ...................... 110
Fernsehen, Sendungsformate ....................... 111
Fiction ............................................... 114
Hörfunk, Programmformate ........................ 144
Hörfunk, Sendungsformate ......................... 146
Information .......................................... 148
Internet-Angebotsformen ........................... 162
Medienkritik ......................................... 219
Musik ................................................. 251
Stereotype ........................................... 328
Unterhaltung ......................................... 354
Werbung .............................................. 385

## Funktionen der Medien

Integration .......................................... 155
Konstruktion von Realität ............................ 182
Öffentlichkeit ....................................... 263
Politische Kommunikation ............................. 283

## Methoden der Medienforschung

Befragung ............................................ 49
Inhaltsanalyse ....................................... 153
Media-Analyse ........................................ 196
Reichweitenforschung ................................. 293
Telemetrie ........................................... 339

## Mediennutzung

Medienauswahl ........................................ 206
Mediennutzung im Alltag .............................. 220
Parasoziale Interaktion .............................. 272
Reichweite ........................................... 291

## Medienwirkung

Agenda-Setting ....................................... 19
Gewalt in den Medien ................................. 130
Kultivierung ......................................... 188
Schweigespirale ...................................... 311
Wissenskluft ......................................... 390

## Medienpädagogik

Aktive Medienarbeit .................................. 22
Gewalt in den Medien ................................. 130
Jugendschutz ......................................... 176
Mediendidaktik ....................................... 209
Medienerziehung ...................................... 211
Medienkompetenz ...................................... 216
Mediensozialisation .................................. 234

## Medieninstitutionen

AGF – Arbeitsgemeinschaft Fernsehforschung ........... 21
AGOF – Arbeitsgemeinschaft Online-Forschung e. V. .... 22
ALM – Arbeitsgemeinschaft der Landesmedienanstalten .. 24
ANGA – Verband Privater Kabelnetzbetreiber e. V. ..... 25
Arbeitsgemeinschaft Media-Analyse – ag.ma ............ 27
BDZV – Bundesverband Deutscher Zeitungsverleger e. V. 49
Bundeskartellamt ..................................... 71
Bundesprüfstelle für jugendgefährdende Medien ........ 72

# Themenfelder 409

| | |
|---|---|
| Bundesnetzagentur | 73 |
| BVDA – Bundesverband Deutscher Anzeigenblätter e. V. | 77 |
| BVV – Bundesverband Audiovisuelle Medien e. V. | 78 |
| Deutsche Gesellschaft für Publizistik- und Kommunikationswissenschaft e. V. | 87 |
| Deutscher Werberat | 88 |
| Deutscher Presserat | 89 |
| DJV – Deutscher Journalisten-Verband e. V. | 97 |
| EBU – European Broadcasting Union | 101 |
| Europäische Audiovisuelle Informationsstelle | 103 |
| FSF – Freiwillige Selbstkontrolle Fernsehen | 127 |
| FSK – Freiwillige Selbstkontrolle der Filmwirtschaft | 127 |
| FSM – Freiwillige Selbstkontrolle Multimedia-Diensteanbieter e. V. | 128 |
| GEMA | 129 |
| Gesellschaft für Unterhaltungs- und Kommunikationselektronik – gfu | 130 |
| GfM – Gesellschaft für Medienwissenschaft e. V. | 133 |
| IVW – Informationsgemeinschaft zur Feststellung der Verbreitung von Werbeträgern e. V. | 169 |
| KEF – Kommission zur Ermittlung des Finanzbedarfs der Rundfunkanstalten | 180 |
| KEK – Kommission zur Ermittlung der Konzentration im Medienbereich | 181 |
| KJM – Kommission für Jugendmedienschutz | 182 |
| media control | 198 |
| Monopolkommission | 247 |
| SPIO – Spitzenorganisation der Filmwirtschaft e. V. | 325 |
| USK – Unterhaltungssoftware-Selbstkontrolle | 363 |
| VDZ – Verband Deutscher Zeitschriftenverleger e. V. | 363 |
| Ver.di – Vereinte Dienstleistungsgewerkschaft | 364 |
| VG Wort | 370 |
| VPRT – Verband Privater Rundfunk und Telemedien e. V. | 373 |
| ZAW – Zentralverband der deutschen Werbewirtschaft e. V. | 393 |

# Autorinnen und Autoren

Das Hans-Bredow-Institut für Medienforschung an der Universität Hamburg, das diesen Band herausgibt, zählt zu den renommiertesten Fachinstituten der Medienforschung in Deutschland. Es wurde 1950 vom damaligen Nordwestdeutschen Rundfunk und der Universität Hamburg gegründet und ist benannt nach dem Staatssekretär und Rundfunk-Kommissar im Reichspostministerium der Weimarer Republik, Hans Bredow (1879-1959), der sich als Pionier der technischen Rundfunkentwicklung einen Namen gemacht hat. Als eigenständige gemeinnützige Stiftung hat das Hans-Bredow-Institut die Aufgabe, Medienforschung in interdisziplinärer Weise zu betreiben und die Ergebnisse der Wissenschaft, der Praxis und der Öffentlichkeit zur Verfügung zu stellen. Mit eigener Forschung, einem breiten Publikationsangebot und Veranstaltungen leisten die Mitarbeiterinnen und Mitarbeiter des Hans-Bredow-Instituts ihren Beitrag zum Verständnis der Mediengesellschaft. Das Institut gibt unter anderem die wissenschaftliche Zeitschrift *Medien & Kommunikationswissenschaft* und das *Internationale Handbuch Medien* heraus.

Die Autorinnen und Autoren dieses Bandes *Medien von A bis Z* sind oder waren alle am Hans-Bredow-Institut oder an der Universität Hamburg wissenschaftlich tätig.

**Prof. Dr. Joan Kristin Bleicher** (JoB), Professorin für Medienwissenschaft der Universität Hamburg

**Mascha Brichta, M.A.** (MB), Doktorandin und Lehrbeauftragte an der University of Westminster, London

**Hardy Dreier, M.A.** (H3r), wiss. Referent des Hans-Bredow-Instituts

**Stephan Dreyer** (SD), wiss. Mitarbeiter des Hans-Bredow-Instituts

**Dr. habil. Christiane Eilders** (CE), wiss. Referentin des Hans-Bredow-Instituts

**Dr. Kerstin Engels** (KE), Kommunikationswissenschaftlerin, ehem. wiss. Mitarbeiterin des Hans-Bredow-Instituts

# Autorinnen und Autoren

**Prof. Dr. Uwe Hasebrink** (Ha), Direktor des Hans-Bredow-Instituts und Professor für Empirische Kommunikationswissenschaft der Universität Hamburg

**Thorsten Held** (TH), wiss. Mitarbeiter des Hans-Bredow-Instituts und Rechtsanwalt, i. e. Büro für informationsrechtliche Expertise

**Anja Herzog,** M.A. (AH), wiss. Mitarbeiterin des Hans-Bredow-Instituts

**Prof. Dr. Hans J. Kleinsteuber** (HJK), Professor für Politische Wissenschaft der Universität Hamburg

**Till Kreutzer** (TK), assoziierter Mitarbeiter des Hans-Bredow-Instituts und Rechtsanwalt, i. e. Büro für informationsrechtliche Expertise

**Dr. Claudia Lampert** (CL), wiss. Mitarbeiterin des Hans-Bredow-Instituts

**Arne Laudien** (AL), wiss. Mitarbeiter des Hans-Bredow-Instituts

**Dr. Wiebke Loosen** (WL), wiss. Mitarbeiterin des Instituts für Journalistik und Kommunikationswissenschaft der Universität Hamburg

**Christiane Matzen,** M.A. (Ma), wiss. Redakteurin des Hans-Bredow-Instituts

**Dipl.-Kffr. Jutta Popp** (JP), wiss. Mitarbeiterin des Hans-Bredow-Instituts

**Dr. Christoph Rybarczyk** (CR), Redakteur des Hamburger Abendblattes und Lehrbeauftragter am Institut für Journalistik und Kommunikationswissenschaft der Universität Hamburg

**Kathrin Voss,** M.A. (KV), wiss. Mitarbeiterin an der Arbeitsstelle Medien und Politik der Universität Hamburg

**Prof. Dr. Albrecht Schneider** (AS), Professor für Systematische Musikwissenschaft der Universität Hamburg

**Dipl.-Soz. Hermann-Dieter Schröder** (Schr), wiss. Referent des Hans-Bredow-Instituts

**Dr. Wolfgang Schulz** (WS), Direktor des Hans-Bredow-Instituts

**Dr. Hans-Ulrich Wagner** (HUW), wiss. Mitarbeiter des Hans-Bredow-Instituts und Leiter der Forschungsstelle zur Geschichte des Rundfunks in Norddeutschland

# Studienbücher zur Kommunikations- und Medienwissenschaft

Günter Bentele / Hans-Bernd Brosius / Otfried Jarren (Hrsg.)
**Lexikon Kommunikations- und Medienwissenschaft**
2006. 337 S. Geb. EUR 29,90
ISBN 3-531-13535-X

Günter Bentele / RomyFröhlich / Peter Szyszka (Hrsg.)
**Handbuch der Public Relations**
Wissenschaftliche Grundlagen und berufliches Handeln. Mit Lexikon
2005. 624 S. Geb. EUR 44,90
ISBN 3-531-13755-7

Hans-Bernd Brosius / Friederike Koschel
**Methoden der empirischen Kommunikationsforschung**
Eine Einführung
3. Aufl. 2005. 215 S. Br. EUR 19,90
ISBN 3-531-43365-2

Otfried Jarren / Patrick Donges
**Politische Kommunikation in der Mediengesellschaft**
Eine Einführung
2. Aufl. 2006. 381 S. Br. EUR 32,90
ISBN 3-531-33373-9

Michael Jäckel
**Medienwirkungen**
Ein Studienbuch zur Einführung
3., überarb. und erw. Aufl. 2005. 327 S.
Br. EUR 24,90
ISBN 3-531-43073-4

Marcus Maurer / Carsten Reinemann
**Medieninhalte**
Eine Einführung
2006. 279 S. Br. EUR 19,90
ISBN 3-531-14008-6

Wiebke Möhring / Daniela Schlütz
**Die Befragung in der Medien- und Kommunikationswissenschaft**
Eine praxisorientierte Einführung
2003. 219 S. Br. EUR 20,90
ISBN 3-531-13780-8

Gabriele Siegert / Dieter Brecheis
**Werbung in der Medien- und Informationsgesellschaft**
Eine kommunikationswissenschaftliche Einführung
2005. 287 S. Br. EUR 22,90
ISBN 3-531-13893-6

Rudolf Stöber
**Mediengeschichte.**
**Die Evolution „neuer" Medien von Gutenberg bis Gates**
Bd. 1: Presse – Telekommunikation
2003. 238 S. Br. EUR 19,90
ISBN 3-531-14038-8

Bd. 2: Film – Rundfunk – Multimedia
2003. 282 S. Br. EUR 22,90
ISBN 3-531-14047-7

Erhältlich im Buchhandel oder beim Verlag.
Änderungen vorbehalten. Stand: Juli 2006.

www.vs-verlag.de

**VS VERLAG FÜR SOZIALWISSENSCHAFTEN**

Abraham-Lincoln-Straße 46
65189 Wiesbaden
Tel. 0611.7878-722
Fax 0611.7878-400